군사회복지론

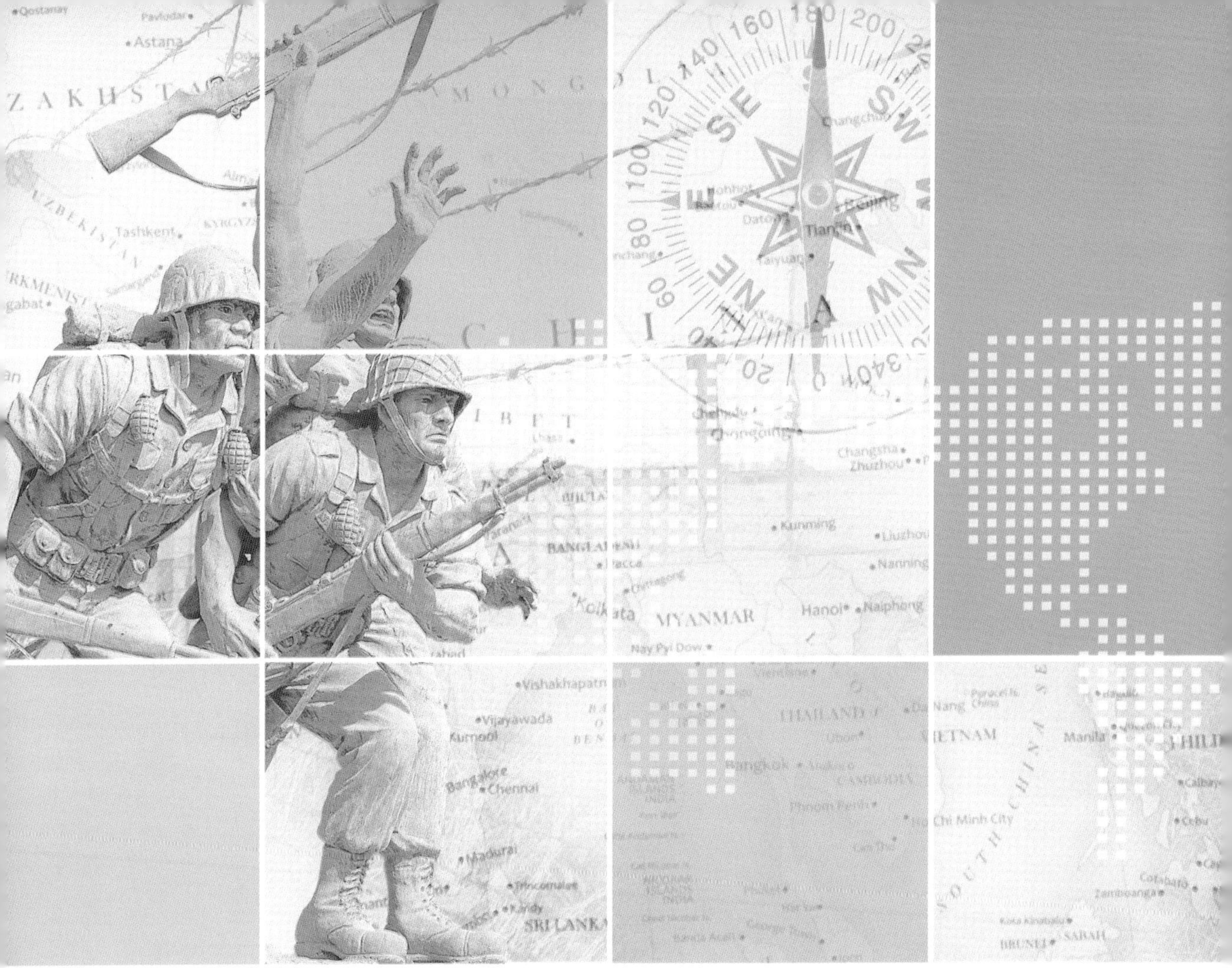

군사회복지론

조흥식 · 이흥윤 · 박미은 · 김창곤 · 박경일
남미애 · 김윤나 · 서혜석 · 이윤수 · 오영훈 공저
이대식 · 정효현 · 한태근 · 김근아 · 오정은

동 문 사

머리말

국가의 복지정책 방향이 보편적 복지를 통한 국민의 삶의 질을 향상시키는 데 최우선을 두고 있다. 온 국민이 사회보장을 통한 복지의 수혜자로서 인간다운 권리를 누리도록 제도적으로 발전을 추구하고 있다.

군에는 군인 개인의 정신적·심리적·행동적·사회적 문제뿐만 아니라 병사 및 군 간부의 가족 문제, 대인관계, 업무 스트레스 등 광범위한 유형이 존재하고 있다고 보고되고 있다. 또한 군인과 그 가족들의 생활도 심리 사회적 문제뿐만 아니라 인간으로서 경험하게 되는 생애의 다양한 심리 사회적 문제들을 원만하게 해결할 필요성이 요구되고 있다.

이러한 요구에 대한 사회복지 서비스의 제공은 군의 적응력을 높이고 정신건강 수준을 향상시킬 것이다. 이는 곧 군의 전투력 향상과 국가안보 유지라는 긍정적 목적을 달성하게 함과 동시에 군인의 삶의 질을 향상시키며, 그들의 인권을 보장하는 방법이다.

그동안 우리 군은 양적인 면에서나 질적인 면에서 고도의 성장을 이루었고, 지금도 발전을 거듭하고 있다. 그러나 군대를 보유하고 있는 다른 여러 나라와 비교해 볼 때 군인 개인의 심리적 안정과 그 가족에 대한 복지적 지원 체계 등은 미흡한 수준이다. 이에 대한 국민적 공감대와 선진 국군으로서의 질적인 성장을 위해서는 새로운 제도가 필요하다고 사료된다.

우리나라는 복지국가로서의 성장에 발맞춰서 사회복지 전문요원이 다양하게 양성되고 있으며, 60만 명의 사회복지사 시대를 맞이하고 있다.

시대적으로도 장래에는 사회복지사 영역이 전문 사회복지사 제도를 추구하고 있는 바, 군사회복지사의 양성은 필연적이라고 할 수 있다.

군사회복지전문가를 양성함에 있어서 우선적으로 교육과목과 교과서가 개발되어야 한다. 이에 한국군사회복지학회는 다양한 논의와 학술대회를 통하여 이를 구체화시켜 왔으며, 교재 개발 차원에서 『군사회복지론』을 출판하게 되었다.

군사회복지개론은 군사회복지의 개념정립으로부터 군 현장에 대한 접근 방법과 사례관리, 군사회복지정책과 군인가족 지원, 제대군인에 이르기까지 다양한 주제를 다루고 있다. 『군사회복지론』을 통하여 군사회복지에 대한 이해와 실천현장에서의 괄목할 만한 성과를 기대해 본다.

집필을 위해 수고해 주신 조흥식 군사회복지학회 이사장님을 비롯한 여러 선생님께 감사의 말씀을 드리며, 편집을 위해 수고해 주신 본 학회 총무분과 위원장 김윤나 교수님, 출판분과 최성희 위원장님과 기꺼이 출판을 허락해 주신 동문사 이중수 사장님께도 감사를 드린다.

2013년 10월

한국군사회복지학회 회장 이흥윤

추천사

『군사회복지론』 출판을 진심으로 축하드립니다. 아울러 『군사회복지론』이 출판될 수 있도록 최선의 노력을 해준 한국군사회복지학회 이흥윤 회장을 비롯한 집필진과 편집·출판을 위해 수고하신 여러분께 감사의 말씀을 드립니다.

2005년 본인이 한국사회복지사협회장으로 재임 시 군사회복지사를 법제화하기 위해 함께 뛰었던 즐거운 추억이 생각납니다. 군사회복지라는 용어조차도 생소했고 국민적 공감도 적은 시기였지만, 전방 철책지역에서의 군 사고를 막기 위하여 함께 노력하였던 뜻있는 시기였습니다. 여러분들이 어려운 환경 속에서 군을 지원하기 위해 여러 방향으로 연구와 실천을 해 왔음을 잘 기억하고 있습니다.

그러던 가운데 군사회복지사 법제화를 위한 국회공청회를 개최하여 정치적인 주목을 받기 시작했고, 2006년도에 군사회복지학회가 출범하였습니다.

한국에서의 군사회복지 역사를 살펴보고, 장래에 군사회복지사를 양성하기 위한 준비로 학문적 연구와 학술대회를 정기적으로 개최해 온 일도 잘 알고 있습니다.

『군사회복지론』 출판은 군사회복지사 양성이라는 대명제를 해결하는 데 기초를 쌓았다고 확신하며, 이를 계기로 체계적인 과정이 생성될 것입니다. 앞으로 『군사회복지 실천론』과 『군사회복지 기술론』 등 더 많은 연구가 계속되길 바랍니다.

『군사회복지론』이 학문현장뿐만 아니라 군에서도 교과서로 채택되어 군인의 본분인 최상의 전투력을 유지하여 국민의 군대로서 자긍심과 능력이 향상되길 바랍니다. 군사회복지가 대한민국에서 꽃피우고 결실을 맺기까지 우리 사회복지인들은 더욱 발전에 박차를 가할 것을 부탁드리며 저 역시 힘껏 지원할 것을 약속드립니다.

다시 한 번 『군사회복지론』의 출판을 축하하며, 군사회복지학회와 군사회복지의 전문가의 능력이 비상하길 기원합니다.

2013년 10월

전 보건복지부장관, 군사회복지학회 고문 김성이

추천사

사회복지사는 「사회복지사업법」이 유일하게 명시하고 있는 자격이요, 전문가입니다. 사회복지사를 전문가로 강조하는 것 자체가 의아할 수도 있지만, 최근 사회복지사 자격의 수요와 공급 현황이 왜곡돼 있는 것을 보면 안타까움이 큽니다. 불과 10여 년 전 5~6만여 명이었던 자격소지자가 2013년 9월 현재 60만여 명을 초과하여 10배 이상 폭발적 증가를 한 것은 어떻게 풀어야 할지, 마음이 무거운 게 사실입니다. 설명할 방법이나 뾰족한 해결 수는 눈에 보이지만, 올바른 방향이라 하더라도 중지를 모으기에는 복잡한 이해관계가 얽혀 있는 사안이기도 합니다.

사회복지사 수요에 대한 고려 없이 교육 공급기관이 급증하는 것은 큰 문제입니다. 국가시험 없이 법정교과목 이수만으로 취득 가능한 2급 자격증이 과잉 공급되고 있기 때문입니다. 이는 사회복지사 과잉 배출은 물론, 전문성에도 악영향입니다. 사회복지관련 시설 재직자, 즉 실제 수요는 불과 6만 7천여 명으로 전문성에 따른 진입 장벽이 아니라 과잉공급과 그로 인한 경쟁이 큰 장벽이 되고 있습니다.

한국사회복지사협회는 사회복지서비스가 휴먼서비스이고, 사회복지학문이 실천학문이라는 것을 매우 중대하게 생각하고 있습니다. 이에 따라 사회복지현장실습을 올바르게 이수한 뒤 누구나 국가시험에 합격해야 자격 취득이 가능토록 법률 개정을 추진하고 있습니다. 교과목 이수만으로 자격을 취득하는 시대를 끝내려는 것입니다. 또한, 자격 정지 및 취소요건에 대한 법적 근거 마련은 물론, 다양한 사회적 문제와 욕구에 따른 영역별 '전문사회복지사 자격제도' 신설도 함께 고민하고 있습니다. 즉, 다양한 사회복지 서비스(정신보건, 의료, 학교, 군, 교정 등) 욕구에 따른, 전문사회복지사 자격제도 도입을 추진하고자 하는 것입니다.

전문사회복지사 자격제도는 현재 정신보건 영역만 법제화된 상태입니다. 의료 영역도 종합병원에 1명 이상의 사회복지사를 두도록 관련 법률 시행규칙으로 정하고 있지만, '의료사회복지사'라는 명칭은 민간에서만 사용하고 있는 상태입니다. 이외 학교, 군, 교정 등 분야별 사회복지사를 전문화하고 이를 법제화하자는 게 한국사회복지사협회의 생각입니다.

군사회복지사는 이미 1970년대부터 군 내에 사회복지병과 형태로 존재해 왔습니다. 하지만, 초기 군 내에 있던 사회복지병과 담당 장교 전역 뒤 보직이 사라지면서 이미 양성한 사회복지장교들은 보직이 없어 다른 병과로 전보되는 가슴 아픈 역사를 거쳤습니다. 즉, 우리나라 군사회복지의 탄생은 이미 40여 년이 넘어감에도, 계급 중심인 군 특성상 보직이 사라진 병과의 정보량 축적은 더딜 수밖에 없었습니다.

하지만, 군대를 보유한 많은 나라들에 군사회복지사가 존재하고, 군사회복지의 최종목표는 전투력 향상이라는 것을 다시 상기할 필요가 있습니다. 또한, 캠프 단위로 생활하는 군인 가족에게 지역복지관 개념의 가족지원 프로그램과 시설 확충 등은 필수라는 생각입니다.

고충 사병 애로 중 상당수가 본인 문제가 아닌 부모와 가족 문제라는 것도 군사회복지의 필요성입니다. 전역자 지원 및 보훈 업무도 군사회복지의 주요 대상이며, 징병제도에 따라 대부분 2년 뒤 다시 민간 사회로 복귀하는 특수성과, 군 자체의 계급·통제·폐쇄성 등을 감안해 군사회복지사는 반드시 배치해야 할 시대적 과제입니다.

보직이 사라지는 아픔이 있긴 했지만, 2003년 군 내부에서 성폭력·구타·가혹행위 근절을 위한 대대적 개선방안을 마련한 데 이어, 2005년 철책선 인근 총기난사 사고 이슈화로 군사회복지의 현대적 필요성은 대내외에서 절감하고 있는 상태입니다. 2005년 5월부터 육군기본권 상담관 모집(시범사업) 시 사회복지사가 참여하는 것은 좋은 예라 할 수 있습니다.

이홍윤 군사회복지학회 회장은 군 내에 오랜 기간 몸담았던 경력과 대학에 군사회복지 전공을 만들기 위해 지속적인 열정을 투입해 온 인물로서, 이번에 발간하는 『군사회복지론』은 휴먼서비스 전달에 맞는, 실무 중심 이론서라 할 수 있습니다. 그간 군사회복지는 불모지와 같아서 궁금증이 있어도 풀기 어려운 난제였습니다. 다양한 영역의 사회복지전문가들과 예비사회복지사들에게 해갈의 기쁨을 준 군사회복지학회에 감사의 마음을 전합니다. 부디 『군사회복지론』이 시대적 요구를 배경으로 군사회복지사 전문화에 큰 획을 긋는 이론적 학습서가 되길 간절히 바랍니다. 감사합니다.

2013년 10월

한국사회복지사협회 회장 조성철

차 례

PART 1

군에 대한 이해

Chapter 01

군인과 군대에 대한 이해

1 군 조직의 특수성

1) 군 조직의 이해

"인간은 사회적 동물이다."라는 말도 있듯이 인간이란 결코 홀로 생활할 수 없으며 공동생활을 영위하기 마련이다. 공동체 생활은 특정한 통제조직이 없으면 내부의 규율과 질서를 유지할 수 없으며, 그 조직은 생명력을 잃게 되고, 특히 외부로부터의 침략에 대한 방어조직이 갖추어지지 않으면 공동생활 및 조직의 안정은 불가능해진다.

이 같은 조직의 특성이 점차 발전하여 국가 공동체를 형성한 것이라 할 때 국가 공동체의 존재 목적은 각 개인과 가족의 생존과 번영을 약속하고, 내부의 질서를 유지하며, 그 국가 공동체의 자유와 독립을 보위하는 것이라 할 수 있다(국방부, 국방백서, 2002:25).

따라서 국가의 존재 목적은 외부의 위협에 대한 스스로의 방위와 내부의 질서 유지라는 두 가지 근본적인 특별한 임무를 수행하게 된다.

이 임무의 전자를 담당하는 기관이 군 조직이고, 후자는 법이나 검찰, 경찰 등이 수행하게 된다. 어떠한 환경 또는 여건이든 군이란 국가 존립 상 필수불가결한 국가조직의 가장 중요한 요소로서 동서고금을 막론하고 역사상 군대가 없었던 국가는 없었고, 군의 역할과 능력에 의해 세계 역사는 변화·발전해 왔다고 할 수 있다.

사전적으로 군대란 '합법적인 권력의 이름으로 다른 정체, 즉 다른 국가를 상대로 전투를 벌이도록 구성된 군사조직'을 말한다. 이러한 군대는 국가의 독립과 평화를 유지함을 기본 사명으로 하며, 이러한 사명을 감당하기 위해 직접적으로 외부의 침략에 대한 국가방위 및 국내 치안유지를 위한 경찰력의 배경이 되며, 간접적으로는 군의 존재에 의하여 전쟁 억제라는 큰 역할을 수행하게 된다. 따라서 군은 전쟁을 대비한 각종 활동을 시행하며, 주요 활동 시기는 전시이나 전시를 대비하여 평시에는 싸워 이기기 위하여 강도 높은 개인 및 부대훈련을 실시하며, 정신교육 및 각종 어려운 환경을 극복하기 위한 극기 훈련 위주로 시행하게 하는 등 강한 체력 및 정신무장을 강화하고 있다.

군대는 무력 집단적, 임무의 막중함으로 인해 대외적으로는 국가의 위세를 높임과 아울러 대내적으로는 막강한 위압력을 발휘하며 전쟁을 대비한다.

이와 같이 전 세계적으로 용인된 가운데 무장된 폭력을 행사하는 군대조직을 순응적으로 통제하기 위해 군대는 국가 목표나 정책에 통제·종속되고, 일치되어야 한다. 그리고 이러한 무력은 말하자면 공권력으로, 이를 효과적으로 운용하기 위해서는 엄격한 규율과 상명하복의 위계질서가 요구되며, 이것이 군대의 생명이다.

오늘날 군대사회는 과거 권위주의적 지휘통솔로부터 이해를 바탕으로 한 상호존중과 배려, 솔선수범을 통한 합리적이고 팔로우십(Followship) 등을 중시하는 인간 중심의 지휘통솔로 바뀌었다. 병영 내에서도 개인의 자율과 인권, 창의가 존중되는 병영문화로 바뀌어 가고 있다.

군대는 국가와 국민을 위해서 합법적으로 무력을 사용하고 전투를 주 임무로 수행하는 특수한 집단이기 때문에 무엇보다 임무 완수에 최우선을 두고, 위계질서를 생명으로 하며, 상관에 대한 절대적인 복종과 엄격한 규율, 골육지정의 단결과 협동심, 무한한 희생과 헌신이 요구되는 집단임을 간과해서는 안 된다.

따라서 일반 사회집단 구성원들과 군 조직의 구성원들과는 존재 의의부터 구성 원리에 이르기까지 구별하여 생각하지 않으면 안 된다.

특히 대한민국의 군 조직은 헌법에 명시된 국방의 의무를 이행하기 위해서 '징집'이라는 강제적 동원 형태를 규정하였고, 국가의 다른 어느 조직보다 훨씬 엄격하게 통제되며, 자의로 조직을 이탈하지 못하도록 제도화하고 있다.

2) 군대란 무엇인가?

군대의 사전적 정의는 "일정한 규율과 질서를 가지고 조직된 군인의 집단"이다. "대통령은 헌법과 법률이 정하는 바에 의하여 국군을 통수한다."라고 대한민국 헌법 제74조에 명시하고 있다. 그러므로 대통령은 헌법과 법률이 정하는 바에 의하여 필요하다고 판단될 경우, 국가의 이름으로 무력을 사용하거나 군인들로 하여금 국가를 위해 헌신하도록 한다. 즉, 국가 위기 시 군대 지휘를 통하여 국가를 방위하는 것이다.

군대는 정부기관 가운데서도 국가의 안보를 책임지고 있는 기관이다. 따라서 국가의 군사안보 분야에 관한 한 이를 대표하는 기능을 갖는다. 이를 정리하면, 군대는 합법적인 무력 사용 기관이며, 전투를 주 임무로 하는 특수한 기관이고, 위계질서를 생명으로 하는 조직의 특성을 갖는다.

(1) 합법적인 무력 사용 기관

군대는 개인이 통제하는 일반사회와는 달리 정부로부터 통제를 받는 국가기관이자, 국가를 보위하고 국민의 생명과 재산을 보호하는 차원에서 국가로부터 합법적인 무력 사용의 권한을 위임받아 행사하는 국가안보의 군사적 책임기관이다.

국군조직법 제8조에 따르면 "국방부장관은 대통령의 명을 받아 군사에 대한 사항을 정리하고 합동참모의장과 각 군 참모총장을 지휘/감독한다."고 명시된 바와 같이 정부는 군대의 활동에 대해서 정치적인 책임을 진다. 즉, '국가로부터 합법적인 무력 사용 권한 위임'이라는 것은 군대가 정부의 통제에 따라야 한다는 뜻이다.

(2) 전투를 주 임무로 하는 특수한 기관

군인에게 부여된 임무와 책임은 '국가 보위'와 '국민 보호'에 있다. 따라서 군인은 외부의 침략 등 국가가 위태로울 때 국가를 보위하고, 국민의 생명과 재산을 보호해야 할 막중한 사명을 띠고 있다. 그러므로 군인은 전쟁이 벌어지면 국가의 명령에 의해 어디든지 투입되어 전투를 수행해야 한다. 이를 위해 군사력이라는 합법적인 무력을 사용하며, 반드시 싸워 이겨야 하는 특징을 갖는다. 전쟁에서의 패배는 국가의 존망과 직접 연결되기 때문이다. 따라서 고도의 전투준비태세를 갖추기 위한 강도 높은 훈련과 상명하복의 일사불란한 지휘체제 확립이 대단히 중요하다.

(3) 위계질서를 생명으로 하는 조직

군대의 위계질서는 전쟁의 승패를 가늠하는 중요한 요소이다. 아무리 민주주의가 고도로 발달한 나라에서도 군대만은 엄격한 상명하복을 그 생명으로 한다. 군대사회를 흔히 '계급사회'라고 한다. 계급과 직책에 따라 그 권한이 행사되는 특수한 집단이 군대이기 때문이다. 군대의 위계질서는 '명령과 복종'으로 귀결된다. 일각에서는 이러한 명령과 복종이 민주주의의 기본가치에 위배된다고 말하고 있으나, 선진 민주국가의 군대에서도 군대의 임무 특수성을 감안하여 법률과 제도, 규정으로 보장하고 있다.

3) 군 조직의 구조적 특성

군의 가장 중요한 임무는 강력한 군사력을 확립하여 적의 도발 의지를 사전에 억제하고 평화를 보장하되, 전쟁이 일어나면 적을 격멸하고 반드시 승리해야 하는 중요한 임무를 부여받고 있다. 전쟁의 승리는 어느 한 사람의 힘으로 이루어지는 것이 아니라 조직의 힘으로 통합·발휘될 때 가능하다. 따라서 이를 위한 군 조직의 특징이 필요하다.

군 조직의 특징을 살펴보면, 임무를 최우선으로 하는 조직, 명령에 대한 절대적인 복종을 강조하는 조직, 엄격한 규율로 전투력을 유지하는 조직, 단결과 협동이 중시되는 조직, 무한한 희생과 헌신이 요구되는 조직 등이다(국방부 정신교육 기본교재, 2008).

이러한 특징을 기본으로 하여 한국군 군 조직의 특성을 구분하여 정리하면 구조적, 집단적, 제도적, 정신 역학적 측면에서 살펴볼 수 있다.

먼저 구조적 측면에서 군 조직은 지휘관 중심의 엄격한 상명하복 단일 지휘체제하에 절대적 위계질서를 그 생명으로 한다. 구조체계는 직업군인과 의무복무군인체제로, 직업군인은 장교, 부사관, 군무원 등 자유의사에 따라 지원된 조직과 국방의 의무를 필하기 위하여 징집된 병 체제로 구성되어 있다. 비교적 보수적이고 전통과 명예 의지가 강하기 때문에 강력한 위계구조 및 상호관계가 경직되어 타율적이며 상부 의존적인 특성이 있다.

다음으로 집단적 측면에서 살펴보면 군대는 명령에 의해 움직이는 집단으로, 지휘관과 부하 간의 관계가 명확하게 중시되고, 계급별로 주어진 임무에 따라 행동하면서 제대별 직책에 표시된 임무에 따라 조직되고 운영되는 조직 지향형 집단의 특성을 갖고 있다. 또한 더 크게는 전시 국가 방위를 위한 국가 핵심 전투조직으로 목표달성을 위해 상당한 강제력이 행사되고 그것을 당연히 받아들이며, 가치·명예·규범의 중요성이 특별하게 강조되는, 결속력이 요구되는 집단이다. 따라서 군대는 별도 독립 작전 및 임무수행이 가능토록 자족 능력을 갖는다.

제도적 측면에서 살펴보면, 군 조직 및 전장의 특성상 상명하복의 엄정한 지휘체계가 요구되며, 기밀유지를 위한 엄격한 보안의식과 관련된 폐쇄성, 지휘관 권한의 절대성, 의사결정 시 상의하달 방식이 주를 이룬다.

정신적 측면에서 살펴보면, 조직 구성원 상호간에 강력하고 긴밀한 전우애 발휘가 필요하고, 예측 불가능한 전장 상황 하에서 승리를 달성하기 위해서는 개인의 희생과 솔선 및 봉사가 그 무엇보다 요구된다.

이제까지 군 조직의 특수성을 살펴보았다. 군대는 다른 어느 조직보다 엄격한 규율과 명령에 대한 절대적 복종이 필요하고, 질서와 강력한 규율이 요구되는 집단이다.

4) 군 생활의 특성

군대는 사회조직 이상의 기능을 가지고 있다. 다른 사회조직에 비해 그 구성원의 임무와 일상생활을 훨씬 더 완전하게 장악하는 공동체사회이다. 그렇기 때문에 직업군인의 생활은 징집된 병사의 생활과는 아주 다를 수밖에 없다. 직업군인은 군복무를 자신의 직업으로 생각한다. 그들의 태도와 생활양식은 군대의 전통이 규정한 바에 따라 미리 결정되어 있고, 그는 이 전통에 따른다. 반면 징집된 병사들은 군대라는 환경을 여러 가지 제약과 곤란이 따르는 남성만의 사회라고 생각하는 경향이 강하다.

일반적인 시각에서 군 생활의 특성을 살펴보면, 첫째, 계급과 직위에 의한 획일적인 생활을 강조한다. 둘째, 재사회화를 통한 집단성을 강조한다. 즉, 신병교육 시부터 실무부대 배치 후까지 제도화된 계급구조를 갖춘 집단적 내무생활을 통해 군대라는 특수사회에서 새로운 행동양식을 습득하게 된다. 셋째, 인간관계가 독특하다. 군대조직에서는 상하관계가 연령이나 학력 등과는 무관하게 계급에 의해서 이루어져 직무상의 활동은 자의적인 창의력보다는 명령에 따른 역할수행의 형태로 이루어짐을 알 수 있다(충성대연구소, 2005 학술세미나:5). 이러한 관점에서 군대생활의 특징을 정리하면 다음과 같다. ① 형식적이며 융통성이 없다, ② 개인의 자유와 자율성이 제약된다, ③ 봉사와 희생정신의 요구가 높다, ④ 노력의 대가가 사회와 같이 금전적으로 지불되지 않는다, ⑤ 규제적이며 절도가 있다, ⑥ 개인보다 단체가 앞선다, ⑦ 인내와 책임, 질서가 요구된다, ⑧ 계급에 대한 대우가 있을 뿐 연령 대우가 없다, ⑨ 상명하복 관계가 엄격하다.

이상과 같이 사회와 상이한 가치관 및 군대생활 환경 속에서 장병 모두 자율적 인간성 제약 및 자유생활의 통제 등으로 사고 발생의 잠재성을 보유하게 된다.

그러므로 군 조직의 특수성과 군 생활의 특징을 제대로 이해하여 군 장병들이 점차적으로 군 생활에 적응하도록 여건을 조성해 주는 것이 매우 중요하다고 할 수 있다.

2 병영생활의 이해

1) 병영생활의 규정 체계

우리나라 국방부에서는 군인복무규율(대통령령 제20282호 일부 개정 2007.09.20)에 따라 국군병영생활규정에서 병영생활 관리지침을 제시하고, 주로 국방연구원에서 병영관리 분야에 대해 연구하고 있다. 각 군은 이에 기초한 각 군별 복무규정과 병영생활 지침으로 야전교범을 발간하여 시행하고 있다. 군인복무규율에서 정의한 '병영생활'이라 함은 병영이란 부대가 주둔하는 주둔지나 기지를 말하며, 병영생활이란 교육훈련, 내무생활, 근무 등 병영을 중심으로 이루어지는 군인의 모든 활동을 말한다. 그러나 작전 출동이나 야외훈련 등으로 야외에서 활동하거나 휴가, 외출, 외박, 출장, 퇴근 등으로 영외에서 활동하는 것은 병영생활의 범주에 속하지 않는다. 군내의 다수를 점하는 육군을 기준으로 살펴보면 전 장병은 병영생활 속에 육군의 목표를 달성하고, 민주시민으로서의 사고와 행동의 규범인 육군 5대 가치관, 즉 충성·용기·책임·존중·창의정신을 실천해야 한다. 이를 위해 첫째, 군·부대·상급자·동료·부하를 위한 자기희생, 둘째, 상관의 명령에 복종하고 군인다운 외모와 언행 유지, 셋째, 자율적·적극적·창의적 업무자세 견지, 넷째, 병영생활 행동강령[1)]과 공중도덕 및 법규를 준수해야 한다고 정리한다.

통상 입대 전에는 합리적이고 실질적인 가치를 지향하면서도 국가관·대적관(對敵觀)·체력·의지력이 미약하나, 입대 후 병영생활을 통하여 강인한 체력과 정신력을 지닌 전투원으로 육성되어 임무를 수행한다. 전역 후에는 군대에서 정

---

1) 병영생활 행동강령은 ① 분대장을 제외한 병 상호간 명령이나 지시, 간섭을 금지한다. 즉, 병 상호간의 관계는 법률적으로 볼 때 군인사법에서 계급순위에 의한 상·하급 서열관계에 있으면서도 군형법에서는 대등한 관계에 있다는 것이다. 그러므로 병사에게 무엇을 하라는 등의 지시는 명령권을 갖고 있는 상관인 지휘자(관)(분대장·소대장·중대장 등)와 경우에 따라 위임받은 상급자만이 할 수 있는 것이다. 이는 지휘의 범주로서 상관(위임받은 상급자 포함)의 권한이다. ② 어떠한 경우에도 구타 및 가혹행위를 금지한다. ③ 폭설·욕설·인격모독 등 일체의 언어폭력을 금지한다. ④ 언어적·신체적·성희롱·성추행·성폭행 등 성군기 위반행위를 금지한다는 내용이다.

립된 올바른 인생관과 가치관은 물론, 준법정신·책임감·희생정신·용기·리더십·인내심·체력을 갖춘 민주시민으로서 생활하게 된다(민진 외, 2005, 224-225).

병사들의 병영생활은 내무생활에 대한 간부들의 지도와 통제로 시작된다. 내무생활이란 '영내 거주 의무가 있는 군인의 내무실을 중심으로 이루어지는 일상 활동'을 말한다. 그 목적은 전우애를 기르고, 단체생활에 필요한 협동정신과 자율성을 배양하며, 병영생활에서 오는 심신의 피로를 회복하고, 유사시 즉각 임무를 수행할 준비를 갖추는 데 있다. 내무실 거주 대상은 원칙적으로 상근예비역을 제외한 병(兵)과 내무생활 대상 하사이다. 이러한 내무실 편성은 기본적으로 분대건제단위로 하며, 하사 분대장이 분대원들의 내무생활에 대한 책임자이다. 이러한 내무생활의 지도 및 감독요원은 중대장급 이하 전 간부와 분대장을 말한다. 중대장과 소대장은 부대지휘 및 관리의 전 분야에 책임을 지고, 행정보급관과 부소대장은 지휘자(관)를 보좌 및 조언하면서 일상적인 부대관리를 담당한다. 내무생활의 지도는 '인간 중심의 부대 관리' 개념 하에 부하에 대한 사랑과 이해, 자기희생이 선행되어야 한다. 나아가 제반 규정과 원칙을 준수하고 분대단위의 올바른 내무생활을 통해 부대단결 및 사고예방에 기여해야 한다. 또한 항상 주위환경을 깨끗이 하여 쾌적한 분위기를 조성하며, 장비 및 보급품 등을 정리 정돈하여 유사시 조건반사적으로 즉시 적응할 수 있는 전투준비태세를 유지해야 한다.

2) 병영생활의 실제

(1) 병영생활의 구성 내용

표준일과는 '교육훈련, 근무 및 내무생활 등 일일과업'을 말하며, 기상, 점호, 국기 게양 및 강하, 식사, 오전 및 오후 과업, 자율활동시간, 취침 등으로 구분된다. 이러한 일과 수행 개념은 군대조직의 특성에 맞게 24시간 계획된 일과를 수행하기 때문에 병영 내 모든 군인은 일과표를 반드시 준수해야 한다. 일과표는 강제성을 지닌 명령으로 지휘계통 및 당직계통으로 통제하며, 통제와 자율의 개념을 적용한다. 일과계획은 반드시 사전에 전 인원에게 전파하며, 공휴일 및 휴무일에는 별도의 휴무계획서를 작성하여 시행해야 한다. 이와 같은 표준일과표에서 적용하는 상세 시간표와 적용지침을 살펴보면 <표 1-1>과 같다.

표 1-1 | 육군의 표준일과표

시간	내용	비고
06:00 ~ 08:00	• 기상, 일조점호 • 뜀걸음, 체조, 스트레칭 • 세면, 청소, 조식	
08:00 ~ 09:00	• 오전과업 준비	
09:00 ~ 17:00	• 오전과업, 중식, 오후과업	
17:00 ~ 21:30	• 자율활동시간 - 석식 준비, 근무자 교육, 자기계발, 체력관리 - 취미활동, 점호준비 등	
21:30 ~ 22:00	• 일석점호, 취침준비	

* 부대특성, 계절, 지역적 환경에 따라 상관급 지휘관이 일과표 조정(동계 11.1~다음해 2.28까지 06 : 30분 기상)

자료 : http ://www.army.mil.kr에서 재구성

① **기상 및 점호준비** : 당직근무자(불침번)의 '중대 기상!' 구령이나 기상나팔 신호에 의거, 취침상태에서 3분 이내에 일제히 일어난다. 각개 병사는 복장을 착용하고 침구류를 정돈한 후 분대장 및 당직사관의 통제에 따르게 된다.

② **일조점호** : 하루를 시작하는 첫 일과로 인원 파악과 건강상태를 확인하고, 애국가 및 육군복무신조 제창, 조국기도문 낭독을 통해 확고한 국가관과 투철한 군인정신을 함양하기 위해 실시하는 행사이다.

③ **체력단련** : 장병 기초체력 강화와 전투임무 수행에 필요한 강인한 전투기질 육성을 위해 표준일과표에 반영(오전 : 점호 후 도수체조 및 뜀걸음 2km 이상, 오후 : 16:00~17:00 뜀걸음 및 순환식 체력단련 등)하여 실시한다. 이를 위해 체육복과 운동화를 보급하고 있다.

④ **청소 및 식사** : 청소는 모든 병영시설과 청소구역별로 내무생활 임무분담제에 의거하여 실시한다. 식사는 분대단위로 집합하여 분대장 인솔 하에 규정

된 시간과 장소에서 한다. 취사장에는 표준식단표 준수, 정량급식 및 위생을 감독하기 위해 매 식사 시 급양감독관을 임명하여 운용하고 있다.

⑤ **과업수행** : 과업은 주간훈련예정표에 계획된 교육훈련·작업·공사 등을 말한다. 과업 출장 전 각개 병사는 청소 및 정돈, 과업준비(복장 착용, 교보재와 장비 및 작업도구 준비, 군장 결속 등), 필요 시 일품검사 준비를 한다. 분대장 이상 지휘자(관)는 인원 및 건강 확인, 복장 및 장비 점검, 정신교육을 실시하고 행정보급관은 일품검사 준비상태를 확인한다.

⑥ **상향식 일일결산 및 자율활동** : 오후과업이 종료되면 상향식 일일결산과 석식, 청소, 장비손질, 근무자 신고, 동아리 활동 및 기타 활동 등을 실시한다. 장비 손질은 전투준비태세 유지를 위해 개인 및 분대단위로 자율적으로 시행하며, 간부를 포함한 전 인원이 자신의 것을 스스로 실시하는 것이 원칙이다. 근무자 신고는 매일 지정된 장소에서 당직사관 주관 하에 당일 22:00 이후 기상 시까지 근무자 전원이 단독군장으로 실시하는 것이 원칙이다. 동아리 활동과 기타 활동은 분대장과 당직사관 통제 하에 자율적으로 실시한다.

⑦ **일석점호 및 취침** : 일석점호는 매일 취침 전에 인원 및 건강상태를 점검하고 하루를 결산하는 행사로 내무실에서 실시한다. 취침은 22:00에 취침방송과 당직사관의 통제 하에 실시한다. 취침 전 하루를 반성하는 명상의 시간을 부여하고, 22:00 정각에 당직사관이 "중대 취침, 전 인원은 취침 후 30분간, 기상 전 30분간 일체 이동 없다."는 통제 하에 취침을 시작한다. 이때 분대장은 타인의 취침을 방해하는 행위(잡담, 라디오 청취, TV시청 등)를 차단해야 한다.

(2) 병영 행사

중대급 이하 제대에서의 병영 행사는 주로 각종 신고(전입, 전출, 진급, 파견 및 출장)와 분대장 임명식, 총기수여식, 기타 행사(생일자·이등병·운전병·취사병의 날)로 이루어진다.

① **각종 신고** : 전입신고는 전입 즉시 중대장에게 실시한다. 전입자에게는 부대생활의 첫인상이 중요하므로 가급적이면 따뜻한 분위기에서 맞이하도록 한다. 모든 신고는 중대장 신고로 종결되며, 행사 목적에 알맞은 특징을 부여하거나 조치한다.

② **총기수여식** : 전입신고 및 면담 후 중대장 주관 하에 연병장 또는 막사 앞에서 실시한다. 총기수여식은 군인으로서 거듭나는 행사이므로 엄숙하고 절도 있게 실시해야 한다. 이때 총기수령자는 선서문 낭독을 통하여 군인으로서의 복무 각오를 다짐하게 된다.

③ **분대장 임명식** : 전임 분대장 전역 1주일 전후에 중대장 주관 하에 해당소대 전 인원 참석 하에 실시한다. 분대장의 주요 인계인수사항은 중·소대장 지휘 의도, 구체적인 분대원 신상 파악 결과, 분대 장비 및 물자, 지휘통솔 및 교육훈련 '노하우(know-how)' 등이 반드시 포함되어야 한다.

④ **내무검사** : 내무검사는 전투준비태세 유지 차원에서 '제 규정의 이행 여부와 교육 정도, 병기·시설·장비·비품·보급품의 보존상태, 명령지시의 숙지 및 실행상태 등의 점검을 통해 미비점을 도출하여 보완함으로써 완벽한 전투준비태세를 유지'하는 데 목적이 있다. 실시 종류는 주말·월말 등을 이용하여 지휘관(중대장) 주관 하에 실시하는 정기 내무검사, 지휘관 판단 하에 불시 또는 별도 지시에 따른 수시 내무검사가 있다.

주요 수검내용은 첫째, 인원 점검, 신상 파악, 각종 일지 기록상태, 개인위생, 둘째, 전투준비태세 유지와 경계호 및 대피호 관리, 셋째, 장비 및 보급품 손질, 초과품·잉여품·폐품 처리, 개인피복 세탁 및 보수, 시설물 및 창고관리, 방화기구 확보 및 유지, 오락 및 체육기재 확보, 넷째, 내무실 정돈 및 청결, 비품관리, 외부청소 및 환경 정리, 기타 보안활동 등이 있다. 내무검사 후에는 문제점을 자체 시정조치하거나 상급부대에 건의하며, 조치결과는 부대일지에 기록을 유지하고 차후 내무검사 시 참고자료로 활용한다.

(3) 교육훈련

교육훈련은 신병교육훈련과 부대근무과정의 교육훈련으로 구분된다. 신병훈련소에서 이루어지는 교육훈련은 병기본과정과 군사특기과정으로 구분되는데, 병기본과정은 모든 신병(전투병 5주, 특기병 3~4주)들이 가장 기본적인 교육훈련을 받는 것이고, 군사특기과정은 특기병들이 주특기에 따라 추가적인 특기교육훈련을 받는 것이다. 신병훈련을 마치고 실무부대에 배치되면, 병 공통과목 위주의 개인훈련과 전술훈련 위주의 집체훈련을 실시한다. 이때 정신교육, 체력단련 및 주특기 교육은 과목별로 실시하고 주특기를 제외한 전투기술 분야와 생존 분야는 훈련 과제화하여 실시하고 있다.

(4) 근무

근무란 '부대의 인원과 재산을 보호하고, 규율과 보안을 유지하며, 각종 사고를 예방하고, 비상사태에 대비하기 위하여 실시하는 제반활동'을 말하며, 군대조직의 특성상 24시간 살아 있는 근무가 되어야 한다. 이러한 근무는 당직근무·위병근무·불침번근무 등으로 구분된다. 근무편성은 가급적이면 분·소대 건제를 유지하면서 개인의 정신적·육체적 건강상태를 확인한 후 모든 계급과 직책에 따라 공정하게 해야 한다. 1회 근무시간은 1시간 이상 2시간 이하(혹한기에는 가급적 1시간 이상 초과하지 않는 것이 적절)로 편성하고, 경계근무 명령서는 근무 실시 36시간 전에 알림판에 게시하여야 한다.

첫째, 당직근무는 '일과시간 이후 지휘관의 명을 받아 군기 유지, 제 규정 이행, 인원 및 물자와 시설보호, 기타 각종 사고예방을 목적으로 하는 근무'를 말한다. 이때 당직사관은 과업 종료시간부터 익일 과업 개시시간까지 지휘관을 대리하여 근무한다.

둘째, 위병근무는 '부대의 인명과 재산을 보호하고, 규율과 질서를 유지하며, 영문출입자 통제, 군사비밀 보호, 화재예방 등을 목적으로 하는 근무'를 말한다. 부대에 출입하는 모든 인원과 차량을 확인한 후 인적사항을 기록하고 항상 친절한 태도로 규정에 맞게 처리한다.

셋째, 불침번근무는 '일석점호 직후부터 익일 기상 시까지 당직사관의 지시를 받아 근무하면서 내무반의 출입자를 감시하고, 화재 및 도난을 예방하며, 환자 등을 파악하여 적시에 적절한 조치'를 하는 것이다.

(5) 복지

복지는 "개인의 기본권을 보장하고, 일상생활에서 발생하는 욕구를 충족시켜 근무의욕을 고취시키는 활동"으로 면회, 외출 및 외박, 휴가, 종교 활동, 우편물 교환, 통신 등이 포함된다. 이러한 복지 개념은 규정과 방침 범위 내에서 공정성과 형평성을 유지하고, 기본적인 욕구가 충족된 가운데 정신적으로 편안한 군 생활을 영위할 수 있도록 여건을 보장한다. 이는 궁극적으로 사기를 증진시켜 업무의 능률과 전투력 증진에 기여한다. 하지만 이때는 병영생활에서 배운 군대훈련과 제식훈련을 실습하는 시기로서 군인의 기본자세를 유지하고, 단정한 복장 및 용모, 절도 있고 패기 있는 자세, 경로효친의 마음자세를 항상 견지해야 한다. 또한 보안교육으로 보안 사고는 물론 각종 사고 예방과 귀영시간을 준수하도록 교육해야 한다.

① **면회** : 08:00(토요일 13:00)부터 17:00까지 지정된 면회실에서 실시함이 원칙이다. 신병은 신병훈련 후 자대전입 시 실시 가능하며, GP·GOP 및 해(강)안 경계임무 수행 시, 신병교육 시는 면회할 수 없다. 단, 부득이한 경우 대대장급 이상 지휘관의 승인 후 지정된 장소에서 면회할 수 있다. 특히 성과제 외박제도는 복무기간 중 10일 이내에서 실시하며, 중대장급 이상 지휘관에 의해 삭감 및 금지조치가 가능하다.

② **외출 및 외박, 휴가** : 외출은 공휴일에 허가하는 정기외출(08:00~21:00, 토요일은 13:00~21:00), 포상, 위로, 특수한 사정으로 허가하는 특별외출(과업시간 도중 또는 이후~21:00), 업무 연락 및 기타 공무수행을 위해 실시하는 외출(08:00~17:00)이 있다, 외박은 특별한 사유가 있거나 특별한 기간(연휴기간)에 영외에서 숙박하고 귀영하는 제도로 21:00까지 귀영해야 한

다. 중대 보직병력의 1/3 이내에서 허가할 수 있으며, 교육훈련 미달 및 군기강을 문란한 병사에 대한 통제권한은 중대장에게 있다.

휴가는 정기휴가, 위로휴가, 포상휴가, 공가, 청원휴가제도로 구분 시행한다. 정기휴가는 휴가비가 지급되며, 휴가비 미지급 시 무료 군 열차를 이용할 수 있다.

③ **우편물 교환** : "영내에 거주하는 장병이 편지·전보·소포 등을 외부인이나 영내 인원에게 보내고 받는 것"으로 군사우체국을 통하는 것이 원칙이다. 무료 군사우편 사용은 개인당 월 1통이 원칙이며, 중대별로 우편물 취급관리자(통상 중대 행정보급관이 임무 수행)를 임명한다. 모든 우편물은 최단시간 내에 직접 전달하여야 하며, 법률(통신비밀보호법)에 의하지 않고는 검열이 불가능하다.

④ **통신** : 일반 및 공중전화는 독립 대대장급 지휘관 승인 하에 설치하며, 병(兵)은 자율활동시간, 휴무일(08:00~21:00)을 제외하고는 사용을 통제한다. 병은 원칙적으로 병영 내에서 이동전화(휴대폰, 호출기 등)를 휴대하거나 사용이 불가능하다. 인터넷은 장관급 이상 지휘관 승인 하에 설치 가능하며, 보안을 위해 외부로 송신되는 모든 자료에 대한 통제대책을 강구하고 인가된 인원만 사용한다.

(6) 종교 활동

종교 활동은 군인으로 하여금 올바른 인생관과 가치관을 확립하고, 신앙전력화로 무형전투력을 극대화하기 위한 요소이다. 군에서 인정하는 종교(기독교·천주교·불교·원불교 등)에 한하여 1인 1종교를 갖도록 권장하고, 임무수행에 지장이 없는 범위 내에서 종교 활동 여건을 보장하되 특정 종교를 강요해서는 안 된다. 군인은 자기가 신봉하는 종교를 이유로 임무수행에 위배되거나 군의 단결을 저해하는 일체의 행위를 금지한다.

3 신세대 병사의 특성

1) 신세대의 의미 및 의식성향

'신세대'라는 용어는 광고계에서 사용하기 시작한 신생 용어로서, 1990년 초 우리 사회에 급속도로 전파된 젊은 청소년을 지칭하는 용어가 되었다.

신세대에 대해 다룬 정확한 문헌은 없으며, 연구자들의 결과를 요약해 보면, '정확한 정의를 내릴 수 없다는 의미의 미지수 개념이 포함된 예측 불가능한 18~25세의 성장시대'를 의미(육군본부, 병영생활지도 지침서, 1999)한다. 사전적 의미로 '기성의 관습에 반발하여 새로운 문화를 쉽게 받아들이고, 개성이 뚜렷하며, 자기중심적 사고 및 주장이 강한 세대', '고도의 경제성장과 핵가족 제도에 의한 과잉보호, 그리고 풍요로운 생활환경으로 물질적 풍요와 편안함만을 추구하며 어려움과 전쟁을 모르는 세대로서, 정신적으로 나약하고 나대한 1970년대 이후 출생자"(국방대, 2006정신전력연구:160) 등으로 요약할 수 있다.

가정 및 사회로부터 입시 위주의 교육과 자기중심적인 가치성향을 키워온 신세대 청년들의 의식성향은 크게 '자기중심적 개인주의', '극단적 합리주의', '소비적 물질주의', '쾌락적 감성주의' 등으로 대별할 수 있다. 또한 이들을 일명 'CTV세대' 또는 '영상세대'라고도 하며, 선명하고 자극적인 영상을 통해 보이는 '이미지' 중심의 사고 및 가치관 형성, 독특한 실험정신을 소유한 반면 대화가 단절되고 판단력이 마비되는 대신 감정적이며 감각적인 자기 표현력의 기능이 비대해진 '자기중심적 방식'을 형성하고 있다는 특징이 있다. 특히 신세대들은 국가적 이상이나 목표에는 공감하지만, 국가에 대한 충성심이나 조국을 위한 헌신 같은 단어들은 더 이상 설득력을 갖지 못한다. 그들 세대는 권력 지향적 성향에서 탈피하여 대체로 권위주위에 대하여 도전적이며, 국제화·개방화에 따른 인류 공동체 의식이 강하다. 뿐만 아니라 개성을 강조하다 보니 개인의 자유는 방종으로 치우치는 경향이 심해지고, 준법정신 및 공중도덕 의식이 크게 흐려지는 등의 단점이 내재되어 있다.

2) 신세대의 유입이 군에 미치는 영향

최근 입대하는 신세대 젊은 병사들에 대한 관심과 연구는 대단히 중요한 과제이며, 이들에 대한 의식과 행동성향이 군복무에 미치는 영향요인들에 대한 분석과 대안 제시 등의 각별한 노력이 필요하다. 위에서 살펴본 의식과 행동성향을 가진 신세대들의 부정적인 영향 요인과 긍정적인 영향 요인을 살펴보면 다음과 같다.

(1) 부정적 영향 요인

① 개인주의적 성향으로 집단 단결정신 부족
② 강한 자기표현으로 상급자와 갈등 내재
③ 권위주의적 리더십에 대한 강한 반발과 자유분방한 사고
④ 군 계급 및 조직체계에 대한 거부 의식 팽배
⑤ 법, 규정 준수 및 예의범절 의식 부족으로 군기 이완요소 증대
⑥ 인내력 부족으로 자살 및 폭행 등 예상치 못한 악성사고 요인 잠재
⑦ 체력 및 정신력 열세로 복무 부적응 초래

(2) 긍정적 영향 요인

① 자기 성취 및 개인적 자부심이 강해 개인 의사 표현이 정확함
② 공평성과 합리성을 중시하기 때문에 합리적 동기 유발 시 참여도나 책임의식이 강하게 표출됨
③ 변화에 대한 긍정적 수용자세 강함
④ 컴퓨터 운용 및 첨단장비 운용능력 소유로 과학군 양성에 유리함 등

신세대 병사들은 기성세대가 갖추지 못한 많은 긍정적 요인과 잠재력을 갖고 입대하기 때문에 합리적 관리와 인간관계적 리더십으로 이끈다면 전력 증강에 큰 도움이 되며, 업무의 필요성과 의미를 설명하는 임무 부여방식을 택하고, 최대한 부하의 인격을 존중하며, 강제보다는 설득으로 상하의 수평적 인간관계를

맺을 것을 다수의 학자들이 강조하기도 한다.

근간 일부 신세대 장병들의 특징을 의식하지 못한 간부들에 의해 사회적 물의를 야기하는 사건들이 종종 발생하는바 부정적인 요인과 이에 대한 문제의식을 갖고 해결책을 모색하는 것이 반드시 필요하리라 판단된다.

4 병영생활과 스트레스

1) 병영 스트레스의 원인

현대인은 과거 어느 시대보다 다양하고 심각한 스트레스에 직면해 있다는 것은 의심할 여지가 없을 것이다. 디지털시대를 맞이하여 하루가 다르게 변화하는 환경에 적응하기 위해서는 항상 긴장과 스트레스 속에 살 수밖에 없는 것이 현대인의 생활이다.

군대 환경은 일반 사회 환경과 다른 독특한 특성을 가지고 있다. 그러므로 군인들은 사회의 다른 스트레스의 원인들이 많이 존재하는데, 사병들의 스트레스 원인에 대한 조사 결과를 보면 다음과 같다.

다음 사항들은 군복무를 하고 있는 모든 병사들이 공통적으로 경험하는 스트레스라고 할 수는 없지만, 어느 정도 병사들의 스트레스 요인을 이해할 수 있는 자료는 될 것이라고 생각된다. 이외에도 육군본부가 연구한 자료에 의하면 과중한 업무, 고된 훈련, 능력 부족, 지루함, 욕구충족의 기회 제한, 고질적인 내무 부조리, 대화의 부족, 이성 문제, 간부의 불합리한 지시, 소외감, 성취감의 결여 등을 병사들이 겪는 군 내부의 스트레스 원인으로 꼽았다(육군본부, 병영 스트레스 원인과 대책, 1999:19).

순위별로 그 내용을 살펴보면 ① 설명 없이 일과 이후나 휴일에 작업을 시킬 때, ② 계획성 없는 지시로 동일한 일을 반복하여 했을 때, ③ 인격적인 모독이나 무시를 당할 때, ④ 간부들이 내무생활을 무리하게 간섭할 때, ⑤ 갑자기 휴가가 연기될 때, ⑥ 상급부대 검열 준비와 검열 받을 때, ⑦ 상급자의 지적과 폭언을 들었을 때, ⑧ 개인의 능력을 초과하는 요구를 할 때, ⑨ 대화상대가 없고 소외감을 느낄 때, ⑩ 사적인 일을 명령조로 시킬 때, ⑪ 잘해 주려는 마음을 후임병이 이해하지 못할 때,⑫ 하급자가 복종하지 않고 따지거나 대들 때, ⑬ 상급자는 열심히 일하는데 하급자가 요령을 피울 때, ⑭ 한 사람의 잘못으로 전체가 욕을 먹고 질책을 받을 때, ⑮ 타 부대 후임병이 자대 선임병에게 불손한 언행을 할 때, ⑯ 여러 명의 상급자가 자기 말을 들을 것을 강요할 때, ⑰ 하급자가 우월감을 과시하거나 예의 없는 행동을 했을 때, ⑱ 임무를 주면 곧바로 다른 하급자에게 재지시할 때, ⑲ 근무로 인해 종교행사에 불참할 때, ⑳ 교육훈련 시 교육 자세와 열의가 부족할 때이다.

2) 병영 스트레스의 유형

군대에서 부대원들에게 미치는 스트레스 유형으로는 크게 심리 관련, 환경 관련, 조직 및 업무 관련, 부대원 신상 관련, 군대조직의 외부 스트레스 유형으로 나누어 볼 수 있다(육군본부, 병영 스트레스 원인과 대책 1999:51~95 요약).

(1) 심리 관련 스트레스 유형

병영생활을 비롯한 군 조직에 있어서 부대원들의 사고방식, 감정 등과 같은 정신적 측면에 관련된 요소이다. 특히 부대생활을 하면서 흔히 겪는 감정인 적대감, 낮은 자존감, 완전주의적 경향, 우울증적 증산 등은 스트레스를 불러일으키는 대표적인 심리적 요인이라 할 수 있다. 적대감에 의한 스트레스는 상급자의 가혹행위, 욕설, 또는 정신적·물리적 압박에서 비롯된 개인적인 분노와 여기서 한 걸음 더 나아간 적대감(앙심)으로, 자신이 개인적으로 가지고 있던 가정환경에 대한 비관 등 비교적 사건과의 관련성이 낮은 뜻밖의 원인과 결부되면서 걷잡을 수 없는 비극적 사고를 낳을 수 있다.

또한 군대의 특성 중 하나인 완전주의적 사고에서 오는 스트레스는 끊임없이 요구하는 '만족할 줄 모르는 상급자', 자신의 개인적인 부분까지도 엄정한 규정에 의해 통제되는 부대 분위기 등의 완전주의적 사고방식은 심각한 부대 스트레스 유발 요인으로 작용하게 된다. 우울 상태에서는 침울하고 슬픈 감정이 자주 느껴지며 불행감, 공허함, 좌절감, 무기력감, 죄책감, 절망감을 느끼게 되며 주의 집중력과 사고력 및 판단력이 저하되어 훈련이나 업무수행에 차질을 빚게 된다.

(2) 환경 관련 스트레스 유형

조명, 소음, 온도, 행정반 및 내무실 등의 구조 및 대인관계에 있어서의 공간 설계에 이르는 부대 환경적인 측면들이 스트레스 요인이 될 수 있다.

(3) 조직 및 업무 관련 스트레스 유형

앞에서 논의한 다른 요인들은 대체로 느낄 수 있는 것, 볼 수 있는 것, 들을 수 있는 것들인 데 반해 조직 및 업무 관련 요인은 대개 그러한 '감각할 수 있는' 성질은 아닌 것 같다. 오히려 이 요인은 무형적인 것이고 보이지 않는 것이며, 여간해서는 잘 느껴지지도 않는 부분일 가능성이 높다. 하지만 군이라는 존재는 군대의 조직적 목표와 개개인의 목표가 동시에 존재하는 이중적 가치체계이며, 부대원들은 반드시 정해진 규칙과 논리에 의해 정확하게 움직이지만은 않는다. 즉, 상급자가 의도하는 대로 철저히 기계적으로 움직이는 것이 아니라 '모든 개인은 다르다'라는 바탕에서 발전과 진화하는 조직이며, 한두 사람이 모여 만든 사적인 법인체가 아닌 복잡하고 거대한 불확실성의 체계라는 데서 조직 및 업무적인 측면에서 많은 스트레스원이 작용한다는 것을 알 수 있다.

(4) 부대원 신상 관련 스트레스 유형

이는 조직의 영향에 의한 스트레스가 아닌 그 자신만의 문제로 고민하는 것으로, 이러한 조직원 개인의 문제가 스트레스를 유발하는 경우를 말한다. 흔히 내무실에서 '고문관'이라고 불리는 사람, 항상 상급자로부터 구박을 받는 사람 등이 이러한 유형에 속한다. 물론 군대에서 업무나 훈련은 하루아침에 능숙해지는 것이 아니지만, 자신의 능력이 역부족이거나 그에 대한 자신감이 결여된 경우에는 초조, 긴장, 스트레스, 무기력, 우울 등을 동반하게 되며 심한 경우 자학, 자살 등의 중대한 부대 사고로 이어지는 경우도 많다. 사고 유형 분류에서 '복무 부적응', '비관' 등으로 사고원인을 분석한 경우는 대개 능력과 경험의 부족 및 그에 대한 집착으로 인한 것이다.

(5) 군대조직 외부의 스트레스 유형

앞서 군대조직 내에서의 여러 스트레스 요인을 알아보았다. 그렇다고 해서 군대의 외부환경 요인은 스트레스원이 되지 않는 것은 아니다. 바로 위에서 논의하였던 '애인의 변심', '가족원의 사고'와 같은 개인의 생활사건의 변화에서 상당 부분이 부대의 외적 요소와 연관되어 있음을 확인할 수 있다. 가족들의 소식, 경제적 형편(불우한 가정환경), 애인, 학교, 종교집단, 친구 등과 같은 부대 외적 인간관계 등 여러 가지 부대 외부의 요인들이 내적 요인들과 함께 스트레스를 유발할 수 있다.

3) 병영 스트레스가 장병들에게 미치는 영향

부대에서 발생하는 병영 스트레스는 조직의 긴장상태를 조장시킨다. 조직은 그 긴장상태를 감속시키기 위하여 유·무형의 조직적 대응을 하게 되며, 이러한 일련의 긴장과 대응 과정에서 조직원들의 개인적 스트레스의 정도가 유발되고, 이렇게 유발된 스트레스는 개인의 긴장상태를 더욱 가중시키게 된다. 이때 긴장상태에 대응하는 개인의 대응방법이나 수준에 따라 부적응적인 행동패턴들이 발생하게 되는데, 이것이 바로 자살, 탈영, 그리고 폭행 같은 사고를 유발할 수도 있다. 이처럼 병영 스트레스는 군조직의 단결과 사기를 저하시키는 범죄적 행동이라는 결과를 발생시킬 수 있음을 짐작할 수 있으며, 이를 예방하기 위해 전문가의 배치가 중요하리라 본다.

5 군과 인권

1) 인권의 개념과 의의

인권(Human Rights)이란 인간의 권리를 줄인 말로서, 보통 "인간이 인간답게 살아가기 위한 누구나 마땅히 누려할 권리"로 정의된다. 세계인권선언(1948)은 다음과 같이 인권에 대한 구체적이고 명확한 기준을 제시하고 있다. 첫째, 인권은 인간이 갖는 기본적인 권리이다. 둘째, 인권은 인간이 갖는 보편적인 권리이다. 셋째, 인권은 약자를 위한 권리이다. 넷째, 인권은 책임을 동반한 권리라고 규정지었다(국방부, 장병 기본권 지침서, 2006).

오늘날 대다수의 사회가 인권의 가치와 보편성을 수용하고 있지만, "과연 무엇이 인권인가?"에 대한 논쟁은 아직도 계속되고 있다. 그만큼 인권의 종류와 범위는 다양하다. 시대가 변함에 따라 새로운 인권 문제가 계속 발생하기도 한다. 인권의 유형을 분류하는 데 큰 테두리 역할을 하는 것이 유엔이 지금까지 만들어온 각종 국제 인권 규범들이다.

우리 군에서는 현재 '기본권(基本權)'이라는 용어를 주로 사용하는데, 인권이 인간의 본성에서 나오는 자연권을 의미하는 데 비해 기본권은 헌법이 보장하는 국민의 기본적 권리를 지칭한다(국방부, 장병 기본권 지침서 2006). 기본권과 인권은 그 내용이 대부분 일치하므로 이를 동일시해서 보아도 무방할 것이다. 「대한민국 헌법」 제10조에서는 "모든 국민은 인간으로서의 존엄과 가치를 지니며, 행복을 추구할 권리를 갖는다. 국가는 개인이 가지는 불가침의 기본적 인권을 확인하고 이를 보장할 의무를 진다."고 규정하였다.

기본권은 인간이 가지는 불가침의 권리이므로 국가권력은 기본권을 최대한 보장하고 존중할 의무를 가지며, 기본권의 본질적 내용은 어떤 경우라도 침해될 수 없다.

오늘날 유엔은 인권 보장의 측면에서 가장 중심적인 국제기구로 자리 잡았다. 한편 인권의 실질적 보장과 확대를 위해 노력하는 또 다른 축은 시민사회이다.

각 나라별로 또는 국제적으로 시민은 자발적인 단체를 조직하여 인권옹호 활동을 전개하고 있다. 최근 인권 NGO들은 전문성과 헌신성, 회원들의 자발성에 힘입어 대단히 중요한 세력으로 성장했다.

우리나라에서 인권의 법적·제도적 보장의 역사는 1948년 대한민국 헌법 제정과 함께 시작되었다고 볼 수 있다. 이후 한국 사회에서 인권의 발전은 민주화의 역사와 궤를 같이해 왔는데, 역사적으로 인권은 민주주의의 발전에 중요한 원동력을 제공하였고 민주주의가 발전한 만큼 인권도 증진되었다.

그러나 국내외적으로 이러한 긍정적인 변화와 발전에도 불구하고 우리나라의 인권 현실은 여전히 국제기준에 뒤떨어진 것으로 평가받고 있다. 2001년 11월, 국가인권위원회의 출범은 우리나라의 인권과 민주주의 발전 역사에 큰 의미를 지닌다.

2) 군과 인권(기본권)

현대사회의 모든 국가는 헌법 및 이에 따른 군사법규에 근거를 두어 군을 국가제도로서 설치, 운영하고 있다. 국민의 안전 확보 및 인권 보장이라는 국가의 기본적인 존립 목적을 달성하기 위하여 군 조직 및 운영은 불가피하기 때문이다.

국가제도로서의 군 조직은 이러한 목적을 구현하기 위해 다음과 같은 특성을 갖는다. ① 인적 특성으로서 병역의무의 부과에 의한 강제적 편성에 기초하고 있다는 점, ② 조직적 특성으로서 엄격한 명령, 지휘체계가 확립되는 상명하복식 조직이라는 점, ③ 군사기밀 유지의 필요성 등으로 인해 다른 집단에 비해 폐쇄적인 집단이라는 점, ④ 기능적 특성으로 일반 행정과는 달리 상시 무장력을 준비하고 유사시에는 이를 행사하는 기능을 갖는 조직이라는 점, ⑤ 목적적 특성으로서 무력에 의해 국가 방위를 수행해야 하는 조직이라는 점, ⑥ 수단적 특성으로서 국가 방위가 가능할 정도의 고도의 무장 수준을 유지하는 조직이라는 점을 들 수 있다(국방부, 장병 기본권 지침서, 2006).

이와 연계하여 군 조직의 목적과 장병 기본권과의 관계를 살펴보면 군이 무력이라는 수단으로 지키려고 하는 대상은 국가이다. 국가는 최고법인 헌법에 의해 다스려지며, 군대도 헌법에 의해 설치된다. 헌법질서의 수호를 사명으로 하고, 그 질서 안에서 규율되는 조직인 군대 내에서 장병은 기본적으로 일반 국민과 같은 지위에 있으며, 당연히 인간으로서의 권리도 향유되며, 헌법의 핵심인 기본권의 보장은 장병에 대해서도 마찬가지로 적용되어야 한다. 그러나 군인은 기본권 보장의 특수성이 있다(국방부, 장병 기본권 지침서, 2006).

(1) 군인은 특별권력관계와 신분의 특수성이 있다

국가의 안전을 보장하기 위한 목적에서 나오는 군의 특수성에 따라 군인의 기본권에 대한 제한은 일반 국민의 기본권에 대한 제한과 다른 특징을 갖고 있다.

즉 당연히 인권을 누리는 국민의 일원이기는 하지만, 헌법에서도 군인과 국가에 대해 병역관계(헌법 제39조 등)나 공무원근무관계(헌법 제7조) 등과 같은 특수한 질서를 가진 생활관계로서 규율하고 있다.

(2) 군인의 기본권 제한의 한계이다.

군인의 기본권 제한은 군의 특수성에 따라 일정한 기본권에서만 정당화될 수 있다. 군은 헌법에 명시된 바와 같이 국가의 안전보장 및 국토방위라는 막중한 임무를 수행하기 때문에 군인의 자유와 권리는 일정 범위 안에서 불가피하게 제한될 수밖에 없는데, 그러한 경우에도 상급자의 일방적인 지시나 군 내부의 지침이 아니라 국회에서 의결한 법률의 형식으로써만 가능하다.

(3) 현행법상 군인의 기본권 제한은 아래 경우와 같다

헌법에 의한 제한은 노동3권의 제한, 국가 배상청구권의 제한, 현역 군인의 문관 임용 제한, 재판청구권의 제한, 정치적 중립성을 들 수 있으며, 하위 법령에 의한 제한 사항은 정치적 기본권의 제한(언론, 출판, 집회, 결사의 자유), 직업의 자유 제한, 거주 이전 자유의 제한, 표현의 자유와 알 권리의 제한 등 기본 제한 사항이 있다.

3) 병영 내 기본권 침해 사례

앞에서 기술된 바와 같이 군인의 인권은 원칙적으로 일반 시민과 동등한 수준으로 보장되어야 하나, 군의 임무 수행에 필요한 경우에는 헌법과 기타 법령에 의해서 제한될 수 있다는 점을 확인한 바 있다.

이제 구체적으로 병영 내에서 발생하는 기본권 침해 사례를 국방부에서 발표된 「장병 기본권 지침서」 내용을 중심으로 언급해 보고자 한다(국방부, 장병 기본권 지침서, 2006).

(1) 폭행과 상해

폭행과 상해는 일반 사회나 군대를 막론하고 신체적 자유라는 가장 기초적인 기본권을 침해하는 대표적 행위이나, 상명하복의 위계질서나 군기의 확립을 요구하는 군대의 특성상 가장 많이 발생하는 형태이다. 주요 이유로 군기 확립 및 교육을 목적으로 한 영내 폭행, 부하의 동기 유발을 이유로 한 폭행, 개인적인 감정으로 하급자를 상습적으로 괴롭히는 등의 사례가 다수 존재한다.

(2) 가혹행위와 강요행위

직권을 남용하여 학대하거나 가혹한 행위로서 개인의 정신적·육체적 안전을 침해하는 명백한 기본권 침해 행위이다. 그 사례를 살펴보면 정신교육이나 하급자의 잘못을 고친다는 명목으로 행하여지는 가혹행위, 교육훈련 과정에서 불합리하게 행해지는 가혹행위, 얼차려의 명목으로 가해지는 가혹행위, 권한이 없는 자에 의해 가해지는 얼차려, 규정에 위배된 얼차려, 참을 수 없는 수준을 넘어 육체적·정신적 고통을 준 경우, 단체 얼차려 행위 및 병사 상호간의 지시·간섭 금지, 간부의 부당한 지시 등의 사례가 존재한다.

(3) 성추행, 성희롱 등의 행위

젊은이들이 성장환경과 군복무환경의 특성상 많이 나타나는 형태이다.

군대 내에서는 선진국의 사례와 달리 동성 간의 합의에 의한 성관계 역시 군형법상 추행죄로 처벌됨과 같이 성추행에 대하여 매우 엄격한 실태이나, 그 사례는 점점 더 증가하는 추세이다. 또한 성희롱은 언어적 행위, 육체적 행위, 시각적 행위, 기타 행위로 다양하게 분류되어 금지 지침 및 처벌 규정을 담고 있다. 과거에는 군 특성을 고려하여 은폐하거나 숨기고 넘어가는 형태가 대부분이었으나 현재는 그렇지 않다. 특히 성추행 등의 사고 조사 과정에서의 기본권 침해 사례 등도 발견되고 있다.

(4) 위법한 징계에 의한 기본권 침해

징계처분은 장병을 막론하고 이를 당하는 자에게는 심대한 불이익이 된다. 특히 병사의 경우에는 이러한 절차를 무시한 채 징계위조차 개최치 않고 시위관에 의해 징계처분 등을 내리는 사례와 같이 병사의 기본권 제한의 큰 공백 분야이다.

절차를 위반하는 사례, 부당한 양정 등의 사례도 있으며 기타 군 수사기관에 의한 기본권 침해 행위, 군사법원 및 군 행형기관에 의한 기본권 침해 행위도 다수 발견되고 있다.

4) 기본권 침해 시 구제 제도

이러한 기본권 침해 상황이 발생했을 때 피해자는 고충처리 제도나 인사소청 제도, 군 형사법 절차 등을 통해 처리하는 구제 절차가 있다. 이러한 구제 절차를 세부적으로 살펴보면 ① 피해자가 기본권 침해 상황이 발생했을 시 직접 신고(고소)하거나 제3자에 의한 신고 행위, ② 고충처리 제도 이용, ③ 인사소청 제도 이용, ④ 국가 인권위원회에 대한 진정 등의 구제 제도가 있다(군 인사법 제51조의 3, 고충처리).

그러나 군 조직의 특성상 구제 제도의 효율적인 활용이 제한되는바 지휘계통 내 해결방안, 활용 가능한 제도적 장치 마련, 군 조직 내 민간전문가 등을 편성해 주는 일 등도 중요한 과제이며 방안이다.

5) 장병의 인권 보장을 위한 법적·제도적 장치

국방부에서는 병영 저변의 실상과 사고 사례를 기반으로 장병의 인권 보장을 위한 각종 제도적 장치를 지속적으로 발전시키고 있다.

(1) 군인복무기본법 제정

군인복무규율, 병영생활규정, 병영생활행동강령 등 장병 기본권 보장 및 의무에 대한 산재한 규정을 법률로 통합하여 장병들의 기본권과 지휘관의 지휘권을 보장하고 장병 기본권을 침해하는 잘못된 관행을 규제하기 위하여 군인복무기본법을 제정(2007년 7월 18일 국무회의 의결)하고 시행령과 시행규칙을 작성하였고, 현역 장병의 복무 근간인 군인복무규율을 생활화하기 위하여 국군병영생활규정을 재작성 중에 있다. 그리고 국방부 훈령 제106호(2009.5.19) 「부대관리 훈령」과 제891호 「군인복무규율 준수 생활화 훈령」 등도 발간하여 선진 병영문화 창출을 위한 노력을 기울이고 있다.

(2) 군 인권 담당 부서 및 직위 신설

국방부는 장병의 기본권 증진을 위해 조직과 제도를 지속적으로 발전시키고 있다. 2006년 1월, 국방부 본부에 인권담당관실을 신설하여 기본권 정책 및 장병 기본권 증진 업무를 전담토록 하였고, 2007년 12월에는 각 군 본부에도 인권과를 설치하였다. 이를 통해 군 인권 정책 및 장병 인권 증진 계획을 수립, 시행할 수 있도록 하였으며, 국방부 인권교육 지침을 하달한 바 있다.

(3) 국민고충처리위원회 내 군사소위원회 설치

군 고충처리에 대한 투명성·전문성을 제고하기 위하여 국민고충처리위원회 예하에 군사소위원회를 설치하여 장병 인권보장에 관하여 민간 참여를 통한 민·군간 공감대를 형성하였으며, 국방부에서는 장병 기본권, 고충/민원처리에 대한 교육 및 홍보를 강화하고 있다.

(4) 복무 부적합자 관리제도 개선

군복무 부적합자 입대 차단을 위하여 병무청에서부터 징병검사 시 인성검사 강화 및 희귀/난치성 질환자 분류체계 개선 등을 통한 현역 부적합자 선별 능력 제고 방안 강구와 징병 검사체계 보완, 현역 부적합자 조치절차 개선 등의 노력을 경주하고 있다. 특히 이를 위해 신병교육대에서 5주간의 신병교육기간 동안 지휘관(자)의 관찰을 통하여 발견된 부적합 인원을 보충역으로 역종 변경시켜 자대에서의 지휘 부담을 경감토록 하고 있다.

(5) 기타 활동

병영 내 복무 부적응자에 대한 상담의 전문성을 제고하고, 사고예방에 관한 조언 및 심리치료를 위해 전문자격을 갖춘 민간 전문상담가를 채용하여 운용하는 등 민간 전문가에 의한 '병영생활 전문 상담관' 제도를 신설하여 운영하며, 병영시설 개선과 사고 전산관리 시스템 구축, 자기계발 여건 조성 등의 병영문화 개선활동을 적극적으로 추진 중이다.

6 군복무 부적응 장병의 이해

1) 부적응의 의미

군대에서의 적응이란 입대 후 실 근무지에서의 생활적응을 말하며, 생리적·사회적 적응을 통하여 군 생활에 안정감, 행복감을 느끼고 군 조직 내에서 부여하는 임무에 대하여 사명감, 의무감, 희생정신을 가지고 그 직책과 직무에 만족하는 태도를 가지는 것이라고 할 수 있다. 반면 부적응이란 그러하지 못하는 경우의 심리적 문제로서 개인의 생리적·심리적 요구를 저해하는 환경적 장애요인을 극복하지 못하고 환경의 변화하는 조건에 잘 맞추지 못하는 것을 말한다.

군대에서의 부적응은 군의 가치나 규범에 일치되고 수용되는 행동을 못하거나 대인관계 또는 부대환경에 대한 개인의 행동양식이 불균형 상태에 있는 행동을 뜻한다. 이는 개인이 자기욕구를 만족시키지 못하였을 때 심리적 긴장이 발생하고 마음의 균형이 상실되어 불평불만, 절망, 무능력, 자포자기, 소극적이고 부정적 감정을 갖게 되므로 결국 부대나 개인에 유해한 결과를 가져오게 된다.

2) 부적응의 발생 요인

군 생활은 일반 사회생활과는 달리 특수한 환경과 여건, 특별한 조직 내에서 일반법이 아닌 강력한 군 형법에 의해 운영되는 관계로 일반 사회의 부적응자와는 큰 차이가 있다. 따라서 부적응자 발생 요인도 일반사회의 구분과 달리하여 군 특수상황에 의한 요인과 사회적 변천과정에 의한 요인, 그리고 환경적 요인을 중심으로 살펴보도록 한다.

(1) 군 특수상황에 의한 요인

군 조직의 특성은 특별권력관계를 특징으로 하는 획일적 강압/강력성에 의해 군 임무수행과 군이 목표하는 통합질서 체계를 확립하고 있기 때문에 일반사회의 단순한 상하관계와는 달리 엄격한 명령복종 관계에 입각한 강제적·강압적·획일적인 지시를 통하여 군의 전체적 통일성을 기하게 되는 것으로, 인간의 잠재적 또는 대항적 제 욕구가 장애에 직면하게 됨으로써 노출되는 부적응자의 다각적인 양태를 직관할 수 있다. 또한 군 조직은 전체적 통일을 기반으로 하고 있기 때문에 개인의 다양성보다는 전체의 통일성을 강조하고 있다.

따라서 장병들은 사회에서의 다양했던 기본적인 제 욕구가 전체적인 통일성을 기초로 한 군 조직 내에서 강력한 규제와 통제를 받게 됨으로써 자기 욕구의 좌절감을 갖게 된다.

(2) 사회적 변천과정에 의한 요인

사회가 급격히 변화하고 고도로 발전하고 있는 가운데 문명의 이기는 날로 새로워지며, 유행은 시시각각 변화하고, 가치관의 변화도 상이한 가운데 사회 구성원 모두에게 접근하고 있다. 이러한 사회의 특별한 변천과정에서 성장한 신세대 장병들은 구세대의 흐름과 군의 특수성, 군대 문화 자체를 이해하지 못하고 갈등과 비판적 사고를 가짐으로써 군복무에 대한 불평과 불만, 회의로 군 생활에 대한 부적응 문제가 나타나게 된다.

(3) 환경적 요인

환경적 측면에서의 부적응자 발생 요인은 구성원 개개인의 가정적 환경, 개인적 특성(정신적, 신체적)과 소속부대 특성 및 자기의 직무, 부여된 임무 자체에 영향을 받아 신체적 또는 정신적 장애를 일으켜 일어나는 사례가 많다.

예를 들면 첫째, 가정환경에서의 가정불화, 우환, 가정빈곤 등의 문제가 있으며 둘째, 개인적 특성으로는 건강 문제, 이성관계, 처벌 우려, 부채관계, 금전적 요인, 향수, 염세적 요인 등과 셋째, 부패 환경적 요인으로 근무 염증, 상급자 폭행 등 사적 제재, 상관에 대한 불신, 과도한 업무지시, 무관심 등이 군복무에 대한 부적응 결과를 초래하게 된다.

3) 군복무 부적응 장병의 심리적 특성

현재 병사들은 국민의 의무에 따라 징집에 의해 충원되며, 모든 병사는 단순히 의무복무로서 일정한 기간만을 복무토록 되어 있고, 일부 단기복무 장교 및 부사관도 그러하다. 그렇기 때문에 군 생활에 대한 능동성과 적극성이 다소 부족한 편이며, 피동적이고 소극적인 생활태도로 나타나게 된다. 또한 신세대 장병의 특성에서와 같이 합리성과 정당성을 요구하고 일방적인 지시나 명령에 대한 무조건적인 거부반응의 경향이 강하다. 하지만 군대는 국가 안보와 전쟁을 대비한 특수한 상황 하에서 중요한 임무를 수행하기 위해 규율과 질서를 중시하고 명령과 복종의 상하관계를 분명히 하는 특성이 있다. 즉, 군대 조직은 강력하고도 철저한 계급구조에 의한 명령체계 조직인 것이다. 따라서 이와 같은 환경적인 변화들을 극복하지 못한 병사들은 복무 부적응의 문제를 보이게 되며 이는 불평불만, 불안, 공포, 분노, 심리적 혼란, 무력감 등의 정서적 반응으로 나타나 결국 폭행, 자해, 군무 이탈, 자살 등의 극단적인 행위로 나타나며 심지어는 엄청난 군기 이완 및 목숨을 잃는 대형 사고로 나타나고 있다. 그러므로 군 조직의 운영상 복무 부적응 장병의 관리 및 연구는 군에서 가장 중요한 과제 중의 하나이며 모든 부대관리에 선행되어야 한다.

이러한 군복무 부적응 장병들의 심리적 특성을 살펴보면 다음과 같다.

첫째, 군복무 부적응 장병들은 정신적·정서적으로 매우 불안한 상태이다. 심리적 갈등으로 긴장하게 되면 먼저 정서불안이 일어나게 되고, 그에 따라 모든 자극에 정상 반응을 보이지 않고 이상 반응을 보이게 되며 그 결과 불안을 더욱 조장시키는 결과가 된다.

둘째, 불필요한 공포감을 느낀다. 공포는 불안의식이 강렬할 때 느끼는 감정으로, 불안은 숨길 수 있으나 공포는 숨기기 어렵고 직접 행동 반응과 긴장을 수반하게 된다.

셋째, 강박감을 가진다. 신경과민 반응과 자학이 대표적인 현상이다. 그리하여 자기 자신을 무시하고 무능을 탓하는 등의 자학 현상과 다른 사람들을 불신하고 적응 곤란 현상을 가져오기도 한다.

넷째, 근무에 태만하고 요령을 부리며 매사에 불평불만이 많다. 주어진 일에 의욕이 없다 보니 의존적인 태도를 갖게 되고, 수심이 가득 찬 모습을 보이거나 보직을 바꾸어 주기를 요청하기도 하고, 때로는 자살이나 탈영을 하겠다는 엄포를 놓는 경우도 있다.

따라서 부적응 장병들의 심리적인 문제를 해결함으로써 각종 군기사고는 물론 그들의 생활에 권한과 힘을 부여하여 원만한 병영생활을 유도하고, 군의 무형전투력을 극대화하는 데 반드시 필요한 심리 상담기법 연구 및 치료기법을 초급 간부 및 관련 병사에게 교육시킴은 물론, 심리치료 등 내담자 및 관련자에 대한 전문적 개입 및 치료 등 전문가들을 이용한 군복무 부적응의 증상을 치료해 가는 방향은 매우 중요한 군 조직의 과제임이 분명하다.

7 군 사고 발생에 대한 이해

최근 국방부의 자료 등을 통한 군내 주요 사고들을 분석해 보면 일반사회의 범죄 증가 실태에 비해 상대적으로 획기적인 감소 추세임을 볼 수 있다.

이러한 현상은 자연발생적으로 우연히 감소된 것이 아니라 군 간부들의 소명의식과 책임감에 의한 부단한 노력으로 이루어진 결과이다.

그러나 사고건수의 감소 추세와는 달리 자살사고 등과 같은 인명손실 사고, 살인, 강도, 총기사고 등 대형화·흉폭화하는 사고가 증가 추세에 있다는 사실은 시사하는 바가 매우 크다. 특히 사회의 청소년 범죄가 매년 큰 폭으로 증가하고 흉폭화되고 있는 점을 감안해 볼 때, 이러한 현상이 군에 더 큰 영향을 미치며 점점 유입됨을 볼 수 있다. 군에서 발생하는 사고는 대부분 군기사고와 안전사고로 대별할 수 있으나, 본고에서는 연구목적상 군기사고 위주로 다루고자 한다.

인간이 지니고 있는 사고의 원인만 제거한다면 대부분의 사고 예방은 가능하다고 본다. 사고에 대해서 종래 사람들은 대부분 운명의 조화 또는 재수가 없어서 발생하는 것으로 생각하는 경향이 많았으며, 더욱이 피해가 수반되지 않은 경미한 사고에 대해서는 은닉해 버리거나 아예 원인조차 규명하려 들지 않는 등 무시하거나 소홀히 취급하여 왔다.

그러나 아무리 사소한 사고라도 그 원인을 제거하지 않으면 상상키 어려운 대형사고로 변해 간다는 사실을 명심해야 하며, 특히 군 특성에 기인한 각종 사고는 시대적 환경의 요구에 따라 보다 더 구체적이고 실질적인 예방활동이 선행되어야 할 것이다.

군내 사고 원인을 대별하여 분석하기 위해 먼저 신세대 장병들의 특성과 관련된 청소년의 사고 요인 분석을 통해 의무복무 장병들의 사고 잠재요인을 도출하고, 이를 토대로 군 내부적 요인으로 구분하여 살펴보고자 한다.

1) 청소년 범죄의 요인

최근 국가적·사회적으로 커다란 문제가 되고 있는 청소년 범죄 내지 비행청소년 문제는 우려의 범주를 벗어나서 대단히 심각한 상태에 이르고 있으며, 이러한 영향요소에 관련된 신세대 장병들에 대한 이해가 필요하다.

대개 청소년들의 사고는 개인적 또는 사회적 환경에 적응하지 못하여 일어나게 되는바 크게는 청소년을 사고로 밀어내는 배출 요인과 사고로 끌어당기는 흡인 요인으로 생각해 볼 수 있다. 먼저 배출 요인을 살펴보면 시대적 환경에 기인한 가정파괴, 폭력, 파산 등 가정환경의 요인, 학교 및 교육제도의 요인, 문화적 요인, 사회 구조적 요인, 통제 및 교정기관의 요인 등을 들 수 있다. 흡인 요인으로서는 친구집단 및 상호작용의 요인, 인터넷, 매스컴 등의 방치에 의한 요인 등으로 구분할 수 있으며 흉악, 폭력화 현상이 심화되고 있다. 이런 청소년들이 군대에 들어올 때 미치는 영향은 대단히 심각할 것이다.

2) 군 내부적 요인

전·평시를 막론하고 군 내부에서 발생하는 범죄행위 및 사고는 군대의 기강을 저해할 뿐 아니라 전투력 발휘에도 지대한 영향을 미친다.

군 조직은 국방이라는 특수 목적을 가지고 전투를 통하여 전승이라는 특수 임무를 수행해 나가는 조직적인 집단이기 때문에 그 목적상 전인격적 충성이 전제되므로 그 조직 구성원에게 고도의 통제와 규율이 행해지며, 많은 기본권이 제한되고, 사실상 감수해야 할 불이익이 통용되는 집단이라는 이유로 불합리한 행위가 당연시 되는 특성이 있다. 자율적이고 개방적인 사회에서 자유롭게 생활해 오던 청소년들이 군대에 입대하게 되면 조직사회에서 통제된 생활로 인해 수많은 갈등과 욕구불만을 느끼게 되므로 이로 인한 사고의 발생이 크게 우려된다. 이러한 사고의 원인을 살펴보면, 시대의 급격한 변화에 따라 나타나는 사회적 가치관 측면의 외부 요인과 군 내부의 문제로 야기되는 원인으로 구분할 수 있다.

(1) 가치관 및 사회적 측면 등과 같은 군 외부적 요인

고도의 경제성장에 기인한 급속한 사회 변화와 국민의 의식구조 및 생활양식의 변화로 야기되는 복잡다단한 사회문제가 사회 발전과 더불어 문제화되고 있으며, 전통적 질서에 대한 반발의식, 가부장 제도에 대한 도전, 개인주의 증대, 욕구불만과 과소비 행위 증대로 인한 허영심, 성도덕 해이 등 사회의 부도덕한 병리 현상, 무사안일과 나태한 생활 습성 등이 그 요인이 되며 이들이 입대함으로써 모든 면에서 상황과 환경이 다른 병영생활에 많은 문제점을 야기하고 있다.

(2) 군 내부적(부대적)인 요인

가장 직접적이고 사고와 관련이 깊은 군 내부적 요인에 대해 살펴보면 변화된 환경에 의한 스트레스, 복무 염증, 병영생활 부적응, 초급간부들의 리더십 미흡, 사적 제재에 따른 원인들이 연계되어 발생하게 된다.

국방부 및 각 군에서 분석한 원인을 살펴보면, 갑작스런 환경 변화에 적응하지 못하는 경우, 사회생활과의 단절로 인한 부적응, 상급자의 지휘 결함에서 오는 불만, 내무 부조리, 병사 상호간 심리적 갈등, 부대환경 여건 불비, 처벌 우려, 사적 제재 등이 내부적 원인으로 판단된다.

Chapter 02

국방조직 및 관련법의 이해

1 국방조직

1) 국방조직의 이해

현대를 가리켜 흔히 '조직의 시대'라고 부른다. 오늘날 인간은 태어나면서부터 조직의 구성원이 되며, 조직과 함께 살아간다. 정보화 사회로 발전하는 21세기에 접어든 현대에도 인간은 자신들의 공동이익을 추구하기 위하여 국가를 형성하고, 국가 이익을 최우선으로 하는 국가 목표를 설정하여 국가안전보장체제를 통하여 국가의 모든 역량을 결집하며 국가의 번영과 안전을 추구한다.

모든 국가는 국가 이익을 증진시키기 위해 국가 목표를 설정하고 국가를 발전시키며, 국가의 이익과 위협에 대응하기 위하여 국가 정책과 국가 전략을 수립하고 시행한다. 또한 국가는 국가안전보장을 위하여 국가안전보장체제를 구축하고 국가안전보장정책과 전략을 수립하고 시행한다. 국가안전보장이란 군사·비군사에 걸친 국내외로부터 기인하는 각종·각양의 위협으로부터 국가 목표를 달성하는 데 있어서 추구하는 제 가치를 보전·향상시키기 위해서 정치, 외교, 사회, 문화, 경제, 과학기술에 있어서의 제 정책체계를 종합적으로 운용함으로써 기존의 위협을 효과적으로 배제하고, 일어날 수 있는 위협의 발생을 미연에 방지하며, 나아가 발생한 불시의 사태에 적절히 대처하는 것을 말한다(합참, 군사용어사전, 2004:62). 즉, 국가안보는 정치·외교, 경제·과학기술, 사회·문화, 군사 등 국가의 모든 수단을 종합적으로 운용함으로써 기존 위협을 효과적으로 배제하고, 장차 일어날 수 있는 위협을 미연에 방지할 뿐만 아니라, 불의의 사태 발생 시 적절히 대처하는 것이다.

국방이라는 용어는 어의 상으로 국가 방위의 약어로서, 국가라는 용어와 방위라는 용어가 결합되어 있는 합성어이다. 보통 국방이라는 말은 국가의 방위, 국가를 방위하는 것 등으로 설명되고 있는데, 국가와 방위를 결합한 개념이다(민진, 국방행정론, 1992:11).

현대 국가의 3요소인 국민, 주권, 영토를 지키기 위해서는 국방이 필수 불가결한 전제가 된다. 즉, 국방은 대외적 위협, 특히 가상 적국의 무력행사에 대응하는 군사력 위주의 활동이다. 국방은 외부로부터 위협이나 침략에 대해 이를 억제 또는 배제함으로써 국가의 평화와 독립을 수호하고 국가의 생존을 보존하는 것을 말한다.

국방체제는 국방 목표를 달성하기 위하여 국방의 2대 기능인 군정(양병 기능)과 군령(용병 기능)을 통합하여 구성되며, 국방체제의 정상인 최고 통수권자(대통령)는 통수 권한과 책임을 헌법 절차에 의해서 계선조직인 군정·군령 통할기구와 군정·군령 집행기구를 경유하여 수직적으로 행사하고, 참모조직의 보필을 받게 된다.

군정·군령 통할기구의 국방장관은 국방체제 속에서 두 가지 신분상의 기능을 수행하는데, 통수계통상의 최고 통수권자인 국가원수로부터 군령업무를 지시받아 이를 통할·관장하는 한편, 행정부 내각의 일원으로서 군정업무를 통할 장리하되 이를 집행하기 위해서 내각의 자문이나 심의 또는 의결과정을 거친다.

군정·군령 집행기구는 국방장관의 명을 받아 국방업무를 집행하는 기구이며, 따라서 이러한 큰 틀 안에서 국방조직을 살펴봄이 중요하다.

군대의 주된 목적은 폭력의 행사와 관리이고, 군의 효율성은 전적으로 이것을 얼마나 잘 수행하는가에 달려 있다. 군대는 합법적인 권력의 이름으로 기능을 발휘하기 때문에 비적이나 폭도 같은 무장집단과는 구분된다. 또한 군대는 다른 정체(보통 국가)의 군대를 상대로 작전을 수행한다는 점에서 경찰과도 구분된다. 일반적으로 군대는 첫째, 폭력의 집단적 행사, 둘째, 합법성, 셋째, 전투의 상대가 다른 국가라는 세 가지 특징이 있다.

군대는 가정이나 회사 같은 사회조직과 다르기 때문에 그 구조와 기능에 있어서 극단적일 정도로 정형화(定型化)와 표준화(標準化)를 추구한다. 아주 초기부터 대규모 군대는 관료주의적 방식을 채택한 사회조직이었고, 예측성과 가측성을 인간행동의 규범으로 삼는다. 군대는 일종의 소사회(subsociety)를 이루어 전체 사회와는 가급적 독립되려고 노력한다. 군대는 자급자족 능력뿐만 아니라 기동성을 갖추어야 하고, 악조건에서도 생존할 수 있어야 한다. 군대의 이 같은 총체적 특징은 군대의 특징적인 구조체계를 요구한다.

2) 국방조직의 구조 및 특성

대체로 보아 군대는 현존하는 사회조직 중 가장 엄격한 기강을 요구하는 단체이고, 군대의 힘은 그 구성원(군인)을 얼마나 완벽하게 조직하느냐에 달려 있다. 이러한 점에 있어서 군대조직은 다른 분야에도 모범이 되어 왔다. 표준화, 지휘계통과 참모조직, 구성원의 훈련 등과 같은 초기 산업조직의 원칙들은 모두 군대에서 나온 것이다. 조직의 주된 기능은 복잡성을 단순화시켜 변화하는 현실에 대응하는 것이다. 군인들의 상황은 불확실성의 정도가 매우 크기 때문에 군 분야에서의 조직의 필요성은 특히 두드러지게 나타난다.

군 조직은 두 가지 단계를 거쳐 발전해 왔다. 첫 번째 단계는 조직의 단순화 과정으로서, 모든 문제를 기본적인 사항으로 압축시키는 것을 강조했다. 행동(훈련·일상 업무·의식)을 표준화하고, 기본요소(무기·편제 등)를 일원화하고, 위계질서를 통해 중심부에서 군사행동을 일괄지휘함으로써 군이라는 사회적 조직은 내부적으로 잘 단결되고 외부로부터 오는 충격을 이겨낼 수 있는 능력을 갖추게 된다. 두 번째 단계는 유연성이다. 군의 편제는 탈중앙집중화하여 다수의 장교들에게 권한이 위임되었고, 이들은 보다 진취적인 면을 보여줄 것으로 기대되고 있다. 이 새로운 모델은 내부의 결속력은 약화시키지만, 외부의 도전에는 보다 유연하게 대응시켜 주는 이점이 있다. 이 같은 발전은 현재까지도 계속되고 있다.

국방조직은 일반 사회조직과는 또 다른 특성을 갖고 있다. 그것은 국방조직의 임무, 규모, 체계구성 등이 매우 독특하기 때문이다. 첫째, 국방조직은 국가안보를 위해 군이라는 특수집단을 건설·유지 및 지휘하는 것을 주요 임무로 하며 항시 전쟁체제 관리라는 긴박성을 갖고 있으며 둘째, 국방조직은 거대규모의 인적·물적 자원을 사용하는 조직이고 셋째, 조직의 구성원이 민·군으로 혼합되어 있으며 기구 구성도 전투부대, 행정, 교육 및 지원기관 등 다양하다. 이러한 특수성을 갖는 국방조직의 관료적 성격을 원천적으로 이해하기 위해서는 다음의 주요 특성을 이해해야 한다(국방대학교, 국방정책과 제도, 2006:22).

(1) 국방조직은 국방이라는 서비스를 제공하는 체계이다. 일반적으로 정부조직의 기능이 국민에게 행정서비스를 제공하는 것과 마찬가지로 군사 시스템도 정부와 국민에게 국방이라는 서비스를 제공하는 것이 국방조직의 기본 임무이며, 이를 위하여 전투력이라는 무형의 제품을 생산하고 있다.
(2) 추구하는 목표의 달성 여부가 국가 차원에서 매우 중요하다는 것이다. 군사 시스템이 제공하고자 하는 국방이라는 목표는 국가의 안보를 결정하는 요소인 만큼 군사 시스템이 달성하고자 하는 목표의 중요성은 일반적인 조직이 추구하는 목표와는 상이하다.
(3) 국방 운영을 위한 비용은 국가예산으로 충당되며, 국가 재정에서 차지하는 비중이 매우 크다. 따라서 효율적인 국방 운영은 매우 중요한 국가적 과제이다.
(4) 조직 규모면에서 어떠한 조직보다 방대하며, 대규모 조직관리의 전형적인 방식인 관료주의에 근거한 운영이 기본 관리방식으로 채택되고 있다. 따라서 가장 효율적이고 경제적이어야 한다는 경영원리와 구조적 경직성을 유지하려는 이율배반적인 특성을 동시에 보유하고 있다.
(5) 국방조직은 조직구조상 다단계 지휘계선으로 매우 복잡하게 연결되어 있

으며, 지역적으로도 분산되어 있어 신속한 의사결정 전달체계 및 정보통신 체계 활용이 매우 중요하다. 그러나 다단계 지휘계선으로 인한 의사결정체계와 상의하달식의 경직된 구조는 신속한 의사결정과 정보통신체계의 활용을 오히려 저해하는 자체적인 모순도 안고 있다.

(6) 군사조직의 경영에 있어서 중요한 의사결정이나 지휘는 각 단위조직의 지휘관에게 권한이 집중되어 있다. 따라서 지휘관의 역량에 의해 조직관리의 성과가 지대한 영향을 받게 된다.

이러한 특성 이외에도 국방조직의 일반적인 특성으로 전통적인 관료주의 바탕하에 구조가 결정되고 운영이 이루어지고 있다는 점을 지적할 수 있다. 우선적으로 고려하여 팀제, 매트릭스(matrix) 구조, 모듈러(modular) 구조 등 많은 기법들이 제시되고 있는 반면, 군의 조직구조는 기능 배분과 지휘체계를 가장 우선적으로 분석하는 것만 보아도 쉽게 알 수 있다. 군 조직은 전시에 전투수행이라는 임무를 위해 지휘라는 개념과 효율적 군사력 건설 및 유지라는 점에서 경영이라는 개념이 공존될 수밖에 없는 조직이다. 따라서 부대관리 측면과의 갈등요인에 대한 조정과 합리적인 지휘와의 정리가 중요한 과제이다.

3) 한국군의 국방조직 발전 과정

1945년 8월 15일, 일제강점에서 해방 후 남한에는 미군이 진주하고 북한에는 소련군이 점령하여 군정을 시행하였다. 일제치하의 조선총독부 행정기구를 대부분 그대로 인수하였으나, 군사 면에서는 아무런 공식기구가 없다가 미군정 당국이 1945년 11월 13일 국방사령부를 설치하여 남한의 국방조직을 위한 업무에 착수하게 되었다.

그 후 1946년 1월 14일 국방경비대가 창설되었고, 1946년 3월 21일 군정청의 각국을 부로 개칭하게 됨으로써 국방사령부는 국방부로 승격되고 경무국은 경찰로 독립하게 되었다.

1946년 6월 15일, 군정법령 제84호에 의해 경비대 설치령이 소급 공포됨에 따라 비로소 국군의 전신인 국방경비대의 법적 근거를 마련하게 되었다. 1948년 7월 17일, 대한민국 헌법과 함께 공포된 정부조직법에 의하여 국방부가 행정부의 한 부서로서 공식 발족하게 되고, 동년 8월 15일 대한민국 정부수립 선포와 더불어 미군정이 종식되어 통위부의 행정은 국방부로 이양되었으며, 동년 9월 1일 경비대의 국군 편입이 이루어졌다. 1948년 11월 30일, 국군조직법이 공포되어 법적으로 국군은 육군과 해군으로 탄생하게 되었으며, 한국 공군은 1949년 10월 1일 육군으로부터 분리 독립하여 창군됨으로써 국방조직은 육군·해군·공군의 3군 군종체제를 이루게 되었다.

1950년 6월 25일, 북한이 남침할 당시 한국군은 8개 사단 정도의 육군과 소규모 전투부대를 가진 해군과 공군을 합쳐서 총 병력은 겨우 10만 정도였다. 한국전쟁이 발발하자 UN 안보리는 북한의 무력남침을 격퇴하기 위하여 1950년 7월 7일 UN군사령부 창설을 결의하고, UN군에 대한 군사지휘권한을 미국에 위임하였다. 동년 7월 14일, 한국군의 작전지휘권을 유엔군에게 이양하여 맥아더 장군이 UN 참전국 군대 및 한국군을 작전 통제하여 한반도에서 군사작전을 수행하게 되었다. 오늘날의 국방조직은 1988년 8월 18일 조직의 제반 문제점들을 검토·보완하여 합동군제를 채택하였다. 현 한국군 지휘계통은 대통령으로부터 국방부장관에 이르고, 국방부장관은 각 군 본부 및 국방부 직할부대를 통하여 국방행정을 수행하고 합동참모본부를 통하여 작전지휘를 하도록 되어 있다. 또한 각 군

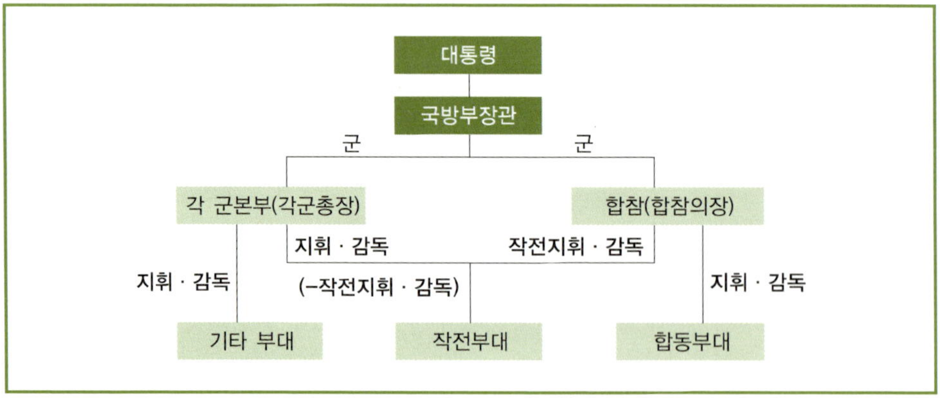

그림 2-1 | 한국군의 국방조직

본부의 작전지휘권을 배제하고 이를 합동참모본부에 집중시켜 놓고 있다.

각 군 참모총장은 작전지휘를 제외한 기타의 모든 지휘권을 행사하며 인사, 교육 및 훈련, 군수지원 등에 권한과 책임을 가진다.

통상 각급 부대의 편성은 지휘관과 참모로 편성되어 있으며 참모부서는 인사, 정보, 작전, 군수, 동원 그리고 기타 부서로 편성되어 있고, 주로 인사참모부에서 복지업무를 관장하고 있다.

4) 한국군의 현재 군 조직 구조

우리나라 군 구조는 합동참모본부, 육군, 해군, 공군, 예비전력 그리고 동맹군 전력으로 편성되어 있으며, 구분하여 정리하면 다음과 같다.

(1) 합동참모본부

합동참모본부는 작전부대를 지휘 및 감독하고, 합동작전을 위해 설치된 합동부대를 지휘하여 연합 및 합동작전을 수행한다. 현재 전시작전통제권 전환에 따른 준비를 위해 점차적으로 조직 및 능력을 보강하고 있으며, 한국군 대장이 지휘한다.

(2) 육군

육군은 국가보위의 주력으로서 평시에는 해군·공군과 함께 전쟁을 억제하고, 전시에는 모든 지상군 전투에서 승리하는 것을 임무로 하고 있다. 육군은 현재 육군본부와 2개 야전군사령부, 1개 작전사령부, 항공작전사령부, 특수전사령부, 수도방위사령부, 유도탄사령부와 이를 지원하는 부대로 편성되어 있으며, 군 사령부 예하에는 군단사령부 및 사단과 포병, 공병, 통신, 보급/정비 등 전투지원 및 전투근무지원부대로 편성되었다. 1, 3군 사령부는 전방의 전선을 담당하고, 2작전사령부는 그 이남의 책임지역을, 수도방위사령부는 서울 지역을 담당하고 있다. 또한 전후 50년 이상 유지되어 온 GOP 경계체계도 개선하여 첨단경계 장비를 편제한 경비여단이 담당하게 됨으로써 경계 병력은 절감하면서 경계의 질은 향상될 것이다(2008 국방백서, 2008:60~63).

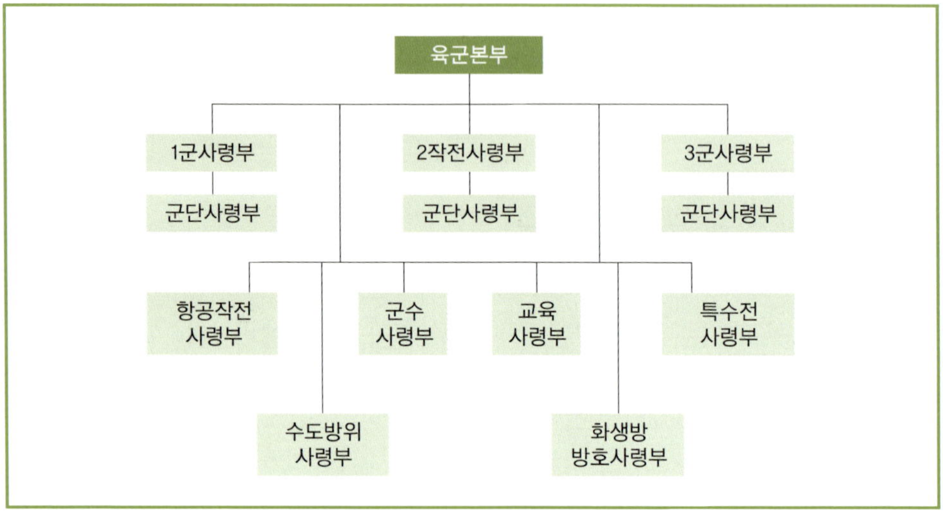

그림 2-2 | 한국의 육군 구성

(3) 해군

해군은 평시에 전쟁 억제 이외에도 해양에서의 국가주권과 국익을 수호하고, 국가 대외정책 지원과 국위 선양을 위한 활동을 수행한다. 전시에는 해양을 통제하고 국가 생명선인 해상교통로(SLOC)를 보호함으로써 우리의 해양활동은 보장하되 적의 해양활동은 거부하고, 적의 측·후방에 대한 기습 상륙작전을 수행한다.

해군은 해군본부, 작전사령부(3개의 함대사 포함) 및 해병대사령부와 이를 지원하는 부대로 편성되어 있다. 해군은 주요 전력으로 해병대를 포함하여 6만 7천여 명의 병력과 잠수함을 포함한 함정 및 항공기를 부유하고 있으며, 차후 잠수함사령부와 항공사령부, 기동전단체제로 보강/개편하여 기동형 부대구조로 발전시킬 예정이다(국방백서, 2006:82).

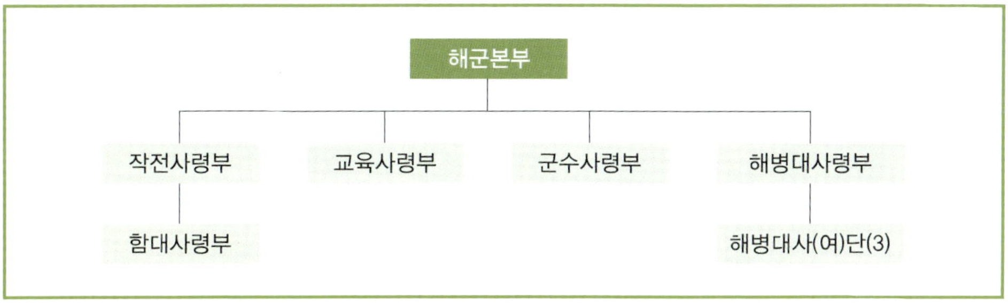

그림 2-3 I 한국의 해군 구성

작전사령부 예하에는 동해·서해·남해의 3개 함대사령부가 편성되어 있으며, 각 함대사령부는 책임해역 방어를 위하여 구축함, 호위함, 초계함, 고속정 등의 전투함을 보유하고 있다. 또한 작전사령부는 대잠전, 기뢰전, 상륙전, 구조전, 특수전 등 주요 성분작전을 수행하기 위한 함정 및 항공기를 별도로 보유하고 있다.

해병대사령부는 예하에 사단 및 여단으로 편성되어 있으며, 상륙작전 임무를 수행하기 위하여 수륙양용차 등 각종 상륙장비와 자체의 화력지원 수단을 보유하고 있다.

(4) 공군

공군은 평시 적의 징후를 감시하고, 적 도발 시 응징 보복 등 즉각 대응할 수 있는 고도의 준비태세를 유지하고 있다. 전시에는 공중 우세를 확보하여 적이 공중 공간을 사용하지 못하도록 거부하며, 적의 주요 전력과 잠재 전력을 파괴하여 전쟁 수행의지를 무력화시키며, 지상군 및 해군 작전을 지원한다.

공군은 공군본부와 작전사령부 및 이를 지원하는 사령부로 편성되어 있으며, 공군본부에는 비행단, 작전사 예하에는 남부전투사령부, 방공포병사령부, 방공관제단, 전투비행단이 편성되어 있고, 교육사령부는 훈련비행단을 운영하고 있으나 차기 부대구조는 한반도 항공작전의 효율성을 높이기 위해 북부사령부를 창설하여 2개의 전투사령부, 9개의 비행단, 1개의 방공포병사령부, 1개의 관제단 구조로 바뀔 것이다(2006 국방백서, 2006:83).

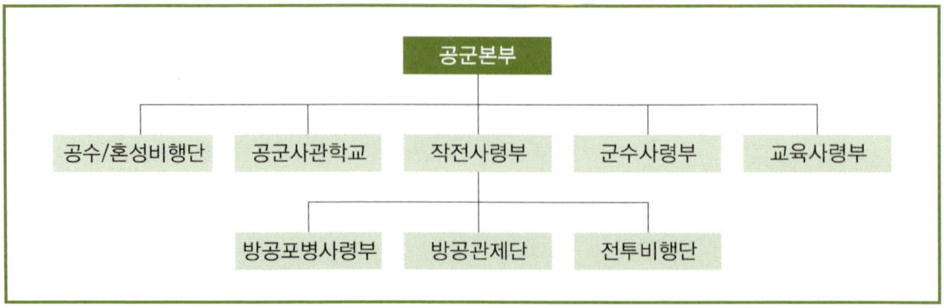

그림 2-4 | 한국의 공군 구성

(5) 예비군

예비군은 1961년 '향토예비군설치법' 등이 제정되었고, 1968년 1월에 북한 무장공비에 의한 청와대 기습 사건을 계기로 그해 4월 1일부로 창설되었으며, 현재까지 북한의 전쟁도발을 억제하는 데 큰 역할을 수행해 왔다. 예비군은 현역복무 등 병역을 마친 후 8년 차까지 복무토록 규정되어 있으며, 현재 약 300만여 명 수준을 유지하고 있다.

예비군의 유형별 훈련은 동원훈련, 동미참훈련, 향방기본훈련, 향방작계훈련, 소집점검훈련 등으로 나누어 실시된다.

(6) 한·미 동맹체제

한·미 상호방위조약에 근거한 한·미동맹과 한·미 연합방위체제는 지난 반세기 동안 한반도의 안정과 평화보장이라는 한·미 양국의 공동목표를 실현하고 국가이익을 증진하는 데 결정적인 기여를 해 왔다. 북한의 군사위협이 상존하는 한, 한·미 연합방위체제를 공고하게 유지하여 한반도에서의 전쟁 재발을 방지하는 것이 최우선적인 대미 군사외교정책이 되어야 할 것이다. 이러한 정책을 효과적으로 수행하기 위해 국방부는 한·미 안보협의회의(SCM : Security Consultative Meeting), 한·미 장관회담, 한·미 군사위원회회의(MCM : Military Committee Meeting) 등 미국 정부와의 각급 정책협의 및 공조기구를 통해 한·미 연합방위체제를 강화하고 유사시 미국 증원전력의 조기 전개를 보장하기 위한 시행방침들에 관하여 수시로 긴밀히 협의하고 있다.

2 군법

1) 군과 법

"사회가 있는 곳에 법이 있다."는 말이 있듯이 인간의 집단에는 그 조직과 조직의 질서유지를 위하여 법을 필요로 한다. 군 조직에 있어서 법의 존재의의는 특별하다. 군은 엄격한 위계질서, 신속 정확한 명령체계 등 군의 특수성이 존재하며, 법에 의해 군의 특수성이 보장되어야 한다. 다시 말해 군이라는 집단은 원래 전투를 고유임무로 하고 국토방위를 궁극적인 사명으로 하는 조직으로서 그 본질상 1인 장병의 질서위배행위가 전체 군대를 생명의 위험 속에 몰아넣을 수도 있으며, 나아가 국가의 존립 자체를 위태하게 할지도 모르므로 군은 다른 집단에 비하여 한층 고도의 질서유지를 요하며, 특히 상명하복의 군기가 철저히 지켜질 것을 요한다. 따라서 일반 민간집단에 통괄적으로 적용되는 법체계로서는 불충분하여 특별히 제정된 것이 군법이다. 광의의 군법이란 군 기관 또는 군인에게 적용되는 모든 법령을 말하며, 협의의 의미에서는 군인, 군무원에게 적용되는 사법적 제재로서의 군법을 말한다. 특히 최근 국내외적으로 급속한 가치 변화에 따라 국민권리의식의 비약적 성장, 군 장병의 인권의식 함양 및 인권보호 관심 증대, 가정 구성의 변화, 인터넷 시대에 군내 문제의 급속한 전파/확산, 기본권 침해 사건 발생 시 군의 기본업무 수행이 불가할 정도의 부작용 초래 등과 같이 군내 법치주의의 필요성이 증대되고 있는 실태이다.

군형사법은 통상 군형법, 군사법원법, 군행형법으로 구분한다.

법규의 체계를 살펴보면 다음과 같다.

표 2-1 | 법령 및 행정규칙의 체계와 집행

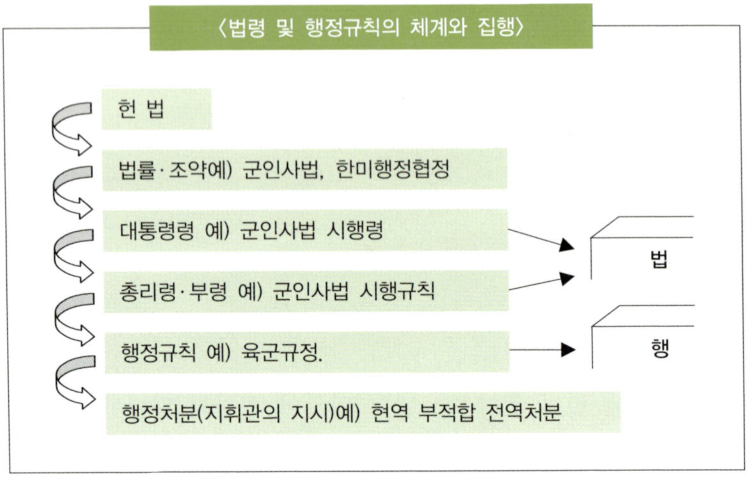

군 관련 행정규칙은 행정조직 내부의 기관이 발하는 것으로 업무처리의 절차와 기준을 말하며, 국방부 행정규칙은 국방부 훈령(국군교육이념, 국군병영생활규정 등), 국방부 예규(총기탄약관리규정 등)와 각 군의 행정규칙은 규정과 내규 등으로 규칙되어 있다.

2) 병영생활과 관련된 법률문제

(1) 상명하복체계의 보장과 그 한계

군인복무규율 제23조에서는 명령복종과 실행의무에 대해 상관의 명령은 엄숙히 복종하고 신속·정확히 실행하며 적시에 보고토록 하고 있다. 복종해야 하는 상관의 명령은 정당한 명령(적법한 명령)이어야 한다고 한 대법원의 판례가 있다. 명령복종의 제도적 보장을 위해 형사처벌(항명죄, 명령위반죄)과 징계처벌 및 보직해임 등의 인사 조치가 가능토록 하고 있다. 또한 위법한 명령에 대한 복종의무는 없으며, 오히려 위법한 명령자에게 형사책임을 지우고, 군인복무규율 제24조에 부하는 시정 건의, 상관은 수용 의무를 규정하고 있다.

(2) 명령과 지시/지휘책임 제도

명령이라 함은 상관이 발한 직무상의 지시(군인복무규율 제19조)라 한정하며, 직무 외의 지시는 강제력이 수반되지 아니하는 지시로 위반 시에도 하등의 처벌을 할 수 없다. 직무 외의 지시는 가급적 억제함이 바람직할 것이다.

지휘책임의 종류는 형사책임(형벌), 징계처분(행정벌), 보직해임(인사명령) 등이 있으며, 사고처리 신상필벌기준(국방부 훈령 : 02.3월 시행)을 적용하여 엄격히 시행하고 있다.

(3) 징계벌(처벌) 관련 사항

징계라 함은 특별권력관계에 있어서 그 내부질서를 유지하기 위하여 질서 문란자에게 특별권력을 가하는 제재행위를 말하며, 그 종류는 군 간부(장교, 준/부사관)를 대상으로 중징계(파면, 해임, 강등, 정직)와 경징계(감봉, 근신, 견책)가 있고 병에게는 강등, 영창(15일 이내), 휴가 제한(1회 5일 이내, 총 15일 이내, 근신) 등이 있다. 징계권자는 장관급 장교는 참모총장이, 장교/준사관은 연대장 이

표 2-2 | 징계처분의 효과

구분	종류	내 용
중징계	파면	• 5년간 공직 취임 불가, 퇴직금 50% 감액
	해임	• 3년간 공직 취임 불가, 퇴직금 삭감 없음
	강등	• 당해 계급에서 1계급 내림
	정직	• 1개월 이상 3개월 이내 기간 동안 직무종사 금지 • 정직 기간 중 봉급 감액 조치(2/3 감액)/호봉 승급 18개월 지연
경징계	감봉	• 1개월 이상 3개월 이내 기간 동안 봉급 감액 조치(1/3 감액) • 호봉승급 12개월 지연
	근신	• 평상근무 후 징계권자가 지정한 영내 일정 장소에서 비행 반성(10일 내) • 호봉 승급 6개월 지연
	견책	• 비행을 규명하여 장래를 훈계 • 호봉 승급 6개월 지연

상(연대장 : 경징계), 부사관은 대대장 이상(대대장 : 경징계), 병은 중대장 이상이 시행할 수 있다.

이러한 징계처분의 효과는 아래 <표 2-2>와 같다.

징계처벌 기록에 의한 불이익을 살펴보면 아래 <표 2-3>과 같다.

표 2-3 | 징계처벌 기록에 의한 불이익

구분	징계벌				형사처벌		과사실 보고	보직 해임
처분종류	중징계	경징계			선고유예, 벌금형	약식 명령		
	정직	감봉	근신	견책				
말소기간	7년	5년	3년	2년	7년	2년	2년	2년
감점기준	1회 낙천 2회부터 감점 5점	4점	3점	2점	1회 낙천	3점	참고	3점

징계사건 처리 절차를 살펴보면 다음과 같다.

징계권자는 징계 상신자에 대해 불문, 경고, 징계유예, 감경, 원결정 확인 등의 조치를 할 수 있다. 징계권의 행사(군 인사법, 동법 시행령, 육군징계규정)는 군인의 인권과 매우 중요한 관계가 있는 법체계로 군 인사법이 개정(06.10)되었다. 개정 이유는 징계사유와 종류를 명확히 하여 적법절차에 의한 징계처분으로 장병의 인권보장을 도모하는데, 그 주요 내용은 중징계의 종류로 해임을 신설하고, 정직과 감봉에 대하여 감액기준을 법정화(각각 2/3, 1/3 감액)하며, 인권담당 법무관제를 도입하는 등이 그 핵심이다.

병 징계 양정규정(육규 189, 징계규정)도 개정하였는 바 영창 위주의 과도한 징계방지 및 근신 의결 시 징계권자의 병과조치(얼차려 교육, 군기교육대 입소, 과외업무 등) 등을 규정하였다.

육군에서는 장병들의 병영생활 간 반드시 준수해야 할 기본적인 행동지침으로 병영생활행동강령(육군일반명령 제03-21호)을 제정하여 활용하고 있다.

(4) 법적 구제절차

부당하게 처벌된 사례에 대해 법적인 구제 절차를 살펴보면 다음과 같다.

첫째, 행정처분에 대한 불복절차로 징계항고제도가 있다. 징계항고는 징계처분 후 30일 이내에 장관급 장교가 지휘하는 차상급 부대에 제기하면 되는데, 인권담당법무관의 조력을 받을 수 있다. 인사소청 제도는 위법, 부당한 전역, 제적 및 휴직 처분에 대한 불복절차로 처분이 있음을 안 날로부터 30일 이내에 제기할 수 있는바 부사관은 군인사소청심사위원회(각 군 본부)에, 장교는 국방부 인사소청심사위원회에 인사소청을 할 수 있다.

행정소송은 행정심판 및 인사소청 결과에 불복 시 법원에 행정소송을 제기할 수 있으며, 행정처분에 대한 불복절차로 일반 행정처분의 경우는 행정심판, 전역/제적/휴직 등의 불리한 처분의 경우는 인사소청으로, 징계처분의 경우는 징계항고 등의 행정소송을 할 수 있다.

3) 군사법원 운영

(1) 개요

군사법원은 해방 후 국군 창설과 동시에 미국 법을 계수하여 군법회의를 운영하게 되었으며, 1987년 헌법 개정 시 군법회의를 군사법원으로 명칭하게 되었다. 법적 근거는 '헌법 제110조'로 군사재판을 관할하기 위하여 특별법원으로 군사법원을 두며, 군사법원의 상고심은 대법원에서 관할하고, 비상계엄 하에 군사재판은 원칙적으로 단심으로 규정하였다.

(2) 군사법원의 재판

군사법원은 형사재판만 재판하며, 그 외 사건(민사, 형사)은 재판하지 아니한다. 군사법원은 일반사회에서 인정되는 모든 범죄(군형법위반죄, 군사기밀보호법

위반죄)를 재판하고, 그 대상은 현역 군인, 군무원, 사관생도 및 후보생, 동원된 예비군 등이다.

① 군사법원의 심급

- 제1심 : 보통군사법원(통상 장관급 지휘부대에 설치)
- 제2심 : 고등군사법원(국방부에 설치)
- 제3심 : 대법원

② 재판부의 구성 : 재판관은 군판사와 심판관으로 구성

- 고등군사법원 : 재판관 3인 또는 5인으로 구성
- 보통군사법원 : 재판관 1인 또는 3인으로 구성하고, 심판관은 변호사 자격은 없지만 군의 특징을 대변할 군사지식이 풍부하고 법률에 소양이 있는 군 경력 20년 이상의 대령급 장교를 임명한다.

③ 군사재판은 공개를 원칙으로 하며, 피고인의 가족은 물론 일반인도 법원의 허락 하에 참여할 수 있다.

④ 상소제도는 재판의 결과에 대해 불복하여 상급법원의 재판을 구하는 제도로, 판결 7일 이내에 상급심에 요청할 수 있다. 고등군사법원의 판결 불복 시에는 대법원에 상고가 가능하다.

⑤ 변호사 선임이 곤란한 자를 위해 국선변호인 제도를 운영한다.

PART 2

군사회복지의 이해

Chapter **03**

군사회복지의 개념

1 군과 사회복지

1) 군과 사회복지의 관계

군대는 외부의 침략으로부터 국가를 안위하고, 국민의 생명과 안전, 그리고 재산을 보호하기 위하여 일정한 지휘체계 아래에서 군사력을 행사하는 국가의 중요한 안보기관 중의 하나이다. 이러한 군대도 21세기 정보지식 기반 사회에서는 다른 조직과 마찬가지로 정보지식 기반 중심으로 변화하지 않을 수 없다. 무기체계의 첨단화뿐만 아니라 국방관리 측면에서도 과학화와 전문화를 지향하게 된다. 이러한 시대적 변화와 추구는 중·장기 차원에서 군대 인력을 어느 정도 감축할 수밖에 없으며, 궁극적으로 군대의 양보다는 질을 중요시할 수밖에 없게 된다.

이런 추세에 비추어 볼 때 앞으로 우수한 직업군인에 대한 사회적 요구는 더욱 강해질 것이다. 그렇기 때문에 국가는 이에 대해 미리 대비하지 않으면 안 되며, 군인가족들의 삶의 질에 대해서도 관심을 갖지 않으면 안 된다. 왜냐하면 우수한 인력을 군대 조직원으로 뽑기 위해서는 군인들의 복지에 대해 관심을 두지 않을 수 없기 때문이다. 아울러 한 민족의 아픔인 남북 대치 상황에서 의무복무를 이행하지 않을 수 없는 일반 사병들의 다양한 복지 욕구에 대해서도 국가적 차원에서 대응하지 않으면 안 될 것이다.

2) 군사회복지의 필요성

군 조직에서도 일반사회에서 중요시되는 사회복지에 대한 필요성이 적극적으로 제기된다. 그렇다면 군사회복지는 왜 필요하며, 과연 군 조직의 유지와 발전에 반드시 필요한 것인가? 이에 대해 설명하면 다음과 같다(조흥식, 2007).

첫째, 무엇보다 군사회복지는 국가 안보에 기여하기 때문에 군대에서 반드시 필요하다. 군사회복지가 군 조직에서 필요한 이유는 군인에 대한 지원이 단순히 군인 개인과 가족의 혜택에 그치는 것이 아니라 사회, 나아가 국가적으로 안보라는 중요한 의미를 내포하고 있기 때문이다. 특히 군사회복지 정책은 국방력 강화와 밀접한 연관이 있다. 국민의 생명과 재산을 지키는 국방과 안보는 거저 주어지는 것이 아니며 반드시 대가를 지불해야 하는데, 국토방위에 공헌하는 군인에 대한 국가 차원의 배려는 군의 사기를 증대시킬 것이며, 이는 곧 국방력의 강화라는 결과를 가져오게 되기 때문이다.

둘째, 군사회복지는 사회통합에 기여하기 때문에 반드시 필요하다. 군인은 근무 특성상 장기간 격리·통제된 상태에서 생활하므로 사회적응 능력이 다소 떨어지기도 한다. 직업인으로서 장기복무 군인과 민간인의 근무조건을 비교하면, 직업군인은 일반사회와 직무연계성이 없는 일을 수행하며 일반 민간인이 생각하는 것과 달리 직업 안정성 측면에서도 짧은 정년 제도를 가지고 있다. 즉, 진급을 하지 못할 경우 40대 중반에 실직할 수밖에 없다. 또한 평시에도 실제 전투와 같은 훈련을 실시하므로 항상 위험에 노출되어 높은 재해가 발생한다. 무정량 근무시간과 각종 훈련으로 인한 정상적인 출퇴근이 보장되지 않으며, 잦은 이사와 더불어 격·오지 위주의 근무환경이 군 직업을 어렵게 하는 이유이며, 자녀교육문제로 인한 별거생활과 그에 대한 추가비용이 부담된다. 따라서 국토방위에 젊음을 바친 제대군인인 경우에는 국가가 원활한 사회복귀를 도울 수 있고, 제대군인과 직업군인의 가족들에게는 적절한 사회안전망을 지원하도록 하는 군사회복지는 당연히 군인과 그 가족들의 사회통합에 기여할 수 있기 때문이다.

셋째, 군사회복지는 국가 경쟁력 강화에 도움을 주기 때문이다. 군사회복지 정책은 군 인적 자원의 개발과 활용을 통한 국가 경쟁력 강화에 도움이 된다. 군사회복지를 잘 제공함으로써 군인이 보유하고 있는 경험과 지식을 필요로 하는 사회의 각 부문에 이들 인적 자원을 적절히 연계하는 범국가적 연계 체제의 구축은 인적 자본에 바탕을 둔 경제 발전의 원동력이 될 것이며, 나아가 국가 경쟁력 강화에 큰 보탬이 될 것이기 때문이다.

넷째, 군사회복지는 군인, 특히 사병의 인권 향상에 기여하기 때문이다. 최근 들어 군대 가혹행위 및 폭행, 군대 자살 문제가 대두되면서 군인들의 인권문제가 제기되고 있으며, 여기에 군사회복지의 필요성 또한 크게 부각되고 있다(박영란 외, 2001). 한국 남성이라면 누구든지 군복무과정을 겪게 되고 그들의 군 생활이 남은 인생을 좌우할 정도로 군대 내의 정신적 문제 및 복지서비스가 필요한데, 군사회복지 정책은 이를 지원함으로써 인권 향상에 기여하기 때문이다.

다섯째, 군사회복지는 군인과 그 가족의 고충처리와 고민거리를 잘 해소시켜 주기 때문이다. 군사회복지는 상관과 부하들의 원활한 관계 유지와 갈등을 조정하며, 사병들의 가정문제나 개인의 여러 문제들에 대한 해결 노력을 도와주기 때문이다. 아울러 하사관, 장교, 제대군인 등이 갖는 여러 가지 개인 문제와 군인가족들의 고민거리를 해소시켜 주는 다양한 복지서비스 개입과 프로그램을 제공해 주기 때문이다.

여섯째, 군사회복지는 건강한 군인과 건강한 군인가족들을 위해서 반드시 필요하다. 특히 우리나라 군병원에서 군의료사회복지 제도가 반드시 도입되어야 할 이유는 다음과 같다. 1) 우리나라의 사회복지사업법을 보면, 제2조(정의) ①항에 “이 법에서 ‘사회복지사업’이라 함은 다음의 법률에 의한 보호·선도 또는 복지에 관한 사업과 사회복지 상담·부랑인 보호·직업보도·무료숙박·지역사회복지·의료복지·재가복지·사회복지관 운영·정신질환자 및 나완치자 사회복귀에 관한 사업 등 각종 복지사업과 이와 관련된 자원봉사활동 및 복지시설의 운영 또는 지원을 목적으로 하는 사업을 말한다.”고 되어 있어, 사회복지사업에서 의료복지와 정신질환자 및 나완치자 사회복귀에 관한 사업 등 정신건강사회복지 분야를 포함한 의료사회복지 전반에 대한 활동의 근거를 명확히 제시하고 있기 때문이다. 2) 의료법의 내용을 준수해야 하기 때문이다. 의료법 시행규칙 38조(의료인 등의 정원) ②항 6호에 "종합병원에는 사회복지사업법의 규정에 의한 사회복지사 자격을 가진 자 중에서 환자의 갱생·재활과 사회복귀를 위한 상담 및 지도업무를 담당하는 요원을 1인 이상 둔다."고 규정되어 있어 군 병원에서도 사회복지사 자격증을 가진 자를 1인 이상 두어야 의료법 적용에 일치할 것이다. 3) 장기 등 이식에 관한 법률의 내용을 준수해야 하기 때문이다. 장기 등 이식에 관한 법률 시행령 제17조(장기이식의료기관의 지정기준)에 '장기이식의료기관'(이하 '이식의료기관'이라 한다)으로 지정받고자 하는 의료기관이 갖추어야 하는 시설·장비 및 인력의 기준은 별표 1과 같다."에서 별표 1을 보면 " _____ 장기 등의 적출·이식을 위한 상담·연락업무 등을 담당하는 간호사와 사회복지사 각 1인 이상을 두어야 한다."고 되어 있어 장기이식의료기관에서의 전문직으로서 승인된 사회복지사에 대한 규정이 있다. 또한 장기 등 이식에 관한 법률 시행규칙 제5조(의료기관의 뇌사판정업무 _____) ②항에서도 "법 제14조 제2항의 규정에 의하여 뇌사판정업무를 하고자 하는 의료기관이 갖추어야 할 시설·장비·인력 등은 다음 각 호와 같다. _____ 3. 신경과 전문의사, 뇌파검사를 담당하는 임상병리사, 뇌사판정을 위한 상담·연락업무 등을 담당하는 간호사와 사회복지사"로 되어 있어 뇌사판정 의료기관에서의 전문직으로서 사회복지사에 대한 승인 규정이 있다. 따라서 군 병원도 장기 등 이식에 관한 법률에서 지정한 인력을 채용하여야 할 것이다.

이 밖에도 4) 군에서는 이미 1968년에 육군장교 경력관리 제도를 도입하여 주특기를 분류·제정할 당시 의무부대에서 환자 진단치료 및 처리를 용이케 하기 위한 정신과적 또는 일반의학적 사회복지사업기능을 수행시킬 목적으로 의정장교 직능에 사회사업특기(직능부호 764, 현재 1481 심리/사회사업)를 부여하였다. 1977년도 이후부터 각 대학 ROTC 및 학사장교 중 사회복지학과 졸업생을 의정장교로 선발하였으며, 현재 의정장교 중 80여 명이 복무하고 있다. 이러한 자원을 제도적으로 활용하여야 하기 때문이다. 5) 치료적 측면 때문이다. 민간병원에서는 오래전부터 환자의 질병치료에서 의사 및 간호사뿐만 아니라 의료사회복지사에 의한 심리·사회적 치료도 함께 이루어지고 있다. 마찬가지로 군 병원에서도 이러한 치료뿐 아니라 환자들의 퇴원 후 자대 적응과 재활 등에 관하여 의료사회복지사에 의한 치료적 활동이 이루어져야 하기 때문이다. 6) 사고예방 측면 때문이다. 병원 입원과 퇴원 과정에서 많은 장병들은 적응의 문제를 경험하게 되고, 이때 부적응은 질병 악화와 또 다른 사고를 유발하는 요인이 된다. 이를 예방하기 위해서는 의료사회복지제도의 조기도입이 필요하기 때문이다(이대식, 2006).

2 군사회복지의 개념

1) 군사회복지의 정의

군인이라는 직업은 여타 직업과는 다른 특수성을 갖고 있다. 군인은 생명을 담보로 임무수행을 충실히 하는 집단이며, 군의 임무수행은 국가안보에 직접적인 영향을 끼치게 된다. 그러다 보니 다른 직업과 달리 빈번한 이사와 불안정한 생활, 그리고 훈련, 대기, 야간근무 등 근무시간의 무정량성 등의 직업적 감수를 겪을 수밖에 없는 여건에 처하게 된다. 이러한 여건들을 감안하여 군사회복지의 개념을 정의해야 할 것이다.

그러나 군사회복지의 개념을 한마디로 정의하기란 쉽지 않다. 군을 바라보는 시각이나 이데올로기가 다양하고, 국가와 시대에 따라 다양하게 변화되어 왔기 때문이다. 그리고 직업군인과 가족, 일반장병을 위한 사회복지에 대해서도 다양한 의견이 있기 때문에 군사회복지의 개념을 한마디로 정의하기란 쉽지 않다.

그럼에도 불구하고 군사회복지(military social welfare)는 일반 사회복지의 한 분야로 자리매김할 수 있기 때문에 이를 근거로 하여 개념 정의를 내릴 수밖에 없다. 다시 말하여 군(military)과 사회복지(social welfare)의 합성어로서의 성격에서 출발하게 된다. 우선 사회복지의 개념에 대해 간략히 살펴보자.

오늘날처럼 과학적이고 보다 체계적인 제도로서의 사회복지 개념이 사회에 통용하게 된 것은 산업사회에서 사회문제의 해결 내지는 예방이라는 차원과 관련해서 비롯되었다. 다시 말하면, 현대의 산업사회 및 탈산업사회가 안고 있는 사회문제의 다양성과 심각성은 그것의 예방과 해결에 관한 주도권이 정부와 공공기관에 속하건 민간기관에 속하건 간에 사회적인 보호와 보장을 필요로 하는 전 국민에게 제공해야 하는 사회서비스를 조직화하지 않을 수 없게 된 바, 이러한 상황에서 사회복지라는 개념이 나타나게 되었다고 할 수 있다.

사회복지가 무엇인지를 이해하기 위해서 가장 먼저 사용되는 방법은 '사회복지'라는 용어가 갖는 의미를 찾아보는 일이다. 우선 사회복지의 한자 표기인 社會福祉의 의미를 규명해 보자(조흥식, 2008).

社會福祉는 社會와 福祉의 복합어이다. 여기서 우선, 福祉의 福을 살펴보면 시(示)행은 신에게 공물을 얹어 놓은 상을 옆에서 본 형태로, 시(示)가 붙은 자는 대개 신(神)과 관계되는 자가 많다. 다음 福 자 중 시(示)를 뺀 나머지 부분에서 一은 하늘을 뜻하며, 그 밑의 구(口)는 고(高) 자의 약자로서 곡물이 높이 쌓여 있는 모습을 상징한다. 그리고 그 밑의 전(田)은 곡물을 수확하는 밭을 뜻한다. 따라서 福 자가 주는 의미는 신으로부터 받은 선물로서 하늘 아래 밭에서 곡물을 많이 생산하여 쌓아 둔 것을 말하는데, 곧 물질적인 풍요와 풍부를 뜻한다.

그리고 祉 자는 福 자에서와 마찬가지로 신에게 받은 선물로서 시(示)가 갖는 또 다른 차원에서 욕망의 추진을 멈추는 의미를 지니는 멈출 지(止)를 함께 사용하고 있다. 즉, 祉 자는 과도한 욕망을 버리고 마음을 비우는 것이 심리안정의 길이라는 것을 암시하고 있다. 따라서 福祉는 물질적 풍요[福]와 심리적인 안정[祉]을 동시에 추구하는 의미를 갖고 있다고 할 수 있다.

한편, 사회의 의미를 살펴보면 다음과 같다. 社會의 어원은 고대 중국에서 25가구를 '사(社)'라고 불렀고, 이 사(社)들이 많이 모인 것을 '사회(社會)'라고 하여 사람들이 집단적으로 모여 사는 것을 의미하였다.

이렇게 볼 때 사회복지의 개념을 한마디로 규정한다면 "다함께 행복을 추구하기 위한 인간들의 상부상조 기능을 통한 공동체적 노력"을 의미한다고 하겠다. 그리고 이러한 사회복지가 추구하는 목적은 첫째, 사회위험(social risks)에 의해 발생된 사회문제의 해결과 예방, 둘째, 삶의 질 향상, 셋째, 성숙한 대인관계를 유지하게 하는 인간의 사회기능수행(social functioning)의 활성화 등에 있다. 요컨대 사회복지란 전 생애에 걸쳐서 행복하고, 안정되고 바람직한 삶을 추구하는 인간의 사회적 노력을 말한다고 할 수 있다(남세진·조흥식, 1995).

이상의 사회복지 개념을 군사회복지에 적용하면 군사회복지란 한마디로 말해서 군대에서 요구하는 사회복지라 할 수 있다. 즉, 군사회복지는 다른 분야와는 달리 군대라는 특수한 조직에서 발생하는 문제와 이슈에 관심이 있을 뿐만 아니라, 이러한 문제에 대처하기 위해 사회복지의 전문 지식과 실천방법을 활용하는 특징이 있다(김만두 외, 1998; Daley, 2003)고 할 수 있다.

다시 말해 군사회복지란 전 국민의 안전과 관련된 국방을 위한 군 전투력의 향상과 유지를 위하여 모든 군인이 삶의 질을 영위할 수 있도록 그들의 욕구나 문제를 해결하기 위하여 사회구성원들이 행하는 공동체적 노력을 의미한다고 할 수 있다. 좀 더 구체적으로 말해서 군사회복지는 군 문제의 해결과 예방, 군의 삶의 질 향상, 군인의 사회기능수행의 활성화 등에 직접적으로 관심을 갖는 국가와 사회의 사회복지 서비스나 정책을 포함한다. 즉, 군사회복지는 군인에 대한 서비스뿐만 아니라 법이나 사회제도, 문화 등의 적극적인 보완과 변화에 대한 노력까지 포괄하는 것이다. 이렇게 볼 때, 군사회복지는 누구나 뜻만 갖고서 할 수 있는 것이 아니라 군에서 전문적인 능력과 자격을 갖춘 전문가인 군사회복지사(military social worker)들이 제공하는 사회서비스를 말한다고 할 수 있다.

이상의 논의를 정리하자면, 군사회복지란 사회복지의 한 실천분야로서, 1차적으로는 군의 고유한 목적이 최대한 달성될 수 있도록 원조하는 것이며, 나아가 군의 구성원인 군인과 그 가족의 복지를 증진시키는 전문적 활동이라고 할 수 있다. 따라서 군사회복지란 첫째, 목적 면에서 전 국민의 안전과 관련된 국방을 위한 군 전투력의 향상과 유지를 위하여 군인의 생활보장이라는 복지권의 기본 이념에 입각하여 군인의 삶의 질을 유지시키고자 하는 것이며, 둘째, 주체 면에서 국가가 주가 되며, 셋째, 대상 면에서 직업군인뿐만 아니라 그 가족, 그리고 일반 장병을 포함한 군 조직 구성원 전체가 되며, 넷째, 수단 면에서 제도적·정책적·기술적 서비스 등 조직적인 제반 활동이 되며, 다섯째, 범위 면에서 사회복지의

한 분야가 되고 있음을 알 수 있다.

이렇게 볼 때, 군사회복지는 대내적으로는 국방을 충실히 수호하는 데 따른 전 국민의 관심과 사랑을 표출하는 수단이자, 대외적으로는 강한 국가 주권을 드러내는 상징적 기능을 수행한다고 할 수 있다(조흥식, 2007).

2) 군사회복지의 접근 방법

사회복지 접근 방법의 구체적인 분류를 위한 다양한 노력들은 대체로 다음과 같은 두 가지 방향으로 정리해 볼 수 있다(김융일·조흥식·김연옥, 2000). 첫째 방향은 사회복지 접근방법을 크게 대상영역별로 구분하여 재편성하는 것이다. 거시적(macro) 접근 방법과 중도적(mezzo) 접근 방법, 미시적(micro) 접근 방법 등의 구분이 이에 속한다.

둘째 방향은 복지대상자와의 접촉 유무에 따라 구분하는 것이다. 직접적(direct) 접근 방법과 간접적(indirect) 접근 방법 등의 구분이 이에 속한다.

이러한 일반적인 사회복지의 접근 방법을 군사회복지에도 그대로 적용할 수 있다.

(1) 거시적·중도적·미시적 접근 방법

군사회복지 접근 방법에는 군 조직 외부의 근린지역, 공식적인 조직체, 지역사회, 전체사회 등의 거시체계에 대응하는 방법과 군인 개인, 군인가족, 군인 소집단 등의 미시적 체계에 대응하는 방법으로 분류하여, 전자를 지역사회조직론, 사회행동, 사회계획 등의 방법을 포함하는 것으로 보고, 후자에는 개별사회복지, 집단사회복지 등을 포함시켜 통합화를 시도하고 있다. 이러한 거시적 접근 방법과 미시적 접근 방법의 차이를 구분해 보면 다음 <표 3-1>과 같다.

표 3-1 | 군사회복지의 거시적 접근 방법과 미시적 접근 방법

	거시적 접근 방법	미시적 접근 방법
대상자	군 조직 외부로서 이웃/공식조직/지역사회/사회	군인 개인/가족/소집단
목적	조직, 지역사회 및 사회 내의 변화	사회기능수행의 증진, 군인 개인이나 가족, 소집단의 사회문제 경감
지식기반	'대 체계' 변화이론	인성변화이론
출처	사회학/경제학/정치학/산업관계론	발달심리학/인간 성장 발달
공동기반	소집단 이론/커뮤니케이션 이론	
변화전략	지역사회조직/사회행동/로비활동/ 선거활동/지역사회 분석	직접적 상담/위기 개입 군인 개개인을 위한 변호활동

이후 이러한 이분법적 구분을 탈피하여 조직과 지역사회 영역을 따로 떼어 거시적·미시적 방법의 중간적 성격으로서 중도적(mezzo) 방법을 추가하여 세분화할 수 있다.

(2) 직접적 접근 방법과 간접적 접근 방법

직접적 접근 방법은 직접적인 군인 개인, 군인가족, 군인 소집단 등 군사회복지 대상자와의 접촉을 통하여 군사회복지를 제공하는 것을 말하고, 간접적 접근 방법은 직접 복지대상자를 대면하지 않으면서 그들의 문제해결에 간접적으로 도움을 제공하는 것을 말한다. 다시 말하여 전자는 복지대상자에게 직접 대응하여 군사회복지를 제공하는 것으로 개별사회복지, 집단사회복지 등이 이에 속한다. 이에 비해서 후자는 군사회복지를 제공하는 제도나 기구, 정책 등에 초점을 두어 전개하는 방법으로서 조직적·정치적 체계에 대한 지식과 기능, 경영관리와 정보분석 기술 등의 체계화를 포함하는 지역사회조직, 사회복지행정, 사회복지정책 등이 이에 속한다.

3) 군사회복지의 내용

일반적으로 사회복지에 대한 국가의 개입은 공여(provision), 보조(subsidy) 및 규제(regulation)의 세 가지 방법을 통해 이루어진다. 공여란 공공재원에 기초하여 사회복지 재화와 서비스를 직접 급여하는 방식을 말하는데, 사회복지제도 중 가장 규모가 큰 사회보험제도나 공공부조가 직접 공여의 방법을 통한 국가 개입이다. 한편, 국가는 민간기관이 급여하는 사회복지 재화나 서비스에 대해 공공재원을 통해 보조하는 방법을 통해 개입하기도 하는데, 오늘날 많은 수의 민간 사회복지기관은 국가로부터 보조를 받는다. 국가 개입의 세 번째 형태는 민간이 제공하는 사회복지 재화나 서비스의 질, 양, 가격 등을 여러 법률적 장치를 통해 규제하는 것이다(Le Grand & Robinson, 1985).

군사회복지의 영역에서도 국가공여나 보조, 규제의 방식을 통해 국가가 개입하는 제도나 프로그램은 다양하게 존재한다. 즉, 군사회복지는 매우 다양한 방식을 통해 조직화되는데, 특히 국가가 행하는 사회복지의 대부분은 군 조직을 매개로 이루어지기 때문에 그 재정이나 급여의 과정에 군이 참여하는 경우가 대부분이다.

그러나 일반적으로 국가가 시행하는 군사회복지는 크게 두 가지 내용으로 구분할 수 있다. 국가가 공여라는 방식으로 조직화하는 사회보험제도가 있으며, 국가가 보조나 규제라는 방식으로 조직화하는 법정지원 관련 복지이다.

(1) 사회보험제도

건강보험이나 연금, 산재보험, 고용보험제도에 대한 기여의 형태는 국가마다 다양하지만, 군 조직에 고용되어 있는 직업군인이 적용대상인 경우에는 어느 국가를 막론하고 그 군 조직의 기여가 필수적으로 따른다. 따라서 사회보험제도는 국가가 공여하는 군복지의 핵심을 이룬다고 할 수 있다.

대표적인 사회위험인 빈곤, 질병, 실직, 재해 등에 대한 사회안전망으로서 일반국민을 대상으로 하는 4대 사회보험(연금, 건강보험, 고용보험, 산재보험)이 현재 우리나라 현역 군인과 제대군인에게는 어떻게 적용되고 있는가를 비교하면 다음

<표 3-2>에서 볼 수 있듯이 군인들에게는 4대 사회보험이 모두 적용되고 있지 않다. 특히 현역 군인의 경우 군인연금, 건강보험 및 국가유공자예우법에 따른 급여, 그리고 재해에 대한 군인보험 등이 있으나 고용보험은 적용되지 않는다.

표 3-2 | 사회위험에 대한 일반국민, 현역 군인, 제대군인의 사회보험 내용

사회위험	일반국민	현역 군인	제대군인
빈곤	국민연금, 공무원연금 등	군인연금	공적연금 간 연계제도 부재
질병	건강보험/의료급여	건강보험(휴가)/통합병원	
실직	고용보험	-	
재해	산재보험	국가유공자예우법	군인보험(중사 이상/10년)

(2) 법정지원

군 조직은 군인에게 급여 말고도 연금, 재해보상, 귀향여비 등의 현금급여와 연·월차 휴가, 생리휴가, 산전·후 휴가 등의 각종 휴가와 병가, 직업훈련 따위의 비물질적 급여를 제공한다. 국가가 공여하는 급여인 사회보험과 마찬가지로 법정지원 급여 역시 국가가 조직화하는 군사회복지를 구성하는데, 오늘날 직업군인과 가족, 그리고 장병 모두에게 물질적 지원뿐만 아니라 사회 심리적 지원이 중요시되고 있다. 특히 여군은 국방의 의무를 지고 있는 군인임과 동시에 여성으로서 출산과 양육을 통해 우리 사회의 근간을 유지해야 하는 권리와 의무를 수행하고 있다. 여군 인력의 역량이 최대한 보장되는 근무여건 조성과 함께 모성보호 차원에서도 법정지원에 대한 정책적 배려가 필요하다.

이미 선진국에서는 일찍부터 이러한 물질적 지원 및 사회 심리적 지원과 관련하여 전문가인 군사회복지사를 널리 활용하고 있다. 군사회복지사의 구체적인 활동을 정리하면 다음과 같다(박미은, 2006).

첫째, 군사회복지사는 자발적으로 혹은 의뢰를 통해 도움을 요청한 군인과 가족을 면접한다.

둘째, 군사회복지사는 문제를 파악한 후 전문적 도움이 필요한 경우에는 군인

과 가족에게 전문적인 상담 및 치료서비스를 제공한다.

셋째, 군사회복지사는 군인과 가족의 정신건강 및 대처능력을 향상시키는 심리사회적 서비스를 제공한다.

넷째, 군사회복지사는 군인과 가족의 대인관계상 갈등과 폭력을 조절하고 이를 예방하는 서비스를 제공한다.

다섯째, 군사회복지사는 군인과 가족을 위한 사회서비스와 복지정책의 필요성을 옹호하고 개발한다.

여섯째, 군사회복지사는 군인들의 전투수행 능력을 증진시키고. 전투 이후의 회복을 돕는 서비스를 제공한다.

이상과 같은 군사회복지의 법정지원 내용을 보면 군사회복지사는 원칙적으로 상당히 다양한 영역의 활동을 한다고 할 수 있다.

일반적으로 군 조직과 관련하여 실천하게 되는 가장 기본적인 군사회복지사의 법정지원 영역과 주요 프로그램을 보면 다음 <표 3-3>과 같다(조흥식, 2007).

표 3-3 | 군사회복지사의 기본적인 법정지원 영역과 주요 프로그램

영역	주요 프로그램
주거지원 사업	기숙사, 사택, 주거비용 융자, 주거관리비용 보조, 주택조합 결성, 민간아파트 매입 시 특별분양
생활지원 사업	생활용품 염가 제공, 자녀학자금 보조, 탁아, 급식, 공공시설 이용 시 현역 우대, 임무 특성이 반영된 수당 지급, 군매점/복지시설 설치
공제·금융지원 사업	공제조직운영 지원, 융자, 단체보험 가입, 특소세 부과품목의 면세
건강 관련 사업	의무실, 체육시설, 정기 건강진단, 현역 민간병원 이용 지원, 군인가족 의료 지원, 장애복지시설/장례식장 설치
사회심리적 지원 사업	전문상담(군사회복지사 제도), 고충처리제도, 휴양소
가족생활지원 사업	자녀교육 지원, 배우자 교양교육, 부부관계 상담, 대학특별전형, 영유아시설/학교 설치

한편, 전 국민의 복지를 증진하기 위한 사회복지정책과 서비스의 마련은 해당

인구집단의 인구학적 특성이나 생활실태 및 이들의 욕구로부터 출발하게 된다. 전 국민을 대상으로 실시되는 정책이라 하더라도 그 기술적인 운영방식은 특수한 인구집단의 생활방식에 따라 탄력적으로 운영되어야 소기의 목적을 가장 효과적·효율적으로 달성할 수 있다(조흥식·남세진, 1995). 따라서 직업군인과 그 가족, 그리고 의무복무를 이행하는 장병들을 위한 사회복지정책은 타 산업 종사자와의 형평에 맞는 삶의 질 향상과 인권신장을 목표로 한다.

물론 사회복지정책의 분야는 개인의 욕구에 따른 분야뿐만 아니라 그 개인이 가질 수 있는 욕구의 예방적 측면까지 아주 포괄적이며 다양하다. 일반적으로 사회복지정책은 소득보장, 건강, 교육, 주택, 개별적 사회서비스(사회복지서비스)로 구성되어 있다고 볼 수 있는데, 특히 공공부조와 사회보험, 사회복지서비스 모두를 적절히 활용하여 이들의 종합적인 삶의 질을 보장하는 것으로 나타난다(김상균·조흥식 외, 2007). 그러나 우리나라에서 군인과 가족, 일반 장병들의 삶의 질을 보장하는 사회복지정책은 아직도 미흡한 게 사실이다.

4) 군사회복지의 실천 방향

군사회복지를 실천하려면 다른 사회복지 분야와는 조금 다른 차원에서 진행해야 한다. 군사회복지의 실천 방향을 제시하면 다음과 같다(조흥식, 2005).

첫째, 군의 하드웨어적 속성인 장비나 무기 등과 비교하여 오히려 소프트웨어적인 차원에서 계급에 관계없이 군인 한 사람 한 사람과 그 가족에 대한 국가와 사회 전체의 공동체 정신을 바탕으로 군사회복지 체계를 확립해 나가야 한다.

둘째, 군사회복지는 군 인력에 대해 단순히 군목부 기간 동안만 국가가 책임지는 것이 아니라 퇴역 후의 생활에도 책임지는 방향으로 나가야 한다.

셋째, 생애주기(life cycle)를 고려한 군사회복지 체계를 확립해야 한다.

넷째, 개별적인 군인 및 가족 개개인의 욕구에 따라 복지급여를 자유롭게 선택할 수 있는 선택적 복지플랜(cafeteria welfare plan)으로 전환해 나가야 한다.

다섯째, 군복무 환경개선을 위한 마스터플랜을 수립해야 한다.

여섯째, 직업군인뿐만 아니라 국민개병제에 의해 소집된 일반 사병복지에도 관심을 쏟아야 한다.

일곱째, 군사회복지 관련 국방통계 기초자료의 과감한 공개와 투명성 확보가 필요하다.

3 군사회복지사의 가치와 역할

1) 군사회복지사의 가치

(1) 가치의 중요성

사회복지는 인도주의적 이상과 민주주의 철학에서 유래하였고, 개인적-사회적 상호작용으로부터 생겨나는 인간의 욕구를 충족시켜주기 위하여, 또 인간의 가능성을 개발해내기 위하여 광범위한 적용을 한다. 전문적인 사회복지사들은 인류의 복지와 자기 실현화를 위한 서비스에 헌신한다. 즉, 첫째, 인간과 사회적 행동에 대한 과학적 지식의 훈련화된 활용을 위하여 둘째, 개인·집단·국가·세계의 욕구와 열망을 충족시켜 줄 자원의 개발을 위하여 셋째, 사회정의의 성취를 위하여 헌신한다.

마찬가지로 군사회복지사도 군사회복지의 가치(value)에 대한 의미를 명백히 하는 것과 자신의 역할(role)을 분명하게 설명하는 것은 매우 중요하다. 군사회복지사는 자신이 갖고 있는 개인적 가치, 군인으로서의 직업적 가치, 도움을 주는 군인 개인, 가족, 소집단, 군 조직 그리고 군 조직 외부인 지역사회, 전체 사회 등 클라이언트의 가치 등에 영향을 받는다. 군사회복지사의 실천을 안내하는 지식의 선택과 지식축적의 과정조차 결국 적재된 가치에 의해 이루어진다.

따라서 가치는 인간의 본질에 관하여 전문직이 갖고 있는 증명되지 않는 신념으로 간주될 수 있다. 이러한 신념은 실무자의 일상적인 활동에 반영되어 전문직의 실천방향을 제시해 주게 된다(김융일·조흥식·김연옥, 2000).

이러한 점은 군사회복지사가 어떠한 지식이나 개입방법만으로는 충족될 수 없으며, 어떤 뚜렷한 가치나 신념이 선행되어야 함을 시사한다. 전문직 속성에서 가치를 전제로 삼는 윤리강령을 중시함도 이에 연유한다고 보겠다. 특히 군사회복지사들은 클라이언트를 원조하는 데 어떠한 생각을 갖는 것이 바람직하며, 문제를 해결하는 데 어떻게 처리함이 바람직한 것인가 하는 사고나 판단을 할 수 있어야 한다.

(2) 군사회복지사의 가치 기준

군사회복지사가 사회복지실천에 적절하게 참여하기 위해서는 가치 기준에 대한 보다 큰 구체화가 필요하다. 여기서 가치 기준이라는 것은 군사회복지에만 국한된 것이 아니라 할지라도 그것들은 군사회복지사가 활동할 가치와 윤리 영역을 규정한다. 군사회복지사들에 의해 공유될 수 있는 가치 기준을 형성하는 데 도움이 될 만한 목록은 모랄레스와 쉐퍼(Morales & Sheafor, 2001)가 제시한 사회복지사 전체에게 필요한 ① 인간이 선호하는 개념으로서의 가치 기준, ② 인간을 위해 선호하는 결과로서의 가치 기준, ③ 인간을 다루기 위해 선호하는 수단으로서의 가치 기준 등을 활용할 수 있다.

① 인간이 선호하는 개념으로서의 가치 기준

군사회복지사는 사회복지실천의 방법과 기술들을 효과적으로 이용하기 위해 사람과 환경에 대한 그들의 선호하는 차원에서 다음의 다섯 가지 기본적 가치 방침들에 동의해야 한다.

첫째, 군사회복지사는 모든 사람의 선천적 가치와 존엄함의 가치를 믿어야 한다. 이 가치는 개개인이 중요하고, 가능한 한 완전하고 보람 있는 삶을 살 가치가 있다는 것을 인정한다. 이것은 부유하거나 가난하거나, 늙거나 젊거나, 천재이거나 저능이거나, 약하거나 강하거나, 소수이거나 다수이거나, 건강하거나 병약하거나에 상관없이 모든 사람을 포함하는 것이다.

둘째, 군사회복지사는 개개인이 선천적 재능을 가지고 있으며, 이생을 보다 풍요롭게 만들어 줄 수 있는 변화를 향해 나아간다는 사실을 믿어야 한다. 어떠한 사람도 정체적이거나 변화하지 않는다고 생각되지 않고, 또한 어느 누구도 보다 더 만족스럽고 보람 있는 삶을 만들어 줄 수 있는 활동들에 참여할 수 있다고 생각한다. 따라서 사람들은 전 인생을 통하여 발전할 잠재력을 가지고 있는 것으로 생각하여야 한다.

셋째, 군사회복지사는 각 개인이 그 자신과 사회를 포함한 그의 동료 인간들에 대한 책임을 갖고 있음을 믿어야 한다. 이 견해는 각 개인이 그 자신의 이익을 위해 행동하도록 격려 받아야 함에도 불구하고 그 행동이 전체 군 조직과 사회의 요구와 균형을 맞추어야 함을 시사한다.

넷째, 군사회복지사는 인간은 어딘가에 속해야 할 필요가 있음을 믿어야 한다. 이 견해는 인간이 지나친 고립을 피하려 하고, 어떤 형태의 상호관계나 집단, 그들의 공동사회에 참여하기를 바란다는 것을 말해 준다. 이러한 상호작용을 통하여 인간은 안정을 추구할 뿐만 아니라 그들 자신의 행동에 대한 반응을 획득한다.

마지막으로, 군사회복지사는 개개인에게 공통적인 인간의 욕구가 있음을 믿어야 한다. 그러나 각 개인은 근본적으로 특이하고 다른 이들과 다르다. 각 개인의 인생 경험과 능력은 다른 모든 다른 사람과 다르게 만든다. 그러나 모든 사람은 공통적으로 많은 육체적·감정적 욕구와 특성을 갖고 있음을 알아야 한다.

② 인간을 위해 선호하는 결과로서의 가치 기준

일반적으로 군사회복지사들은 여러 결과를 성취하기 위해 군 조직과 사회가 만들어져야 한다는 믿음뿐만 아니라 인간을 위한 인생 경험의 소질에 대해 비슷한 관점을 유지하려는 경향을 가지고 있다. 따라서 군사회복지사가 행하는 사회복지실천의 중요한 부분은 인간이 자신의 목적을 성취할 수 있도록 돕고, 그것을 가능하게 만드는 군 조직과 사회의 다양한 요소와 일할 수 있게 하는 데 바쳐진다.

적어도 인간을 위해서 선호하는 결과와 관계된 가치의 세 가지 진술은 계속적으로 모든 사회복지 문헌에 등장한다. 그것은 보통 군사회복지사에 의해서 유지되는 암시적인 가치로 받아들여질 수 있다.

첫째, 군사회복지사는 반드시 군 조직과 사회가 인간의 충분한 잠재성을 각자가 인식할 수 있도록 할 성장과 발달의 기회를 제공하도록 해야 한다.

둘째, 군사회복지사는 반드시 군 조직과 사회가 인간이 자신의 욕구를 알게 하고 배고픔, 불충분한 교육, 차별, 보살핌 없는 질병, 부족한 주택공급 같은 문제를 피할 수 있도록 도울 수 있는 자원과 서비스를 공급하도록 해야 한다.

셋째, 군사회복지사는 모든 인간이 사회를 구성하는 데 동등한 참여 기회를 갖도록 해야 한다.

③ 인간을 다루기 위해 선호하는 수단으로서의 가치 기준

이 수준에서의 가치는 군사회복지사들이 얼마나 인간을 잘 다루어야 하는지를 믿는가와 관련된다. 군사회복지사에 의한 개입은 인간조건의 본성과 모든 인간을 위해 선호되는 결과에 대한 가치를 숙고하는 인간과의 관계 하에서 이루어진다. 군사회복지사들은 모든 인간을 존경과 존엄으로 나루어야 히고, 그들의 인생의 지향을 결정할 최대의 기회를 갖도록 하며, 모든 인간의 욕구에 대한 사회 반응을 세우는 데 타인들과 상호작용할 수 있도록 해야 하며, 특별한 개성이나 인생 경험 때문에 상투적인 것보다 독창적인 개성을 더욱 인식해야 한다.

2) 군사회복지사의 역할

일반적으로 사회복지사의 역할(role)이란 사회복지사가 중요하다고 여기는 전문적인 기능과 관련하여 기대되는 행동을 말한다. 여기서는 다양한 수준의 실무현장에서 사용하는 사회복지사의 일반적인 역할을 소개한 재스트로와 커스트-애시먼(Zastrow & Kirst-Ashman, 2007)의 내용을 인용하여 군사회복지사의 역할을 제시해 보고자 한다.

군사회복지사의 역할에 따라서는 거시체계에 보다 유용한 것과 미시나 중시체계에 주로 유용한 것들이 있다. 물론 이 세 가지 체계 모두에 통용되는 통합적 접근도 있을 수 있다. 특히 통합적 접근을 하는 군사회복지사는 여러 가지 역할을 동시에 담당할 수 있음을 유념하고, 융통성 있게 다양한 체계와 일할 수 있도록 해야 한다.

이러한 군사회복지사의 대표적인 역할에는 조력자, 중재자, 통합자/조정자, 관리자, 교육자, 분석가/평가자, 중개자, 촉진자, 주창자, 협상가, 옹호자 등을 들 수 있다.

(1) 조력자 역할

조력자(enabler)는 군인가족 가운데 이혼이나 실직 같은 위기 상황에서 부적절한 주거나 탁아 같은 지역사회 문제에 이르는 다양한 스트레스에 대처하도록 돕는 역할을 한다. 조력자의 역할에 필요한 기술은 희망을 전하고, 저항이나 양가감정을 줄여 주며, 감정을 인식하고 관리하며, 개인의 강점이나 사회적 자원을 발굴하고 지지해 주는 것과 문제를 다루기 용이하도록 분류하며, 목적을 강조하고, 이를 성취하기 위한 방법들을 인식하는 것이다. 군사회복지사는 미시, 중시, 거시체계 모두를 위해 조력자 역할을 수행한다.

(2) 중재자 역할

중재자(mediator)는 미시, 중시, 거시체계 사이의 논쟁이나 갈등을 해결하는 역할을 수행한다. 거시체계 수준에서 중재자는 군 조직 외부의 지역사회 내에서 또는 지역사회와 다른 체계 사이의 다양한 부분, 즉 하위체계들 간의 차이를 해결해 나가도록 돕는다. 미시나 중시체계의 차원에서, 예를 들어 군인가족의 이혼이나 양육권의 문제를 둘러싼 중재 역할은 더욱 중요하다.

견해가 다른 군인 개인이나 집단 사이의 의사소통을 향상하고 타협하도록 돕는 중재자는 중립을 유지하며 논쟁에서 어느 한쪽 편도 들지 않으며, 양측이 서로의 입장을 이해하고 있는지 확인해야 한다. 중재자는 위치를 분명히 하고, 의사를 잘못 전달하는지를 인식하며, 관련 당사자가 입장을 명확히 밝히도록 도와준다.

(3) 통합자/조정자 역할

통합이란 다양한 부분을 단일화하여 전체를 구성하도록 하는 과정이다. 조정이란 각 부분을 특정한 구성방식으로 모으는 것이다. 군 조직에서 군사회복지사는 통합자/조정자(integrator/coordinator)로서 군인 개인, 가족, 집단의 옹호나 조정 가능성을 파악하는 일에서부터 기술적으로 지원하거나, 서비스를 연계하고 수행하기 위해 직접 개입하는 일까지 다양한 방법으로 기능한다.

(4) 관리자 역할

관리자(manager)의 역할은 군사회복지기관이나 부서의 행정 책임과 관련이 있는 것으로, 군 조직의 목표를 세우고, 군사회복지 서비스의 프로그램을 운영하며, 군 조직의 효과성과 효율성을 높이고, 재정 자원을 확보하며, 지역사회의 지지를 얻으며, 군 조직 실무자의 일을 조정한다. 이를 위한 관리 업무에는 프로그램 개발, 자원의 모금과 배분, 조직구조와 과정의 발전과 안정화, 프로그램 평가와 수정 등이 있다.

(5) 교육자 역할

교육자(educator)의 역할은 군사회복지사가 군인 개인, 가족, 집단 등의 클라이언트와 다른 체계에 정보를 제공하며 기술을 가르치는 일을 포함한다. 효과적인 교육자가 되기 위해 군사회복지사는 무엇보다 많이 알아야 하며, 정보를 명확히 전달하고 이해시키기 위해 의사소통을 잘하는 것이 필요하다.

(6) 분석가/평가자 역할

다양한 체계들이 어떻게 기능하는가에 관한 폭넓은 이론적 기초를 가진 군사회복지사는 프로그램과 체계가 제대로 기능하는지를 분석하거나 평가할 수 있는 분석가/평가자(analyst/evaluator)로서의 역할을 할 수 있다. 그리고 자신이 군사회복지사로서 일하는 것의 효과성도 평가하게 된다.

(7) 중개자 역할

중개자(broker)는 군인 개인이나 가족, 집단, 군 조직과 지역사회의 자원이나 서비스를 연결하는 것을 돕는 역할을 수행한다. 중개자는 군인 개인이나 가족, 집단, 군 조직 등 클라이언트가 긴급하게 식량이나 주거, 법률적 도움이나 다른 필요한 자원을 얻도록 도와주며, 지역사회의 다양한 부분이 상호 이익을 증진하기 위해 교류하도록 돕는다. 미시와 중시체계에서의 중개자 역할을 위해 군사회복지사는 군 조직 외부의 지역사회 서비스에 대해 자세히 알아야 하며, 서비스 자격 요건에 관한 지식을 갖추고, 군인 개인이나 가족, 집단, 군 조직 등 클라이언트의 욕구에 민감해야 한다.

(8) 촉진자 역할

촉진자(facilitator)는 군인 집단의 지도자 역할을 담당한다. 군사회복지사는 군인가족 치료집단이나 과업집단, 감수성 훈련집단, 교육집단, 자조집단, 그 밖의 다른 목적을 가진 집단에 개입한다. 촉진자 역할은 거시적 실천에도 적용할 수 있다. 이때 군사회복지사는 사람들을 모으고, 의사소통 통로를 만들고, 활동이나 자원을 전달하며, 전문지식이나 기술에 접할 수 있도록 하는 등 변화 노력을 촉진할 책임이 있다.

(9) 주창자 역할

주창자(initiator)란 이슈에 대한 관심을 불러일으키는 사람을 말한다. 이슈는 군 조직이나 군 조직 외부의 지역사회에 존재하는 문제를 개선해야 하는 상황이다. 주창자는 반드시 문제가 있는 곳에만 개입하는 것이 아니다. 흔히 문제를 예방하거나 현재의 서비스를 향상시키는 것도 변화를 위한 노력의 중요한 이유가 된다. 군사회복지사는 군의 정책이 특정 군인 개인, 가족, 집단 등 클라이언트에게 문제를 야기하는 경우, 이를 감독자에게 알려서 주의를 기울이게 한다. 군인 개인, 가족, 집단 등 클라이언트들도 각자 서비스를 향상하는 방법을 찾을 수 있다. 각각의 경우, 이들은 주창자의 역할을 수행한다. 대개 이러한 역할은 현재의 문제 혹은 잠재된 문제를 지적한다고 해서 해결되는 것이 아니기 때문에 계속해서 다른 일들로 이어진다.

(10) 협상가 역할

협상가(negotiator)란 다른 군인 집단이나 체계에게서 무엇인가를 얻기 위해 노력하는 군인 개인, 집단 또는 조직을 나타낸다. 중재와 마찬가지로 협상은 모든 관련자가 가능한 한 함께 합의에 도달할 수 있도록 중간지점을 찾는 일을 한다. 중립적인 역할을 하는 중재자와 달리, 협상가는 관련된 어느 한쪽과 밀접하게 연결되어 있다.

(11) 옹호자 역할

옹호란 사회정의를 지키고 유지하려는 목적으로 군인 개인이나 집단, 지역사회의 입장에서 직접적으로 대변과 보호, 개입, 지지하며 일련의 행동을 제안하는 행동을 포함한다. 옹호자(advocator)의 역할은 군인 개인, 가족, 집단 등 클라이언트를 위하여 일을 진행하고 말하는 것으로, 특히 클라이언트가 필요한 것을 얻을 힘이 거의 없을 때 적절한 역할이다. 옹호는 절대적으로 많은 노력을 요구하게 되는데, 특히 크고 강력한 체계에 맞서 있는 클라이언트를 옹호하기 위해서는 위험도 감수해야 한다.

옹호자 역할은 군사회복지사가 담당하는 중요한 역할 가운데 하나로, 군인 개인, 가족, 집단 등 클라이언트 체계가 도움을 시급하고도 절실히 요구할 때 역할을 수행한다.

Chapter 04

군사회복지정책의 실천

1 군사회복지 정책

군은 사회의 여타 조직과 다른 독특한 특성과 임무를 수행하고 있다. 군 조직은 특별하고 어려운 임무를 수행하는 조직임과 동시에 그 구성원이 감정에 지배를 받는 인간 조직이기에 이들의 사기앙양, 건강증진, 정신건강, 효율적인 업무수행을 위해서는 복지 개념에 대한 새로운 이해와 추진이 절대적으로 필요하다. 군 조직은 민주사회와 자본주의 체제에서 다양한 갈등적 요소를 가질 수밖에 없다. 그것은 군 조직의 속성과 이를 바탕으로 하는 철학으로부터 연유된다. 즉, 군 조직이 지니는 특성으로 인하여 군 조직이 놓여 있는 사회 환경과는 갈등적인 요소가 존재한다(국방부, 2006).

60여 년의 전통을 가진 한국군은 군 내부에서의 발전과 건전한 병영문화(서혜석·유흥위, 2007)를 이루기 위해 노력해 왔다. 군의 노력에도 불구하고 병영 내에서 사망, 구타 등의 가혹행위, 성폭행 등 사고가 끊이질 않았다. 2005년도에는 그동안 표출되지 않았던 군의 인권과 관련된 문제점들이 봇물처럼 불거졌다(국가인권위원회, 2005). 논산훈련소의 인분사건, 연천 GP 총기사고가 대표적인 사건이다. 이어서, 2011년 7월에 발생한 해병2사단 총기 난사사고는 군대에 대한 국민의 불안을 심어 준 대표적인 사건으로 기억된다. 하지만 군의 폐쇄적 특수성 때문에 병영 내 문제는 복지정책의 관점보다는 군사정책의 관점에서 파편적으로 다루어졌다.

2005년도는 군사회복지에 대한 국민적 열망에 의해 사회복지단체와 군사회복지전문가의 활동이 체계화되었다. 입법부와 군사회복지전문가, 군사회복지단체는 군사회복지사제도의 도입과 군사회복지정책 집행을 위한 노력을 해 왔고, 이를 계기로 군사회복지정책이 군대 내의 문제를 자체 해결 중심에서 국민이 함께하는 정책으로 변화하는 시발점이 되었다.

1) 군사회복지제도의 정의와 특성

지금까지 우리나라의 군복지제도는 주로 경제적 욕구 중심의 제도 중심으로 다루어져 왔다. 주로 군인연금이나 군인보험 그리고 자녀에 대한 학자금 지원 등의 복지후생에 초점을 맞춤으로써 군인이 군대라고 하는 특수한 공간에서 고민하고 있는 심리사회적 지원체계는 매우 미흡했다. 최근 사회의 정보화 여건에 대한 욕구의 상승 현상에 따라 상대적으로 높아지는 군인들의 문화적 소외감을 해소하고 군에 대한 애착심을 고취시키기 위하여 사회적 욕구에 따른 복지제도를 확대하고 있는 추세이지만, 다른 여타 사회복지정책의 영역 확대와는 비견되지 못할 정도로 군복지정책은 매우 더디게 진행되고 있다. 특히, 군 조직은 명령체계에 의해서 작동되는 특성으로 인해 노사협의 및 쟁의 자체가 불가능하여 군인의 권리라는 관점에서 군복지제도가 정착되는 데 한계가 있었다. 따라서 군사회복지정책의 쟁점은 그 대상을 누구로 할 것인가에서 출발한다.

유흥위(2008)의 지적처럼 군사회복지는 군을 바라보는 시각이나 이데올로기의 다양성, 그리고 국가나 시대에 따라 다양하게 변화해 왔고, 복지의 대상 측면에서도 직업군인과 가족, 병사 및 제대군인과 군 조직 전체를 포괄해야 하는가에 대해서도 아직까지 합의된 논거가 없다. 유흥위(2008)는 군 조직의 특수성과 현실적 한계, 그리고 사회복지전문직의 특성을 고려하여 군사회복지의 대상을 직업군인, 의무복무자, 군인가족 그리고 제대군인으로 제시하고 있다. 이외에도 대부분의 연구에서 군사회복지의 대상을 군인과 군인의 가족 그리고 제대군인 등으로 분류하고 있다. 군사회복지정책에서 대상의 분류문제는 정책의 전달체계와 재정이 수반된다는 점에서 중요한 쟁점이다.

군사회복지정책과 관련된 두 번째 쟁점은 군사회복지정책의 주요 정책전달자로서 군사회복지사의 형태에 관한 것이다. 사회복지가 전문적 기술에 기반을 둔 실천학문임을 감안한다면 군사회복지의 궁극적인 목표의 실현은 민간 전문사회복지사의 개입에 의해서 이루어질 수 있다. 하지만 군사회복지사 제도는 징병제나 모병제 등의 병역제도와 긴밀하게 연계되어 있다는 점에서 쟁점이 존재한다. 가령 사회복지적 가치의 실현에 적합한 군사회복지제도는 민간의 전문사회복지사제도로 운영하는 것이 타당하지만, 군대라고 하는 공간적 특수성 내에서 민간 사회복지사가 어느 정도 영향을 미칠 수 있을지에 대해서는 여전히 의문이 남는다. 반대로 군대의 상명하복의 명령체계와 폐쇄적 특성을 감안하여 민간 전문가보다는 군내의 현역 군인을 중심으로 군사회복지사제도를 도입할 경우 사회복지의 전문성이 발휘되지 못하는 단점을 가진다. 따라서 군사회복지제도를 병역제도와 연계하여 어떤 형태로 운영하는 것이 적합한지에 대한 논의가 불가피하다.

우리나라의 군사회복지정책의 쟁점은 주로 징병제를 채택하고 있는 국방정책에 연유하는 바가 크다. 가령 군사회복지정책이 가장 선진적인 미국의 경우 군대 내에서 사회복지사가 전문적인 사회복지사업을 제공하고 있고, 이 같은 전문적인 군사회복지사업의 이면에는 '모병제'라는 특성이 자리하고 있다. 미국의 모병제에서는 군사회복지사가 직업복지 차원에서 하나의 직업으로 당연한 필요조건에 의해 발달한 것이지만, 징병제를 채택하고 있는 우리나라에서 과연 군사회복지정책이 안착될 수 있는가에 대한 의문과 쟁점은 여전하다는 점이다. 이 같은 이유 때문에 우리나라에서 군사회복지정책은 그 필요성만큼이나 정책의 진전을 보지 못한 상황이다.

현재 군사회복지사제도를 운영하고 있는 국가 중 민간의 전문사회복지사 제도를 운영하고 있는 국가는 대부분 징병제보다는 모병제를 채택하고 있다.

표 4-1 | 주요 국가의 군사회복지사 운영 실태

국가	병역제도	군사회복지사
영국	모병제	현역 군인(위관장교)
미국	모병제	현역 군인(위관-영관장교), 민간 전문사회복지사
프랑스	징병제+모병제	민간 전문사회복지사
캐나다	모병제	현역 군인(장교), 민간 전문사회복지사
핀란드	징병제	민간 전문사회복지사
남아프리카공화국	징병제	현역 군인(장교)
이스라엘	징병제	현역 군인(장교)

자료 : 서혜석·유홍위(2007)

이처럼 군사회복지정책의 가장 큰 쟁점은 사회복지라고 하는 전문적인 서비스를 군복지정책과 결합시키기 위해서는 민간의 전문사회복지사제도로 운영하는 것이 타당한데, 이 경우 징병제를 채택하고 있는 우리나라에서 이 같은 민간 사회복지사제도가 가능할지, 그리고 가능하다고 하더라도 군대라고 하는 특수한 공간에서 전문적인 역할과 기능을 자유롭게 수행할 수 있을지에 대한 쟁점이 남는다. 이 같은 쟁점들이 정책형성과정에서 충분히 분석되어야 향후 군사회복지정책의 과제들을 도출할 수 있을 것이다.

2) 군사회복지정책과 정책형성과정

군사회복지정책은 군대 혹은 군인을 대상으로 한 사회복지의 한 영역으로, 군과 사회복지가 조합된 개념이다. 사회복지정책은 정책의 제공자와 수혜자 간의 이해관계가 명확하게 분리되는 고유한 특성을 가지고 있고, 이로 인해 정책의 형성과정에서 관련 정책의 목적과 대상 그리고 범위나 내용 등을 둘러싸고 상당한 쟁점이 제기된다.

군사회복지정책도 군이라고 하는 특수한 조직에 환경과 인간의 유기적 상호작용을 강조하는 사회복지적 가치가 조밀하게 융합될 수 있을지에 대해서는 상당한 쟁점이 존재한다. 이 같은 쟁점은 정책의 형성과정에서 군사회복지정책의 방향과 내용을 결정짓는 중요한 변수로 작용한다. 따라서 군사회복지정책의 형성과정을 연구하기 위해서는 사회복지정책이 가지고 있는 고유한 특성에 대한 고찰에서부터 정책의 형성과정에 대한 선험적 논의를 통해 정교한 분석의 틀을 제시하는 데서 출발해야 한다.

(1) 군사회복지정책의 특성과 사회복지정책 형성과정 이론 고찰

사회복지정책 형성과정 이론은 크게 다원주의론, 엘리트론, 코포라티즘, 그리고 마르크시즘으로 설명되고 있다. 다원주의론은 Bentley(1908)에 의하여 개발되고 Truman(1950)에 의해서 크게 발전되었다. Heffman(1979)은 다원주의론이 기본적으로 사회구조를 상호 대등한 개인들이 집단을 이루고 있다는 시각을 반영한다고 수상한다. 그러므로 국가권력은 사회를 구성하고 있는 대중에 의해 공유되며, 대중의 집단은 그들이 선호하는 것을 선택하기 위하여 상호 경합함으로써 공공의 선택과정에는 갈등이 불가피하게 존재하게 된다는 것이다. 그래서 정치란 사회로 하여금 선택하도록 하는 집단적의 투쟁으로 개념 지어지며, 이때의 집단들은 서로 다른 목표, 서로 다른 절차의 선택, 서로 다른 역량을 가지고 있다는 것이다. 이와 같이 다원주의론은 집단적 행위에 관심을 가진다. 이런 맥락에서 본다면, 다원주의론에서 생각하는 정책이란 집단 간의 이익 대결의 산물로 간주되며, 정부는 정책을 둘러싸고 이들 집단들이 경쟁하는 과정에서 공정하고 중립적인 입장의 심판자로서 역할을 하게 된다(Heffman, 1979; Ham & Hill, 1984). 군사회복지정책의 형성과정에서 다원주의론은 군복지정책이 단순히 정책의 결정권자이자 집행 주체로서 군대에 의해서만 형성되지 않고 군을 둘러싼 정치적 이해관계집단인 정치인, 언론인 그리고 군대에 자식을 보낸 다수 부모들이 모두 정책형성의 이해관계자라는 점에서 다원주의론은 군사회복지정책의 형성과정에 의미 있는 담론을 제시해 줄 수 있다. 따라서 다원주의론의 관점에서 군사회복지정책은 군대를 둘러싼 다양한 이해관계자의 사회복지정책에 대한 관점과 주장들을 긴요하게 파악해야 정책의 형성과정을 밀도 있게 분석할 수 있다.

다원주의론의 관점에서 군사회복지정책은 군대의 복지정책에 긴밀하게 연관되어 있는 이해관계자에 대한 분석을 전제로 출발한다. 군사회복지정책의 형성과정에서 이해관계자들의 주장과 주의들을 긴밀하게 탐색해 내고 다원주의론에서 전제하고 있는 중립자로서 국가의 역할이 이해관계자들의 주장과 주의를 얼마만큼 통제하고 조정했는지가 군사회복지정책의 범위나 내용을 결정짓는 결정적인 변수가 된다.

두 번째 사회복지정책 형성과정이론은 엘리트론이다. 이 이론은 사회란 소수의 엘리트 집단을 정점으로 한 피라미드 구조로 이루어져 있으며, 정책은 엘리트로부터 대중에게 일방적·하향적으로 전달되고 집행될 뿐 엘리트에 대한 대중의 요구와 비판은 수용되지 않는다는 것이다. 이때 엘리트들이란 행정 관료라든지, 부자, 기술전문가, 지식인 등으로 그들이 사회적으로 힘을 가지게 된다(현외성, 2003). 다원주의론이 정책형성과정에서 다양한 이해관계자의 관점을 중시한다면, 엘리트론은 정책의 주도권을 가진 특정 집단에 의해서 정책의 내용과 범위가 결정된다는 전제를 갖는다. 따라서 이 엘리트론 하에서 군사회복지정책은 국가 혹은 군대의 사회복지정책에 대한 관점과 가치가 군사회복지정책의 주된 내용을 결정짓는 중요한 변수가 된다. 엘리트론이 이 같은 다수 이해관계자의 의견을 배제하는 이유는 다수 대중은 군사회복지정책을 포함한 다양한 정책들에 대해 무관심하거나 무지하기 때문이라는 전제에서 출발하기 때문이다. 다원주의이론과 엘리트론은 정책형성과정에서 권력의 소재, 집단의 성격, 집단의 수, 수요 집단의 형태, 정부의 역할, 정책결정과정의 성격, 정책형성 구조의특성에 대하여 다른 입장을 보인다. 양 이론의 정책형성과정의 가장 큰 차이는 권력이 소수 엘리트에게 독점되느냐 혹은 대중에게 다원적으로 공유되느냐 하는 것이므로 정책 참여자들의 유형과 영향력을 분석하면 어느 이론이 보다 설명력이 있는지 알 수 있다. 행정부의 권력이 비대하고 부처 이기주의가 심한 우리나라의 경우는 행정부 내의 정책형성에 관심을 가질 필요가 있다.

(2) 사회복지정책의 형성과정

정책이란 "바람직한 사회 상태를 이룩하려는 정책목표와 이를 달성하기 위하여 필요한 정책 수단에 대하여 권위 있는 정부기관이 공식적으로 결정한 기본방침"이라고 할 수 있다(정정길 외, 2004). 이러한 목적을 달성하기 위해서는 정책 수단에 대한 선택이 중요하다. 정책 수단의 선택은 정책과정을 통해서 나타나는데, 이러한 정책과정에 대해서 학자들의 다양한 견해가 존재한다.

공공 문제는 국민이 욕구를 인지함으로써 사회에 존재하게 된다. 어떤 사람들은 공통적인 문제를 가지고 있다. 이러한 문제 중 일부분이 결정에 의해 이루어지고 시행된다. 조직화되어 문제 해결에 대한 욕구를 조성한다. 국민을 대표하고자 하는 사람들에 의하여 요구가 형성될 수도 있다. 이러한 요구사항은 결정과정의 권한을 가진 사람들에 의하여 판단되고 받아들여져서 결정이 이루어지고 시행된다. 이러한 결정은 공공 문제에 작용하여 영향을 주고, 국민은 이 결정에 대하여 반응하게 된다. 이때의 반응이 어떤 사람들의 공통적인 반응일 경우, 새로운 요구가 형성되는 식으로 계속 순환된다(Jones, 김해동 역, 1977). 여기에서는 이러한 과정을 정책과정에 대한 학자들의 견해를 검토하고 형성과정을 중심으로 비교하고자 한다.

Dror는 기본방침 결정 단계, 정책 결정 단계, 정책 결정 후 단계로 정책과정을 구분하고, 이를 더 세분화하여 18개로 나누어서 설명하고 있다. 이 중에서 정책 결정 단계에서는 정책 결정을 위한 자원을 세부정책 결정단계에 배분하고, 세부적 목표의 설정과 관련된 타 가치들을 확정하여 상호간의 우선순위를 결정하며, 정책대안의 탐색, 정책대안의 결과 예측, 정책대안의 비교평가, 최선의 대안 선택 작업이 포함된다. Dror의 정책 결정 단계는 그 내용이 치밀하지만 단계의 구분이 복잡하고, 정책 결정에 대한 논의가 없다는 약점이 있다(정정길, 2003).

Lasswell은 의사결정 과정을 7단계로 모형을 제시하였다. 정보, 동원, 처방, 행동화 적용, 종결, 평가의 단계로서 이는 정책 담당기구와 그들의 기능에 대한 조사와 정책적 관심을 기울이기 위한 하나의 틀로서 고안된 것이라고 할 수 있다. Lasswell의 의사결정 과정은 정책의 집행과 평가를 포함한 정책 과정이라고 볼 수 있으며, 각 단계 간의 구분이 중복된다는 약점이 있다. Lasswell(1971)은 의사결정 과정을 정보의 수집 및 처리, 동원, 처방, 행동화 적용, 종결, 평가의 7단계로 구분하고 있다. Dror(1968)는 최적 모형이라는 정책결정 모형을 제시하면서 정책과정을 기본방침 결정 단계, 정책 결정 단계, 정책 결정 이후 단계의 3단계로 구분하고 있다. Jones(1984)는 정책과정을 정부가 사회적 문제를 정부정책으로 채택하는 단계, 정책 의제 설정, 정부 내의 행동이나 정책수단의 선택, 정책 결정 단계, 정부의 문제해결, 정책 집행, 그리고 사업의 검토, 정책 평가로 나누고 있다.

Jones는 정책 과정을 11개의 세부 단계로 나누고, 이를 크게 5단계로 정리하였다(이용교, 1995). 첫째, 정책문제를 정부에 귀속시키는 단계로 흔히 말하는 정책 의제 설정 단계이다. 집단이 문제를 먼저 인지하고 문제해결을 요구하기 위해서 공통적인 이해를 지닌 사람들을 조직하고 정부에 요구하며, 이 결과로 정책 의제가 설정되는 세부단계인 인지, 정의, 조직화, 대표를 포함하고 있다. 둘째, 정부 내의 행동단계로서 정책대안 작성, 대안의 합법화, 필요한 예산 배정의 단계를 포함하고 있다. 셋째, 정부가 문제를 해결하는 단계로서 집행을 포함하고 있다. 넷째, 정부가 추진한 사업을 재검토하여 필요한 조치를 취하는 단계이다. 정책 평가, 정책의 수정 종결을 포함하고 있다.

Jones의 정책과정은 정부의 기능적 활동이 정부 내 범주, 체제, 산출과 어떤 관계가 있는지 상세히 분석하고 있으며, 11가지(인지, 정의, 결집, 조직화, 대표, 정책 대안 작성, 대안의 합법화, 예산 배정, 집행, 사업의 재검토, 정책의 평가와 수정 종결) 중 8가지 단계를 정책 의제 설정 단계와 정책대안의 작성과 화합 그리고 예산 배정에 대해서 다루고 있어서 정책과정 중에서 형성과정을 매우 중요시하고 있다.

Jones의 이론모형은 '문제의 정부 귀속화 과정(problem to government)'으로 이해과정(기능별) 사건 인지 및 문제 정의(perception/definition), 단계 결집 및 조직화(aggregation/organization), 대표(representation)의 단계로 나누어 제시한다(현외성, 2003).

Anderson은 정책을 "행위자 혹은 행위자 집단이 문제나 관심사를 취급, 처리하는 목적 지향적인 행동 경로"라고 정의하면서 정책으로서 일련의 정부 활동이나 결정과정을 유발하는 공공 문제의 본질적인 중요성을 부각시키고 있다.

Anderson은 정책과정을 다섯 단계로 제시했다. 정책문제의 등장과정과 관련시켜 정책의제 설정, 정책대안 작성, 정책대안 채택, 정책의 집행, 정책의 평가 단계이다. Anderson의 정책과정은 5단계 중 처음 3단계를 정책형성에 포함하였다. Jones가 한 단계로 범주화한 정책대안의 작성과 합법화를 분리해서 대안 작성, 정책대안의 채택으로 나누었다.

Anderson(1975)의 주요한 관심사는 5단계 중에서 1단계, "문제의 규명은 정책문제란 무엇인가? 공공문제를 야기하는 요인은 무엇인가? 그리고 이러한 문제가 어떻게 정부의 의제로 설정되었는가?"이다. 2단계, 정책형성은 제기된 문제를 다루어 갈 대안들이 어떻게 개방되었는가? 정책형성 단계의 참여자는 누구인지가 검토 대상이다. 3단계, 정책의 채택은 채택단계에서 관심사항은 어떻게 정책대안이 채택되고 법령화되었는가? 정책 채택에는 어떠한 조건이 필요한가? 누가 정책을 채택하며, 어떤 과정을 거치는가? 채택된 결정의 내용은 무엇인가? 등이다. 4단계는 집행으로서 정책을 수행하여 결과를 얻으려면 누가 관련되고 무엇이 이루어지며, 이것은 정책 내용에 어떠한 영향을 미치는가? 등이다. 마지막 단계인 5단계 평가는 정책의 효과 또는 영향은 어떻게 측정되는가? 누가 정책을 평가하는가? 정책의 평가 결과는 무엇인가? 등 관심사항이다.

Anderson의 정책모형은 다음과 같은 장점이 있다. 실제의 정책과정은 단계별 활동 과정을 순차적으로 밟고 있으며, 이러한 순차적인 접근 방법은 정책과정의 행동의 흐름을 파악하는 데 도움이 된다. 단계적 접근 방법은 변화에 개방적이다. 경험적으로 필요하다고 판단되면 추가적인 단계가 도입될 수 있다. 다양한 자료수집과 분석 방법이 순차적 접근 방법과 경합될 수 있다. 이런 접근 방법은 정책과정을 횡적정책으로 보는 관점보다는 동적·발전적으로 볼 수 있다.

정책형성은 Anderson이 말한 정책의제 설정, 정책대안의 작성, 정책대안의 채택 등 세 단계를 포함하는 것으로 사실상 정책과정에서 가장 핵심적인 단계이다(이용교, 1995).

표 4-2 | 정책형성과정 연구 주요 단계

제안자	Dinito & Dye (1993)	Gilbert & Specht(1974)	Jones (1977)	Hefferman (1979)
명칭	정책결정과정	정책형성과정	정책과정	사회복지정책과정
단계	정책문제 확인	문제의 발견	인지 및 정의	문제발견/인지
	정책형성	일반계층에 홍보 정책목표개발/분석	결집/조직화 대표	정치적 여과
	공공정책의 정당화	대중의 지지와 정당화	형성 합법화	입법화
	정책실행		적용/집행	행정적 실행
	정책평가			새로운 문제의 발견

자료 : Gilbert, N.&Terrell, Paul, 1998, Dimension of Social Welfare Policy, Allyn and bacon,

(3) 군사회복지정책 변화와 흐름

우리나라의 군사회복지 관련 정책과 제도는 창군 이후 국가의 역사적 특수성을 배경으로 하고 있다. 이러한 군사회복지정책의 발전과정 분류는 창군 및 전란기(1946~1950년), 태동기(1960년대 초), 성장기(1970년대), 발전기(1980년대) 그리고 심화기(1990년대) 등 10년 단위로 발전과정을 구분하고 있다. 군사회복지 정책의 발전과정의 특징을 보면, 2000년도 이전까지는 경제적인 복지대책 마련에 정책의 중점을 두고 있음을 알 수 있다. 문화적 복지 분야는 2000년도 중반기 이후부터 비로소 관심을 갖고 인간 중심적이고 비전적인 정책들이 마련되기 시작하고 있다(유흥위, 2007).

이를 세부적으로 살펴보면, 창군기인 1946년부터 1950년 초까지는 병력의 기본적인 복지를 제공하는 수준이었다. 병사에게는 최소한의 의식주를 해결하고 간부와 그 가족에게는 단지 생계를 유지시켜 주는 정도였다. 1950년대는 전쟁으로 인한 피해복구의 시기로서 국민 대부분이 생계를 유지하기도 힘들었다. 전쟁 후의 전상자, 그 가족에 대한 사회보장 제도를 시행할 수도 없었던 시기이다. 군인들의 보수도 열악했으며, 현대적인 복지제도라고 하기에는 무의미했다(육군본부,

1998). 1960년대에는 군인복지정책이 입법화되면서 직업군인제도가 사회복지 수준보다 우위를 유지하여 우수인력의 획득 유지하는 데 큰 역할을 하였다. 군사원호법, 전몰군경유가족, 상이군경연금법, 대한민국 재향군인회법, 군사보험법, 군인연금법 등 다양하게 장병 및 그 가족과 유가족의 생활안정을 도모하는 계기가 되었다. 1950년 초에서 1960년대 초에는 전쟁 후 국가와 국민이 국방의 중요성을 인식하고, 군에 우수인력 획득과 기본적인 군복지정책이 입안되고 입법화되는 계기가 되었다. 유흥위(2007)은 이 단계를 군사회복지의 태동기로 분류한다. 군사회복지의 태동기는 국가경제가 후진국 수준에 머물러 있는 단계로서 국가의 안보를 지키기 위한 병력에 기본적인 복지를 제공하는 수준에 그쳤다. 그렇기 때문에 국가 차원에서 장병들의 복지문제를 해결해 줄 수 있는 방법 또한 구체적이지 못했고, 임시방편적인 것이 많았다. 특히, 이 시기에는 경제적인 어려움으로 인해 군인들에게 최소한의 의식주를 제공해 주고 군인의 가족들에게는 최소한의 생계를 유지시켜 주는 정도의 제한적인 복지만 제공되던 시기였다.

다음으로 1970년대는 형성기로서 군사회복지제도의 기초가 마련되기 시작한 시기이다. 1970년대는 국가경제가 성장을 거듭하여 신흥공업국의 위치를 확보하는 시기로서 군에서도 여러 가지 복지제도를 실시하게 되었다. 1972년에 군인자녀교육법이 제정되어 중·고등학생 학비지원, 가족에 대한 의료보험제도 도입, 면세품 구매 등이 이루어 졌으며, 군 자체 복지사업을 증진할 수 있게 되는 등 군의 복지제도가 확대되었다. 사회 경제 성장으로 군 복지와 대등한 상태가 되었다. 경제성장의 속도가 증가되면서 군복지제도 보다는 기업 등 사회복지가 더 보장되게 되었다. 우수인력 확보와 장기 복무자 획득이 줄어들었다. 이 시기에는 군인뿐만 아니라 군인의 가족까지도 복지정책의 영역을 확대한 시기이기도 하다. 군인복지정책의 확대는 1972년 제정된 군인자녀교육보호법에 근거하고 있고, 이 법을 근거로 군인의 고등학교 자녀들까지는 학비가 지원되었다.

1980년대에는 발전기로서 종합복지정책 발전에 관한 계획을 마련하기 시작하였다. 1980년대는 사회복지 발전기로서 군 관사 건립 5개년 계획 등 복지정책이 부분적으로 중장기 계획이 추진되었으며, 체계적인 정책 추진의 모습을 갖추게 되었다. 원호기금법과 군인공제회법을 제정하였다. 군인공제회는 군 복지기관으로서 군인 및 군무원의 효율적인 공제 제도를 확립하고 퇴직 후의 생활안정을 도모할 수 있는 복지후생사업을 추진하게 되었다. 또한, 1981년에 복지근무지원단이 창설되어 각 군별로 복지사업을 계획하고 집행하는 기능을 담당하게 되었다. 특히, 1981년도에는 원호기금법이 제정되어 군복지의 기본적인 윤곽을 그리기 시작했고, 1984년에는 국가유공자 예우 및 지원에 관한 법률의 제정으로 현역 군인뿐만 아니라 은퇴한 군인 또는 그 가족들까지도 복지정책의 외연을 확대하게 된다.

1990년대에는 국방부에 보건복지국이 설치되어 국방종합복지정책을 추진하기 시작했다. 1990년대에는 고엽제 후유증환자 지원 등에 관한 법률, 참전군인 등 지원에 관한 법을 제정하였다. 특히, 1991년 4월에 국방부 인사국 복지과의 기능을 확대하여 보건복지국을 창설하고 종합복지정책을 수립하고 추진하였다. 1995년 12월에 군인복지기금법은 군인의 복지증진을 위한 사업을 효율적으로 수행하기 위하여 군인복지기금을 설치하고 관리함으로써 군인의 생활안정과 전력향상을 도모하기 위하여 제안되었다. 1997년 12월에는 제대군인 지원에 관한 법률이 제정되어 제대군인을 국가적 차원에서 적극 활용하고 조기에 사회정착을 유도하였다. 1995년 군복지시설 운영지침이 마련되었으며, 군인복지기금법이 제정되었다.

2 군사회복지정책의 형성요인

자본주의사회에서 군사회복지정책은 가족, 군대 그리고 국가와의 관계 속에서 인식할 필요가 있다. 군사회복지정책이 요청되는 1차적 사회요인은 '사회적 이슈'로서의 군인과 그 가족의 문제이다.

군인과 그 가족의 인권과 복지에 대한 문제가 있기 때문에 이에 대한 대책으로 군사회복지정책이 필요하다(조흥식, 2005). 군사회복지정책은 최상의 전투력을 발휘하기 위하여 군인의 삶의 질을 높여야 한다는 시각에서 요청되었다. 국방정책은 군인과 군인가족을 위한 복지체계의 제도화, 안정화를 이루고, 이를 위한 통합적이고 포괄적인 법적 근거를 갖추어야 한다. 국방부에서는 군복지 문제를 단순히 군내 구성원에 대한 삶의 조건을 개선하는 차원이 아니라, 군 구성원들로 하여금 맡은 바 임무와 역할을 충실히 수행하도록 하는 필수적인 선행조건이라는 인식하에 획기적인 개선을 검토하여 왔다.

신세대 장병의 의사소통이 원활하게 유지되며, 군대 조직 문화에 대한 관심도 군사회복지정책의 핵심적인 사항이다. 군인과 민간인의 근무 조건을 비교해 보면, 군인은 일반사회와 직무의 연계성이 없는 일을 수행하며, 일반 민간인이 생각하는 것과 달리 직업 안정성 측면에서도 짧은 정년 제도를 가지고 있다.또한 평시에는 실제 전투와 같은 훈련을 실시하여 항상 위험에 노출되어 공무원보다 1.8배, 기업보다는 2.3배의 높은 재해가 발생한다. 무정량의 근무시간과 각종 훈련으로 인한 출퇴근 시간이 보장되지 않으며 잦은 이사와 더불어 격·오지 위주의 근무환경은 군 직업을 어렵게 하는 이유이고, 자녀 교육 문제로 인한 별거 생활과 그에 대한 추가비용이 부담된다(정효현, 1999).

몇 가지 한국 군복지의 문제는 첫째, 체계적인 군복지정책 수립의 미비이다. 군인 주거의 병영시설, 자녀양육과 교육, 의료, 복지시설 지원 등 군인 근무여건 및 특성에 다른 기준, 표준화 근거 마련과 제도화가 체계적으로 갖추어져 있다고 보기에는 미흡하다. 군복지정책은 주거, 교육 등 직업군인과 가족의 경제 및 가정생활에 요구되는 기본적인 분야에 지원은 물론 장기적으로는 사회 여타 분야의 발전과 환경 분야에 따라 스포츠, 여가활동 등 문화적인 욕구를 충족시킬 수 있는 수준까지 발전되어야 함은 당연하다. 군의 우수 인력의 확보와 유지를 위해 이러한 분야에 대한 복지정책의 선진화는 필수적이다.

둘째, 군복지행정 체계의 비연계성이다. 군복지는 사회보장 성격이 강한 제도로서 군복지 관계기구로는 국방부와 각 군 본부의 인사참모부 인사근무처 예하 복지과, 근무과, 제대군인과, 직업보도과에서 국방인력의 복지후생에 관한 역할을 수행하고 있다. 군인공제회에서는 군인과 군무원의 생활안정 및 군인의 보험 업무를 관장하고 전역군인에 대해 각종 대부사업과 국가유공자 예우에 관한 법률과 제대군인 지원에 관한 법률에 근거하여 업무를 수행하고 있다. 직업군인에 대한 복지정책 수립과 집행체계가 여러 기관에 산재해 있기 때문에 통합적이며 종합적인 복지정책을 추진하기가 어려운 실정이며, 기존 사회보장적 성격이 강한 제도의 시행 수준에 머무르고 있어 구성원 욕구 변화에 효과적으로 대처하지 못하고 있는 실정이다. 셋째는 군복지 활동의 기본 재원인 군인복지기금의 열악성이다. 군의 복지사업을 위한 법적 근거는 복지기금법이 유일한데, 현재 복지기금법은 기금의 운용을 위한 기본적인 근거만 제공하고 있으므로 사실상 군의 복지사업을 통합적으로 일관성 있게 추진하기에는 미흡하다. 군인의 생활의 질 향상을 위한 체계적인 복지정책 구현을 위해 총체적인 법률로서 군인복지기본법의 개정이 필요하다.

넷째, 군인가족 복지정책 수립이 미흡하다. 기존의 군인아파트와 신설 예정인 군인아파트에도 보육시설과 군인가족지원 시설 관련 권고 기준이 없는 상태이다. 특히 부부군인의 경우 순환 보직의 특성상 동거현황이 매우 낮은 상태이기 때문에 별거와 군 가족의 경우 출산과 자녀양육과 보육여건이 더욱 어렵다고 할 수 있다. 오늘날 사회는 저출산 고령화 추세에 대응하여 출산과 보육 관련 정책지원의 중요성이 증대하고 있다. 군의 경우 점차 증대되고 있는 여군의 인력은 물론 기혼 군인도 맞벌이 부부가 증가되는 추세여서 특히 안정된 복무여건 조성을 위해서는 군 가정에 대한 정책 지원 수립이 시급하다고 할 수 있다(여군 관련 규정 문답집, 2005). 군인가족이 집단으로 거주하는 캠프단위 거주지에 군인가족을 위한 상담, 생활안내 프로그램이 육군에서 실시하고 있으나 명목뿐인 현실이다(강유림, 2008).

다섯째, 병사복지의 열악성이다. 병사복지와 관련해서는 전체 장병들의 인권, 즉 구타, 성폭력 등 온갖 폭력을 받지 않음으로써 한 성인으로서 제대로 대우받는 것과 최소한의 인간다운 생활이 가능한 병영시설이 갖추어져 있어야 한다는 것이다. 인권 보호와 관련해서는 병영생활전문상담관 제도를 도입하여 시행하고 있으나 성과 면에서 국방부 차원에서는 미흡하다는 판단을 하고 있다. 장래에는 총체적인 군사회복지 지원시스템을 도입하여 인격적인 대우뿐만 아니라 교화성이 입증된 예방 프로그램을 적용하여 성과를 달성해야 한다. 특히 부적응 병사 중에는 가정의 문제가 다수 포함되어 있는데, 이를 지원하기 위한 지역과의 연계 프로그램인 지역사회 복지관과의 협조가 필요하다(김근아 · 오정은, 2006).

군병원에 입원한 장병을 위한 상담과 문제해결을 위한 지원체제가 미흡한데 군병원에 의료사회복지사, 정신보건사회복지사의 배치도 의료법에 명시된 것처럼 100배드당 1명인 요건을 충족할 수 있도록 해야 할 것이다(이대식, 2008).

1) 군사회복지정책의 참여자

정책형성은 정치체계의 핵심적인 과정이고 이 과정에서 산출된 정책은 모든 국민에게 영향을 미친다. 국민은 자신들의 이익을 위하여 이 과정에 참여하고자 한다. 이는 민주적 정치체계에서는 당연하다고 할 수 있겠다. 간접민주주의 하에서는 국민은 선거를 통하여 대통령이나 국회의원을 선출하고, 이들과 이들의 감독을받는 행정 관료가 정책과정에 참여하게 하고 있다. 정부 측의 정책형성자 또는 참여자들은 대통령, 국회, 행정기관, 사법부등 네 가지로 구분해 볼 수 있겠다. 그러나 사법부는 정책 형성에 미치는 영향이 약하다. 정책의 형성은 정부 측 참여자 이외에도 정책형성 과정에 영향력을 행사하는 비정부 측 참여자들은 정당, 이익집단, 일반국민, 전문가와 학자, 언론기관 등이다.

사회복지정책 형성과정의 선행 연구자들은 정책형성과정에 참여자의 범위가 제한되어 있고, 행정부의 역할이 크게 작용하였다고 한다. 한국의 정치체제는 중앙집권적인데다가 행정문화는 사회구조의 수직적 서열 위주, 주종관계 그리고 가족적인 성격 때문에 정책결정 구조가 폐쇄적이고 비합리적일 수밖에 없다는 것이다. 관료의 권위주의적 정책결정방식에는 정책의 대상이나 이익집단의 참여가 어렵게 되고, 관련 행정기관의 협조도 제한되고 있다. 그러므로 정책의 형성이 공개적인 절차인 공청회와 같은 절차를 생략하고 소수의 참여자들이 정책의 주요 골격을 세운 뒤 의견 수렴 절차를 요식행위로 하는 경우도 있다.

군사회복지정책 형성과정에서 정부의 역할은 매우 크지만, 정부는 여러 가지 성격의 집단이 함께 있다. 군사회복지정책과 관련된 곳은 대통령, 국무총리, 국방부 관련 부처들이 있다. 권위적인 정부에서는 대통령의 영향력이 행정부, 입법부, 사법부에 포괄적으로 영향을 미친다. 한국의 군사회복지정책은 소관 행정부처의 핵심 업무가 아니라는 성격도 정책형성과정에서 참여자의 역할을 제약하고 있다.

군인복지기본법이 국방부의 주요 업무이지만 보건복지부와 여성가족부에서는 군사회복지업무가 주변 업무로서 군사회복지정책과 관련된 각 부처는 각각의 고유의 업무의 시각에서 군사회복지정책을 인식하기 때문에 정부 내에서 소관업무에 대한 갈등의 소지가 매우 많다. 군사회복지정책의 형성과정에는 국무총리나 장관보다 각 부에서 군사회복지 정책을 맡고 있는 국과실의 군사회복지 담당자의 역할이 크게 작용할 수 있다.

군사회복지정책 형성의 참여자에서 정책의 대상자보다는 정책의 공급자인 행정부와 입법부의 영향력이 강할 수밖에 없다. 우리나라의 입법부는 행정부보다 정책형성과정에 제한된 역할을 수행하고 있다. 의원 입법된 법률보다는 행정부에서 제안된 법률안이 국회에서 일부 수정을 거쳐 제정된 경우가 많았다. 의원입법의 형식을 취하지만 국방부에서 성안된 경우가 적지 않기 때문에 입법부는 상대적으로 행정부보다는 정책형성과정에 참여도가 다소 떨어지고 있다. 하지만 모든 법률은 입법부의 의결을 거쳐서 법률이 되기에 국회의 영향력을 과소평가할 수만은 없다.

군사회복지정책의 형성과정에 군사회복지전문가의 역할이 기대된다. 군사회복지정책의 수립에 필요한 정보를 산출하고 이를 정책 입안자에게 제공하는 일은 관계 전문가들이 맡고 있기 때문이다. 우리나라의 군사회복지 담당 행정가는 대개 국방부 공무원이기 때문에 군사회복지에 대한 정보가 부족한 상태에서 정책을 입안할 가능성이 높다. 그래서 이들에게 정보를 제공하는 군사회복지전문가와 전문가집단의 역할은 상대적으로 강조될 수 있고, 군사회복지를 전문적으로 연구하는 군사회복지연구회, 한국군사회복지학회와 국방연구원의 역할을 기대할 수 있겠다. 국방연구원과 한국군사회복지학회 공동 주관으로 국방인력 발전세미나(2009년 9월)를 '21세기 강군 건설을 위한 군 가족 지원 정책 방향'이라는 주제로 개최하여 정부의 가족지원 정책과 군 가족지원 연계 방안 등을 심도 깊게 토론·토의하였다. 이를 통해 군사회복지학회가 군인가족에 대한 진지한 토의를 보건복지부, 국방부 관계자들과 정책적 이슈와 사업을 확장해 나갈 수 있는 방안을 모색할 수 있는 계기가 되었다. 연구자는 주제에 대한 토론자로서 군인가족의 현실태와 자녀들의 교육에 대해 의견을 제시하였다.

군사회복지정책 형성의 참여자에서 정책의 1차적인 대상 혹은 수혜자인 군인과 군사회복지단체를 배제할 수는 없다. 이러한 집단의 대상 집단은 군인문제에 대한 입장의 일치 여부와 조직화 정도에 따라서 그 정치적 영향력을 행사할 수 있다. 사회복지 분야 중 노인이나 장애인 분야와 비교할 때 군인과 군사회복지단체의 정치적 영향력은 약하다. 우리나라의 군사회복지단체는 군인들의 자생조직이 아니라 군인들을 지원하기 위한 사회복지전문가와 군 관계자들이기 때문에 군인의 입장을 반영하는 데는 한계가 있다.

군인들의 문제와 군인들을 건강하고 안전하게 군 생활을 하도록 하는 것은 모든 국민의 관심사이다(국방부, 2005). 그러므로 군사회복지정책의 형성과정에 모든 국민은 관심을 가질 수도 있고, 반대로 영향력이 있는 이익집단이 상대적으로 적을 수 있다. 이런 상황에서는 언론의 역할은 크게 영향력을 행사할 수 있다. 많은 사람들이 관심을 가질 사안이고 특별한 이익집단이 없다면 언론은 국민을 대변할 수 있는 역할을 기대 받고 있기 때문이다.

그러므로 군사회복지정책의 참여자로 대통령, 행정부, 입법부, 군사회복지단체, 군사회복지전문가, 언론 등으로 나누어 보고자 한다. 이들은 군사회복지정책 형성과정에서 역할을 수행하게 되는데, 소수 엘리트만 참여하면 엘리트론, 다수가 공평하게 참여한다면 다원주의이론이 수용될 것이다. 우리나라에서 엘리트론이 보다 적절했다는 사실을 비추어 볼 때 군사회복지정책 형성에서 참여자들 간의 역동성을 파악할 수 있을 것이다.

복지정책 의제 형성에의 참여자로는 이슈 사업가들(issue entrepreneurs), 사회복지 이슈와 관련된 이해관계자들, 사회복지 이슈를 정책의제로 다루는 정책결정자 그리고 복지수혜대상자 내지 클라이언트, 사회복지전문가들, 일반국민 등이다. 비교적 비용부담을 느끼지 못하는 일반국민 계층 사회복지비용의 증가가 있어서도 실제 부담하는 비용이 크지 않다고 생각하는 까닭에 큰 저항 없이 사회복지정책 의제형성에 큰 영향을 끼치지 않는다고 볼 수 있다.

정책결정자들(대통령, 소관부처, 국회, 지방의회 등)은 사회복지정책 의제형성에 큰 영향을 끼치고, 복지정책에 대한 의지나 성향은 복지정책 의제형성에 직접적인 영향을 미치며 중심적 역할을 하게 된다(박경일, 2007). 클라이언트(복지수혜대상자 내지 고객)는 복지정책 의제 형성에 영향을 미치는 참여자가 복지문제를 가지고 그것의 해결을 원하는 사람들이기 때문에 문제를 제기하거나 제기된 문제를 해결하도록 압력을 가하기도 하지만, 정책결정자들보다 그 힘이 미약하다. 사회복지전문가는 사회복지정책 의제형성과정에서 많은 영향을 끼칠 수 있는 전문가들의 복지수혜대상자나 고객들의 문제를 잘 이해하고, 그 해결 방법도 잘 알고 있어 정책결정자들에게 이슈화시키고, 정책의제로 논의하도록 하는 경우에 클라이언트를 대리할 수 있는 위치에 있는 참여자 이슈 제기 및 논의에 필요한 지식과 방법을 갖추고 적극적 역할을 담당해야 한다. 일반국민은 대부분의 경우 사회복지정책 의제형성에 구경꾼 역할을 한다. 때로는 사회복지문제가 어떤 사건을 통해 크게 이슈화하는 경우 사회복지정책에 관심을 가지게 되어 정책결정자들에게 압력을 행사하기도 한다.

군사회복지정책 형성과정을 요약하면, 군의 복무 문제로 고통을 당하는 개인, 집단, 이 문제를 아는 전문가, 시민사회단체가 군사회복지정책의 형성을 요청하게 된다. 문제와 연관된 관계자에게 관련된 문제나 아이디어를 제공하기도 한다. 문제가 사회복지정책을 요청하게 되고, 후속 조치로 법률안 논의가 정부 내에서 구체적으로 이루어지게 된다. 행정부에서 발의하거나, 국회에서 발의하거나, 국회 심의를 거쳐 대통령의 재가와 공포로 발효된다.

2) 연구 분석의 틀

정부기관이 공식적으로 권위 있게 결정한 기본방침을 정책이라고 할 수 있다. 이러한 목적을 달성하기 위해서는 정책 수단에 대한 선택이 중요하다. 정책과정을 통해서 나타나는 것은 정책 수단의 선택이 중요하며, 학자들은 이러한 정책과정에 대해서 다양한 견해를 주장한다.

또한 정책은 가치의 권위적인 배분의 문제로서 누구의 가치가 타당한 것으로 인정되고 또는 그렇지 않은가를 질문해야 한다. 이를 통해 정책 개념에서 권력과 통제의 중요한 역할에 관심을 가질 수 있다. 정책은 이해관계, 갈등, 지배 또는 정의와 분리될 수 없으며, 지배적 이해관계나 하나의 사회계층의 이해관계를 단순히 반영하기보다는 현재의 지배이데올로기뿐만 아니라 새롭게 나타나거나 잔류해 있는 이데올로기 등 요소들의 복잡하고 이질적인 결합이다(Ball, 1990; 김영지, 2007, 재인용). 사회복지정책도 다른 공공정책과 마찬가지로 공공의 의사결정 대상이기 때문에 정부든 자치단체이든 입법 내지는 행정활동을 통해 수립·시행된다. 이러한 정책 전개과정을 정책형성이라는 입장에서 보면 개개의 정책과제에 따라 사회복지에 대해 관심과 이해관계를 갖는 각 계층의 시민과 단체들로부터 영향을 받는 가운데 정당, 의회, 정부, 행정기관이 주체가 되어 전개하는 일련의 과정이기도 하다(안해균, 1984).

군사회복지정책도 군인뿐만 아니라 군인의 가족, 일반시민, 의회, 정부 그리고 국방부 등이 주체가 되어 전개하는 일련의 과정이라고 할 수 있다. 따라서 군사회복지정책을 포함한 모든 사회복지정책은 정책형성과정에서 다양한 내·외부적 환경에 영향을 받는다. 특히 정책은 당대의 지배적 가치나 이념 혹은 정치사회적 배경 등의 외부적 요인들에 의해서 그 특징과 내용이 결정된다. 따라서 정책환경에 대한 분석은 해당 정책이 어떤 경로와 과정을 통해 형성되었고, 정책의 내용과 특징은 어떤 환경에 의해서 어느 정도 영향을 받았는지를 탐색함으로써 과거에 대한 분석을 토대로 미래의 합리적 방향을 제시해 주는 일종의 좌표가 된다.

군사회복지정책을 비롯한 사회복지정책은 정치적 이해관계에 따라 상당한 관점의 차이가 존재하고, 여기에 사회적·문화적 환경은 사회복지정책의 목적과 범위 그리고 내용을 결정짓는 매우 중요한 외부적 환경이다. 따라서 군사회복지정책의 목적, 대상, 급여 그리고 전달체계와 서비스의 내용 등이 어떤 경로와 환경 속에서 형성되었는지에 대한 연구는 군사회복지정책의 본질적 목적과 지향해야 할 궁극적 가치에 대한 대안을 제공해 줄 수 있다.

군사회복지정책의 형성과정을 분석하기 위하여 정책과정에 대한 제 학자의 견해 중에서 Jones의 견해와 Anderson의 견해를 비판적으로 수용하고자 한다. Jones는 정책과정을 의제 정의 단계, 형성 합법화 단계, 집행단계, 평가 단계, 종결 단계 등으로 나누고, 의제 정의 단계와 형성 합법화 단계에 많은 기능적 활동을 분석하였다.

모든 정책이 합법화 단계를 거치는 것이 아니고, 형성된 후에도 합법화까지는 많은 시간이 소요되기 때문에 형성 단계와 합법화 단계를 별도로 다루는 것이 타당할 것이다. 이런 입장은 정책 대안 작성과 정책 대안의 채택을 구분하여 정책 과정을 정책의제 설정, 정책 대안 작성, 정책 대안의 채택, 정책의 집행, 정책의 평가로 나눈 Anderson의 시각과 유사하다. 그에 따르면 정책의제 설정 단계는 정부 당국이 심각성을 인정하여 적극적으로 해결하려는 정책 문제를 설정하는 단계이고, 정책 대안 단계는 문제해결에 이바지할 수 있고 실현 가능한 대안들을 발전시키는 단계이며, 정책 대안의 채택은 최종안을 선택하고 행정적 조치와 이것에 합법성을 부여하는 입법적 조치를 구분하는 것이 합법적이기 때문에 대안의 작성과 채택을 한 단계로 보고 입법단계와 별도로 인식할 필요가 있다.

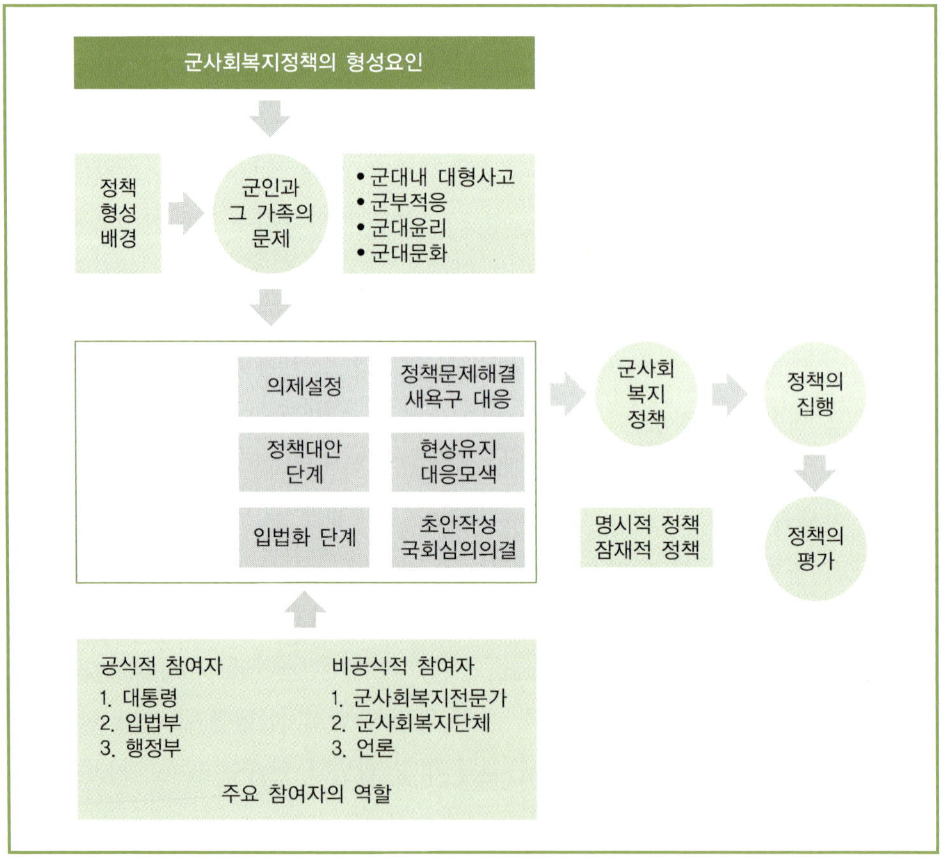

그림 4-1 | 연구 분석의 틀

Jones의 형성 합법화 단계를 형성 단계와 합법화 단계로 나누고, Anderson의 정책 대안의 채택 중 최종안의 선택을 정책 대안의 수립 단계로 합치며, 합법성을 부여하는 조치를 정책의 입법화 단계로 독립시킬 수 있을 것이다. 그 이유는 우리나라의 정책은 법령을 기초로 하기 때문에 주요 정책은 대부분 대안 수립과 별도로 입법 과정을 거치기 때문이다. 그러므로 이 연구에서는 한국군사회복지정책의 형성과정을 의제 설정 단계, 정책 대안 단계, 입법화 단계로 나누어서 분석하고자 한다. 이와 같은 내용을 Jones의 정책형성과정 분석틀을 정리하여 도식화하였다.

Jones의 정책형성과정을 군사회복지정책에 적용하여 군사회복지정책이 지닌 특성을 반영해주고, 또한 군사회복지정책화에 이르는 단계에까지 활용할 수 있는 변용된 군사회복지정책 형성과정을 구축해야 할 필요성이 있다. 이 단계는 연구자가 일반적으로 정책화에 이르는 과정을 논리적으로 체계화시킨 것이다.

Jones의 분석틀과 이것을 연결시켜 보면, 인지단계에서 합법화의 단계까지가 본 연구에서 분석하려는 구체적인 형성과정이다. 이것을 한국군사회복지정책의 형성과정으로 적용하려고 한다.

3 군인복지기본법의 정책형성과정

1) 군인복지기본법의 제정

(1) 의제 설정 단계

① 입법부의 군인복지 지원 법안

2007년 11월 23일(금), 국회 제269회 11차 본회의에서 '군인복지기본법'이 통과되었다. 대통합민주신당 소속 김명자 의원은 군인의 생활환경에 부합하는 주거, 교육, 의료 등에 관한 복지정책 지원 근거를 마련한다는 취지로 '군인복지기본법 제정 법률안'을 2007년 6월 25일에 대표발의(141인 공동발의)하였다. 김명자 의원은 군 복지 관련법의 체계적 정비와 복지정책 방향성 설립이 필요하다는 판단에 따라 2005년부터 정부와 민간부문의 각계각층과 대화하고 군 복지실태를 조사하면서 '군인복지기본법'의 내용을 준비했다. 향후 '국방개혁 2020' 추진에 의한 유형전력 증강과 함께 '군인복지기본법'의 제정으로 군 전력증강의 핵심요소인 무형전력 증강의 기반이 마련되었다고 평가된다.

법안 주요내용은 첫째, 국가는 군인에게 관사 또는 독신자숙소를 제공하고 10년 이상 복무한 군인 중 무주택 세대주에 대해서는 주택을 우선적으로 공급한다. 둘째, 군인의 생활안정과 복지증진을 도모할 목적으로 설립된 법인이 무주택 군인을 대상으로 주택을 공급하고자 하는 경우 택지를 우선하여 공급할 수 있는 근거 마련한다. 셋째, 농어촌지역 등 취약지역의 군인밀집지역에 국·공립 보육시설을 우선 설치하도록 근거를 마련한다. 넷째, 군인의 전투력을 유지하기 위하여 정기적인 검진과 진료 등의 의료지원을 하고 「국민건강보험법」 제47조의 적용대상이 아닌 병사들에 대하여 건강검진을 실시할 수 있는 근거를 마련한다. 다섯째, 현재 각 군에서 별도로 운영하고 있는 복지시설 등을 국방부가 통합하여 관리·운영하고 회계처리는 「군인복지기금법」의 규정에 따르도록 한다는 데 있다.

② 군사회복지단체와 전문가의 정책 조언

군인복지기본법이 수립되고 그 내용이 수렴되는 데는 군사회복지단체와 군사회복지전문가의 의견이 반영되었다. 군사회복지 지도자들과 대학교수 등 전문가들은 2005년 6월, '군복지체계 정립을 위한 법, 제도 개선 방안'[이라는 주제로 국회 국방정책토론회에 참가하였다. 여기에서 국방부와 각 군에서 참석한 실무자들과 김명자 의원, 열린우리당 정책위원회, 보건복지부 관계자가 참석하여 열띤 토론회가 열렸다. 한국군사회복지학회장인 조홍식(서울대학교) 교수는 군사회복지단체를 대변하여 '군복지정책의 방향에 다른 군복지체계 정립의 필요성'을 주제로 발표하였다. 이 토론회에서 입법부, 행정부, 군사회복지단체, 전문가, 군관계자가 인식을 같이하여 군인복지기본법이 태동하게 된 동기가 되었다.

(2) 정책대안 단계

군인의 복지증진을 위하여 군인복지기본계획을 수립·시행하고, 주택 우선공급, 복무상 상해·질병 치료비용 지원 등 각종 지원을 실시한다. 이를 위해서 국방부는 군인 복지증진을 위해 필요하다고 찬성하고, 법무부는 과도한 특혜로 형평성 침해라고 반대했다. 건설교통부는 주택 우선공급 등은 주택 관계법령에서 규정할 사항은 반대하고, 기획예산처는 특례조항에 대한 국민적 공감대 필요하다고 반대했다. 부처 간 협의를 통해서 군 숙소용 주택우선공급규정을 삭제하고, 군복무중 상해 등에 대한 국가책임 규정도 기존 보상규정에 따르도록 하고 삭제했다. 정부 의견이 일부 수정되어 국회에 반영되었다(조흥식, 2008).

표 4-3 | 군인복지기본법의 정부 부처 협조사항

구분	관련부서	법 령 명	비고
1	교육인적자원부	초중등교육법	법 제11조 관련 (보육 및 교육지원)
2	여성가족부	영유아보육법	
3	건설교통부	택지개발촉진법시행령	법 제10조 관련 (주택의 우선공급 등)
4		주택공급에 관한 규칙	

자료 : 조흥식, 2008.

국방부는 27일, 군의 중·장기 복지발전 마스터플랜인 군인복지기본계획을 확정·발표했다. 군인복지기본계획은 튼튼한 기초 복지, 가족공동체 복지 건설, 선진문화 복지지원, 효율적인 복지 인프라 구축이라는 4개의 정책 기조로 구성됐다.

이 같은 4개의 정책 기조는 “군 임무 수행으로 인해 군인과 그 가족이 어떠한 불이익도 받아서는 안 되며, 일반 국민이 누리는 제반 복지를 동등하게 향유할 수 있어야 한다”는 기본원칙에 의해 작성된 것이다.

(3) 입법화 단계

군인복지기본법은 그 필요성을 군인과 그 가족의 삶의 질 향상에 중점을 두었다. 군인복지기본법 제정의 배경은 다음과 같다. 첫째, 군인을 위한 복지정책의 지원 근거를 마련함으로써 군인과 그 가족이 일상생활에서 겪고 있는 고충을 해소하고 군인 본연의 전투력 향상에 전념할 수 있도록 하기 위한 필요성 때문이다. 둘째, 무엇보다도 급속한경제발전과 복지수요의 다양화 추세 속에서 군인에 대한 복지는 사각지대에 방치돼왔고 군인은 근무형태의 특성상 일반 국민과 함께 대규모 밀집지역에서 함께 어울려 생활하기보다는 소규모 독립적인 생활을 영위할 수밖에 없어 자녀의 교육·의료·주거 등 모든 면에서 어려움을 겪고 생활해 왔으며, 이러한 생활환경은 군의 열악한 근무환경과 더불어 군의 사기를 크게 떨어뜨리는 원인이 됐기 때문이다. 셋째, 징병제가 엄존하는 우리 현실에서 군인복지는 특정그룹의 문제가 아니라 총체적인 국민복지의 문제이기 때문이다. 넷째, 국방개혁 2020의 기치 아래 첨단 정예군 도약을 목표로 할 때 이는 우수인력 확보가 가능할 때 실현될 수 있는데, 이러한 우수인력 확보의 토대가 되는 것이 바로 군인복지 증진이기 때문이다. 이처럼 군인복지 증진을 위한 필요성을 인식하게 된 점이 바로 이번 군인복지기본법 제정을 추진하게 된 배경이라 하겠다. 추진과정을 보면, 이미 수년 전부터 이 법의 제정을 위해 여러 국회의원이 법안을 만들어 공청회도 여러 번 가진 바 있다. 그러나 결정적인 것은 2007년 3월 김장수 국방부장관이 주재한 국방부 월간회의에서 재임 중에 반드시 장병의 삶의 질 향상을 위해 역량을 집중하겠다는 의지를 표명한 후 '군복지 종합발전계획' 추진과 맞물려 이번에 법을 제정하게 된 것이다.

위원으로는 보건복지관실, 군사시설관리관실, 계획예산관실, 각 군, KIDA, 법무관/회계사 등이다. 12월까지 시행령 초안 작성을 실시하고 관련 부처협의는 2008년 1월 중순에 완료하였다. 시행령 제정안 공포 및 시행은 20008년 3월 1일이다(조홍식, 2008).

표 4-4 | 군인복지기본법 후속조치 사항

구분	법 조항	내용(시행령 반영 사항)
1	제6조(군인복지 기본계획 수립, 시행)	기본계획 수립 절차 등
2	제7조(실태조사)	실태조사사항 및 방법
3	제8조(군인복지위원회)	위원회 구성 및 운영
4	제10조(주택의 우선공급 등)	무주택 입주자의 기준 등
5	제11조(보육 및 교육지원)	기숙사 입주 요건 및 비용
6	제13조(건강검진 등)	건강검진 필요사항(대상/횟수)
7	제14조(군인복지시설의 설치 운영)	복지시설 관리, 운영

자료 : 조흥식, 2008.

(4) 군인복지기본법 제정과정에서 참여자의 역할

① 대통령의 역할

정신적·물질적 욕구를 충족시키고 군인으로서의 자긍심을 드높이기 위해 급여나 시설 서비스 등 총체적인 복지 수준의 향상이 필요하다. 군인복지기본계획을 통해 구체적인 방안이 모색되고 있다. 군의 사기와 복지는 국방력과 직결되는 중요한 요소이다. 군의 사기를 높이기 위해 우리 국민과 정부는 세심한 배려를 해나가겠다. 대통령은 건군 60주년 기념사에서 "직업군인도 처우를 개선할 것이며 군복 입은 것이 자랑스럽고 군인의 길이 영광스럽도록 더욱 노력할 것이다"라고 하였다.

대통령은 시행령을 통해 다음과 같은 다섯 가지를 지시하였다.

가. 군과 더불어 군인가족까지 수혜 대상에 포함

나. 전문적이며 일관성 있는 군인복지정책 추진(5년마다 실태조사)

다. 자녀의 양육 단계에 걸쳐 체계적인 각종 지원정책 추진

라. 위탁진료 및 전역 전 건강검진 추진에 대한 법적 근거 마련

마. 다양한 복지시설의 운용

대통령의 지시내용을 종합대책에서 다시 한 번 강조한 것으로 종합대책의 실효성을 높여 주었다. 또한 대통령은 군인복지기본법을 부처 간 협조 공조를 하여 시행 추진에 최선을 다할 것을 지시하였다.

② 행정부의 역할

군인복지기본법의 핵심은 장병의 삶의 질 향상에 역량을 집중하여 군인과 그 가족을 포함하는 군인가족 복지시대였기 때문에 행정부각 부처 간의 이해가 달랐다. 초중등교육법은 교육인적자원부에서, 영유아보육법은 여성가족부에서, 택지개발촉진법 시행령, 주택공급에 관한 규칙은 건설교통부에서, 예산은 예산기획처에서 담당하였다. 그러다가 국무조정실에서의 노력으로 원만한 협조를 조정하였다. 군인복지위원회를 구성하고, 각 군별로 복지위원회를 두도록 했다. 정기적인 실태조사와 수시 실태조사를 위해 실무위원회를 구성했다.

③ 입법부의 역할

2005년 6월 8일, 김명자 의원이 '군복지체계 정립을 위한 법·제도 개선방안'에 대한 국방정책토론회를 개최하기도 했다. 이 토론회에서는 선진국 건설의 핵심인 우수 정예 군인력 확보를 위해 필수적인 군복지체계 정립 방안에 대한 전문가들의 의견이 모아졌다. 또 군인가족의 주거실태조사 등 현장의 목소리를 담아 효율적이고 합리적인 군복지의 법적 체계를 마련하는 계기가 됐다.

군인복지기본법은 국회의원 141명이 공동발의를 할 만큼 국회의원들의 관심이 많았다. 국회에서는 군인의 처우보장과 시대적인 환경 변화에 대하여 군인의 근무 여건을 향상시켜야 한다는 공감대가 형성되어 있었다. 특히 열악한 주거문제와 자녀들의 교육문제에 대해서는 관심을 가져서 군사회정책 형성에 관여를 하였다. 이처럼 군인복지 증진을 위한 필요성을 인식하게 된 점이 바로 이번 군인복지기본법 제정을 추진하게 된 배경이라 하겠다.

④ 군사회복지단체의 역할

군인복지기본법을 수립한 국회와 국방부는 공무원이 주류였고, 군사회복지단체는 포함되지 않았지만, 종합대책의 내용은 그동안 군사회복지단체들이 주장해 온 내용을 반영하고 있다. 중앙기구의 유관기관과 협조, 지자체 그리고 민간과의 파트너십이 필요하며, 주기적인 복지실태조사, 군인복지위원회의 역할 정립, 다양한 법정지원 프로그램 개발, 복지플랜에 의한 체계적 집행, 기초조사 연구에 군사회복지 단체 참여 등의 주장과 같다. 2005년 6월 8일에 국회 국방정책위원회(김명자 의원) 주관 '군복지체계 정립을 위한 법' 제도 개선 방안 토론회가 실시되었으며, 군사회복지연구회 회원들이 다수 참석하였다.

⑤ 군사회복지전문가의 역할

군사회복지전문가는 군인복지기본법의 수립에 일부 개입하였다. 전문가의 의견은 종합대책에 반영되었다. 군사회복지학회 이사인 정효현 교수(국방대학교)가 군인복지기본법의 법적인 군사회복지법 도입에 대한 법령적용 방안에서의 문제점과 국회 전문위원을 설득하여 방안세부계획을 세울 때는 국방부에서 부처별 계획을 취합한 후 사회복지단체, 언론계 등 관계 전문가의 의견을 반영하여 '군인복지기본법 시행령'이 입법예고를 거쳐 재정 되었다.

⑥ 언론의 역할

언론이 직접 참여는 하지 않았지만 여론을 형성하여 간접적으로 개입하였다. 홍보와 추진내용에 대한 국민적 공감대와 지지를 담당하였다.

Chapter **05**

군사회복지의 발달

사회복지에 대한 사적 연구의 목표는 사회복지에 관한 제 이론을 단순히 평면적인 관점에서 분석 혹은 나열하는 것이 아니라 역사적 관점에서 분석 혹은 나열하는 것을 말한다. 즉, 사회복지의 역사적 발전의 상황에 대응하여 제 사실의 역사적 특성을 규명함과 동시에 그 상호 관련성을 탐구하여 그 결과와 제 사실들을 역사적으로 구분하는 것이다. 따라서 군사회복지의 사적 연구는 사회복지 자체의 동태적 법칙성을 파악하는 데 기여할 뿐만 아니라 오늘날의 정치·경제·사회적 상황의 분석과 금후의 변화를 예견하는 데에도 공헌하게 된다.

한편 사회복지의 역사적 발전을 연구하는 방법에는 내재적 방법과 외재적 방법이 있다. 먼저 외재적 방법은 사회복지의 발전을 사회·경제적 조건의 변동과 관련시켜 시대적 특징을 명백히 하려는 것으로 사회복지 외부에 있는 일반적인 정치·경제·사회적 조건으로부터 사회복지를 비판하고 평가하는 것이다. 이 외재적 연구방법은 사회복지의 제 사실들이 갖는 시대적 배경과 밀접한 관련성을 명백히 할 수 있다는 장점을 가지고 있다.

다음은 내재적 방법으로 이 방법은 사회복지에 있어 원조대상자의 처우원칙, 다시 말해 사회복지적 원조의 목적과 그 목적을 실현하기 위한 방법의 변천에 착안하여 여러 가지 사회복지활동을 관찰하고 그 특징에 의해 이것을 유형화하여 그것들 사이의 일정한 발전의 맥락을 발견하려는 것이다. 즉, 사회복지의 내부로부터 그 원조원칙의 합리성을 비판하고 평가하려는 것이다. 또한 사회복지의 한 분야를 대상으로 그 발달을 구분하기도 한다. 우리나라의 경우는 상기와 같이 사회복지 발달이 시기적·단계적으로 뚜렷하게 구분되지 않으므로 외재적·내재적 연구방법에 적합하게 사회복지의 사적 전개를 서술해 놓은 연구는 부족한 실정이다.

따라서 본장에서는 우리나라 군사회복지에 대해 입법사적인 측면에서의 연구가 이루어져야 함에도 불구하고 입법사적인 연구 자료의 현실적 부족과 한계를 감안하여 외재적인 방법과 내재적인 방법을 혼용하여 연대별로 군사회복지의 사적 전개를 정리하고자 한다.

1 군사회복지 발달의 단계별 분류

우리나라 군사회복지의 발전과정은 연구자들에 따라 발달단계를 다르게 구분하고 있다. 유흥위(2009)는 2007년 군사회복지정책의 발전과정 분류로서 창군 및 전란기(1946~1950년), 태동기(1960년대 초), 성장기(1970년대), 발전기(1980년대) 그리고 심화기(1990년대) 등 10년 단위로 발전과정을 구분하였으나 2009년에는 우리나라의 경제발전과 비교하여 군사회복지 변화단계를 5단계로 구분하고 있다. 즉, 1950~60년대를 군사회복지의 태동기, 1970년대를 형성기, 1980년대를 성장기, 1990년대를 발전기, 2000년대를 재편/비전기로 구분하고 있다(이홍윤, 2012).

여기서 필자는 태동기, 기초정립기, 형성기, 발전기 네 단계로 구분하고자 한다. 왜냐하면 아직까지 우리나라 군사회복지의 역사가 오래되지 않았고 군사회복지의 근간이 되는 군인복지기본법이 2007년 12월 31일(법률 제8731호) 제정되었으며 군사회복지의 전문인력인 군기본권상담관이 2005년에 비록 소수이지만 처음으로 배치되어 군사회복지 활동을 전개하였기 때문이다. 따라서 필자는 2000

년대를 군사회복지의 발전기로 간주하고, 향후 전문인력의 배치와 전달체계의 확립이 이루어지는 성숙기를 거쳐 재편기 등으로 나아갈 것으로 추론하기 때문에 여기서는 4단계로 구분하여 살펴볼 것이다.

이러한 4단계를 좀 더 세분화하여 살펴보면, 1950년대는 창군 및 전환기로서 생계유지의 수준이었고, 1960년대는 군사회복지의 태동기이나 일반 사회복지에 비해 비교우위를 유지하며 직업군인제가 정착된 시점이다. 1970~80년대는 기초 정립기로서 군인들의 복지의 향상뿐만 아니라 그 가족의 복지향상에도 관심을 가지기 시작하면서 군사회복지의 기초가 마련되는 시기라고 할 수 있다.

1990년대에 접어들면서부터 군이 전력발전 차원에서 군사회복지에 관심을 기울이기 시작하여 1992년 국방부의 「국방종합복지정책서」가 발간되었고, 1995년 군복지시설 영리운영지침, 그리고 1997년 「제대군인 지원에 관한 법률」이 제정되었다. 당시 「국방종합복지정책서」에서 군복지에 대한 정의와 대상을 언급하고 있으므로 이때부터 군사회복지의 개념화가 형성되기 시작하였다고 볼 수 있다. 따라서 90년대를 군사회복지의 형성기라고 볼 수 있다.

이후 2000년대에 들어와 군사회복지는 체계화와 제도화를 위하여 전문 연구자들을 중심으로 군사회복지를 발전시키고자 노력하였다. 대표적인 활동으로는 2005년 군사회복지연구회 회원과 군사회복지학회 회원들을 주축으로 군사회복지의 이론적 연구와 발표 및 학술세미나가 개최되었고 2005년 7월 27일에는 군사회복지사 도입을 위한 국회 공청회가 개최되어 군사회복지의 법적 제도화에 대한 발의와 토론이 있었다. 그리고 2007년 군인복지기본법의 제정과 2009년 4월 군인복지기본계획이 마련됨으로써 군사회복지의 이론적 체계화와 함께 군사회복지의 제도화를 위한 법적기반과 기본계획이 마련되었으므로 필자는 이 시기를 발전기라고 명명하고자 한다.

향후 전군에 군사회복지를 담당할 전문인력의 배치와 전달체계가 제도화되면 군사회복지는 보다 성숙되어 이 시기를 성숙기라고 명명할 수 있을 것으로 사료된다. 따라서 여기서는 우리나라의 군사회복지의 발달을 태동기, 기초정립기, 형성기, 발전기에 따라 구체적으로 살펴보도록 한다.

2 한국의 군사회복지 발달단계

1) 태동기

군사회복지의 태동기는 2단계로 나누어 볼 수 있다. 먼저, 1946년 창군 시기부터 1950년 초까지는 해방 이후 정부수립과 한국전쟁기로 이어지는 시기이다. 국가경제는 후진국 수준에 머물러 있는 상태에서 적으로부터 국가를 지키기 위한 병력에 기본적 복지를 제공하는 최소한의 수준 이하였다. 병사들은 최소한의 의식주를 해결하고, 간부와 그 가족에게는 단지 생계를 유지시켜 주는 정도였다. 한국전쟁이 끝난 후에는 국가의 정치·경제·사회가 안정되지 못하여 국가 차원의 전상자 및 전역자들의 원호 및 사회보장책을 마련하지 못한 시기였다. 즉, 한국군의 사회복지는 1953년 제3육군병원에 적십자 휴게실을 설치한 것을 시초로 하여 야전병원, 후송병원, 통합병원 및 각급 군 의료시설에 적십자 봉사실을 설치하여 각종 오락, 도서대여, 군종장교의 군인 개인 신상 상담업무 및 의정장교의 직업보도업무 등을 통하여 군사회사업의 부분적인 역할을 담당하면서 시작되었다고 할 수 있다.

다음으로 1960년 초에서 전쟁 종료 후 국가 재건 및 복구에 대한 투자에 전념하게 되었다. 그리하여 1960년 군인의 퇴직, 사망, 요양 시 본인이나 그 가족의 생활안정과 복리향상에 기여하기 위해 군인연금법이 제정되었다. 또한 전후 국가와 국민 모두가 국방의 중요성을 인식하고, 군에 우수인원을 유인하기 위하여 직업군인과 전·사상자 및 그 유족들에게 대한 원호와 복지를 확대하기 시작하였다. 이에 따라 기본적인 군복지정책이 입안되고 입법화되는 계기를 마련하게 되었다. 이 시기에 간부들의 보수 및 호봉이 단일 호봉제에서 계급별 호봉제로 개선되었으며, 1964년에는 가족의 복지대책 마련을 위해 가족수당이 신설되었다. 또한 국방의 중요성에 대한 국가적인 공감대가 형성되면서 일반사회의 복지에 비교하여 우위의 수준을 유지하게 되었다. 이에 따라 직업군인제가 정착되고 우수 인원들이 간부로 유인되는 기틀을 마련하였다(유흥위, 2009).

또한 군에서는 1968년 1월에 육군장교 다목적 경력관리제도를 도입하여 군병원에서 환자치료 및 처리를 용이하게 하기 위한 정신과적 혹은 의료사회복지기능을 담당시킬 목적으로 의정장교직능에 사회사업 부특기(764)를 부여하였다. 1970년대 말에 사회사업학을 전공한 장교들이 의정장교로 임관하고 군진사회사업(군진사회사업은 전문적인 지식, 기술 및 경험을 토대로 군이 의도하는 병력강화에 저해되는 사회병리현상과 질병과 관련된 사회적 제 요인을 조사, 치료 및 재활업무를 실시하는 데 있다. 육군본부, 1981)이 발간됨으로써 군의료사회사업 및 군정신의료사회사업이 군병원의 실천현장에서 프로그램으로 다루어지게 되었다. 1968년, 육군에서는 군병원에 의정장교 직능후보 764를 사회사업장교로 설정하고, 1974년에는 사회사업 분야에 근무하는 장교들을 주한미군병원에 위탁하여 연 2회 양성교육을 실시하였다.

2) 기초정립기

1970년대에는 군사회복지제도의 기초가 마련되기 시작한 시기로서 군 간부뿐만 아니라 가족들에 대한 복지까지 관심이 증대되고 정책에 반영하기 시작하였다. 특히 1972년에 「군인자녀교육보호법」이 제정되어 고등학교까지 자녀들의 학비를 면제하였다. 이때부터 가족들에 대한 의료보험제도 적용, 면세제도 시행, 휴양소가 건립되었다. 육·해·공군 등 각 군별로 복지근무단과 대대급에 P.X. 설치 등 군매점의 공영화로 자체복지사업 추진이 가능하였고 복지기금 운영의 기틀이 마련되었다.

그러나 이 시기에 다양한 군복지제도의 성장을 보였으나 국가경제의 빠른 성장으로 사회 및 기업 등의 사회복지가 발전하면서 군의 복지는 상대적으로 취약해지기 시작하였다. 따라서 군법에 의해 통제와 제약을 받는 상대적으로 힘든 직업이라는 인식 아래 군인을 선택하는 인원이 줄어들게 되었다. 특히 초급간부의 모병이 곤란해지고, 장기 근속자 확보가 일반기업에 비하여 어려워지기 시작하였다.

한편 1975년에 수도 및 대구통합병원에 사회사업장교 2명을 배치하였고, 하호욱 대령이 '군 의료사회사업 발전을 위한 조사연구'를 발표하였다. 1977년부터는 학군 및 학사장교 중 사회사업학과 출신 의정장교 52명을 선발하였으나 의무행정 및 보급임무만 수행하였다. 반면에 국군의무학교에서는 1980년부터 장교 및 부사관반 군사·일반학 시간에 군의료사회사업 과목을 편성하였고, 1981년에는 고등군사반과 간호관리반에 정규과목으로 채택하였다. 그 이후로 1982년부터는 장교양성 및 보수교육과정까지 확대하여 교육을 실시하였다.

1980년대에는 군에서도 종합복지정책 발전에 관한 계획을 마련하기 시작하였다. 그리하여 1980년대 이후 관사건설 5개년 계획이 수립되었고, 1981년에 「원호기금법」이 제정되었다. 또한 군인들의 공제조합인 군인공제회가 설립되어 후생복지사업을 추진하게 되었다. 이어서 1984년에는 「국가유공자 예우 및 지원 등에 관한 법률」이 제정되었고, 1981년 복지근무지원단이 창설되어 각 군별로 복지사업을 계획하고 집행하는 기능을 담당하게 되었다.

그러나 국가의 경제발전에 힘입어 국민의 삶의 질 향상을 위한 욕구가 증가되었다. 따라서 대기업 등 일반기업에서는 획기적으로 복지의 개선에 힘을 쏟은 결과 군의 복지수준은 상대적으로 낙후되었다(문채봉 외 4, 2006).

3) 형성기

1990년대에 접어들면서부터는 군이 전력발전 차원에서 군 복지향상에 관심을 집중하여 사회복지 수준의 복지기반 마련에 주력하기 시작하였다. 이 시기에 이르러 비로소 군복지에 관한 종합복지대책의 필요성이 부각되기 시작하였다. 1991년 국방부에 복지·보건국이 창설되어 정신적·물질적 욕구를 충족할 수 있는 국방종합복지정책의 추진을 시작하게 되었다. 당시 국방부의 국방종합복지정책서(1992)에서 '군복지란 국가, 국방부, 군인공제회 및 기타 자조조직 등이 주체가 되어 군 조직구성원(군인가족 포함)에게 경제적·정신적 욕구를 충족시킬 수 있도록 하는 군 조직 내 생활상의 제 급부, 시설, 활동의 체계'로 정의하고 있다. 또한 군사회복지의 대상을 "현재의 복지여건을 고려하여 복지의 직접적 대상을 부사관 이상 직업군인과 그 가족, 10년 이상 복무 후 전역한 제대군인으로 한정한다. 제대군인의 경우는 국가재정의 가용성과 복지여건을 고려하여 우선 20년 이상 복무 후 전역자로 하되, 점진적으로 10년 이상 복무 후 전역자로 확대 추진한다."고 명시하고 있다.

1995년에는 「군복지시설 영리운영지침」을 제정하여 군 복지 및 체육시설의 통일된 운영기중을 정립, 시설의 이용대상, 복지기금 사용절차 등을 규정되었다. 예산 사용 및 예산회계 법령을 준수하도록 하는 계기를 마련하게 되었다. 1995년 12월에 군인복지기금의 투명성과 합리성을 위하여 「군인복지기금법」이 제정되었다. 군인복지기금은 군인의 복지증진을 위한 사업을 효율적으로 수행하고 관리함으로써 군인의 생활안정과 전력향상을 도모하기 위하여 도입되었다. 1997년 12월에는 현역복무 후 제대하는 군인들의 복지를 위하여 「제대군인 지원에 관한 법률」이 제정되어 제대군인을 국가적 차원에서 적극 활용하고 조기에 사회정착을 유도하였다.

4) 발전기

군사회복지 발전기는 군사회복지의 전문인력과 전달체계가 완비되는 성숙기 이전의 단계로서 주로 2000년대를 말한다. 즉, 군사회복지 발전기는 군사회복지 발전을 위한 민간 전문가의 노력과 군인복지기본법이 제정되고 군인과 그 가족을 위한 다양한 복지사업과 프로그램이 전개되는 시기를 말한다.

(1) 군사회복지 발전을 위한 민간의 노력과 활동

2000년대 중반 이후 한국군의 복지는 발전기를 맞이하였다고 말할 수 있다. 왜냐하면 2005년부터 '군사회복지연구회' 회원들을 주축으로 군의 복지향상을 위한 이론적 바탕을 마련하기 위하여 선진 외국의 군사회복지에 대한 본격적인 연구를 실시함으로써 군사회복지의 제도화에 대한 필요성이 대두되었기 때문이다. 이후 사회 각계에서 군사회복지체계 정립을 위한 법과 제도개선을 위한 토론회, 공청회 및 군사회복지제도 도입을 위한 '군인사법 개정안' 발의 등이 있었다. 특히 '군사회복지사 도입을 위한 국회 공청회'(2005.7.27)에서 법적 제도화에 대한 발의와 토론이 있었고, 송영선 의원의 대표 발의와 29명의 의원이 발의한 '군인사법 일부 개정안'(2005.11.30)에서 군사회복지의 제도적인 추진 방향을 확인할 수 있었다.

한편, 군사회복지연구회를 모태로 하여 학·군·정 관계요원들의 참여 속에 2006년 9월 1일 사단법인 「한국군사회복지학회」가 창립하여 전문적인 연구 및 학회 발표가 활성화됨으로써 제도화를 위한 노력이 진행되어 왔다. 군사회복지학회가 설립되기 전 초창기 군사회복지 연구들은 주로 군대조직 내에서 병사들의 생활문제나 스트레스의 심각성 등으로 인해 군사회복지가 필요하다는 당위성이나 필요성의 주장이 많았다. 그런데 군사회복지학회가 설립되고 난 이후의 연구에서는 보다 구체적으로 군사회복지의 주체로서 군사회복지사의 자격이나 교육훈련, 그리고 제도화를 위한 법제화나 자격증 취득 요건 등에 관해 제시하고 있다(박경일·김연이, 2008).

또한 군사회복지 발전을 위한 민간의 노력과 활동 중의 하나로서 각 대학에서 군사회복지에 대한 소개와 특강이 이루어졌으며, 2009년 현재 공주대학교 정책대학원에 군사회복지학과가 개설되어 군사회복지의 실천과 학문적인 연구가 진행되었다.

(2) 군인복지기본법 제정과 군인복지 기본계획

그동안 군사회복지는 군이라는 특수한 환경에서 병사 및 간부 그리고 직업군인가족의 1차적인 욕구 해결중심의 지원이라는 틀 속에서 진행되어 왔으나, 2008년 3월 1일부로 '군인복지기본법'이 시행됨으로써 창군 이래 최초로 장병 및 직업군인가족을 위한 군 숙소지원, 의료지원, 간부자녀에 대한 보육 및 교육지원, 군인복지시설 설치 및 운영 등에 관한 사항에 대하여 법적으로 제도화 장치가 마련했다는 의의를 가지게 되었다(조홍식, 2008).

이와 같이 군인복지기본법이 제정되면서 보다 보편적이고 포괄적인 의미에서 군사회복지의 제도화를 위한 논의와 준비가 진행될 수 있는 기반이 마련되었다. 군인복지기본법은 2007년 12월 31일 '법률 제8731호'로 제정되었으며 본문 14

조와 부칙 4개항으로 구성되어 2008년 3월 1일부로 시행되고 있다. 군인복지기본법 제1조에 의하면, 동법은 군인의 생활안정과 삶의 질 향상을 도모하고 군의 사기를 높이며 나아가 군인으로 하여금 임무수행에 전념할 수 있도록 하기 위하여 군인에 대한 복지정책의 수립 및 복지사업의 수행에 필요한 사항을 규정함을 목적으로 하고 있다.

그러나 어렵게 마련된 동법은 사회복지적 측면에서 장병 및 가족들의 인권과 삶의 질 향상이라는 사회복지적 가치이념 실현과 제대군인에 대한 복지적인 분야에 대한 대안이 미흡하다는 학계와 사회복지계의 비판을 받고 있다. 따라서 향후 군대 내 전문회복지사 제도가 도입되고 장병 및 군인가족뿐만 아니라 제대 후의 문제에 대한 보다 광의적인 의미의 사회복지적인 지원체계의 제도화가 조기에 마련되어야 우리나라의 군사회복지는 성숙기로 진입할 수 있을 것이다.

그리고 군복지 향상 측면에서 국방부는 2008년 3월 시행된 「군인복지기본법」에 근거하여 창군 이후 최초로 군 생활 전반에 내한 종합 실태조사를 실시하고, 이를 바탕으로 제1차 군인복지기본계획(2009~2012)을 수립 확정했다. 먼저 전군에 대한 대규모 조사인 군인복지실태조사는 육해공군, 해병대의 간부 7,700명과 병사 3,300명을 대상으로 개인 인적사항, 가족일반, 자녀교육, 주거, 근무 및 직업여건, 건강 및 의료, 소득과 소비, 문화와 여가 등 8개 분야에 대한 실태 및 복지요구도를 담고 있다. 그러나 내용면에서는 군 시설 중심의 복지요구도와 가족관계에 대한 내용은 자세히 다루지 않고 있다(국방부, 2006).

군인복지기본계획에는 장병 복지에 대한 종합적이고 비전이 제시된 청사진과 함께 군복지의 중장기 정책목표 및 군인의 복지시설 및 체육시설의 설치·운영, 군인의 복지사업에 사용되는 재원조달 및 운용, 그 밖에 군인의 복지증진을 위하여 필요하다고 인정하는 사항(동법 제6조) 및 국방부장관은 5년마다 군인의 복지실태에 관한 조사를 실시하고 그 결과를 기본계획에 반영하도록 하고 있다(동법 제7조). 이와 같이 군인복지기본계획은 복지환경 변화를 반영하여 5년마다 정부차원에서 관련부처가 유기적으로 협력 및 이행하여야 하는 군사회복지 분야 최초의 정책기획서라고 할 수 있을 것이다(방은상, 2011).

(3) 군사회복지 전문인력으로서 병영생활전문상담관

2005년 1월 발생한 논산훈련소 인분 가혹행위 사건과 경기 연천 육군 28사단 최전방 초소(GP) 총기 난사건 등 군 내에서 발생한 각종 사고와 자살에 대해 더 이상은 군만의 문제가 아닌 국민적 문제라는 데 인식을 같이하게 되었다. 그리하여 이를 근절하기 위해 2005년 2~3월 중 육군본부에 인권개선위원회와 신병교육기관에 인권전문상담실을 각각 설치하기로 했다. 예하 부대들도 인권전문상담실을 두고 간부는 월 1회, 병사는 주 1회씩 정기적인 인권교육을 하기로 했다(국민일보, 2005.2.3).

한편 2005년 4월부터 국방부는 장병의 인권상담을 전문으로 실시하는 심리상담 부특기(789)를 새롭게 신설하여 2005년부터 '군기본권상담관'을 선발하고 시범적으로 운용하였다. 2007년에는 '군기본권전문상담관'으로 바뀌었다가 다시 2009년 1월부터는 전문적 상담을 통한 장병들의 복무 부적응 해소와 사고예방으로 존중과 배려의 병영문화 조성을 위한 '병영생활전문상담관'으로 운영되고 있다(국방부 훈령 제1059호). 그리하여 2005년 8월 9명(민간 : 3명, 군전역자 : 6명)의 군기본상담관을 시작으로 2007년 1월 14명, 2008년에는 24명을 선발하여 42명으로 2010년 현재 106명의 병영생활전문상담관이 활동하고 있다.

병영생활전문상담관의 소속은 2005년 처음 군기본권상담관 제도가 시범사업으로 시행될 당시는 육군 영역의 상담관들은 육군 인사참모부 소속이었으나, 2008년에 국방부 차원으로 확대하여 국방부 인권감찰팀에서 각 군에 근무하는 상담관을 총괄하고 있다. 상담관의 임무는 복무 부적응 장병의 식별·관리 및 관련 지휘관을 보좌하고, 보호·관심 장병의 현장 위주 상담 및 관리하며, 장병 기본권 제한사항 식별 및 시정지휘 조언을 한다. 또한 간부 및 상담병 상담능력 향상 교육을 실시하며, 장병·군인가족에 대한 사회복지 관련 상담을 실시한다.

(4) 군사회복지 프로그램으로서 상시 비전캠프

육군의 사고예방 노력으로 2003년 비전캠프 프로그램이 개발되어 2003년 11월 첫 시행되었다. 비전캠프는 자살 우려자 및 복무 부적응자들을 대상으로 실시되는 집단 프로그램이다. 육군은 비전캠프를 통하여 병사들의 건강한 자아상 회복과 왜곡된 인식체계의 전환 그리고 문제해결능력을 향상하도록 하여 복무 적응을 유도하고 자살사고 예방을 도모하였다.

그러나 3박 4일의 캠프는 두 달에 한 번, 연 6회만 진행되었기 때문에 비전캠프 기간이 아닐 경우에는 긴급을 요하는 사고 우려자가 발생할 경우 즉각적인 조치가 어려웠다. 아울러 비전캠프를 운영하는 군종장교들의 표준교안 미준수 내지 타 프로그램으로의 대체나 무분별한 입소대상자 선정 등의 문제점으로 인해 2007년 육군본부는 프로그램의 표준화를 위한 매뉴얼을 제시한 바 있다.

2008년 12월부터는 1군사령부 예하 부대에서 자살 우려자 및 복무 부적응 병사를 대상으로 상시 비전캠프 프로그램을 시행하였으며, 2009년 6월 이후 육군 전체에 확대 시행되었다. 이 상시 비전캠프는 그린캠프, 사랑의 캠프, 희망의 캠프 등의 이름으로 사고 우려자 발생 시 즉각적인 조치의 어려움 등의 문제점을 보완하기 위하여 입소기간의 제한 없이 상시로 운영되었다. 이때 처음으로 치료 프로그램을 도입하여 진행하였고 입소기간의 제한이 없었기 때문에 사고 우려자를 즉각 조치할 수 있었다. 그러나 상시 비전캠프 또한 자살 우려자 및 복무 부적응 병사들이 상시 입소함에 따라 점차로 치료의 개념이 아닌 수용의 개념으로 프로그램이 진행되었고, 이로 인해 프로그램의 전문성이 떨어지는 문제점들이 발생되었다(육군본부, 2007).

한편 군사회복지 프로그램으로서 민간의 지역사회복지관과 연계하여 비전캠프 프로그램이 진행되기도 하였다. 즉, 서울 대방종합복지관에서 전경에 대한 프로그램을 실시하였고, 부산 사직종합복지관은 53사단, 대구 신당종합복지관은 51사단, 광주 두암종합복지관은 31사단과 함께 군사회복지 프로그램을 진행한 바 있다. 이 프로그램은 '군 사기 무한충전 프로젝트'로서 지역사회복지관과 육군의 사단급 부대가 협약을 맺고 군부대를 직접 지원하여 군 부적응 병사 치료 프로그램인 비전캠프를 실시하고, 군인가족을 대상으로 부모역할 훈련을 실시하여 좋은 성과를 거둔 바 있다(이흥윤, 2012).

(5) 군사회복지 분야로서 가족지원사업(2008)

군인복지기본법(2007)을 기점으로 국방부에서 군인가족 행복지원 서비스를 실시하여 가족공동체 지원, 자녀교육 및 양육 지원, 아동 청소년 프로그램 개발, 특별가족 지원 등 다양한 영역에 대한 실질적 서비스 제공을 기획한 바 있다. 그리하여 2008년부터는 보건복지가족부의 지원을 받아 전국의 11개소의 건강가족지원센터에서 군인가족 행복지원 시범사업을 추진하였으며 2009년에는 경기도에서 주관하고, 육군본부의 협조에 따라 전방 3개 군단의 군인가족들에게 지역사회참여를 위한 군인가족 교육과 자격증취득을 위한 과정 등 역량강화 프로그램이 진행되는 등 정책 및 실천현장에서의 군사회복지로서 가족지원 시범사업이 전개된 바 있다(박미은, 2009). 그리고 육군에서 실시하고 있는 군인가족지원센터는 계룡대, 자운대, 상무대 3개소가 있다.

한편 군사회복지 분야로서 가족지원과 관련하여 2009년 9월 국방부는 국방연구원과 공동으로 제7회 국방인력 발전 세미나 '21세기 강군 건설을 위한 군 가족 지원정책 방향'을 개최한 바 있다. 본 세미나는 우리 군의 군인가족지원제도 전반에 관한 점검과 이를 토대로 군인가족 지원정책이 나아가야 할 방향과 전략 수립을 위한 공감대 형성의 장이 되었다.

그리고 군인복지기본계획(2009.4)에서는 군사회복지의 4개 정책기조(튼튼한 기초 복지, 가족공동체 복지 건설, 선진문화 복지 지원, 효율적인 복지 인프라 구축)를 표방하고 있는데, 여기서 가족공동체 복지 건설이 군인가족지원사업과 밀접한 연관이 있다. 즉, 가족공동체 복지를 건설하기 위해서는 먼저 직업군인들에게 직장과 가정, 일과 여가가 조화를 이루는 여건을 조성하고, 군인가족의 어려움을 경감하기 위해 보건복지가족부의 건강가정지원센터와 연계한 프로그램을 제공할 뿐 아니라, 부임지에 가능한 조기 적응할 수 있도록 다각적으로 지원한다. 또한 자녀양육과 교육을 지원하기 위해 현재 7개뿐인 보육시설을 2012년까지 55개로 확대하며, 향후 2016년까지는 88개로 증설할 방침이다. 현재 전국 81개 대학에서 시행하고 있는 군 자녀 대학입학 전형을 2012년까지 전 대학으로 확대한다는 내용도 담고 있다.

지금까지 살펴본 바와 같이 그동안 군에서도 인권에 대한 중요성 인식과 장교뿐만 아니라 그 가족과 사병의 복지향상과 복지수준의 향상을 위하여 법 제정과 기본계획의 마련 등 다양한 방법을 모색하여 군사회복지 체계화에 노력해 왔다. 그러나 우리나라의 군사회복지제도 및 정책이 더욱 성숙해 나가가기 위해서는 향후 전군에 군사회복지를 담당할 전문인력의 배치와 전달체계가 제도화되어야 할 것이다.

이상의 내용을 기초로 우리나라 군사회복지 발달단계를 표로 정리하면 다음과 같다.

표 5-1 | 군사회복지 발달단계

<table>
<tr><th>단계</th><th>시기</th><th>내용</th><th>특징</th></tr>
<tr><td rowspan="2">태동기</td><td>1946년 창군
~1950년대</td><td>• 전후 전상자 및 전역자의 원호</td><td>• 의식주 생계유지수준</td></tr>
<tr><td>1960년대</td><td>• 1960, 군인연금법
• 1964, 군인가족수당
• 1968, 육군 장교 다목적 경력관리제</td><td>• 특수직으로서 연금
• 직업군인과 전·사상자의 원호 확대</td></tr>
<tr><td rowspan="2">기초
정립기</td><td>1970년대</td><td>• 1972, 군인자녀교육보호법
• 가족의료보험 적용
• 면세품 구매, 휴양소 건립
• 군 매점의 공영화로 자체복지사업 추진</td><td>• 군인가족의 복지 혜택 확대</td></tr>
<tr><td>1980년대</td><td>• 관사건설 5개년 계획
• 1981, 원호기금법, 복지근무지원단
• 1984, 국가유공자 예우 및 지원 등에 관한 법률 제정</td><td>• 부분적 복지계획수립
• 기업에 비해 군복지의 상대적 취약</td></tr>
<tr><td>형성기</td><td>1990년대</td><td>• 1992, 국방종합복지정책서
• 1995, 군복지시설 영리운영 지침
• 1995, 군인복지기금법
• 1997, 제대군인 지원에 관한 법률</td><td>• 중·장기 국방종합복지정책 형성
• 군복지 개념 및 대상 규정</td></tr>
</table>

단계	시기	내용	특징
발전기	2000년대	• 2003, 비전캠프 • 2005, 군사회복지연구회 • 2005, 군인사법 개정안 • 2005, 군기본권상담관 시범운영 • 2006, 한국군사회복지학회 창립 • 2007, 군인복지기본법 제정 • 2008, 상시 비전캠프 • 2008, 군인가족 행복지원사업 • 2008, 제1차 군인복지 기본계획 • 2009, 병영생활전문상담관 개칭	• 사병 인권 및 병영문화개선 및 발전 • 군사회복지 발전을 위한 민간의 노력과 활동 • 군사회복지 법제화 • 군사회복지 전문인력으로서 병영생활전문상담관 • 군사회복지 프로그램으로서 비전캠프 • 군사회복지 분야로서 가족지원사업

Chapter 06

우리나라 군복지의 현황

1 군복지 담당 조직 및 기구

군복지를 담당하는 조직과 기구를 중앙정부기관과 국방부 소속 기관 그리고 자조 조직으로 나누어 고찰하고자 한다.

1) 중앙정부 기관

(1) 국방부

외부의 군사적 위협과 침략으로부터 국가 보위, 평화통일 지원, 지역 안정과 세계평화에 기여하는 역할을 하고, 군정 및 군령과 기타 군사에 관한 사무를 관장(정부조직법 제33조)하는 국방부에는 장·차관 예하에 기획조정실, 국방정책실, 인사복지실, 전력자원관리실의 4개 실이 있다. 이 가운데에서 군복지를 담당하는 실은 인사복지실로서 예하에 군종정책팀을 비롯하여 인사기획관, 동원기획관, 보건복지관을 두고 있다. 이 가운데 보건복지관[2]이 직접적으로 군 복지정책을 담당하며 예하에는 복지정책과, 전직지원정책과, 보건정책과, 군인연금과의 4개 과가 있다.

① 복지정책과의 업무

복지정책과는 다음의 업무를 수행한다.

- 군복지정책 및 제도 발전
- 군복지 관련 법령 제·개정안 검토 및 조정
- 군복지 분야 사업계획 수립 및 조정
- 대한적십자사 회비수납 대행업무
- 군인, 군무원 보수정책 수립 및 연구 발전
- 군인, 군무원 보수기준 검토 및 조정·통제
- 보수 관계 법령 제·개정안 검토 및 조정
- 군 보육시설 관련 업무
- 정부업무 평가, 성과관리, 개혁과제 업무
- 저출산 및 고령화 관련 업무
- 가족지원서비스 활성화 검토 및 추진 종합
- 군 체력단련장 운영정책 수립 및 관련 업무
- 군인공제회 및 호국장학재단 업무의 조정·통제
- 군 자녀 학사지원업무 조정·통제(특례입학, 호국장학금 등)
- 군 관사 및 복지시설 확보정책 수립
- 각 군 복지시설(복지회관, 휴양소/콘도) 통제·운영
- 내 집 마련 지원 및 특별분양 업무

2) 보건복지관의 임무. 1. 국방복지·직업보도·군인연금 및 보건업무에 대한 정책 계획의 수립·조정 및 제도발전. 2. 군인·군무원의 보수 및 연금계획의 수립·조정. 3. 군 주택·복지시설·면세품·직업보도 및 예비역 지원에 관한 사항. 4. 의무부대의 운영과 군 의료요원의 수급에 관한 사항. 5. 군 건강보험·장병건강관리 및 신체검사 기준에 관한 사항. 6. 군 전염병 예방과 혈액수급에 관한 사항. 7. 군 진료기술의 향상 및 군진의학의 연구·발전. 8. 「군인연금법」에 따른 군인연금기금의 관리 및 운용 9. 국군의무사령부·국군서울지구병원·군인공제회 및 국방복지 관련 산하 연구기관 업무의 지도·감독

- 군 자녀 기숙사 건립 및 운영업무
- 군 간부 전세대부 지원업무
- 군 면세품·매점 운영에 관한 사항
- 무료 군사우편 및 전·평시 군사우체국 운영에 관한 사항
- 군인복지기금 운용, 채권결산 및 관리
- 군인 학자금 대부금 관리

② 전직지원정책과의 업무

전직지원정책과는 다음의 업무를 수행한다.

- 직업보도 교육을 통한 취업 경쟁력 강화
- 군 관련 및 민간 분야 직위에 제한된 취업 지원
- 취업 정보 안내 등 취업여건 지원

③ 보건정책과의 업무

보건정책과는 다음의 업무를 수행한다.

- 군 의무 및 보건 정책의 수립·조정
- 전시 및 평시 의무부대의 편성·관리에 관한 사항
- 군 의무 분야 사업 및 교육계획의 수립·시행
- 의무부대의 현대화 및 예산편성 등 병원관리 업무
- 군 의료인력 수급판단과 획득계획의 수립·조정
- 장병 신체검사 규칙 및 제도의 연구·발전
- 장병 건강증진 업무의 총괄
- 군 전염병 예방
- 식품, 수질검사 및 동물 진료 등에 관한 정책의 수립·통제
- 군진의학의 연구 발전과 대외 보건 관련 단체와의 업무 협조
- 전시 의무지원과 혈액수급 계획의 수립·조정
- 국가보상청구 등의 의무 관련 분야에 대한 자문과 관련 기관과의 업무 협조

- 국방부특별배상심의회·전공상심의회·군인연금급여심의회 등 국방부 내 관련 위원회의 의무분야에 대한 심의
- 국군의무사령부 및 국군서울지구병원 업무의 지도·감독

④ 군인연금과의 업무

군인연금과는 다음의 업무를 수행한다.

- 군인연금정책의 수립 및 제도 발전
- 「군인연금법」에 따른 군인연금기금의 관리 및 운용
- 「군인연금법」상 제 급여의 지급 및 관리
- 「군인연금법」에 의한 세입의 징수 및 관리
- 군인연금급여재심위원회의 운영

(2) 국가보훈처

① 임무 및 조직

정부조직법 제24조 제1항을 보면, "국가유공자 및 그 유족에 대한 보훈, 제대군인의 보상·보호 및 보훈선양에 관한 사무를 관장하기 위하여 국무총리 소속으로 국가보훈처를 둔다."고 규정하고 있다. 이를 위하여 국가보훈처는 국가유공자와 보훈가족의 영예로운 삶이 유지·보장되도록 보상금 지급, 교육, 취업, 의료, 대부 등의 보훈정책을 수립하여 지원한다. 독립, 호국, 민주화 관련 기념 추모행사를 통해 민족정기 선양과 국민의 나라 사랑 정신을 계승, 발전시키고 있다. 뿐만 아니라 장기복무제대군인의 사회정착지원으로 현역장병의 사기를 진작시켜 국가안보의 버팀목 역할을 수행할 수 있도록 지원하는 부서로서 역할과 기능이 확대되어 왔다.

이러한 국가보훈처의 주요부서는 기획조정관, 보상정책국, 보훈선양국, 복지증진국, 제대군인국, 그리고 보훈심사위원회가 있다.

② 기획조정관의 업무

기획조정관의 업무는 다음과 같다.

- 각종 정책과 계획의 수립, 종합 및 조정
- 예산의 편성 및 집행의 조정
- 각종 기금운용계획 및 결산의 종합 및 조정
- 세입징수
- 보훈정책 등의 연구
- 주요사업의 진도 파악 및 그 결과의 심사평가
- 업무처리절차의 개선, 조직문화의 혁신 등 처내 창의혁신 업무의 총괄 지원
- 조직진단 및 평가를 통한 조직과 정원관리
- 민원 관련 제도의 개선
- 행정제도 개선 계획의 수립, 진행
- 보고통제 및 관리
- 사무관리에 관한 사항
- 정보공개업무의 총괄
- 여성정책 지원업무의 총괄
- 국가보훈처 소관 법령안의 입안 및 심사
- 행정심판 및 소송사무 총괄
- 법규집의 편찬 및 발간
- 보훈업무의 정보화 및 전산화계획의 수립 및 개발
- 처내 정보화 예산의 사전 검토 및 조정
- 보훈행정 통계의 작성 및 유지, 관리
- 국회 및 정당과의 협조업무 총괄 및 조정
- 처내 규제개혁 및 정비에 관한 사항

③ 보상정책국의 업무

보상정책국의 업무는 다음과 같다.

- 국가유공자 등의 대상 범위 결정
- 국가유공자 등에 대한 심사 결정, 대상별 보상종류의 결정, 보상의 정지와 적용대상으로부터의 배제에 관한 사항
- 상이분류기준 및 제도에 관한 사항
- 각종 신체검사계획의 수립 및 시행
- 국가유공자 등의 등록 및 기록유지
- 각종 보훈급여금의 수준 결정
- 보훈급여금 급여제도의 연구·발전
- 국가유공자 등 단체의 관리 및 지원
- 국가유공자 등 단체운영사업에 관한 사항
- 국가유공자 등 단체회원의 선도 및 자활의식 함양
- 보훈회관 등의 건립지원 및 관리

④ 보훈선양국의 업무

보훈선양국의 업무는 다음과 같다.

- 국가유공자의 공훈선양 등을 통한 민족정기선양사업 및 각종 기념사업의 종합기획 및 집행
- 호국·보훈행사의 종합계획의 수립·조정 및 평가
- 국가유공자 등 예우시책의 총괄·조정
- 각종 기념행사계획의 수립 및 시행
- 호국·보훈의 달 관련 행사에 관한 사항
- 정부 경축행사의 지원
- 독립유공자 포상기록의 보존·관리
- 독립유공자의 포상 및 공적심사위원회의 운영
- 순국선열·애국지사사업기금의 관리
- 국가유공자연수교육에 관한 사항
- 독립·호국 및 민주화 관련 기념사업에 관한 해외교류업무의 종합·조정

- 국가보훈처 소속의 국립묘지관리소의 지도·감독
- 국립묘지와 관련된 정책의 수립 및 종합·조정
- 독립운동 관련 사료·전기 등 문헌의 발간·보급 및 지원
- 현충시설에 대한 총괄적인 관리·감독 및 지원
- 현충시설과 관련된 정책의 수립 및 종합·조정
- 독립기념관에 대한 지도·감독 및 지원
- 국립묘지안장대상심의위원회의 운영

⑤ 복지증진국의 업무

복지증진국의 업무는 다음과 같다.

- 국가유공자복지계획의 수립·총괄 및 조정
- 보훈복지사업의 총괄·조정
- 복지시설투자에 관한 사항
- 보훈기금운용 및 증식사업에 관한 사항
- 국가유공자 등에 대한 의료지원시책 및 제도의 연구
- 진료 및 정양에 관한 사항
- 보철구에 관한 연구와 지급계획의 수립 및 시행
- 의학적 재활에 관한 연구·발전
- 보훈기금으로 설립한 법인의 운영지원
- 국가유공자 등에 대한 대부 및 주택지원에 관한 사항
- 직업훈련·취업알선 및 취업자 사후관리
- 보훈병원의 운영지원 및 지도·감독
- 국가유공자 등의 등록에 관련된 질병 및 부상에 관한 의학적 연구
- 한국보훈복지의료공단 및 국가유공자 조합 지원 등에 관한 사항
- 국가유공자 자활용사촌의 운영지원 양로·양육보호에 관한 사항
- 대부원리금수납 및 대부채권 관리에 관한 사항

⑥ 제대군인지원국의 업무

제대군인지원국의 업무는 다음과 같다.

- 제대군인지원기본계획의 수립 및 지원에 관한 사항의 총괄·조정
- 제대군인 지원대상 범위 및 지원수준의 결정
- 제대군인 지원정책의 연구·개발
- 제대군인 지원대상자 등록 및 인적자료의 데이터베이스 구축
- 제대군인 생활실태조사 및 사회지표의 유지·관리
- 제대군인의 사회복귀를 위한 직업교육훈련·취업·창업 지원 등 정책의 수립·총괄 및 조정
- 제대군인의 생활안정을 위한 교육·의료·대부·주택 등 지원계획의 수립과 그 집행의 지도·감독
- 정부 및 공공기관의 국군장병위문계획의 수립 및 집행
- 국제 제대군인단체 등과의 교류협력 등 보훈관련 국제협력에 관한 사항의 추진 및 지원
- 대한민국재향군인회에 관한 사항
- 제대군인 등 관련단체 및 비영리법인의 운영지원 등
- 국내·외 참전 제대군인 관련 기념행사 계획의 수립·시행

⑦ 보훈심사위원회의 업무

보훈심사위원회의 업무는 다음과 같다.

- 독립유공자 및 유족 해당요건
- 전공사상군경·공무원 및 유족 해당요건
- 6·25 참전 재일학도의용군인 해당요건
- 4·19혁명 부상자·사망자·건국포장자 및 유족 해당요건
- 광주민주유공자 및 유족 해당요건
- 사실상 법적용대상 인정 여부
- 출가녀의 친가무후 여부

- 6급 상이사망자 사망원인 판단
- 품위손상자 보상정지
- 법적용 배제 및 재등록
- 환수불능 보상금 결손처분
- 보상금 반환의무 면제
- 반공귀순상이자 해당요건
- 보훈단체장 선임승인
- 기타 처장이 심의 요청한 사항

2) 국방부 소속 기관

(1) 국군복지단(Welfare Service Group)

① 국군복지단의 설립 과정 및 임무

육·해·공군은 각기 복지근무지원단[3]을 운용하고 있었다. 그러던 것이 인력운영 감축 등 통합의 필요성이 제기되어 2008년 8월 26일 대통령령 제20974호로 「국군복지단령」을 제정하고 2008년 9월 1일 시행함으로써 육·해·공군 통합 국군복지단을 설립하게 되었다. 국군복지단은 2008년 9월 1일 창설된 후 준비과정을 거쳐 2010년 1월 1일부터 하나로 통합하고 조직[4]을 완편해 국방부에서 지정한 복지시설을 통합운영하게 되었다.

「국군복지단령」제1조는 "군 복지시설 및 체육시설의 관리·운영 등에 관한 업무를 통합 관장하기 위하여 국방부장관 소속으로 국군복지단을 둔다."고 규정하고, 제2조는 국군복지단은「군인복지기본법」제2조 제3호 및 제4호에 따른 복지시설[5] 및 체육시설[6]의 관리 및 운영, 복지단에 배정된 군인복지기금[7]의 운용, 그

3) 육군복지근무지원단은 1981년도, 해군과 공군의 복지근무지원단은 1987년도에 창설되었다.
4) 국군복지단의 조직은 기획조정실, 사업관리본부, 경영지원본부로 편성되어 있다.
5) 「군인복지기본법」 제2조 제3호 '복지시설'
가. 군인자녀 기숙사

밖에 복지시설과 체육시설과 관련하여 국방부장관이 지시하는 사항을 수행하는 것으로 임무를 명시하고 있다.

② 국군복지단의 기능

- 국군복지단은 다음과 같은 기능을 수행하고 있다.
- 군복지 증진을 위한 중·장기 복지추진계획 수립 및 시행
- 군복지 증진을 위한 복지사업계획의 수립 및 집행
- 군인복지기금의 운용
- 군복지사업에 사용되는 재원조달 및 운용
- 복지시설 운영예산의 편성, 집행 및 결산
- 군복지시설 및 체육시설의 운영제도 개선
- 그 밖에 국방부장관으로부터 위임받은 군복지 관련 업무의 수행

(2) 육·해·공군본부

① 육군본부

육군본부에서 군 복지를 담당하고 있는 부서는 인사참모부와 인사사령부이다. 인사참모부 인사근무처의 복지정책과와 인사사령부 제대군인지원처의 전직지원계획과, 전직지원교육과, 예비역협력과가 복지 분야를 관장하고 있다.

- 복지정책과는 아래와 같은 업무를 수행하고 있다.
- 육군 복지정책 방향수립

나. 군 매점, 영내 주유소
다. 복지회관, 휴양소 및 콘도미니엄
라. 가목부터 다목까지에 따른 시설에 부수되는 시설

6) 「군인복지기본법」 제2조 제4호 '체육시설'이란 군인의 체력을 유지·향상시키기 위하여 설치된 시설(군 골프장을 포함한다)을 말한다.

7) 「군인복지기금법」제1조(목적) 이 법은 군(軍)의 복지사업을 효율적으로 수행하기 위하여 군인복지기금을 설치·운용함으로써 군인 등의 생활안정과 국군의 전력 향상에 이바지함을 목적으로 한다.

- 복지정책 및 제도 발전
- 복지법령 및 규정 검토·발전
- 복지기금 중기계획·사업추진계획 작성
- 중앙복지이사회 개최
- 장병 욕구조사 및 이에 부합하는 복지제도 개선 및 개발
- 군 숙소·독신숙소 확보계획 수립, 소요 제기, 예산편성, 제도개선
- 복지기금 확보계획 수립, 소요 제기 등의 복지 관련 업무

전직지원계획과는 다음과 같은 업무를 수행하고 있다.

- 제대군인 목표설정 및 복지정책 방향·개념 발전
- 제대군인 복지 중장기 종합발전계획 수립
- 제대군인 취업지원정책 연구개발
- 제대군인지원 관련 법령·제도 연구
- 제대군인 삶의 실태분석 및 정책소요 발굴
- 취업직위개발 및 취업정책 연구발전
- 국방부, 보훈처 등 정부기관과의 협조체제 유지 등의 복지와 관련된 업무

전직지원교육과는 아래와 같은 업무를 수행하고 있다.

- 직업보도교육을 통한 직업능력개발 강화
- 제대군인 취업지원 및 취업추천·선발
- 사회적응교육 계획 수립 및 시행 확인
- 직업보도교육계획 및 시행, 제도연구 발전
- 군내·외 취업추천 및 선발
- 기타 취업지원업무(취업·창업·박람회 등)
- 국방부, 보훈처 등 정부기관과의 협조체제 유지 등의 복지와 관련된 업무

예비역협력과는 아래와 같은 업무를 수행하고 있다.

- 제대군인 복지지원 계획수립

- 제대군인, 가족, 자녀 관련 복지발전
- 예비역단체와 교류협력 및 유대강화
- 제대군인 관련 대외협력 업무
- 예비역 관계기관과의 업무협조 등 복지와 관련된 업무

② 해군본부 및 공군본부

해군본부 및 공군본부에서 군 복지를 담당하고 있는 부서는 인사참모부이다. 인사참모부는 인사기획처, 인사근무처, 교육처로 구성된다. 이 가운데 인사근무처의 복지정책과와 제대군인정책과가 복지 분야의 업무를 관장하고 있으며, 세부 내용은 육군과 대동소이하다.

3) 자조 조직으로서의 군인공제회(The Military Mutual Aid Association)

(1) 설립 목적 및 배경

군인공제회는 군인 및 군무원에 대한 효율적인 공제제도를 확립하여 군인 및 군무원의 생활안정과 복지증진을 도모하고 국군의 전력향상에 이바지함을 목적으로 1984년 2월 1일에 설립하였다.[8] 그 후 꾸준한 성장을 거듭해 온 군인공제회는 오늘날 17만여 명의 회원과 6조 원의 자산에 이르는 핵심적인 국군의 복지기관이 되었다.

군인공제회의 창립 배경은 다음과 같이 정리할 수 있다.

첫째, 직업군인의 직업 특성상 조기전역 후 전문화된 사회적응이 곤란하다는 점이다. 우리나라의 직업군인은 군 조직의 특수성 때문에 정년이 짧아 장기적인 직업보장이 어려운 취약점이 있다. 또한 전역 후 재취업은 현재의 사회적 추세로 보아 점점 어려워지고 있어 직업군인에 대한 생활안정대책이 주요 쟁점화가 되었다.

8) 「군인공제회법」1983.12.31. 공포(법률 제3698호)

둘째, 가계비가 최고조인 시기에 전역함으로써 연금만으로는 생계가 곤란하다는 점이다. 대부분의 직업군인들은 자녀들의 학업 도중 및 결혼 전에 정년을 맞이해야 하며, 전역 후 유일한 생계수단이 되고 있는 연금액도 현실적인 수준에 미치지 못하고 있는 형편이다.

셋째, 이에 직업군인들 스스로가 복무기간 중에 전역 후 생활안정을 위한 목돈과 내 집 마련 등 자구책 강구의 공감대를 형성하게 되었다.

(2) 군인공제회의 사업

① 근거

「군인공제회법」 제14조(사업)를 보면 제1항에서 "공제회는 그 목적을 달성하기 위하여 다음 각 호의 사업을 한다. 1. 회원에 대한 급여의 지급 2. 회원을 위한 복지·후생시설의 운영 3. 기타 회원을 위한 복지·후생사업"을 규정하고 있다. 동조 제2항은 "공제회는 그 목적을 달성하기 위하여 필요한 범위에서 수익사업을 할 수 있다."고 규정하고 있다.

이러한 제14조를 근거로 하여 군인공제회는 회원의 생활안정자금 마련을 위해 회원급여금을 증식시켜 주는 회원급여저축사업과 회원의 주택마련을 위한 내집마련지원사업을 펼치고 있다. 또한 대학입학축하금[9], 출산보조금[10], 재해위로금[11] 등의 복지지원금을 지급하고 있으며, 생활자금대여제도[12]와 목돈수탁제도

9) 지급대상은 군인공제회 회원의 자녀로서 교육인적자원부에서 인정하지 않는 각종 학교가 아닌 대학, 전문대학, 경찰대학, 각 군 사관학교 등 국내·외 정규대학에 입학하는 신입생으로서 자녀 1명에 한하여 축하금을 지급한다. 장학금의 신청자격은 군인공제회 회원으로 4구좌 이상 가입하고, 지급당해년도 3월 10일을 기준하여 만 2년 이상 경과한 공제회원에게 있다. 부부 모두가 군인공제회원인 경우 1자녀에게만 지급하므로 1세대 1자녀에게만 지급하고 있다. 지급금액은 군인공제회 가입기간에 따라 두 가지로 나눈다. 가입 후 2년 이상 6년 미만 경과한 경우는 50만 원, 6년 이상이 경과한 경우는 100만 원을 지급한다.

10) 자녀 출산 시마다 차등 지급. 1자녀 30만 원, 2자녀 40만 원, 3자녀 이상 60만 원

11) 회원이 사망, 재해 또는 심신장애로 인하여 전역 및 퇴직 시에 지급. ① 전사·순직 200만 원, ② 일반사망 100만 원 ③ 심신장애로 인하여 전역 또는 퇴직한 자: 100만 원 ④ 신체장애군인이 현역복무 시 100만 원

12) 생활자금대여제도의 특징

등을 운영하고 있다. 수익사업으로는 금융투자사업과 건설사업 등을 추진하여 경영성과를 올리고 있으며, 사회간접자본(SOC : Social Overhead Capital) 건설사업에도 참여하여 국가 경제발전에 일익을 담당하는 기업으로 성장하게 되었다.

② 회원급여저축사업

가. 개요

군인 및 군무원 등의 전역 또는 퇴직 후 생활안정자금을 지원하기 위해서 재직기간 중에 매월 급여수령액 중 일정액을 회원부담금으로 납부하여 적립하도록 하고, 이를 타 금융기관보다 높은 이율로 증식시켜 전역 또는 퇴직 시 목돈으로 지급하는 저축제도이다.

나. 퇴직급여지급률

지급률은 최저 연 4.8%~최고 연 5.54%로 40년 가입기준이며, 시중 금리 변동에 따라 변동될 수 있다.

다. 가입 자격

- 군인사법에 의한 하사 이상의 군인
- 군무원인사법에 의한 군무원
- 국방부본부와 국방부 소속기관인 국립서울현충원, 국방홍보원, 국방전산정보원의 공무원. 다만, 국방부 일반직 공무원 중 정부시책에 의하여 타 행정부

---

① 회원급여 저축의 90% 금액까지 대여 가능(회원급여저축금 담보)
군인공제회 회원급여 저축금은 무위험 자산으로 낮은 대여 금리가 적용된다.
② 복수 은행 대여를 시행하고 있어 회원이 유리한 은행을 선택할 수 있다.
금리와 서비스를 비교하여 거래 은행을 선택할 수 있어 회원에게 유리하다.
은행 간 금리인하 및 양질의 서비스를 유도할 수 있다.
③ 군인공제회 생활자금대여는 수익사업이기보다 회원복지사업이다.
시중은행 대여처럼 예대 마진 수익을 군인공제회가 가지는 수익사업이 아니다
군인공제회 대여제도는 군인공제회와 은행 간 업무 협약 하에 국방부(각 군 중앙경리단)의 중앙공제업무 협조로 시행되고 있다.
생활자금대여 업무는 회원께 편리한 대여 시스템을 제공하고 시중 대비 유리한 대여 이자 혜택을 받을 수 있도록 회원복지 목적으로 운영하는 것이다.

처에 교류 근무하는 자에 대하여는 교류근무 기간 중에도 회원자격 유지. 이 경우 교류기간 종료 후 미 복귀 또는 전속조치 등의 사유발생 시는 즉시 회원자격 상실
- 한국국방연구원법에 의하여 설립된 한국국방연구원의 직원
- 국방대학교설치법에 의하여 설립된 국방대학교의 교수, 부교수, 조교수 및 전임강사
- 공제회의 임직원. 단, 임시직 또는 조건부로 채용된 자는 제외

라. 가입 구좌

1구좌당 5,000원이며 최대 150구좌(월 75만 원)까지 가입 가능하다. 단, 소액론 대출과 재해 위로금, 대입 축하금, 출산보조금 등 복지 수혜자격 부여는 10구좌 이상 가입하여야 한다.

③ 목돈수탁제도

가. 개요

목돈수탁저축은 회원의 여유자금을 높은 이율로 안전하게 증식시켜 주는 저축제도이다.

나. 가입 대상

군인공제회 정관 제4조 제1항에 해당하는 자(현 군인공제회 회원)와 회원으로 1년 이상 가입하였던 자

다. 가입 금액

100만 원 이상 5억 원 한도(생계형저축 포함)이며, 원단위도 가입 가능하다.

라. 가입 기간

6개월, 1년, 2년 단위이며, 계속 재가입이 가능하다.

마. 이자 지급 방법

매월 또는 만기 시 지급한다. 매월 이자지급식 가입자의 경우, 이자는 매월 말에 지급한다.

바. 금리

2013.7.1 현재 군인공제회 목돈수탁 금리는 <표 6-1>에서 보는 바와 같다.

표 6-1 | 군인공제회 목돈수탁 금리(2013.7.1. 현재)

가입기간	만기 지급식		매월 지급식	
	세전이율(년)	세후이율(년)	세전이율(년)	세후이율(년)
6개월	3.22%	2.72%	3.17%	2.68%
1년	3.7%	3.13%	3.63%	3.07%
2년	3.8%	3.74%	3.74%	3.16%

※ 목돈수탁금리는 가입한 날을 기준으로 만기 시까지 고정금리(확정금리)임.
자료 : 군인공제회.

사. 이자소득세

2005년 1월 1일 이후 이자소득세율은 15.4%(소득세 14%+ 주민세 1.4%)이다. 여기서 주민세는 이자소득세의 10%이다. 매월 이자수령금액은 다소 차이가 발생할 수 있다.

2 우리나라 군복지의 현황

1) 군복지의 영역(category)

군복지의 영역은 목적에 따라 여러 가지로 구분할 수 있겠으나, 강의 목적상

여기에서는 <표 6-2>에서 보는 바와 같이 9개 영역으로 나누고자 한다.

표 6-2 | 군복지의 영역

영역		내용
1	소득복지	보수, 연금
2	주거복지	군 관사/아파트 지원, 자가 마련 지원
3	교육복지	본인교육, 자녀교육,
4	취업복지	취업정보, 직업교육, 직업보도
5	문화복지	구매, 스포츠, 호텔/콘도
6	의료복지	군내·외 병원진료 및 가료
7	병영 생활 복지	병영 내의 의식주 생활
8	보훈복지	보상금, 취업, 의료, 교육, 대부
9	사회서비스복지	법률·신상·가정·진로·취업 등 상담

2) 소득 복지

(1) 보수

① 급여의 구분

군인에게는 「군인보수법」, 「공무원보수규정」, 「공무원수당규정」에 의거하여 보수를 지급한다. 「군인보수법」 제6조에 의하면 군인의 보수는 기본급여와 특별급여로 구분하는데, '기본급여'란 군복무에 대한 대가로 지급되는 봉급과 제13조(가족수당) 및 제14조(주태수당)에 따른 급여를 말한다. '특별급여'란 특수한 근무에 대하여 지급되거나 사기를 높이기 위하여 지급되는 제16조(특수근무수당), 제17조(전투근무수당) 및 제17조의2(상여금 및 그 밖의 수당)에 따른 급여를 말한다.

군인 급여의 구분별 내용을 정리하면 다음 <표 6-3>에서 보는 바와 같다.

표 6-3 | 군인 급여의 구분

구분				지급방법		비고
				중앙	부대	
기본급여		봉급		○		
수당	상여수당	대우군무원 수당		○		
		정근수당/정근수당가산금		○		
		성과상여금		○		
	가계보전수당	가족 수당		○		6세 미만비과세
		자녀학비보조수당		○		
		주택수당		○		
		육아휴직수당		○		비과세
	특수지근무수당	도서, 벽지, 접적지근무자		○		비과세
	특수근무수당	위험근무수당	군인 위험수당	○		비과세
			군무원 위험수당	○		비과세
		특수업무수당	기술정보수당(군인/군무원)	○		
			연구업무수당	○		
			함정근무수당	○		비과세
			항공수당	○		비과세
			군인장려수당(1~8호)	○		
			의료업무수당	○		
		특수직무수당	민원업무수당	○		
			계호 및 보호업무수당	○		
			사서수당	○		
		업무대행수당		○		
		군법무관수당		○		
		초과근무수당	시간외근무수당	○		
			관리업무수당	○		

<table>
<tr><th colspan="2" rowspan="2">구분</th><th colspan="2">지급방법</th><th rowspan="2">비고</th></tr>
<tr><th>중앙</th><th>부대</th></tr>
<tr><td rowspan="6">실비 변상</td><td>정액급식비</td><td>○</td><td></td><td>10만 원 비과세</td></tr>
<tr><td>교통보조비</td><td>○</td><td></td><td></td></tr>
<tr><td>명절휴가비</td><td>○</td><td></td><td></td></tr>
<tr><td>가계지원비</td><td>○</td><td></td><td></td></tr>
<tr><td>연가보상비</td><td>○</td><td></td><td></td></tr>
<tr><td>직급보조비</td><td>○</td><td></td><td>비과세</td></tr>
<tr><td rowspan="9">기타 급여
(비급여 포함)</td><td>단기복무부사관 장려수당</td><td>○</td><td></td><td></td></tr>
<tr><td>명예전역(퇴직)수당</td><td>○</td><td></td><td></td></tr>
<tr><td>해외파견근무수당 / 재외근무수당</td><td>○</td><td></td><td>비과세/과세</td></tr>
<tr><td>영외 급식비</td><td>○</td><td></td><td>비과세</td></tr>
<tr><td>생도·후보생 봉급, 부교재구입비(생도), 교보재지원비(학군)</td><td>○</td><td></td><td>비과세</td></tr>
<tr><td>병 봉급, 개인 일용품비, 전역여비 및 휴가여비</td><td>○</td><td></td><td>비과세</td></tr>
<tr><td>부임여비, 가족여비, 병력인솔여비</td><td>○</td><td></td><td>비과세</td></tr>
<tr><td>상근예비역 귀향여비 및 교통비</td><td></td><td>○</td><td>비과세</td></tr>
</table>

자료 : 육군본부, 예산회계실무기준(국군인쇄창, 2012.2), p.317.

② 봉급표

군인의 봉급표는 대통령령인 「공무원보수규정」 별표 13에 규정되어 있다.

(2) 군인연금

① 목적 및 종류

군인에 대한 연금은 「군인연금법」, 「군인연금법시행령」, 「군인연금법시행규칙」

표 6-4 | 2013년도 군인봉급표(단위 : 원)

계급/호봉	소장	준장	대령	중령	소령	대위	중위	소위	준위	원사	상사	중사	하사
1	3,664,700	3,450,300	2,778,300	2,461,400	2,006,600	1,587,900	1,220,700	1,106,700	1,461,700	2,111,400	1,425,200	1,134,400	950,300
2	3,758,400	3,543,100	2,875,800	2,558,900	2,102,200	1,677,800	1,296,300	1,176,500	1,536,900	2,181,700	1,492,900	1,198,000	988,600
3	3,852,100	3,635,900	2,973,300	2,656,400	2,197,800	1,767,700	1,371,900	1,250,300	1,612,100	2,252,000	1,560,600	1,261,600	1,026,900
4	3,945,800	3,728,700	3,070,800	2,758,900	2,293,400	1,857,600	1,447,500		1,687,300	2,322,300	1,628,300	1,325,200	1,065,200
5	4,069,500	3,821,500	3,168,300	2,851,400	2,389,000	1,947,500	1,523,100		1,762,500	2,392,600	1,696,000	1,388,800	1,103,500
6	4,133,200	3,914,300	3,265,800	2,948,900	2,484,600	2,037,400	1,598,700		1,837,700	2,462,900	1,763,700	1,452,400	1,141,800
7	4,226,900	4,007,100	3,363,300	3,046,400	2,580,200	2,127,300	1,674,300		1,912,900	2,533,200	1,831,400	1,516,000	1,180,100
8	4,320,600	4,099,900	3,460,800	3,143,900	2,675,800	2,217,200			1,988,100	2,603,500	1,899,100	1,579,600	1,218,400
9	4,414,300	4,192,700	3,558,300	3,241,400	2,771,400	2,307,100			2,063,300	2,673,800	1,966,800	1,643,200	1,256,700
10	4,506,000	4,285,500	3,655,800	3,338,900	2,887,000	2,397,000			2,138,500	2,744,100	2,034,500	1,706,800	1,295,000
11	4,601,700	4,378,300	3,753,300	3,436,400	2,962,600	2,486,900			2,213,700	2,814,400	2,102,200	1,770,400	
12	4,695,400	4,471,100	3,850,800	3,533,900	3,058,200	2,576,800			2,288,900	2,884,700	2,169,900	1,834,000	
13	4,789,100	4,563,900	3,948,300	3,631,400	3,153,800				2,364,100	2,955,000	2,237,600	1,897,600	
14			4,045,800	3,728,900	3,248,400				2,439,300	3,025,300	2,305,300	1,961,200	
15			4,143,300	3,826,400					2,514,500	3,095,600	2,373,000	2,024,800	
16									2,589,700		2,440,700	2,088,400	

자료 : http://www.law.go.kr/lsSc.do?menuId=0&p1=&subMenu=1&nwYn=1&query=%EA%B3%B5%EB%AC%B4%EC%9B%90%EB%B3%B4%EC%88%98%EA%B7%9C%EC%A0%95&x=31&y=17#AJAX

에 근거하여 지급하고 있다. 군인연금은 군인이 상당한 연한 동안 성실히 복무하고 퇴직하거나 심신의 장애로 인하여 퇴직 또는 사망한 때 또는 공무상의 질병·부상으로 요양하는 때에 본인이나 그 유족에게 적절한 급여를 지급함으로써 본인 및 그 유족의 생활안정과 복리향상에 기여함을 목적으로 한다(군인연금법 제1조).

「군인연금법」 제9조는 군인연금 급여로 15개 종류를 규정하고 있다. 즉, 퇴역연금, 퇴역연금일시금, 퇴역연금공제일시금, 퇴직일시금, 상이연금, 유족연금, 유족연금부가금, 유족연금특별부가금, 유족연금일시금, 유족일시금, 재해보상금, 사망조위금, 재해부조금, 퇴직수당, 공무상요양비이다.

② 퇴역연금 지급률

군인연금 중 대표적인 것으로 꼽는 것이 퇴역연금이다. 퇴역연금은 군인이 20년 이상 복무[13]하고 퇴직한 때에는 그때부터 사망할 때까지 지급받는 연금이다. 퇴역연금액은 평균보수월액[14]의 50%에 상당하는 금액으로 하되, 복무기간이 20년을 초과할 때에는 그 초과하는 매 1년에 대하여 평균보수월액의 2%에 상당하는 금액을 가산한다. 그러나 그 금액은 평균보수월액의 76%를 초과하지 못한다. 이상의 내용을 정리하면 <표 6-5>에서 보는 바와 같다.

표 6-5 | 복무기간과 퇴역연금 지급률

복무기간	퇴역연금 지급률	비고
19년 6월~20년	평균보수월액의 50%	하한선(연금 개시)
21년~32년	평균보수월액의 50%+2%~24%	매 1년 단위로 2%씩 상승
33년	평균보수월액의 76%	상한선

자료 : 「군인연금법」 제21조 재정리.

13) 「군인연금법」제16조 제4항 전투에 종사한 기간은 이를 3배로 계산한다. 「군인연금법시행령」 제27조 1. 작전명령에 의한 적과의 전투행위와 이 목적을 위한 지원행위를 말한다.

14) '평균보수월액'이란 급여의 사유가 발생한 날이 속하는 달부터 소급하여 3년간의 보수월액을 현재 가치로 환산한 후 이를 합한 금액을 해당월로 나눈 금액을 말한다.

군인연금의 재원은 군인의 기여금과 국가의 부담금을 주 기반으로 한다. 기여금[15)]이라 함은 급여에 소요되는 비용으로서 군인이 부담하는 금액이며, 부담금[16)]은 급여에 소요되는 비용으로서 국가가 부담하는 금액을 말한다. 군인연금 급여에 소요되는 비용을 기여금·부담금으로 충당할 수 없는 경우에는 그 부족한 금액을 국가에서 부담한다(「군인연금법」 제39조의 2(보전금)).

③ 퇴역연금의 지급 제한

퇴역연금의 지급은 형벌 등에 의한 지급 제한[17)], 취업에 의한 지급 제한[18)], 소득에 의한 지급 제한이 있다. 퇴역연금 수급자가 연금 외의 「소득세법」의 규정에 따른 사업소득금액 또는 근로소득금액이 있고, 각 소득금액 또는 이를 합산한 소득금액의 월평균금액이 전년도 평균임금월액[19)]을 초과한 때에는 퇴역연금에서 <표 6-6>에서 보는 바와 같은 금액을 지급 정지한다. 이 경우 퇴역연금의 2분의 1을 초과할 수 없다.

---

15) 군인은 매월 보수월액의 1,000분의 85의 범위 안에서 대통령령으로 정하는 비율을 곱한 금액을 기여금으로 국가에 납부하여야 한다. 다만, 기여금을 납부한 기간이 33년을 초과한 때에는 그러하지 아니하다(군인연금법 제38조).

16) 국가의 부담금은 군인의 정원에 의하여 매 회계연도의 그 보수예산의 1,000분의 85의 범위 안에서 대통령령이 정하는 비율을 곱한 금액으로 한다(군인연금법 제39조).

17) 군인 또는 군인이었던 자가 복무 중의 사유로 금고 이상의 형을 받은 때, 징계에 의하여 파면된 때에는 퇴역연금의 50%를, 금품 및 향응수수 또는 공금의 횡령·유용으로 징계 해임된 때에는 퇴역연금의 25%를 지급 정지한다. 또한 복무 중의 사유로 금고 이상의 형에 처할 범죄행위로 인하여 수사가 진행 중에 있거나 형사재판이 계속 중에 있는 때에는 그자에게 지급될 급여액의 50%에 상당하는 금액을 지급하고 불기소처분을 받은 때, 금고 이상의 형의 선고를 받지 아니한 때, 금고 이상의 형의 선고유예판결을 받고 그 유예기간이 경과된 때에 한하여 이자를 가산하여 잔여금을 지급한다. 군인 또는 군인이었던 자가 「형법」 제2편 제1장(내란의 죄)·제2장(외환의 죄), 「군형법」 제2편 제1장(반란의 죄)·제2장(이적의 죄), 「국가보안법」(제10조를 제외한다)에 규정된 죄를 범하여 금고 이상의 형을 받은 경우에는 연금급여를 지급하지 아니한다.

18) 퇴역연금의 수급자가 「군인연금법」, 「공무원연금법」 또는 「사립학교교직원연금법」의 적용을 받는 군인·공무원 또는 사립학교교직원으로 임용된 때에는 그 재직기간 중 해당 연금의 전부의 지급을 정지한다.

19) '평균임금월액'이라 함은 상시 5인 이상의 근로자를 사용하는 사업 또는 사업장(농업·임업 및 수산업을 제외한다)을 기준으로 「통계법」에 따라 노동부장관이 작성하는 매월 노동통계 보고서의 근로자 1인의 임금총액의 연평균금액을 말한다.

표 6-6 | 초과소득월액에 대한 연금 지급 제한

전년도 평균임금월액을 초과한 소득월액(초과소득월액)	지급정지액
50만 원 미만	50만 원 미만의 초과소득월액 : 100분의 10
50만 원 이상 100만 원 미만	5만 원+50만 원 초과소득월액의 100분의 20
100만 원 이상 150만 원 미만	15만 원+100만 원 초과소득월액의 100분의 30
150만 원 이상 200만 원 미만	30만 원+150만 원 초과소득월액의 100분의 40
200만 원 이상	50만 원+200만 원 초과소득월액의 100분의 50

자료 : 군인연금법 제21조의2

④ 군인연금 수급자 현황

2013년도 군인연금 수급자는 <표 6-7>에서 보는 바와 같다.

표 6-7 | 2013년도 군인연금수급자 현황(단위 : 명)

구분		계	퇴역	상이	유족
계		80,018	61,023	1,180	17,815
전액 지급		79,667	60,750	1,177	17,740
25~50% 지급	소계	351	273	3	75
	타 연금 수급자	51	-	-	55
	형별자	296	273	3	20

자료 : 국방부

3) 주거 복지

(1) 군 관사 지원

① 군 관사의 개념, 지원 목적과 소요 기준

국가의 안전보장직무의 생명은 적시적소에 즉각 출동하는 즉응태세이다. 이러한 군 직무의 특성과 격·오지 근무, 잦은 이사 등 군복무의 특수성을 고려하여 부사관 이상 군 간부에게 관사를 지원한다. '군 관사'란 대위 이상의 장교와 중사 이상의 부사관 및 특정 분야, 도서지역 군무원에게 군복무기간 중 주거목적으로 군에서 제공되는 시설물로서 아파트, 연립관사, 단독관사 등으로 구분한다.

군 관사의 소요기준은 대위 이상의 장교와 중사 이상 부사관의 68%로 한다. 단, 부대의 증·창설 등 국방환경 변화에 따른 정원증감은 기준연도 시달정원을 기준으로 2 년마다 반영한다. 다만, 서울지역과 계룡대·자운대 지역은 간부 정원의 70%로, 기타 지역(5급지)은 66%로 한다.

② 평형별 입주 기준

아파트 및 연립관사의 평형별 입주기준은 <표 6-8>에서 보는 바와 같다. 32평 이상의 경우는 동거 가족 수와 동거 구성인원을 고려하여 두 가지 형태 중 한 가지만이라도 충족되면 이를 적용하게 된다.

표 6-8 | 평형별 입주기준

평형별	80m^2/24평형	93m^2/28평형	106m^2/32평형	126m^2/38평형
동거 가족 수	3인 이하	4인	5인 부(모)동거	6인 이상 자녀 3인

자료 : 「군 관사 확보정책 및 관리지침」 제7조.

③ 입주 보증금

효율적인 관사 관리 및 운영을 위하여 관사 입주자에게 입주 전 소정의 보증금을 부과하고 있는데, 급지별 입주보증금 징수기준은 <표 6-9>에서 보는 바와 같다.

가. 수도권 : 「수도권정비계획법」 제2조 제1호에서 정하는 지역

나. 수도권 위성도시 및 인구 50만 명 이상의 시 : 「수도권정비계획법 시행령」 별표 1의 과밀억제권역에 해당하는 지역 중 서울특별시·인천광역시를 제외한 지역 및 안산시, 용인시. 단, 1개 시·군이 2개 이상의 권역에 해당하

표 6-9 | 급지별 입주보증금 징수기준(평당 징수금액)

구 분	1급지	2급지	3급지	4급지	5급지
금 액	20만 원	15만 원	12만 원	9만 원	6만 원
지 역	• 서울특별시	• 광역시 • 수도권 위성 도시 및 인구 50만 명 이상의 시 • 수도권 이외 지역의 인구 100만 명 이상의 시	• 수도권 시급 도시 • 수도권 이외 지역의 인구 30만 명 이상의 시	• 수도권 군급 도시 • 수도권 이외 지역의 인구 10만 명 이상의 시·군	• 1~4급지를 제외한 지역

자료 : 「군 관사 및 전세금 대부 사업 운영 훈령」 별표 1.

는 경우 위원회의 심의·의결을 거쳐 상위 급지를 적용할 수 있다(2010 인구주택총조사, 통계청).

다. 수도권 이외 지역의 인구 100만 명 이상의 시 : 창원시(2010 인구주택총조사, 통계청)

라. 수도권 시급 도시 : 수도권 내 도시 중 1급지 및 2급지에 해당하는 도시를 제외한 시

마. 수도권 이외 지역의 인구 30만 명 이상의 시 : 강원도 원주시, 충청북도 청주시, 충청남도 천안시, 전라북도 전주시, 경상북도 구미시 및 포항시, 경상남도 김해시·진주시, 제주특별자치도 제주시(2010 인구주택총조사, 통계청)

바. 수도권 이외 지역의 인구 10만 명 이상의 시 : 강원도 강릉시·춘천시, 충청북도 제천시·청원군·충주시, 충청남도 공주시·논산시·당진군·서산시·아산시, 전라북도 군산시·익산시·정읍시, 전라남도 광양시·목포시·순천시·여수시, 경상북도 경산시·경주시·김천시·안동시·영주시·칠곡군, 경상남도 거제시·사천시·양산시·통영시, 제주특별자치도 서귀포시(2010 인구주택총조사, 통계청)

④ 퇴거 사유 및 기간

훈령 제11조(퇴거조치) ① 입주자는 다음 각 호의 어느 하나에 해당하는 경우 사유 발생일로부터 각 호에서 정하는 범위 내에서 각 군 등의 장이 정하는 기한(이하 '퇴거기한'이라 한다) 내에 퇴거하여야 한다.

1. 관리부대의 변경을 수반하는 전속 또는 파견 : 2개월. 다만, 전입부대 등의 관사 및 전세금 대부 예산 부족으로 인하여 지원하지 못하는 경우에는 전입부대의 부대장이 발급하는 사유서 확인 및 위원회 심의·의결을 거쳐 2개월 단위로 퇴거기한을 연장할 수 있다.
2. 「군인사법」에 따른 전역, 제적 또는 퇴역 : 3개월. 다만, 제적자가 「국가유공자 등 예우 및 지원에 관한 법률」 제4조 제3호 가목 또는 제5호 가목에 해당하는 경우에는 관사 운영 효율성 및 소속 군인의 근무 여건을 저해하지 않는 범위 내에서 중앙관사관리위원회의 심의·의결을 거쳐 각 군 등의 장이 승인하는 기간으로 한다.
3. 제8조 제1항 각 호[20]의 자격 상실 : 2개월
4. 그 밖에 각 군 등의 장 또는 위원회가 결정한 사유 : 1개월

⑤ 퇴거 지연 관리비 징수

퇴거 지연에 따라 <표 6-10>에서 보는 바와 같이 관리비를 징수 부과한다.

20) 제8조(입주신청 및 입주자 선정) ① 다음 각 호의 어느 하나에 해당하는 군인은 각군 등의 장이 정하는 절차에 따라 일반관사 입주를 신청할 수 있다.
  1. 다음 각 목의 요건을 충족하는 자
  가. 「주민등록법」에 따른 주민등록표에 부양가족이 등록된 자
  나. 부대장이 부대관사관리위원회(이하 "위원회"라 한다)의 심의·의결을 거쳐 자가차량, 대중교통 등을 이용한 출·퇴근 및 임무수행이 가능하다고 정하는 지역(이하 "근무지역"라 한다) 내에 자가를 보유하지 않은 자(근무지역은 부대가 특별시 또는 광역시에 소재하는 경우에는 해당 특별시 또는 광역시를, 도 또는 특별자치도에 소재하는 경우에는 해당 시·군·구를 반드시 포함하여야 한다)
  2. 위기관리(조치) 관련 규정 상 위기조치 요원 등으로 지정된 직위에 재직하는 자 중 위원회 심의·의결을 거쳐 각군 등의 장이 승인한 자

표 6-10 | 퇴거지연 관리비 징수 기준(평당 징수 금액)

경과 기간	1급지	2급지	3급지	4급지	5급지
퇴거기한 종료 후 180일까지	5만 원	3만 원	2만 원	1.8만 원	
181일부터 퇴거일까지	7.5만 원	4.8만 원	3.2만 원	2.7만 원	

자료 : 국방부.

퇴거지연 관리비 징수 후 6개월 초과 경과자에 대한 조치는 현역은 부대장 명의 정식 퇴거통보서 발송 및 보존, 예비역은 소송을 제기한다.

(2) 전세금 대부 사업

① 근거 및 대부사업의 유형

「군 관사 및 전세금 대부 사업 운영 훈령[국방부 훈령 제1484호(2012. 12. 21.)]」제2조 4호를 보면 다음과 같다.

전세금 대부 사업이란 군인이 주거 목적으로 민간주택 임차 시 국가가 전세보증금(월세 보증금을 포함) 대부를 지원하는 사업으로, 다음 각 목에 해당하는 사업을 말한다.

가. 일반 전세금 대부 사업 : 군 관사 입주 대기 중인 군인에게 「군인복지기금법」 제4조의 3에 따라 설치된 군인복지기금의 전세대부계정(이하 '기금'이라 한다)으로 민간주택 전세보증금을 대부하는 사업

나. BTL[21] 전세금 대부 사업 : BTL 관사 사업 기간 중 관사가 철거되어 입주하지 못하는 군인에게 금융기관을 통하여 민간주택 전세보증금을 대부하고 그 이자를 지원하는 사업

21) 민간이 자금을 들여 학교·도로 등 사회기반시설(SOC)을 건설(build)하고, 완공 이후 소유권은 정부로 이전(transfer)하되, 정부는 민간사업자에게 임대료(lease)를 지불하여 투자비를 회수할 수 있도록 한 공공사업 진행방식을 말한다. 2005년 1월, 정부가 학교와 군부대 시설 등의 신축, 증·개축을 위한 재정 부족을 해결하기 위해 도입했다.

② 전세 대부지원 기준 금액

대부지원 기준금액은 해당 급지 시중 전세금의 65~85% 수준으로 하며, 해당 급지라 함은 <표 6-9>에 의한 급지를 말하며, 급지별 전세금 대부지원 기준금액은 <표 6-11>에서 보는 바와 같다.

표 6-11 I 급지별 전세금 대부지원 기준 금액

구 분	1급지	2급지	3급지	4급지	5급지
대부 상한액	1억 4천만 원	9천만 원	6천만 원	5천만 원	

자료 : 「군 관사 및 전세금 대부 사업 운영 훈령」 별표 4.

(3) 자가 마련 지원으로서 군인공제회 주택 분양

① 분양신청자격

가. 1차 분양 : 현역 군인 중 무주택세대주인 자

나. 2차 분양 : 군인공제회 회원 자격을 갖춘 자로서 무주택세대주인 자(군인이 아닌 자는 당해 주택 건설지역에 거주하는 자만 해당)

다. 3차 분양 : 군인연금(퇴직연금, 상이연금, 유족연금) 수급권자 및 10년 이상 현역 군인으로 복무한 후 전역한 자로서 무주택세대주인 자(당해 주택 건설지역에 거주하는 자만 해당)

라. 4차 분양 : 군인연금(퇴직연금, 상이연금, 유족연금) 수급권자 및 10년 이상 현역 군인으로 복무한 후 전역한 자로서 무주택세대주인 자(당해 주택 건설지역에 거주하는 자만 해당)

② 입주자 선정 우선순위

가. 3자녀 우선 공급

3인 이상 자녀(민법상의 미성년자에 한함)를 부양하는 무주택세대주에게 공급세대의 3% 범위 내에서 우선공급 할 수 있다. 1회에 한하며 무주택기간이 입주자모집공고일 현재 5년 이상이어야 한다. 단, 당첨되지 않을 경우에는 1, 2, 3차 분양 중 해당 차수에 신청한 것으로 본다.

나. 입주자 선정 우선순위

가) 제1순위

군인공제회 공급 주택 및 군인·공무원 특별공급 주택을 최초로 분양받는 자로서, 국민주택 등 또는 민영주택에 당첨된 사실이 있는 경우에는 당첨 후 10년 이상 경과자

나) 제2순위

군인공제회에서 공급하는 주택 및 군인·공무원 특별공급 주택 당첨 후 10년 이상 경과자 또는 국민주택 등이나 민영주택에 당첨 후 5년 이상 경과자

다) 제3순위

제1순위 및 제2순위에 해당하지 않는 자

다. 입주자 결정

입주자 결정은 <표 6-12>에서 보는 바와 같은 평가요소별 배점에 의한 종합점수 순으로 정한다.

표 6-12 | 평가요소 및 배점

구분	계	무주택 기간	근속기간	기타(부양가족수, 장애인 부양, 군인공제회회원 부담금 원금 잔액)
배점	100	40	45	15

자료 : 군인공제회(http ://www.mmaa.or.kr/contents.action?menuid=225).

③ 업무 수행 절차

군인공제회 주택분양업무 수행절차는 <그림 6-1>에서 보는 바와 같다.

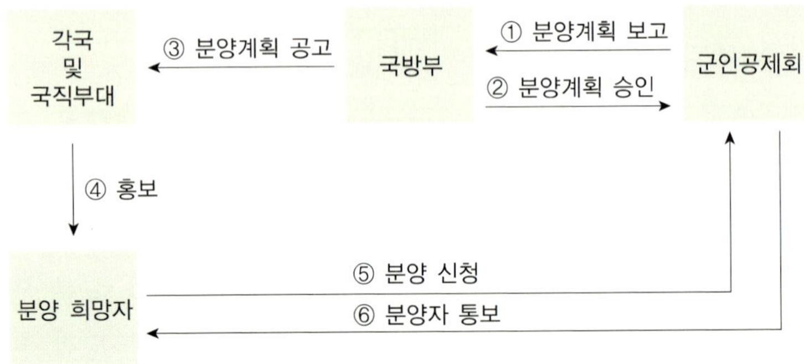

자료 : 내 집 마련 업무지침(복지정책팀-2889, 2007.5.21).

그림 6-1 | 군인공제회 주택분양업무 수행절차

4) 교육 복지

(1) 군인 본인 교육

① 군인교육의 구분

군인의 교육은 <표 6-13>에서 보는 바와 같이 군내 교육과 군외 교육으로 대별된다.

표 6-13 | 군인의 교육

구분	군내 교육	군외 교육
내 용	• 양성교육 - 장교[22]), 부사관, 병 양성 교육 - 전문인력 양성 교육 • 보수교육 - 필수보수교육 - 직무보수교육 • 간부 자질 향상 교육	• 전문인력 양성 교육 • 간부 자질 향상 교육 • 해외 군사교육

② 전문인력 양성 교육

학위과정은 국방대학교의 석사 및 박사학위과정 교육과, 국내·외 민간대학에 위탁하는 교육하는 과정으로 실시되고 있다. 교수 및 연구요원 등 전문인력 양성 교육을 위한 국내·외 대학원 석·박사과정 위탁 교육 실태는 <표 6-14>에서 보는 바와 같다.

표 6-14 | 2013년도 전문인력 양성 교육 현황

구분	인원(명)	예산(백만 원)	1인 평균(천 원)
계	564	13,107	
국내 대학원	339	3,479	10,263
해외 대학원	225	9,628	42,791

사료 : 국방부.

③ 간부 자질 향상 교육

간부 자질 향상 교육은 학위취득 및 능력개발을 위해 야간대학원, 사이버대 등에서 이루어지며 교육비를 지원한다. 현황은 <표 6-15>에서 보는 바와 같다.

표 6-15 | 2013년도 간부 자질 향상 교육 현황

구분	인원(명)	예산(백만 원)	1인당 평균(천 원)
계	13,387	18,568	
야간 대학원	2,075	7,005	3,376

22) 장교 양성 과정별 교육 기간 및 1인당 소요 비용

구분	사관생도					사관후보생			
과정	육사	해사	공사	간호사	3사	육군	해군	해병	공군
기간	4년	4년	4년	4년	2년	16주	9주	14주	14주
비용 (천 원)	230, 959	237, 969	238, 631	113, 935	58,190	8,234	3,590	5,325	3,586

구분	인원(명)	예산(백만 원)	1인당 평균(천 원)
사이버/방통대	1,577	2,586	1,640
전문대	1,235	4,917	3,981
실무 위탁	8,500	4,060	0.478

자료 : 국방부.

④ 해외 군사교육

군사교리와 신기술 습득 및 상호 군사 교류를 위한 외국 군사학교 위탁교육의 현황은 <표 6-16>에서 보는 바와 같다.

표 6-16 | 2013년도 해외 군사교육 현황

구분	인원(명)	예산(백만 원)	1인당(천 원)
계	406	13,384	
지휘참모대	55	4,055	73,727
병과 교육	226	6,682	29,566
해외 연수	125	2,647	21,176

자료 : 국방부.

⑤ 학비 대부

현역 군인의 국내 및 국외대학생 등록금을 대부하여 주고 있다. 국내대학은 학생회비, 장학금, 기숙사비, 교통비, 실습비 등을 제외한 실제 등록금 납부액 범위 내에서, 국외대학은 어학 연수료를 제외한 실제 등록금 소요액을 연간 $6,000 이내(1회 $3,000)에서 원화로 환산하여 지급하며, 졸업 후 2년 거치 4년 무이자 상환한다.

(2) 군인자녀 교육

① 국군복지단의 신입생 입학격려금

가. 목적

현역 군인, 군무원의 대학 신입생 자녀들에게 '입학격려금'을 지급하여 군사기 및 복지증진에 기여한다.

나. 지급 대상

고등교육법 제2조 학교의 종류에 포함된 학교(대학/전문대학 등)에 입학하여 당해 학년도 등록금을 납부한 국내·외 대학[23] 신입생 전원에게 지급한다. 단, 동일 자녀 재입학 및 편입생은 입학격려금 지급 불가하며 대학원은 제외한다. 입학격려금은 가용재원을 고려하여 국고지원 대학 및 등록금이 소액인 대학 등 지급 대상학교를 일부 제한[24]한다.

다. 지급 금액 : 1인당 100만 원으로 하며, 동시 입학 자녀 수에는 제한을 두지 않는다.

② 군인공제회의「입학 축하금」

가. 지급 대상

군인공제회 회원의 자녀로서 대학, 전문대학, 경찰대학, 각 군 사관학교, 국외

23) 지급 대상 학교
- 대학/전문대학에 준하는 각종 학교(2년 이상 교육과정)
  * 폴리텍대학, 한국예술종합학교, 한국전통문화학교, 한국과학기술원(KAIST), 사이버대학(2년제 이상), 학사학위 전공심화과정(2년 이상 과정) 등
- 해당 국가에서 공식 인가된 2년제 이상 교육과정의 국외대학

24) 지급 제외 학교
- 등록금이 소액인 한국방송통신대학, 사내 대학 등
- 국비대학(각 군 사관학교, 경찰대학, 한국농업대학 등)
- 2년 미만 교육과정의 각종학교(시간제, 직업능력개발훈련과정/학점은행제 등)
- 국외대학 언어연수 과정(2년 미만 교육과정)

정규대학에 입학하는 신입생 자녀 1명에 한한다. 단, 교육과학기술부 미인정 각종 학교는 제외한다.

나. 신청 자격

군인공제회 회원으로 4구좌 이상 가입하고, 지급당해년도 3월 10일을 기준하여 만 6년 이상 경과된 회원으로 회원가입기간 중 1회에 한하여 지급한다. 부부 모두가 회원인 경우라도 1세대 1자녀에게만 지급한다. 2016년부터는 10구좌 이상 가입한 후 6년 이상 불입한 회원으로 지급을 제한할 예정이다.

다. 지급 금액 : 100만 원

③ 호국장학재단의 「재학생 호국장학금」

가. 재단의 설립 및 장학금의 취지

국방부는 군의 특성상 격·오지 근무 및 잦은 이동으로 인해 과중하게 발생하는 학비부담을 덜어주어 자녀들이 학업에 전념, 전문지식인으로 성장·발전할 수 있도록 매년 일정액의 장학금을 지급하는 재단법인 호국장학재단을 1992년 6월 24일 설립·운영하고 있다. 호국장학금은 호국장학재단에서 지급한다. 현역 군인 등의 자녀들에게 호국장학금을 지급하여 사기 및 복지증진에 기여함과 동시에 군 자녀들을 국가와 사회에 봉사할 수 있는 지도자적 인물로 육성하는 데 기여하고자 지급하는 장학금이다.

나. 지급 대상

현역 군인 및 군무원의 자녀로서 현 학년도 1학기(전반학기)를 12학점 이상 등록한 대학 2학년 이상 재학생 중 전 학년도 평균성적이 백분율 평균 85/100 이상자 또는 평점평균 3.5/4.5, 3.36/4.3, 3.14/4.0 이상인 자이다. 대상학교는 전술한 국군복지단의 「신입생 입학격려금」과 같다. 장학금 지급횟수는 현재 재학 중인 학교 수업연한에 따라 지급을 제한한다. 즉, 2년제는 1회, 3년제는 2회, 4년제는 3회, 5년제는 4회, 6년제는 5회까지 받을 수 있다.

다. 지급 금액

가용재원÷지급인원(만 원 미만 절사)으로 하여 지급하되, 1인 지급한도액은 50만 원이다.

④ 학자금 대부

군인자녀의 국내 및 국외대학생 등록금을 대부하여 주고 있다. 국내 대학은 학생회비, 장학금, 기숙사비, 교통비, 실습비 등을 제외한 실제 등록금 납부액 범위 내에서, 국외대학은 어학 연수료를 제외한 실제 등록금 소요액을 연간 $6,000 이내(1회 $3,000)에서 원화로 환산하여 지급하며, 졸업 후 2년 거치 4년 무이자 상환한다.

⑤ 기숙사

가. 입사생 모집

군인자녀들의 교육지원을 위해 국방부 계획에 의해 주요도시 지역에 기숙사를 설치·운용하고 있다. 입사생 모집은 정기와 수시 모집으로 나눈다. 정기 모집은 연 1회 1~2월에 실시하고, 수시 모집은 공실 발생 시(3~11월)에 실시한다.

나. 입사 대상

- 육·해·공군 현역 군인자녀로 대학생, 고등학생, 중학생, 초등학생(대학원생 제외)
- 재경지역 기숙사(송파, 도봉, 근학사, 창공학사)는 재경지역 학교 학생으로 함
- 지방소재 기숙사는 해당지역에 위치한 학교의 학생
- 공실 발생 시 군무원, 10년 이상 장기근속 전역자의 자녀도 입학 가능
- 공실 발생 시 민간 학생도 입사 가능

다. 선발 기준(국군복지단, 「군인자녀 기숙사 관리규정」2013.1.1)

정기모집 시는 4개 요소[25]를 적용하여 고득점자 순으로 선발하되, 해외 파견자, 3자녀 이상 부양자는 점수와 관계없이 우선 선발한다. 수시 모집은 신청자 순으로 하며 현역 자녀, 군무원 자녀, 예비역 자녀, 민간학생 순으로 한다.

라. 기숙사 현황

군 자녀 기숙사의 현황은 다음 <표 6-17>에서 보는 바와 같다.

표 6-17 | 군 자녀 기숙사 현황

지역별	기 숙 사 (위치)	시설 규모	수용 능력	보유실	건립 연도
수도권	창공학사(구) (서울 대방동)	548평 (지상 4층)	72명 (2인 1실)	36	1983
	창공학사(신) (서울 대방동)	1,903평 (지하 1층, 지상 5층)	232명 (2인 1실)	116	2000
	도봉학사 (의정부 호원동)	1,692평 (지하 1층, 지상 5층)	194명 (2인 1실)	97	1995
	근학사 (서울 신길동)	1,050평 (지하 1층, 지상 5층)	186명 (2인 1실)	93	1995
	송파학사 (경기 성남)	1,574평 (지하 1층, 지상 4층)	216명 (2인 1실)	108	1988
	칠보학사 (수원 원평리)	602평 (지하 1층, 지상 3층)	60명 (2인 1실)	30	1996
소계	5개소	7,369평	960명	480	

25) 4개 요소
① 재학 중인 학교 40점(대학생 40, 고등학생 35, 중학생 30, 초등생 25)
② 직계존속 근속기간 20점(30년 이상 20점, 30년 미만 25년 이상 19점, 25년 미만 20년 이상 18점, 20년 미만 7점)
③ 직계존속 근무지와 기숙사간 이격 거리 20점(GOP지역, 도서지역, 400km 이상 20점, 400km 미만 300km 이상 19점, 300km 미만 200km 이상 18점, 200km 미만 100km 이상 17점, 100km 미만 16점)
④ 직계존속 계급 20점(장교 20, 준사관 19, 부사관 18)

지역별	기 숙 사 (위치)	시설 규모	수용 능력	보유실	건립 연도
대전	계룡학사 (대전 계룡대)	1,445평 (지하 1층, 지상 3층)	150명 (2인 1실)	75	1993
	자운학사 (대전 자운대)	819평 (지하 1층, 지상 3층)	100명 (2인 1실)	50	2001
대구	무열학사 (대구 죽전동)	943평 (지하 1층, 지상 3층)	100명 (4인 1실)	25	1994
부산	해운학사 (부산 수영동)	1,692평 (지하 1층, 지상 5층)	200명 (2인 1실)	100	1995
춘천	소양학사 (춘천 우두동)	1,600평 (지하 1층, 지상 5층)	196명 (2인 1실)	98	1995
광주	무등학사 (광주시 소태동)	861평 (지하 1층, 지상 5층)	98명 (2인 1실)	49	1995
원주	치악학사 (원주시 단구동)	860평 (지하 1층, 지상 3층)	98명 (2인 1실)	49	1995
총계	12개소	15,589평	1,902명	926	

자료 : 국방부.

5) 취업 복지

(1) 취업 및 전직지원의 법적 근거

① 군 인사법령

가. 「군인사법」

제8장 권리와 의무

제46조의 2(전직지원교육) 군인으로서 복무한 후 전역하는 사람에 대하여는 취업을 지원하기 위하여 대통령령으로 정하는 바에 따라 전직지원교육(轉職支援教育)을 할 수 있다.

나. 「군 인사법 시행령」

제7장 권리와 의무 제3절 전직지원교육

제60조의2(전직지원교육 대상 등)

① 법 제46조의 2에 따라 전직지원교육(轉職支援敎育)을 하는 경우 그 교육 대상은 장교·준사관 또는 부사관으로 임용되어 법 제7조의 의무복무기간 이상 복무한 사람으로서 전역 후의 취업을 위하여 전역 전 전직지원교육을 원하는 사람으로 한다. 다만, 전역 후 취업을 하는 데 필요한 자격요건을 이미 갖추고 있다고 인정되는 사람은 교육 대상에서 제외할 수 있다.

② 제1항에 따른 전직지원교육의 기간은 전역 전 1년의 범위에서 예산과 복무부대의 여건 등을 고려하여 국방부장관이 정하며, 전직지원교육기간이 6개월 이상인 전직지원교육 인원에 대해서는 정원이 따로 있는 것으로 보고 기획재정부장관과 협의하여 결원을 보충할 수 있다.

③ 제1항에 따른 전직지원교육은 개인의 희망에 따라 군내교육과 위탁교육으로 구분하여 실시할 수 있다.

④ 전직지원교육 대상자의 선발기준·교육기간 및 교육과정의 운영 등에 관하여 필요한 사항은 국방부장관이 정한다.

⑤ 국방부장관은 전직지원교육 관련 업무를 전직지원교육에 필요한 인력, 조직 등을 갖춘 기관 또는 단체 중 국방부장관이 지정·고시하는 기관 또는 단체에 대행시킬 수 있다.

⑥ 제5항에 따라 전직지원교육 관련 업무를 대행하는 기관 또는 단체는 취업을 지원하기 위하여 필요한 경우 고용노동부장관 및 국가보훈처장으로부터 고용에 관한 정보 등을 지원받아 전직지원교육 대상자의 취업지원업무에 활용할 수 있다.

제60조의3(전직지원교육비의 지원)

① 제60조의2에 따라 전직지원교육 대상자로 선발된 사람에게는 예산의 범위에서 교육비를 지원할 수 있다.

② 제1항에 따른 교육비의 지급 요건 및 방법 등에 관하여 필요한 사항은 국방부장관이 정한다.

②「제대군인지원에 관한 법률」

「제대군인지원에 관한 법률」 제13조(직업교육훈련), 제14조(취업보호 등), 제15조(특수직종 우선고용), 제16조(채용 시 우대 등), 제17조(창업지원), 제18조의 2(전직지원금)는 중장기 복무한 제대군인의 취업과 창업을 지원하고 있다. 이를 근거로 국가보훈처는 '제대군인국'을 두고 취·창업을 지원하고 있다.

(2) 전직지원 체계

① 전직지원 업무 담당 조직

가. 국방부 및 각 군 본부

국방부 '전직지원정책팀'은 군인의 사회진출 지원에 관한 정책과 계획의 수립·조정 및 제도발전, 제대군인 취업직위의 확대·개발 및 취업지원센터 운영에 관한 사항, 군내·외 사회진출지원교육에 관한 사항을 관장하고 있으며, 육군본부는 인사사령부 내에 제대군인지원처, 해·공군본부는 인사참모부 내의 인사근무처 제대군인지원과가 직업보도업무를 관장한다. 국방부에는 전역장병을 위하여 '국방취업지원센터'를 운영하고 있다.

나. 국가보훈처

국가보훈처의 '제대군인국'이 제대군인의 전직지원 등 제대군인의 복지와 관련된 업무를 수행하고 있으며, 제대군인정책과, 제대군인취업과, 제대군인지원과로 구성되어 있다. 국가보훈처에서는 '제대군인지원센터'를 가동하고 있다.

② 전직지원의 교육 체계

전역 후 성공적인 사회 복귀를 지원하기 위하여 단계별 전직지원시스템을 구축·발전시키고 있으며, 전직지원 체계는 <표 6-18>에서 보는 바와 같다.

표 6-18 | 전직지원 체계

시기	전역 전 6~12개월				전역 후 3년
교육 과정 및 기간	전직기본교육 (2주)	전직지원 컨설팅(6주)	심화교육 (7개월)	취·창업 (2~3개월)	취업지원
	변화관리 사회적응	자기진단 목표설정	자격증 취득 전문성 향상 직무능력향상	취·창업 매진	미취업자 교육
전직 지원 활동	• 장기복무자 • 전직기본교육 • 중기복무자 • 취업기본교육 • 전방부대순회 • 취업기본교육 • 제대군인 취업 • 지원 프로그램	• 자기진단/변화관리 • 역량분석/목표설정 • 취업스킬/사회적응 • 능력향상 • 사후관리(취·창업지원)	• 심화과정 - 국방부과정 (13개 과정) - 각 군 과정 (11개 과정) • 소자본 창업, 전문기관위탁교육 등 3개 과정	• 취·창업정보제공 • 취·창업 활동	• 취·창업상담 • 직업교육훈련 바우처지원 • 심화과정 - 취·창업워크숍 - 대학/전문교육 • 기관위탁교육등
담당	국방부				보훈처

자료 : 국방부

(3) 전직지원 교육

① 목적 및 목표

직업교육은 군에서 장기복무 후 전역이 예정된 간부들을 대상으로 사회 환경에 부합되는 직업보도교육을 실시하여 안정적 사회정착을 지원하기 위함이며, 교육의 목표는 취업·창업능력 및 전문성 향상에 두고 있다.

② 교육 중점 및 방침

교육 중점은 맞춤식(묶음식) 교육지원을 통한 취·창업 경쟁력 제고, 취업과 연계한 직업보도 교육과정 개발 및 지원 강화, 개인별 능력향상을 위한 전문 자격증 취득 기회 확대이다.

교육 방침은 첫째, 취·창업 기반조성 목적의 '기본교육'과 취·창업의 전문성 향상을 목적으로 하는 '전문교육'으로 구분한다. 둘째, 교육 대상은 장기 복무 전역 예정 간부 중 '직업보도 희망자'로 한다. 셋째, 직업보도기간 1년을 '3+6+3개월 개념'으로 설정하여, 최초 3개월은 전직 컨설팅을 통한 경력 목표 설정, 6개월은 경력 목표 설정에 따른 전문성 향상 교육, 마지막 3개월은 취·창업 추진 기간이다. 넷째, 1인이 수강 가능한 과정은 '전직 컨설팅, 국방부 개강 맞춤식 교육 2개 과정, 개인 교육비 범위 내 공공·사설학원 교육과정'이다. 다섯째, 보훈처, 노동부 과정 수강은 제한이 없으나, 보훈처 대학위탁교육(사회적응교육수강자 우선권 부여)은 1개 과정만 수강할 수 있다. 넷째, 직업보도교육비는 계급 구분 없이 예산의 범위 내에서 집행한다.

③ 분야별 교육·훈련계획

가. 전직지원 기본교육

전직지원 기본교육의 운영계획은 <표 6-19>에서 보는 바와 같다.

표 6-19 | 전직지원 기본 교육

구분		장소	교육내용			시기
			연 횟수	기간	연인원	
보훈처	전직기본교육	보훈교육연구원	12	10일	2,400	매월
국방부	전직 컨설팅	민간 전문업체 (서울, 대전, 창원, 대구, 광주 등)	12	4~6주	950	매월
	취업기본교육 (중기)	국방취업지원센터	14	5일	850	매월
	전방부대 순회취업교육 (중·단기)	해당부대	51	1	1,500	3~5월
고용부	제대군인취업지원 프로그램(중기)	고용지원센터 (의정부, 대전)	10	3	200	5~6월

자료 : 국방부.

나. 전직지원 심화교육

국방부가 주관하는 전직지원 심화교육의 운영계획은 <표 6-20>에서 보는 바와 같다.

표 6-20 | 국방부 주관 심화교육

주관	교육 주제	교육기관	장소	교육내용			시기
				연 횟수	기간	연인원	
국방부	경비지도사	한국경비협회	대전	1	4주	50	9월
	골프장코스 장비관리사	건양대학교	대전	1	3개월	20	8월
	골프전문 경영사	GMI인재경영학원	서울	2	2개월	40	5, 9월
	예비군지휘관	중앙법률사무교육원	서울	2	4개월	40	2, 7월
	시니어컨설팅전문가	JM미래설계센터	서울	1	4주	40	4월
	학교보안관	MBC아카데미 직업능력개발원	서울	1	3주	40	4월
	학교폭력예방 상담사	인성교육개발원	지방	8	1주	160	3, 4, 5, 6, 8, 9, 10, 12월
	행정사	대한행정사협회	서울	1	1주	40	3월
		한국지식경제진흥원	천안	1	1주	40	9월
	인성지도사/ 학교폭력상담사	미라클자격개발원	서울	3	3주	60	2, 5, 10월
	품질경영관리 담당자	한국표준협회	안성	1	3주	25	4월
	소계					545	
국가보훈처	소자본창업	주관	수원	6	기간	300	시기
	대학위탁 (7개 과정[26])	대학	서울 지방	1	4~6 개월	970	전·후반기
	전문교육기관위탁 (40개 과정[27])	전문교육기관	서울 지방	1	1~6 개월		연중
	소계					1,270	

자료 : 국방부.

6) 문화 복지

(1) 면세품 구매

① 관련 근거

1973년 3월 31일, 당시 박정희 대통령이 국방부 연두순시 때 직업군인생활안정책을 강구할 것을 지시한 것이 효시가 되어 군 면세품제도가 탄생하게 되었다. 군인 등에게는 「조세특례 제한법」 제114조[28]에 의거, 규정된 품목에 대하여 개별소비세[29]와 주세가 면제된다. 그동안 내구재면세품으로 지정되었던 가전제품 모두는 2004년 9월 24일 당시 적용하고 있었던「특별소비세법」 개정으로, 특별소비세 과세대상품목에서 제외되었고, 현재는 「주세법」에 의한 주류[30]에 한하여 주세가 면세되고 있다. 또한 주세가 면세되기 때문에 주세의 10~30% 부과되는 교육세도 함께 면세된다. 따라서 면세주류는 주세와 교육세가 면세된 세전단가에서 부가세 10%가 더해져 군에 납품되고 있다. 이러한 면세품의 구매 대상은 현역, 군무원, 태극·을지 무공수훈자 중 생계유지곤란자이며, 각 부대 영내마트

26) 집합건물관리사전문과정(경기대), 부동산개발전문가과정(광운대), 영영유통관리전문가과정(가천대), 인사노무관리전문가과정(가천대), 유통관리/소비자상담전문가과정(가천대), 물류관리전문 및 유통창업과정(부산 동명문화학원), 경비지도사(대구 선린대학)

27) 국가보훈처 제대군인지원센터 홈페이지 참조(http://www.vnet.go.kr)

28) 「조세특례제한법」 제114조(군인 등에게 판매하는 물품에 대한 개별소비세와 주세의 면제) ① 군이 직영하는 매점에서 대통령령으로 정하는 군인, 군무원과 태극·을지무공훈장 수훈자에게 판매하는 물품(국내에서 제조된 물품만 해당한다)에 대해서는 개별소비세와 주세를 면제한다. ② 국방부장관은 기획재정부장관과 협의하여 매 연도분의 물품별면세한도량을 그 전년도 12월 31일까지 결정하여야 한다. ③ 제1항에 따라 면세되는 물품에 대해서는 국세청장이 정하는 바에 따라 해당 물품 또는 그 포장 및 용기에 면세물품임을 표시하여야 한다.

29) 개별소비세[special consumption tax, 個別消費稅]는 특정한 물품·특정한 장소에의 입장행위, 특정한 장소에서의 유흥음식행위 및 특정한 장소에서의 영업행위에 대하여 부과되는 소비세이다. 사치성 소비품목 등에 중과하기 위하여 마련되었던 특별소비세는 2008년부터 개별소비세로 명칭이 변경되었다.

30) '주류(酒類)'라 함은 주정(희석하여 음료로 할 수 있는 것을 말하며, 불순물이 포함되어 있어서 직접 음료로 할 수는 없으나 정제하면 음료로 할 수 있는 조주정을 포함한다)과 알코올분 1도 이상의 음료(용해하여 음료로 할 수 있는 분말상태의 것을 포함하되, 약사법에 의한 의약품으로서 알코올분 6도 미만의 것 제외)를 말한다[주세법 제3조 제1호].

(PX)에서 구매가 가능하다.

② 면세품목 및 면세율

면세 주류 품목, 개인별 연간 구입 기준 및 면세율은 <표 6-21>에서 보는 바와 같다. 군무원 및 국가보훈처장이 인정하는 무공수훈자는 간부와 동일 기준이다.

표 6-21 Ⅰ 면세 주류 품목, 개인별 연간 구입 기준 및 면세율

구 분		소주		일반증류	약주	과실주	청주	리큐르주	맥주	양주	
		희석식	증류식							위스키	브랜디
간 부		2.5	1	1	2	2	1	2	144	1	2
병 사		4	0	0	0	1	0	0	12	0	0
PKO		동일								3	3
면세율(%)	주세	72	72	72	30	30	30	30	30	72	72
	교육세	30	30	30	10	10	10	10	10	30	30

자료 : 국군복지단

(2) 스포츠 및 체력단련

군에서 운용하는 체력단련장은 <표 6-22>에서 보는 바와 같이 모두 28개를 운영하고 있다. 이를 구체적으로 보면 국방부는 태릉, 남수원, 동여주 등 3개소를, 육군은 계룡대(2), 선봉대, 무열대, 비승대, 자운대, 항공학교 등 7개소를, 해군은 진해, 평택, 포항, 덕산대, 동해 등 5개소를, 공군은 광주, 사천, 김해, 원주, 수원, 공군사관학교, 대구, 성남, 예천, 청주, 강릉, 중원, 해미 등 13개소를 운영한다.

표 6-22 | 군 체력단련장 현황

구분	계	수도권	충청도	강원도	전라도	경상도	제주도
총계	28	9	7	3	1	8	-
국방부	3	3	-	-	-	-	-
육군	7	2	3	-	-	2	-
해군	5	2	-	1	-	2	-
공군	13	2	4	2	1	4	-

자료 : 국군복지단.

(3) 휴양시설(호텔 및 콘도)

① 현황

장병의 휴식과 여가선용을 위하여 호텔 및 콘도를 운영하고 있다.

군에서 직영하고 있는 호텔 및 콘도는 6개소로 청간정콘도(강원도 고성군), 대천콘도 제1관(충남 보령군), 제2관(충남 보령시), 화진포콘도(강원도 고성군), 서귀포호텔(제주도 서귀포시), 송정 콘도(강원도 강릉)이다.

민영 콘도는 <표 6-23>에서 보는 바와 같이 모두 122개소에서 운영된다.

표 6-23 | 민영 콘도 현황

구분	계	수도권	충청도	강원도	전라도	경상도	제주도
총계	122	16	22	33	13	23	15
육군	39	5	7	10	4	8	5
해군	43	6	6	13	5	8	5
공군	40	5	9	10	4	7	5

자료 : 국군복지단.

② 호텔 및 콘도 이용 대상 및 할당

호텔 및 콘도 이용 대상 및 할당 방법은 <표 6-24>에서 보는 바와 같다.

표 6-24 | 호텔 및 콘도 이용 대상 및 할당

구 분	우 선 순 위	객실 할당
대 상	1순위 : 하사 이상 현역 군인	현역 신분 객실 할당 (전체의 70%)
	2순위 : 19년 6월 이상 복무한 전역 군인	예비역 신분 객실 할당 (전체의 20%)
	3순위 : 군무원	군무원 신분 객실 할당 (전체의 5%)
	4순위 : 기타 • 중사 이상으로 전역한 군인(19년 6월 미만) • 10년 이상 복무 후 퇴직한 군무원 • 군 관련 국가유공자 • 군에 종사하고 있는 근무원 • 국방부 일반직 공무원 • 국방부 산하기관 및 연구소 직원	기타 신분 객실할당 (전체의 5%)
이용기간	비수기/성수기 모두 이용 가능	
예약신청방식	인터넷/ARS	

자료 : 국군복지단.

③ 우선순위

군 공식행사를 최우선으로 하고, 잔여분을 신분별 우선순위에 의하여 할당한다. 만약 같은 순위에 여러 명이 있을 경우는 개인점수에 의하여 고득점자 순으로 확정한다. 개인점수를 산정하는 방법은 계급 및 근속년수별 점수에 다자녀 가정 점수를 더한다. 만약 주말, 공휴일이나 성수기를 이용할 경우에는 이용횟수별 차감 점수를 반영하여 우선순위를 조정한다.

6) 의료 복지

(1) 군내 진료

① 군 의료시설

군 의료시설을 육군을 기준으로 보면 다음과 같다. 대대급 부대에 의무지대, 연대급 부대에 의무중대, 사단급 부대에 의무근무대 또는 의무대대, 전방 군단을 지원하는 병원, 야전군 지역을 지원하는 병원으로 구분된다. 그리고 육·해·공군을 통합하여 후방지역을 지원하는 병원인 통합병원이 있다.

② 군병원 진료 대상

가. 대상자

가) 현역 군인 : 장교, 준사관, 부사관 및 병

나) 현역 군인이 아닌 자의 진료

- 사관생도·사관후보생 및 부사관 후보생
- 입소 장정, 상근예비역, 전투경찰대원, 의무소방원, 경비교도대원
- 예비군(임무수행 중), 보충역
- 제대군인 진료 : 10년 이상 장기복무 제대군인, 창군/6.25 참전용사
- 군부대 근무자(군무원·노무자·종군기자 등)
- 공무원(국방부·방위사업청, 병무청, 청와대 근무자)
- 민간인 : 응급진료

나. 대상 장애

가) 전상(戰傷) : 적과 교전이나 무장폭동 또는 반란을 진압하기 위한 행위로 인하여 생긴 심신장애

나) 공상(公傷) : 교육·훈련 기타 공무로 인하여 생긴 심신장애

다) 비전공상(非戰公傷) : 전상과 공상에 해당되지 않는 행위로 인한 심신장애

각 심신장애인(心身障碍人)에 대한 전상·공상 또는 비전공상 해당 여부를 심사하기 위하여 각 군 본부와 참모총장이 지정하는 부대 및 기관에 전·공상 심사위원회를 설치하고 있다.

다. 군 병원 현황

2013년도 현재 군에서 운용하는 병원의 현황은 <표 6-25>에서 보는 바와 같다.

표 6-25 | 군 병원 현황

유형	병원	편제 병상	창설일
군단 지역 지원 병원	고양병원	250	1974.12
	양주병원	500	1954.5
	일동병원	250	1954.4
	춘천병원	250	1953.11
	홍천병원	250	1966.8
	강릉병원	200	1977.8
군 지역 지원 병원	원주병원	20	1954.1
	청병병원	200	1950.9
후방 지역 병원	수도병원	800	1950.12
	대전병원	600	1951.12
	대구병원	500	1948.5
	함평병원	500	1951.12
	부산병원	300	1948.11
	서울지구병원	30	1978.1
해군 병원	해양의료원	100	1946.2
	포항병원	120	1949.4

자료 : 국방부

(2) 민간 의료기관 진료

① 법적 근거

2004년 1월 29일 「국민건강보험법」에 특례조항[31]을 신설하여, 3개월 후인 4월 30일부터 현역병도 민간병원에서 진찰·검사, 약제·치료 재료의 지급, 처치·수술 기타의 치료, 입원에 의한 치료를 받을 수 있도록 하고 있다.

② 군인의 민간병원(요양기관) 이용 절차

「군인사법시행규칙」 제48조의 2(민간요양기관 입원승인 절차 등)

① 민간요양기관에 입원하여 진료를 받으려는 심신장애인은 소속 부대의 장의 승인을 받아야 한다. 다만, 응급환자로서 입원 전에 승인을 받을 수 없는 경우에는 입원한 후에 지체 없이 승인을 받아야 한다.

② 제1항에 따른 승인을 받으려는 심신장애인은 진료기간이 분명하게 적힌 진단서를 소속 부대의 장에게 제출하여야 한다.

③ 제1항에 따라 입원을 승인한 소속 부대의 장은 해당 심신장애인의 진료기간이 20일 미만인 경우에는 청원휴가를 명하고, 진료기간이 20일 이상인 경우에는 심신장애인이 입원하려는 민간요양기관과 가장 가까운 군병원으로의 전속(轉屬)을 명한다.

④ 군병원장은 제3항에 따라 군병원으로 전속된 심신장애인에 대하여 전입되

31) 「국민건강보험법」 제54조의 2(현역병 등에 대한 요양급여비용의 지급) ① 공단은 제49조 제3호(「국민보건보험법」 제49조 3. 제6조 제2항 제2호에 해당하게 된 때. 「국민보건보험법」 제6조 제2항 2. 「병역법」의 규정에 의한 현역병(지원에 의하지 아니하고 임용된 하사를 포함한다), 전환 복무된 사람 및 무관후보생) 및 제4호(국민보건보험법 제49조 4. 교도소 기타 이에 준하는 시설에 수용되어 있는 때)의 규정에 의한 자가 요양기관에서 대통령령이 정하는 치료 등(이하 이 조에서 '요양급여'라 한다)을 받은 경우에 그에 따라 공단이 부담하는 비용(이하 이 조에서 '요양급여비용'이라 한다)을 법무부장관·국방부장관·소방방재청장·경찰청장 또는 해양경찰청장으로부터 예탁 받아 지급할 수 있다. 이 경우 법무부장관·국방부장관·소방방재청장·경찰청장 또는 해양경찰청장은 예산상 불가피한 경우를 제외하고는 연간 소요될 것으로 예상되는 요양급여비용을 대통령령이 정하는 바에 따라 미리 공단에 예탁하여야 한다.

는 즉시 기간을 정한 청원휴가를 명하여야 한다.

⑤ 군병원장은 제3항에 따라 군병원으로 전속된 심신장애인에 대하여 제4항에 따른 청원휴가기간을 초과하여 진료하여야 할 필요가 있는 경우에는 그 심신장애인의 진료기록, 임상소견서 및 치료경위서 등을 검토하여 청원휴가기간을 연장할 수 있다.

⑥ 군병원장은 민간요양기관에서 진료를 받고 있는 심신장애인에 대하여 진료행위를 제외하고는 군병원에 입원한 심신장애인과 동일하게 관리하여야 한다.

[전문개정 2012.5.1]

7) 병영생활 복지

(1) 장병 1인당 유지비

장병 1인당 유지비는 기본급여+기타급여+국고부담+급식비[32)]+피복비[33)]이다. 국고부담에는 연금과 건강보험료가 포함된다. 연금은 8.5%, 건강보험료에는 건강보험 2.356%와 건강보험료의 6.55%인 노인장기요양보험료가 포함된다.

2013년도 장병 1인당 유지비는 <표 6-26>에서 보는 바와 같다.

표 6-26 ㅣ 장병 1인당 유지비

계 급	호봉	근속(년)	비용(천 원)
이 병			4,327
일 병			4,426
상 병			4,561
병 장			4,712
생 도	3학년	3	8,732

32) 급식비(천 원) : 하사 162.5, 그 외 152.7, 생도 215.4.

33) 피복비(천 원) : 대령 이하 41.0, 장군 85.9, 생도 106.3.

계 급	호봉	근속(년)	비용(천 원)
하 사	3	3	25,428
중 사	8	8	43,696
상 사	15	19	60,658
원 사	15	27	76,064
준 위	28	27	80,394
소 위	2	1	29,215
중 위	2	2	31,724
대 위	5	7	50,498
소 령	11	16	72,572
중 령	16	24	93,663
대 령	18	29	105,760
준 장	12	29	106,573
소 장	14	33	116,745
중 장			131,827
대 장			139,201

자료 : 국방부.

(2) 의생활

병에게 지급되는 초도품목은 전투모, 전투복, 하전투복, 전투화, 정모, 근무모, 동근무복, 하근무복, 단화, 방상외피, 방상내피, 잠바, 동내의, 춘추내의, 의류대, 우의, 장갑, 러닝셔츠, 팬티, 요대, 박클, 인식표, 인식표줄, 모양말, 면양말, 면수건, 손수건, 동정복, 하약정복, 전피장갑, 동운동복, 하운동복, 춘추운동복, 세면주머니, 영내화, 운동화가 있다. 그 가운데 주요한 품목의 피복보급기준은 <표 6-27>에서 보는 바와 같다.

표 6-27 | 병 피복보급기준(초도품목)

품목	육군	해군	해병	공군
전투복	2	0	2	2
전투화	2	0	2	2
러닝셔츠	6	6	6	6
팬티	7	7	7	7
면양말	2	0	0	7
손수건	2	3	3	3
전피장갑	1	1	1	1
운동화	1	1	1	1

자료 : 국방부.

(3) 식생활

① 급식비

가. 영내생활자 급식

영내생활자 1일당 급식비 및 급식 내역은 <표 6-28>에서 보는 바와 같다.

표 6-28 | 영내생활자 1일당 급식비 및 급식 내역

구분		기준량	2012	2013	증감	%
계(원)			6,155	6,432	277	4.5
주식	쌀	400g	786	800	14	1.8
부식	반찬	정액	4,677	4,906	229	4.9
후식	소계		692	726	34	4.9
	과일/주스	정액	301	316	15	4.9
	우유	250ml	391	410	19	4.9

자료 : 국방부.

나. 특식 및 증식비

특식은 설날, 추석, 국군의 날에 지급하는 경축일 특식(각 1,500원)과 생일특식 1만 원이 지급된다. 증식은 영내자 증식(월 4,742원 : 컵라면 4회, 건빵 3회, 쌀국수 1회, 떡 1회)을 비롯하여, 경계작전 증식, 상황근무 증식 등 20종이 있다.

② 민간 조리원 운영

1966년부터 영내 취사장에 민간 조리원을 고용하여 운용함으로써 음식의 맛과 질, 위생을 향상시키고 있다. 1996년부터 2007까지는 대대급(250명)에 1명, 08년에는 중대급(200명)에 1명, 11년에는 180명 이상 취사장당 1명으로 확대하고, 12년에는 150명 이상 취사장당 1명으로 확대하다가 13년에는 140명 이상 취사장당 1명으로 확대하고, 급식인원 1,000명 이상인 경우 조리원 1명을 추가할 수 있도록 되어 있다. 그리하여 2013년도 국방부 전체로 1,547명을 운용하고 있는데, 육군에 1,335명, 해군에 138명, 공군에 40명, 국방부 직할부대에 34명이 배치되어 있다.

(4) 주생활

① 병영생활관 개선

병영생활관의 개선은 신축과 개수로 구분된다. 신축은 노후·협소 소대단위 침상형 생활관(1인당 평균 2.3㎥)을 분대단위 침대형 생활관(1인당 평균 6.3㎥)으로 새로 짓는 것이다. 개수(改修)는 신축이 불가능한 이전·해체 예정부대의 생활관 중 6년 이상 사용 가능한 건물을 리모델링하는 것이다.

② 병영생활관 개선 현황

육군은 신축 총 소요 702대대 가운데 2013년도 12개 대대를 신축하면 96.6%을 개선하게 된다. 개수는 총 소요 360개 대대를 2013년도 125개 대대를 개수하면 78.3%를 완료하게 된다. 국직부대는 898개 동 중 금년도 12개 동을 신축하면 병영생활관 개선 사업을 모두 마치게 된다.

8) 보훈 복지

(1) 국가보훈의 이념 및 보훈 대상자

우리 대한민국의 오늘이 온 국민의 애국정신을 바탕으로 전몰군경 및 전상군경을 비롯한 국가유공자의 희생과 공헌 위에 이룩된 것이므로 이러한 희생과 공헌이 우리와 우리 자손들에게 숭고한 애국정신의 귀감으로서 항구적으로 존중되고, 그 희생과 공헌의 정도에 대응하여 국가유공자와 그 유족의 영예로운 생활이 유지·보장되도록 실질적인 보상이 이루어짐을 기본이념으로 하며, 국가 및 지방자치단체는 국가유공자의 애국정신을 기리고 이를 계승·발전시키며, 국가보훈의 기본이념을 구현하기 위한 시책을 강구하고 있다. 「국가유공자 등 예우 및 지원에 관한 법률」[34]은 전몰군경, 전상군경, 순직군경, 공상군경, 무공수훈자 등을 대상자로 하고 있다.

(2) 군인이 국가유공자가 되는 절차

① 군인 출신 국가유공자

가. 전사자(戰死者) 또는 순직자(殉職者)

전사는 전투 또는 이에 준하는 직무수행 중 사망한 사람을 이르며, 순직이란 국가수호, 안전보장 또는 국민의 생명·재산 보호와 직접적인 관련이 있는 직무수행이나 교육훈련 중 사망(질병으로 사망한 자)한 군인이다.

34) 국가를 위하여 희생하거나 공헌한 국가유공자와 그 유족에 대한 응분의 예우와 국가유공자에 준하는 군경 등에 대한 지원을 행함으로써 이들의 생활안정과 복지향상을 도모하고 국민의 애국정신 함양에 이바지함을 목적으로 제정(제1조)

나. 전상자(戰傷者) 및 공상자(公傷者)

전상이란 전투 또는 이에 준하는 직무수행 중 상이를 입고 전역하거나 퇴직한 군인을 말하며, 공상이란 국가수호, 안전보장 또는 국민의 생명·재산 보호와 직접적인 관련이 있는 직무수행이나 교육훈련 중 발생한 심신장애를 가진 군인이다.

다. 무공훈장(武功勳章), 보국훈장(保國勳章) 수훈자

무공훈장은 전시(戰時) 또는 이에 준하는 비상사태에서 전투에 참가하거나 접적(接敵)지역에서 적의 공격에 대응하는 등 전투에 준하는 직무수행으로 뚜렷한 무공을 세운 사람에게 수여하는 훈장(상훈법 제13조)으로 태극, 을지, 충무, 화랑, 인헌의 5등급으로 구분된다. 보국훈장은 국가안전보장에 뚜렷한 공을 세운 사람에게 수여하는 훈장(상훈법 제16조)으로 통일장, 국선장, 천수장, 삼일장, 광복장의 5등급으로 구분된다.

라. 참전자 및 특수임무자

② 심신장애 전역군인의 국가유공자 등록 절차

- 국가보훈처 민원실을 통하여 국가유공자등록 신청
- 국가보훈처 보훈심사위원회의 심사
  - 요건 심사 : 전상 또는 공상 여부 심사
  - 보상 심사 : 신체검사를 통하여 1급부터 7급 사이의 장애 등급 부여
- 국가유공자 등록

(3) 대상자별 보훈급여금

① 전·공상 군경

전·공상 군경에 대한 월 보훈급여금은 <표 6-29>에서 보는 바와 같이 지급된다.

표 6-29 | 2013년도 상이군경 월 보훈급여금(단위 : 천 원)

상이등급별			보상금	수당		합계
				고령·무의탁	중상이부가	
상이군경	1급1항	고령	2,336	97	1,402	3,835
		일반	2,336	-	1,402	3,738
	1급2항	고령	2,203	97	881	3,181
		일반	2,203	-	881	3,084
	1급3항	고령	2,109	97	422	2,628
		일반	2,109	-	422	2,531
	2급	고령	1,875	97		1,972
		일반	1,875	-		1,875
	3급	고령	1,752	97		1,849
		일반	1,752	-		1,752
	4급	고령	1,470	97		1,567
		일반	1,470	-		1,470
	5급	무의탁	1,218	274		1,492
		고령	1,218	97		1,315
		일반	1,218	-		1,218
	6급1항	무의탁	1,112	274		1,386
		고령	1,112	97		1,209
		일반	1,112	-		1,112
	6급2항	무의탁	1,023	274		1,297
		고령	1,023	97		1,120
		일반	1,023	-		1,023
	7급	무의탁	348	274		622
		고령	348	97		445
		일반	348	-		348
	* 간호수당		• 1급1항 2,097, 1급2항 2,020, 1급3항 1,943, 2급 651			
	* 전상수당		• 21			
무공영예수당			• 인헌 210, 화랑 215, 충무 220, 을지 225, 태극 230			
참전명예수당			• 150			
생활조정수당			• 가족 3인 이하 : 150~210,4인 이상 : 200~260			

자료 : 국가보훈처.

② 유족 보상

가. 유족의 우선순위

1순위 배우자, 2순위 자녀, 3순위 부모, 4순위 조부모, 5순위 제매(弟妹)이다. 배우자는 사실혼 관계의 배우자를 포함하여 사실상의 배우자를 말한다. 단, 배우자 및 사실상의 배우자가 국가유공자와 혼인 또는 사실혼 후 당해 국가유공자 외의 자와 사실혼 중에 있거나 있었던 경우는 제외한다. 자녀 또한 사실혼 관계의 자녀를 포함하여 사실상의 자녀를 말한다. 양자(養子)는 국가유공자가 직계비속이 없어 입양한 자 1인에 한하여 자녀로 본다. 그러나 국가유공자 유족 보상금 지급 시 성년 자녀는 자녀로 보지 않는다. 다만 장애인 자녀는 예외로 인정한다. 부 또는 모가 경합될 때, 각 1인만을 부(父), 모(母)로 인정한다. 부의 배우자와 생모, 모의 배우자와 생부가 각각인 때에는 국가유공자를 주로 양육했거나 부양하였던 자를 부, 모로 인정한다.

나. 유족급여금

전사 및 순직자의 유족(배우자, 부모, 자녀), 6·25 참전 자녀에 대한 보상은 <표 6-30>에서 보는 바와 같다.

표 6-30 | 전몰 및 순직군경의 유족 보상(단위 : 천 원)

대상별				보상금	수당	합계
유족	배우자	전몰·순직	무의탁	1,118	274	1,392
			무의탁부모부양	1,118	149	1,267
			고령	1,118	149	1,267
			일반	1,118	-	1,118
		상이 1~5급, 6급 상이사망	무의탁	1,066	274	1,340
			무의탁부모부양	1,066	149	1,215
			고령	1,066	149	1,215
			일반	1,066	-	1,066

대상별				보상금	수당	합계
유족	배우자	6급 비상이, 7급 상이사망	무의탁	390	274	664
			무의탁부모부양	390	149	539
			고령	390	149	539
			일반	390	-	390
		미성년자녀 양육수당		1인 양육 50, 2인 양육 185(추가 1인당 185 가산)		
	부모	전몰·순직	무의탁	1,099	274	1,373
			독자사망	1,099	274	1,373
			고령	1,099	97	1,196
			일반	1,099	-	1,099
		상이 1~5급, 6급 상이사망	무 의탁	1,049	274	1,323
			고 령	1,049	97	1,146
			일 반	1,049	-	1,049
		6급 비상이, 7급 상이사망	무 의탁	371	274	645
			고 령	371	97	468
			일 반	371	-	371
		2명 이상 사망수당		2인 사망: 274(1인 추가 시 274 가산)		
	미성년 (성년 장애) 자녀	전몰·순직		1,297	-	1,297
		상이 1~5급·6급 상이사망		1,238	-	1,238
		6급 비상이·7급 상이사망		565	-	565
		* 미성년 제매 양육수당		• 1인 양육 100/ 2인 양육 370(추가 1인당 370 가산)		
생활 조정수당				• 가족 3인 이하: 150~210,4인 이상: 200~260		
6·25자녀수당				• 제적자녀 : 1,024,승계자녀: 870		

자료 : 국가보훈처

(4) 기타 보훈 혜택

보훈급여금 지급 외에 국가유공자에게는 교육지원, 대부지원, 의료지원, 생업지원 등이 있다. 자세한 내용은 국가보훈처 홈페이지(http ://www.mpva.go.kr)를 참고하기 바란다.

9) 사회복지 서비스 복지

현역 군인 및 가족에 대한 사회복지서비스는 미미한 수준에 있다. 군 병영생활전문상담관제도와 사회복지사 자격을 가진 자를 의정장교로 선정할 수 있는 정도이다.

(1) 군 병영생활전문상담관 제도

① 법령 근거

「군인사법」제51조의4(병영생활전문상담관)

① 군인이 다음 각 호의 사항으로 군 생활의 고충이나 어려움을 호소하는 경우에 이에 대한 상담 등을 하기 위하여 대통령령으로 정하는 규모 이상의 부대[35] 또는 기관에 병영생활전문상담관(이하 '병영상담관'이라 한다)을 둔다.

1. 군 생활에 따른 부적응에 관한 사항
2. 가족관계 및 개인 신상에 관한 사항
3. 군 내 인권침해에 관한 사항
4. 질병현역 군인질환 및 건강 악화 등 신체에 관한 사항
5. 장기복무 군인가족의 자녀교육 및 현지생활 부적응 등 사회복지에 관한 사항
6. 그 밖에 군 생활로 인하여 발생하는 고충이나 어려움에 관한 사항

35) 「군인사법 시행령」제60조의17(병영생활전문상담관의 배치기준) 법 제51조의4제1항 각 호 외의 부분에서 "대통령령으로 정하는 규모 이상의 부대 또는 기관"이란 대령급 이상의 장교가 지휘하는 부대 또는 기관을 말한다[본조신설 2013.6.17.].

② 병영상담관은 군 생활 또는 개인 신상문제 등으로 인한 어려움을 겪고 있는 군인 및 장기복무 군인가족에 대하여 상담을 실시하고, 병영상담관이 배치되어 있는 부대 또는 기관의 장에게 필요한 조치를 요청할 수 있다.

③ 병영상담관은 다음 각 호의 어느 하나에 해당하는 사람 중에서 국방부장관이 임명한다.

1. 대통령령으로 정하는 심리상담 또는 사회복지 분야 관련 자격증을 소지하고 일정 기간 이상의 상담경험이 있는 사람[36)]
2. 대통령령으로 정하는 자격을 갖추고 일정 기간 이상의 군복무 경력이 있는 군인[37)]

④ 병영상담관의 구체적 자격기준, 채용절차, 신분, 업무 및 그 운영 등에 관한 사항은 대통령령으로 정한다[본조신설 2012.12.18.].[38)]

② 2013년도 운영

36) 「군인사법 시행령」제60조의18(병영생활전문상담관의 자격기준) ① 법 제51조의4제3항제1호에서 "대통령령으로 정하는 심리상담 또는 사회복지분야 관련 자격증을 소지하고 일정 기간 이상의 상담경험이 있는 사람"이란 별표 6에 따른 심리상담 또는 사회복지분야 관련 자격증을 소지한 사람으로서 다음 각 호의 어느 하나에 해당하는 사람을 말한다. 1. 5년 이상의 상담경험이 있는 사람 2. 심리상담 또는 사회복지분야와 관련된 학사학위를 소지한 사람으로서 3년 이상의 상담경험이 있는 사람 3. 심리상담 또는 사회복지분야와 관련된 석사 이상의 학위를 소지한 사람으로서 2년 이상의 상담경험이 있는 사람

37) 「군인사법 시행령」제60조의18(병영생활전문상담관의 자격기준) ② 법 제51조의4제3항제2호에서 "대통령령으로 정하는 자격을 갖추고 일정 기간 이상의 군복무 경력이 있는 군인"이란 별표 6에 따른 심리상담 또는 사회복지분야 관련 자격증을 소지하거나 심리상담 또는 사회복지분야와 관련된 학사 이상의 학위를 소지한 사람으로서 병과별로 국방부장관이 정하는 일정 기간 이상의 군복무 경력이 있는 군인을 말한다.

38) 「군인사법 시행령」제60조의19(병영생활전문상담관의 선발) ① 국방부장관은 법 제51조의4에 따른 병영생활전문상담관(이하 '병영상담관'이라 한다)을 임명하려는 경우에는 서류전형과 면접시험을 거쳐 적격자를 선발하여야 한다. ② 국방부장관은 법 제51조의4제3항제1호에 해당하는 사람을 제1항에 따라 병영상담관으로 선발하려는 경우에는 다음 각 호의 사항을 응시원서 접수 10일 전까지 일간신문, 방송, 인터넷 홈페이지나 그 밖의 효과적인 방법으로 공고하여야 하며, 불가피한 사유로 공고한 내용을 변경할 때에는 응시원서 접수 7일 전까지 다시 공고하여야 한다. 다만, 휴직자의 결원 보충 등을 위하여 6개월 이내의 기간 동안 병영상담관으로 임명하기 위하여 선발하려는 경우에는 공고하지 아니할 수 있다.
1. 선발 예정 인원 2. 응시자격 3. 응시원서의 접수기간 및 접수장소 4. 담당 업무 및 배치 예정 지역 5. 보수 등 대우에 관한 사항 6. 그 밖에 병영상담관의 선발에 필요한 사항[본조신설 2013.6.17]

가. 국군 생명의 전화

① 근무 지역 : 서울 용산(국방부 내)

② 근무 형태 : 전화 및 사이버 상담

1일(24H) 5명이 8H씩 교대 근무하며, 5일 근무 후 3일 연속 휴무한다.[39] 연가 등 기타 근무조건은 각 군 병영생활전문상담관과 동일하다.

나. 병영생활전문상담관

가) 인원 : 69명(육군 52명, 해군 11명, 공군 6명)

나) 육군 지역별 인원(<표 6-31> 참조)

표 6-31 | 육군 지역별 인원

'가' 지역	'나' 지역	'다' 지역	'라' 지역	'마' 지역	'바' 지역
문산, 파주, 고양	동두천, 양주, 포천, 연천	철원, 일동	가평, 양평	용인, 이천,화성	서울, 인천
8명	6명	5명	3명	3명	2명
'사' 지역	**'아' 지역**	**'자' 지역**	**'차' 지역**	**'카' 지역**	**'타' 지역**
부산, 경남	전북, 논산	원주, 홍천	춘천, 화천	인제, 양구	고성, 삼척
3명	3명	3명	5명	8명	3명

자료 : 국방부

다) 학력·경력, 자격증

군 병영생활전문상담관 지원자에게 요구되는 학력 및 경력은 <표 6-32>에서 보는 바와 같다.

---

39) 5일 근무 후 3일 연속 휴무제

1근(8H)	2근(7H)	3근(8H)	4근(7H)	5근(8H)
07:00~15:00	09:00~16:00	15:00~23:00	16:00~23:00	23:00~07:00

표 6-32 | 군 병영생활전문상담관 학력 및 경력

구분	민간 경력자	군 경력자
학력 / 경력	• 상담 및 사회복지 관련학과 학사학위 이상 소지자이면서 • 3년 이상 민간상담경력자 *상담 관련 석사학위 이상 소지자 : 2년	• 10년 이상 군 경력자 중 • 상담 및 사회복지 관련학과 학사학위 이상 소지자이면서 • '10.1.1~'12.12.31 전역자 또는 전역 예정자
자격증	• 청소년상담사 1, 2, 3급 • 정신보건임상심리사 1, 2급 • 임상심리사 1, 2급 • 정신보건사회복지사 1, 2급 • 청소년상담사 3급 • 전문상담교사 1, 2급	• 상담심리사 1, 2급 • 수련감독전문상담사 • 전문상담사 1, 2급 • 임상심리전문가 • 사회복지사 1, 2, 3급 • 기타 상담 관련 자격증 등

* 기타 상담 관련 자격증 등은 심의위원회의 검증 후 반영
* 학력·경력요건 미달자 및 국가공무원법 제33조 해당자 선발 배제
자료 : 국방부

라) 근무 조건

- 신분 : 기간제근로자(근거 : 기간제 및 단시간근로자 보호 등에 관한 법률)
- 계약기간 : 1년
- 급여수준 : 월 260만 원(4대보험 및 요양보험 부담금 포함)
- 근무시간 : 1일 8시간(휴식시간 제외) 주 40시간
- 휴가 연 15일(전반기 7일, 후반기 8일)
  * 출산휴가는 산전·후를 통하여 90일, 급여는 근로기준법 적용
  * 공무 외 사유로 부상 또는 질병 치료 시 연 10일 범위 내 병가 또는 연 2월의 범위 내에서 휴직 가능(이 경우 무급)
- 각 학회 소속 전문가에 의한 슈퍼비전, 집단상담 프로그램 주기적 시행
- 근무부대 숙소 가용 시 독신숙소 등 지원(생명의 전화는 제외) 자격 획득을 위한 학회활동 및 세미나, 집단상담 및 심리검사 교육 등 참가 희망 시 운영부대장 승인 하 참석 가능

(2) 군사회복지사

① 미군의 군사회복지사의 역할

- 군 내 정신건강센터
- 가족 옹호기관
- 알코올 및 약물치료기관
- 군 의료기관 내 행동건강센터
- 군 교정기관
- 전투 시 야전 정신건강팀(정신과의사, 간호사, 군사회복지사, 심리사, 군, 종교인, 기타 의료진 등)의 일원으로 활동

② 한국군 내에서 기대되는 고사회복지사의 역할

우리나라도 시급히 군사회복지사를 양성하여 <표 6-33>에서 보는 바와 같이 사병, 직업군인 및 가족, 군 조직 및 군 복지정책에 대한 개입을 통하여 왕성한 활동을 하도록 하여야 할 것이다.

표 6-33 | 개입 대상별 군사회복지사의 업무 및 활동/프로그램

개입 대상	주요 업무	활동/프로그램
사병에 대한 개입	• 위기 개입 • 개인 상담 • 사례 관리 • 집단 상담	• 성격 검사 • 정신건강 상담 및 치료 • 전투 스트레스 관리 및 상담 • 의료문제 상담 및 퇴원계획 • 알코올 및 약물 상담 • 군 생활 부적응 상담 • 가족문제 및 대인관계갈등 상담
직업군인 및 가족에 대한 개입	• 위기 개입 • 개인 상담 • 사례 관리 • 집단 상담	• 군 생활문제 상담 • 진로 상담 • 정신건강 상담 및 치료 • 전투 스트레스 관리 및 상담

개입 대상	주요 업무	활동/프로그램
직업군인 및 가족에 대한 개입	• 부부 상담 • 가족 상담 • 가정 방문	• 알코올 및 약물상담 • 의료문제 상담 및 퇴원계획 • 가족갈등 및 가정폭력 문제 상담 • 가족강화 및 가족지원 서비스 제공 • 자녀 발달 상담 및 특수아동 상담 • 자녀교육 및 부모교육 • 지역사회 자원연결
군 조직 및 군 복지정책에 대한 개입	• 군 복지정책 제안 • 군 구성원 옹호 자원 개발	• 군 복지정책 자문 및 건의 • 군인 및 가족의 권리 옹호 • 복지기금 마련 및 자원 발굴

자료 : 박미은(2005.8)

(3) 심리/사회사업 공인전문자격자의 의정병과 장교 임용

육군의 의정병과에서는 <표 6-34>에서 보는 바와 같이 '심리 및 사회사업' 관련 공인전문자격 취득자에게도 의정특기를 부여하고 있다.

표 6-34 | 의무 공인 전문자격

전문자격 명칭	보건	심리/사회사업	영양	방사선	병리	약제	재활
부호	1480	1481	1482	1483	1484	1485	1486

자료 : 육군규정 112(장교인사관리규정, 2006.7.1), p.30.

Chapter **07**

외국의 군사회복지

각국의 군사회복지는 국가가 군대의 역사를 바탕으로 하여 국방정책으로 군에 대한 복지의 여건을 어떻게 조성하느냐에 따라 그 실정에 맞추어 적용·운영되고 있다. 현재 군사회복지 제도를 운영하고 있는 나라로는 미국, 영국, 프랑스, 독일, 핀란드, 캐나다, 이스라엘, 남아프리카공화국 등이 있으며, 군사회복지사 제도의 운영 형태는 현역, 현역과 민간 전문인력의 혼합 형태, 순수 민간인력 형태의 세 가지로 운영되고 있다. 특히 미국의 군사회복지사 제도는 우리나라가 2005년 병영생활전문상담관 제도를 도입하면서 모델로 활용하였으므로 주의 깊게 살펴볼 필요가 있다.

표 7-1 | 군사회복지사 운영국가의 형태

구분	미국	캐나다	영국	프랑스	핀란드	이스라엘	남아프리카공화국
군 사회복지사	현역 (위관-영관) 민간전문	현역(장교) 민간전문	현역 (위관)	민간전문	민간전문	현역 (장교)	현역 (장교)
병역제도	모병제	모병제	모병제	징병, 모병제	징병제	징병제	징병제

자료 : James G. Daley(2000), Social Work Practice in the Military

1 미국

미국 군사회복지(military social work)의 목표는 최상의 전투력을 유지하는 데 있으며, 1973년 모병제에서 지원병 제도로 전환하면서 군에 우수한 인력을 획득하는 것이 전투력 증강에 최우선 과제라는 측면에서 군인의 '삶의 질 향상'과 '경제적 문제해결'에 중점을 두고 있다. 따라서 미국의 군사회복지는 문화적 복지인 MWR과 경제적 복지 분야로 구분되어 획기적인 발전을 추구하게 되었다(Daley, 2003).

1) 미국 군사회복지의 역사와 발전

미군의 사회복지서비스의 도입과 발전과정 및 배경을 살펴보면 대략 3단계(초기, 정착, 발전) 과정을 거쳐 오늘에 이르고 있다. 초기는 남북전쟁부터 제1차 세계대전 전후의 기간으로,[40] 전쟁의 충격에 빠진 군인과 그의 가족에 대한 지원 내용이 포함된 민간사회조직과 적십자사의 역할이 중요하게 언급되고 있다.[41] 1905년에 설립된 미 적십자사는 제1차 세계대전 중 군사회복지의 중요한 역할을 해 왔으며, 제2차 세계대전까지 군사회복지 지원 활동을 진행해 왔다. 남북전쟁 당시 링컨 대통령이 '민간보건위원회'를 두어 연합군의 질병 예방과 일반적 구호체계를 제공하였으며, 1900년에 군인구호협회(Army Relief Society)가 설립되어 군인의 미망인과 고아에 대한 부양을 하였다. 한편으로 독립전쟁 시 1816년에 미 위생위원회(U. S. Sanitary Commission)가 발족되었는데, 미 위생위원회는 사회개혁을 위한 지도자로 구성되었으며 주 업무는 병원에 있는 병사들을 치료하여 임무지로 돌려보내는 일이었다. 위원회는 1918년 임상훈련을 받은 사회복지사가 민간자격으로 육군병원에서 활동하도록 지원하였으며, 전쟁 중 피해자 보호의 필요성을 예견하여 스미스대학에서 정신의료사회복지사를 공적으로 훈련시켰다. 이

40) 이부덕(2007), 군사회복지의 제도화와 방안, 군사회복지연구회 세미나 자료.
41) 서혜석, 유홍위(2007), 『군사회복지 이론과 실천』.

때 적십자사는 육군병원에 사회복지사를 배치하여 환자를 지원하였는데, 1918년 미 육군의무단의 요청에 따라 적십자사가 뉴욕 주 프라다 버그 소재 미 육군 30 일반병원에 사회복지를 전공하고 숙련된 심리사회복지사 1명을 배치한 것이 그 시작이다. 그 후 세계대전 중에 군인의 전투 스트레스에 대한 대처와 관리의 중요성을 인식하여 적십자사는 심리사회복지사를 모든 육군병원에 1~3명 정도 배치하게 되었으며, 이후 군 병원에는 심리사회복지사와 의료사회사업가가 17개의 군병원에 고정적으로 배치되게 되었다.

다음 단계로 제1차 세계대전 전후부터 한국전쟁 이전의 기간에는 군사회복지 서비스가 공식적으로 육군에 의해 주로 정신의료사회사업의 활동을 중심으로 병원에 정착하게 되었다. 1942년경에는 군사회복지의 기반이 어느 정도 갖추어지게 되었는데, 미국의 정신의학사회복지사협회가 전시서비스국(War Service Office)을 설치하여 군 조직 내에서 보다 조직화된 사회복지 지원을 위한 기반을 구축하였다. 군사회복지가 공식적으로 시작된 것은 육군이 정신의학사회복지에 관한 일련의 사업계획서(Army Serial Specification Number for Psychiatric Social Work)를 작성하여 1943년 1월에 공식 승인된 이후라 할 수 있다. 다음과 같은 요인이 군사회복지 승인의 구체적인 토대로 작용하였는데, 첫째로 사회복지사가 군에서 전문적 사회복지기술을 제공하는 것이 필요하다는 주장이었다. 최초의 의무감(Surgeon General of the Army)이며, 사회사업분야 자문관인 Elizabeth Ross는 거의 탄원과도 같이 전문적 군사회복지가 필요하다며 이에 대한 지속적인 관심을 호소하였다. 둘째는 이것이 군과 전문사회복지사 모두에게 이로울 수 있다는 점이었는데, 그 사례로 1942년 10월 뉴저지 주 만마우스(Monmouth)기지에서 군 최초로 정신위생학 상담서비스를 개설할 때 전문적 사회복지실천 교육을 받은 병사들이 활용된 점을 들 수 있다. 셋째로는 사회복지기관의 직접적인 활동과 지원을 들 수 있는데, 전문가들의 제한적인 지원에도 불구하고 초창기 군사회복지사는 훌륭하게 군과 고유영역에서 자신의 역할을 다하였고, 전후에 출판된 다수의 전문서적과 저널들은 이에 대해 충분한 입증자료를 제공하였다.[42] 같

42) 한태근(2006), 군사회복지사 제도 도입 필요성과 제도화 방안에 관한 연구-현황 및 사례분석에 기초한 논의, 연세대학교 행정대학원 석사학위논문, p.22~24.

은 해에 사회복지사 자격이 사병특기로 공식 인정되었고, 한국전쟁을 계기로 정신의료 분야뿐만 아니라 의료사회복지사까지도 육군의 종합병원에 의료사회복지 서비스를 제공되게 되었으며, 군사회복지사는 법무관, 군의관과 더불어 전문직으로 자리 잡게 되었다. 이 시기가 오늘날 알려진 군사회복지(Military Social Work)의 태동이었다고 볼 수 있다. 1942~1945년까지 대략 1,000명의 미 적십자사 심리사회복지사들이 미군의 일반병원이나 지역병원 그리고 해외 주둔병원에서 임무를 수행하였다. 전시기간 중 사병으로 복무한 711명의 남녀 사회복지사들이 정신위생분야에서 맹활약한 공적이 인정되어 1943년에 정신의료사회사업(psychiatric social work)이 군의 직업분류에 포함되었고, 1945년에 이르러서는 미 육군성 의무감실 정신신경자문과 내에 정신의료기구가 설치되었으며, 1946년에는 심리 사회복지 병과가 창설되어 최초로 현역 군사회복지장교가 임관되어 활동을 시작하게 되었다. 1947년부터는 선발된 장교들을 대상으로 사회복지 관련 민간대학에서 위탁교육이 실시되었고, 여기에서 배출된 장교들이 제2차 세계대전 이후에 전개된 군사회복지의 발전을 이끌어 오게 되었다.

세 번째 발전기는 한국전쟁 시기에서부터 지금에 이르기까지 육군을 위시한 해군, 공군에서도 군사회복지실천(military social work)을 두어 다방면으로 발전을 거듭해 왔다. 한국전쟁 발발기인 1950년에 첫 「육군사회복지 매뉴얼(Army Social Work Manual)」이 출간되었고, 이때 50여 명이 사회복지장교의 보직을 맡게 되었다. 이후 적십자의 의료사회사업 지원이 철거되고 그 대신 군사회복지사들의 영역이 의료와 정신의료 양면을 관장하게 되었는데, 특히 한국전쟁 시기에 군사회복지영역이 확장되면서 1952년에는 165명의 사회복지장교가 현역근무를 하였고 65명의 민간사회복지보조원들이 전문 사회복지사들을 도왔다. 1954년에는 정신의료사회사업과 의료사회사업을 병합하여 직종 분류명을 사회복지사(Social Worker)로 하여 MOS를 재편성하였고, 의무감실에 사회복지를 총괄하는 사회복지관리자(Consultant)를 전문국의 일원으로 두게 되어 사회복지장교들의 임관에서부터 보직편성과 인사관리를 돕는 역할을 하게 되었다. 그 이후 활동 및 보직분야가 다양하게 발전되었는데 병원, 정신건강센터, 교감소, 가족지원센터, 전투사단배치, 이동정신의료팀, 국방부 R&D, 각 군 본부의 의무감실 및 1980년대 전군의 가족옹호정책에 따라 사회사업부를 둠으로써 인사참모실 등 병력과 군 가족이 있는 군 기지에 사회복지서비스가 자리를 잡게 되었다. 특히 고급전문 교육과 지도력을 신장하는 차원에서 박사학위 지원제와 대학원 후기의 가족정신 치료 임상 훈련제를 두어 많은 인재를 양성하였으며, 전역 후에도 대학을 위시한 사회정책과 실제분야에 지도자로서 군의 복지프로그램 개발, 조사 및 정책 발전과 민간의 연계적 역할에 기여하게 하였다.

이 시기에 특기할 만한 일은 의료영역에서 임상을 중심으로 발전된 의료 및 정신의료사회복지서비스 이외에 지역중심 사회복지서비스체제를 개발한 것이다. 1960년대에 활성화된 군 지역사회서비스(Army Community Service)는 인사참모의 지원체제 하에 각종 서비스를 제공하여 의료팀과도 긴밀히 연계적 관계를 유지하면서 주로 예방적이고 교육적인 차원에 역점을 둔 것인데, 타 기관에의 의뢰 및 정보제공, 위기중재, 가족보호서비스, 경제적 원조, 직장알선, 전출입 과정 및 민간서비스기관과의 연계망을 구축하는 각종 업무를 수행한다. 이는 부대지휘관들에게 지역의 복지체제를 통한 사고의 예방을 중시함과 주변 환경이 미치는 영향에 대해 민감한 대책을 강구하고 필요한 자원의 개발과 활용 면에 관여하는 서비스이다. 월남전이 있었던 1960년대, 1970년대에는 특히 음주 및 마약중독 문제가 급증하자 사회복지요원의 투입이 더욱 요청되어 군민사회복지 전문인력이 강화되었다. 1980년대에는 임전태세에 가족의 안정이 중요하다는 조사결과에 따라 군 사회복지시책이 의회에서 예산 통과하여 전 부대에 가족옹호사업(Family Advocacy Program)을 의무화하게 하였다. 이로써 각 예하 부대에 상설되어 있는 군지역복지서비스에 포함하거나 단독 프로그램으로 인사참모실 관장으로 이루어지고 있다. 1999년 육군이 300명의 민간사회복지요원을 충원하여 102부대에 군 가족옹호사업을 운영한 것을 보아 군인과 군 가족들의 삶의 질을 향상하는 지역사회복지 중심의 사회복지가 지휘관의 관심영역과 직결되어 있음을 알 수 있다.[43)]

미 육군의 군사회복지는 1980년대에 군 조직의 일부로 완전히 통합되면서 육군 내의 의료체계에서 정신보건과 의료사회복지 분야의 중요한 역할을 담당하여

43) 이부덕(2007), 전게서.

군인과 그 가족에 대한 보건 및 사회복지서비스를 제공하고 있으며, 지역사회서비스의 개발 등의 활동을 하고 있다. 또한 파병 시 특별팀의 일원으로 참가하며, 군 교도소 내 지원 서비스를 제공하고 있다.

미 공군의 군사회복지는 정신보건 분과에서 의료지원 서비스를 제공하는 것을 시작으로 진행되었는데, 1952년 6명의 사회복지장교가 임관되었다. 특이할 점은 1960년대 말에 여성 군사회복지사가 임용되기 시작된 것으로, 현재는 사회복지장교 중 50% 이상이 여성으로 구성되어 있다. 정신보건부대는 잠재적 환자와 정신과적 발병 환자를 치료하고 평가하는 임무를 부여 받았는데, 1960년대에는 군사회복지사들이 공군기지의 교정 프로그램에 참여하여 입창자 관리나 갱생 프로그램뿐만 아니라 가족과의 연락, 사후 교정관리 분야까지 주요한 책임을 맡고 있었다. 1970년대에는 또 하나의 임무로 가족지원 기능이 추가되었는데, 이는 전형적인 사회복지서비스를 제공하려는 공군의 사회복지망으로서 가족에 대한 다양한 서비스를 제공하려는 노력이었다. 이에 추가로 1975년에는 공군 아동보호 프로그램의 보충과 발전을 위한 중요한 책임도 맡게 되었고, 1981년에는 배우자 학대 예방프로그램[44]을 포함한 가족지원프로그램이 발전하였다. 현재 공군 사회복지사는 소속은 공군병원 정신보건 분과이지만, 정신보건 이외에도 제대계획 지원, 사회복지사업, 가족지원활동을 실천하고 있다.

미 해군의 군사회복지는 자원봉사기관과 적십자사, 해군구호국에 임명된 민간사회복지사의 실천에서부터 시작되었다. 1971년 해군에서는 약물중독재활센터를 설립하였고, 1976년에는 가족보호 프로그램을 발전시켰으며, 1979년에 29명의 해군 군무원이 재활센터에 고용되었다. 1979년에는 해군가족 보호프로그램이 공식적 출범하게 되어 가족서비스센터가 설립되었으며, 이후 5년간 해군 치료시설에서 가족보호 프로그램과 약물 재활, 집단상담, 위기개입, 가족폭력, 학대방임개입과 군 전역 계획분야에 대한 평가와 개입까지 그 활동이 확대되었다. 1980년대에 이르러서는 이들의 서비스 영역이 더욱 확대되어 가정폭력과 아동학대, 아동 성학대를 예방하고 치료하기 위한 프로그램이 개방되었으며, 알코올중독과 마약남용치료센터를 설치하게 되었다. 해군의무국(Navy Medical Department)은

44) 이흥윤 역(2005), 『군 사회복지의 실천』, 성민출판사, p.57.

12명의 군사회복지사를 해군병원 및 의료시설에 배치하였으며, 1990년대에 30여 명의 사회복지사가 의료부서에 근무하게 되어 해군과 그 가족을 보호하는 다양한 역할을 수행하였다. 1984년 자료에 의하면 80개의 해군 가족서비스센터가 전 세계에서 운영되었다.

미군의 군사회복지사 충원 방법은 두 가지로, 사회복지전공자가 군에 입대할 때 적절한 병과와 부대에 배치하고 사회복지자격증 소지자나 석사학위 이상 학력자를 장교로 임명하는 방안과 민간 사회복지사를 채용하여 의료 및 정신의료 분야에 종사케 하여 가정폭력 보호, 피해자 치료와 예방교육에 배치, 알코올중독에 대한 예방과 치료, 가족지원서비스 총괄 업무를 담당하게 하는 방식이다.

오늘날의 미국 군사회복지 제도는 초기의 군사회복지제도의 운영에 반하여 의료사회복지서비스와 가족보호 프로그램에 보다 집중되어 있으며, 혼합형 군사회복지사 제도에서도 현역 군사회복지사는 점점 감소되고 민간 전문사회복지사가 증가하는 모습을 보이고 있다.

2) 미국 군사회복지사의 역할

미군 군사회복지사의 역할은 직접서비스 영역으로서 가정폭력, 약물남용, 정신질환, 군 생활 적응, 전투 스트레스 관리, 신체질환 및 건강증진에 관한 문제에 개입하는 것이며, 간접서비스로서는 군사회복지 관련 정책개발, 제대군인 구직원조와 군인과 가족을 위한 사회적 서비스를 시행하는 것이다.

사회복지사는 사회복지적 이념을 갖고 군의 정책사항에 조언을 제공하며, 필요한 경우 정책수립과 실천과정에도 개입하게 된다. 대규모 민간 인명피해, 자연재해로 인한 대량 인적 손실, 내전 및 무정부 상태로 인한 심리적 긴장상태 같은 상황에서 군사회복지사는 사회복지의 실천원칙을 가지고 도움을 제공한다.

육군 사회복지사는 의료센터나 병원에서 광범위한 의료서비스나 퇴원계획의 수립, 가족지원 서비스를 제공한다. 전문적으로 훈련된 사회복지사는 가족실천 레지던트 프로그램에서 교육을 담당하게 되며, 특수 가족프로그램에서 정신적이고 육체적으로 고통을 받는 환자들에게 서비스를 제공한다. 또한 교도소 내 입원

환자, 직원, 가족구성원에게 정신보건을 포함한 여러 가지 서비스와 결혼과 가족 문제 상담, 아동과 청소년 상담, 위기 개입 서비스 등을 제공한다.

육군기지 내에 있는 지역사회서비스기관에서 사회복지사는 지역사회의 다양한 서비스를 개발하며, 군인가족들이 지역사회에서 잘 생활할 수 있도록 돕는 활동을 한다. 지역사회 내에서 해결할 수 없는 문제는 상부조직에 보고되며, 사회복지사는 이러한 문제에 대하여 정책제안, 재정자문, 프로그램 자문에 임한다.

군사회복지사는 병사, 군인가족, 지역사회에 영향을 미치는 문제를 연구하는 육군 연구기관에서 일하기도 한다. 또한 인질송환, 재난구조, 인도주의적 원조활동에 관여하고 있다. 육군은 사회복지사, 정신분석전문의, 심리학자로 구성된 특별팀을 만들어 국제 파병 시 부대마다 배치될 수 있도록 하고 있다. 이 팀은 전쟁 중 병사의 스트레스를 관리하고 귀국, 재파견과 관련한 재적응 문제를 돕는다. 전쟁이나 재난은 '외상 후 스트레스 장애'를 유발할 수 있어서 이 특별팀이 증상을 검진하고 치료하고 있는데, 이러한 활동은 외상 후 스트레스 장애와 혼란을 방지하고, 군인의 복지를 향상시킬 수 있는 중요한 업무이다.

군사회복지사가 수행하는 역할에는 현역 군사회복지사와 민간 전문사회복지사가 공통적으로 수행하는 역할과 민간 전문사회복지사가 수행하는 역할로 나누어 볼 수 있다. 현역과 민간 군사회복지사들이 공통적으로 수행하는 역할은 첫째, 군인들의 전투수행 능력을 증진시키고 전투 이후의 회복을 돕는 역할이며, 둘째로 군대라는 구조적 경계 내에서 군 구성원의 복지를 극대화하고 심리사회적 손상을 극소화하는 군 정책 및 절차들을 개발하고 자문하는 역할이다. 셋째로 가족폭력, 약물남용, 정신질환 또는 심각한 신체질환 등과 같은 심리사회적 문제로 인해 발생할 수 있는 손상을 줄이는 프로그램을 계획하고 실행하며, 넷째로 군대 내에서 사회적 서비스의 기능을 향상시키는 관점과 개입을 확보하며, 다섯째로 군사회복지서비스를 전달하는 과정에서 최고의 전문성을 확보하고, 여섯째로 오랜 역사를 통해 누적된 가장 효과적인 기술들을 발휘하는 것이다.

3) 미국의 군사회복지 제도

(1) MWR(Moral Welfare Recreation)

미국의 군사회복지의 중추적인 제도는 MWR(Moral Welfare Recreation; 사기, 복지, 오락제도)이다. MWR은 군인과 그 가족의 안락함, 정신적·신체적 건강, 기쁨, 만족을 증진시키기 위해서 미 국방성의 총괄하에 각 군별로 독립적으로 운영하고 있다. 이 제도는 군인과 그 가족이 민간사회와 똑같은 생활의 질을 영위하도록 함으로써 육체적·정신적 복지 증진을 도모하여 최강의 전투 준비태세를 확립하는 것에 그 목적을 두고 있다.

표 7-2 | 사기, 복지, 오락제도의 활동범주 및 예산지원

구분	내용
기능	군인과 그 가족에게 민간사회와 동등한 삶의 질을 제공하기 위하여 다양한 프로그램의 개발 및 제공과 문화적 욕구충족
주요활동	• 임무유지활동 : 스포츠, 문화, 오락센터, 도서관, 신체건강센터 운영 - 공동체지원활동 : 예술, 공예, 음악, 극장, 야외오락, 청소년활동, 아동발달서비스, 볼링장(소규모) - 영업활동 : 클럽, 볼링센터(대규모), 골프장, 요트장, 임시숙박시설, 금융서비스
인력운영	- 비영업분야 : 편제반영, 운영 - 영업 분야 : 군무원 및 민간인으로 구성 운영
재정관리	- 임무유지활동 : 90~100% 국가예산(APF) - 공동체 지원활동 : 50~75% 국가예산(APF, NAF) - 영업활동 : 간접 세제지원 및 NAF
물품수송	민간, 군용기 이용, 수송비 전액 국가예산 부담

자료 : 육군본부(2006) 부분 수정

MWR(Moral Welfare Recreation)제도는 공동가족지원센터가 주관하고 있는데, 여러 유형의 복지 중에서 경제복지를 제외한 문화복지만 취급하고 있다. MWR제도는 매점설치를 시작으로 1962년부터 여러 차례 개선을 통해 발전을

거듭해 왔는데, 그 범위는 임무유지 활동, 지역사회 지원활동, 영업활동으로 구분할 수 있다. 활동영역의 세부적인 내용을 살펴보면 범주 A(임무유지활동)는 군사임무 수행에 반드시 필요한 기본적 활동으로서 스포츠, 문화, 오락센터, 도서관, 신체건강센터 운영 등이다. 범주 B(공동체지원활동)는 군인과 가족의 물리적·심리적 기본욕구를 충족시키는 활동으로서 예술, 공예, 음악, 극장, 야외오락, 청소년활동, 아동발달, 볼링센터 등의 운영이며, 범주 C(영업활동)는 군사임무의 기본활동은 아니지만 오락활동을 제공하는 수단으로서 필요하며, 수익을 창출하는 활동으로 육군과 공군의 판매부(소매점, 맥주점, 주유소, 이·미용실, 세탁소, 음식점, 오락실 등), 클럽, 볼링센터, 골프장, 요트장, 숙박시설 등의 운영이다.

(2) 군인가족지원

미군의 가족지원은 국가적인 차원에서 이루어지고 있다. 군인가족지원은 MWR의 범주 B의 활동을 말하며, 범주 C의 일부 활동도 포함하고 있다. 사기, 복지, 오락제도를 운영하는 조직은 국방부 내 가족정책과, 각 군성의 가족지원보좌관실과 각 군성 MWR 전담조직 내에 가족지원과이다.

이외에도 미군은 인력 유지와 전투태세를 향상시키는 수단으로서 가족프로그램을 운영하고 있다. 군인뿐만 아니라 가족에게도 관심을 갖는 이유는 가족은 군인의 업무 수행과 전투 준비, 사기 양양에 직·간접적으로 영향을 미치기 때문이다.

군인가족지원 프로그램은 육군에서부터 시작되었으며, 1965년 육군 공동지원계획(Army Community Services Program)을 수립함으로써 본격화되었다. 해군은 15년 후인 1980년 해군·해병대 가족지원센터(Navy & Marin Corps Family Service Centers)를 설립하였고, 공군은 1981년 공군가족지원센터를 설립하여 가족지원을 본격화하였다. 1985년에 제정한 군인가족법(Military Family Act)에서는 국방장관실에 가족정책실(Office of Family Policy)을 두도록 규정하였으며, 국방성은 1988년 국방성 규정(Dod Directive 1342.17)을 제정하여 가족지원 프로그램의 원칙을 설정하였다.

가족지원센터(FSC)는 재정상담, 재배치 지원, 직무 후년과 직무 수행 지원, 위기상담, 부모역할, 개인적 행복, 부대 배치와 관련된 상담 등의 예방적인 교육활동 분야의 확대된 사회복지 프로그램을 지원하고 있다. 군인가족지원 프로그램은 민간부문 가족지원 프로그램을 도입하여 적용하였다. 즉, 고용지원, 정보 및 소개, 배치전환지원, 개인재정관리, 동원, 배치지원, 신입, 별거가족지원, 가족평생교육, 비상사태지원, 자원봉사협조 등을 위한 가족센터, 아동발달프로그램, 가족옹호 프로그램, 가족위안협회, 자원봉사집단 등이다.

1990년대 이후에는 이라크전(Operation Iraqi Freedom), 항구적 자유작전(Operation Enduring Freedom), 국제 대테러전(Grobal War on Terrorism), 아프가니스탄전(War in Afghanistan) 등 군의 임무확장으로 인해 파병기간과 빈도가 대폭 증가함에 따라 군인들은 물론 가족들의 삶의 질을 향상시키는 것이 군인들의 임무수행과 계속복무 유인에 가장 중요한 요인이라는 인식이 확인되어 법 제107-314(Public Law 107-314)에 의해 4년마다 군인들과 가족들의 삶의 질을 향상시키기 위해 국방부 차원에서 정책을 수립하고 검토하여 의회에 보고하도록 하고 있다. 2004년에 제1차 「삶의 질 검토보고서(Report of the 1st Quadrennial Quality of Life Review)」를 제출한 이후 국방 환경변화와 군인들과 가족들의 새로운 요구를 반영한 2차 검토보고서를 2009년 1월에 의회에 제출하였다. 삶의 질 검토보고서는 요약, 미래지원 방향, 군인과 가족들의 인구통계, 19개 영역에 대한 국방부 추진실적, 각 군별 추진실적, 삶의 질 관련 최근 연구 요약 등으로 구성되어 있다.[45)]

Military One Source Center는 국제 대테러전(Global War on Terrorism)과 관련하여 장기간, 반복적인 파병이 이루어짐에 따라 현역, 예비군 및 방위군의 가족들을 지원하기 위해 설치된 합동지원 시스템이다. 이 센터는 Joint Military One Source 24/7 Call Center와 웹 사이트를 확대한 것으로 파병 및 군 공동체 삶과 관련하여 군인들과 가족들이 직면하고 있는 다양한 문제들을 극복할 수 있도록 지휘관들을 지원하기 위한 것이다. Military One source 24/7 Call Center와 웹 사이트, 카운슬링, 재정준비태세, 배우자 경력발전 등 다양한 세부 프로그

45) 문채봉(2011), 미국군의 제2차 삶의 질 검토 보고서와 한국군에 대한 시사점, 주간국방논단, 한국국방연구원.

램으로 구성되어 있다.

군인 배우자에 대한 고용지원은 군인의 빈번한 이동이 배우자의 고용, 교육 및 훈련의 단절을 야기하기 때문에 배우자의 고용문제에 대한 지원이 필요한 데서 비롯되었다. 국방부는 군인 배우자들의 경력관리를 위한 지원이 현역들의 재복무를 결정하는 데 가장 중요한 요소라는 점을 인식하고 관련 정책을 추진하고 있다. 1985년 군인가족법은 배우자 우선고용제도를 확립하였고, 1986년 행정명령 제12568호는 비예산기금(Non Appropriated Fund) 지원에 의한 활동에서 배우자 우선고용제도를 확립하였다. 구체적으로 배우자 고용지원은 상담자를 고용하여 군인의 배우자 및 가족이 직장을 찾도록 도와주는 제도인데, 연수, 경력 상담, 자영업기술, 직장조회 등을 제공해 왔다. 국방부는 2007년부터 군인 배우자들의 교육지원을 위해 경력발전 계정(CAA : Career Advancement Accounts)을 시작하였으며, 2008년 이후에 4,600명 이상의 군 배우자들이 경력개발 프로그램 계정에 등록하여 이용하고 있다. 이 계정은 배우자들이 대학교육 또는 기술훈련 그리고 자격증 등을 획득하도록 하기 위한 제도로서, 2년간에 걸쳐 $6,000을 지원 받을 수 있다. 또한 국방부, 각 군 차원에서 연방정부 및 주정부, 지방정부, 기업들과의 협약을 통해 군인 배우자들의 경력관리 및 취업을 적극적으로 지원하고 있다.

또한 군인과 그 가족이 필요로 하는 정보 욕구를 충족시키기 위해 정보제공 및 소개 제도를 도입했는데, 이는 사회서비스, 학교, 탁아소, 노인의료시설, 양자알선, 자원봉사활동 등의 정보를 제공하거나 소개하는 것이다. 군인가족은 특별한 시기에 특별한 장소로 이동할 것을 명령받기 때문에 새로운 장소에서의 주거임대나 구매에 대한 선택에 제약이 있다. 또한 민간인의 이동에 비해 군인의 이동은 승진이나 보수인상과 관련되지 않으며, 동일 시·도 지역이 아닌 타 지방으로 이동하는 경우가 많다. 따라서 군은 군인과 그 가족에게 이동 전후의 브리핑, 연수, 후원, 카운슬링, 이동 지역에 대한 정보 등을 제공하고 있다. 한편 지역적·사회적으로 격리된 가족, 새로운 군인가족, 지역적으로 별거하는 가족, 부대에 새로 전속해 온 군인과 그 가족에 대한 서비스 제공도 요구된다. 그래서 이 프로그램은 군인공동체 요구평가, 필요업무의 식별과 개발방법을 지원한다. 예를 들어 자립도를 촉진시키는 교육, 서비스, 지원망에 대한 정보를 제공하는 것이다.

개인, 부부나 가족의 사회생활 적응을 돕고 사회생활의 질을 개선하기 위해 마련된 가족평생교육 프로그램은 군인가족으로서의 자부심 고취, 개인능력강화 등을 위한 교육기회를 제공하여 가족생활주기에 맞추어 지식, 사회관계기술 습득을 지원하는 프로그램이다.

아동발달 프로그램은 1950~1960년대에 장교 및 부사관 부인클럽 회원들이 3~5세 아동의 교육을 위한 시간제 유아원을 운영한 데서 비롯되었다. 탁아 프로그램은 MWR 산하에서 운영되었으며 비예산기금에 의해 자금이 조달되었다. 1989년 아동발달서비스에 대한 국방성 규정(Dod Instruction)이 제정되어 양질의 안전한 아동발달 프로그램 기준을 설정하게 되었으며, 같은 해 국회는 군 육아법(Military Child Care Act)을 통과시켰다. 결과적으로 수업료와 연계하여 예산기금(Appropriated Fund : APF)의 지원을 받게 되었고 예산기금지원이 1989년 8천9백만 달러에서 1993년 2억 달러로 증가하였다. 1993년에는 아동발달서비스 규정이 수정되어 가족생활과 군사임무 간의 균형을 유지시키고 소득수준을 향상시키기 위해 국방성이 육아서비스를 제공함으로써 근로 배우자를 지원하게 되었다.

국방부에서 제공하고 있는 아동보호 프로그램(Child Care Initiatives)은 미국의 아동보호 관련 전문기관들로부터 최고의 모델로 평가받고 있다. 국방부는 742개의 아동발달센터와 전 세계 300개 이상 지역에 7,000개 이상의 아동보호 가정(Family Child Care homes)을 운영하고 있다. 아동보호센터 추가 설치, 시간제 보호, 야간/주말보호 확대, 방문서비스, 경증 아동 환자 서비스, 교대근무자들을 위한 24/7 보호서비스도 제공하고 있다. 또한 군 기지에 가까이 살고 있지 않은 예비군과 현역가족들이 이용할 수 있도록 주/지방정부 등과 협력하여 외부 시설 확보 노력을 적극 추진하고 있다.

가족옹호프로그램(Family Advocacy Program)은 가정폭력의 관리에 관한 정책과 프로그램의 필요성이 고조된 1970년대 초에 추진되기 시작하였다. 국가적 사건과 군내의 사건들을 통해 가족의 폭력을 인식하게 되었고, 전투준비태세에 미치는 영향에도 관심을 가지게 되었다. 1977년 미국의약협회의 제안에 따라 국방성이 3군 합동연구팀을 결성하고 이듬해 각 군의 아동학대에 관한 규정을 채택하였다. 국방성은 1981년 군인가족지원센터(Military Family Resource Center)

를 설립, 가족옹호프로그램을 제도화하여 500만 달러의 예산을 확보하였다. 또한 국방성은 아동 및 배우자학대를 방지하고 학대가 발생할 경우 가족이나 이웃이 보고하고 진술하도록 규정하였다. 현재 제공되고 있는 새 부모지원 프로그램(NPSP : New Parent Support Program)은 자발적인 가정방문 모델로서 장차 부모가 될 사람들, 3세 이하의 자녀를 둔 부모들에게 제공되고 있다. 흔들림 증후군 방지(SBS : Shaken Baby Syndrome Prevention)계획은 2007년에 시작되었으며, 600개의 Toolkits 배포와 1,400개의 교육용 DVD를 군부대에 배포하였다. 또한 법무부, 여성폭력방지처와 협력하여 군 지휘관들을 위한 웹 기반의 가정폭력 방지 훈련 프로그램을 시작하였다. 가족옹호프로그램은 가정폭력이 준비태세, 인력유지, 군사임무수행에 지대한 영향은 미친다는 인식 하에 아동학대와 가정폭력을 예방·식별하며, 보고하도록 고안되어 있는 프로그램이다. 군 당국은 하위계급 가족에 보다 많은 노력을 기울이고 있다. 이 프로그램은 현재까지 아동학대를 방지하는 가장 효과적인 방법으로 알려져 있다.

자원봉사그룹은 다른 군이나 민간기관에 대한 정확한 정보와 소개를 위해 군부대와 가족을 연계시켜 주는 프로그램으로 후원회, 부대환영행사, 신입자 연수·배시 브리핑 등을 제공한다. 이 프로그램은 부대배치 전후에 군인가족이 이동 및 정착을 준비하고 유지하는 데 중요한 역할을 한다. 이 자원봉사그룹은 군의 가장 큰 자원봉사그룹이며, 비공식적으로 부대 기준의 인권옹호 및 지원을 하는 그룹이다. 현재 그 비용은 예산기금과 비예산기금으로부터 지원받고 있다.

(3) 보수제도

미군의 보수정책은 일반적인 노동시장에 대하여 과거·현재·미래를 분석하여 군대가 우수한 인력을 획득하기 위한 보수수준을 결정한다. 결정방법으로는 신분과 학력으로 구분하고, 민간부문과 비교하여 일정 수준을 유지토록 하고 있다.[46] 보수는 기본급여와 각종 수당으로 구분하고 있는데, 기본급여에서도 별거수당, 이사수당, 가족수당 등이 거의 일정한 금액으로 지급되어 기본급여와 수당 등을 합

46) 전성진(2004), 미국과 영국의 군인보수제도, 주간국방, 한국국방연구원.

친 봉급 합계의 계급 간 격차가 크지 않도록 하고 있다. 1990년 이후 민간기업의 1.18배에 해당하는 높은 수준을 지급하고 있으며, 이러한 높은 보수수준을 결정하기 위해 미국은 RAND연구소에서 군인보수에 대하여 민간분야화의 차이를 다양한 방법으로 지속적으로 연구하고 국방성에서는 4년 주기로 보고서를 발간하며 대통령이 직접 보고(QRMC : Quadrennial Review of Military Compensation)를 받고 있다. 또한 급여 중 소득세에 해당하는 금액을 공적연금 및 저축 등에 가입하도록 유도하여 절세효과를 통하여 소득이 증가하는 혜택을 부여하고 있다.

(4) 기타

군 의료체계(The Military Health System)는 전 세계에 63개 종합병원, 413개 병원, 413개 치과병원을 운영하고 있다. 현재 군 의료체계는 전쟁지역에서 상황 발생 시 최단 시간 내에 미국 본토에서 최상의 의료서비스를 받을 수 있도록 응급후송체계를 운용하고, 치료를 통해 임무에 복귀할 수 있도록 재활에 초점을 두고 있다. 또한 전투 스트레스 통제와 정신건강 보호 프로그램을 통해 모든 군인들과 가족들이 파병 전, 파병 중, 파병 후 항상 서비스 이용이 가능하도록 지원하고 있다. 한편 2004년 TRICARE를 도입한 이후 서비스 청구절차, 의료서비스의 질 개선 등이 획기적으로 이루어졌으며, 2005년에는 TRICARE Reserve Select Benefit를 도입하여 대부분의 소집 예비군들과 가족들이 서비스를 제공받고 있다. 군 의료시설 현대화 및 효율화를 위해 2007년에 육군은 Walter Reed에 Military Advanced Training Center를 개원하였으며, Walter Reed 육군병원을 Bethesda에 있는 국립해군병원이 위치하고 있는 곳으로 이전토록 하였다. 국방부는 삶의 질의 가장 중요한 요인이 의료보호라는 점에 대해 강하게 인식하고 있으며, 의료보호가 국방부의 핵심임무라고 인식하고 있다.[47)]

군인 자신을 위한 교육정책으로서 군인의 비정규적인 교육 프로그램(DANTES)을 일과 후 제공하였는데, 이 제도는 50여 개 대학에 개인 교육제도로서 600여 과정을 운영하였다. 현재 자발적 교육 지원(Voluntary Education Initiatives) 프

47) 문채봉(2011), 전게서.

로그램은 현역 군인들을 동기부여하고, 자신감 증진과 삶에 있어 긍정적인 영향을 미치게 하기 위하여 실시되고 있으며 인력획득 및 유지, 직무성과, 전투준비태세에 가장 큰 기여를 하고 있다는 평가를 받고 있다. 매년 약 45만 명이 고교, 학사, 석사, 박사, 자격증 취득 등의 코스에 등록하고 있는데, 이라크, 아프가니스탄을 포함하여 전 세계적으로 350개의 교육센터(Education Center)가 설치되어 있으며, 교육센터가 없는 곳에서도 군인들은 인터넷과 PDA 등을 통해 학업을 계속할 수 있다. 또한 국방부는 모든 현역과 방위군 및 예비군을 대상으로 군인 장학금 지원(Uniform Tuition Assistance) 프로그램을 실시하고 있으며 군인들의 학습에 연간 1인당 $4,500을 지원하고 있다. 2007년에 80만 명이 근무시간 이후 자발적인 교육 프로그램에 등록을 했으며, 약 4만 명은 학위를 취득하였다.

전역군인에 대한 교육, 대출, 의료보호, 취업 안내, 실직 보장 등의 업무는 제대군인 업무 전담 보훈부(Department of Vetrans Affairs)에서 담당하고 있다. 전역장병의 직업 보도는 대통령 직속기관으로서 재향군인 원호국을 두고 있다. 예하에는 미국 각 주의 원호기관 68개소가 운영되고 있다. 국방부는 군인에서 민간인으로의 성공적인 전환이 매우 중요하다는 점을 인식하고, 군인과 가족들의 전직 관련 소요에 대응하기 위하여 전직지원 프로그램(Transition Assistance Program : TAP)을 운영하고 있다. Turbo TAP은 웹 사이트(www.militaryonesource.com)에서 이용이 가능하며, 개인들의 전직소요에 근거하여 맞춤형 전직지원계획을 제공하고 있다. 또한 군과 제대군인의 혜택 관련 정보를 제공받을 수 있으며, 많은 내용들이 현금지원 관련 내용을 포함하고 있다. 예를 들어 Montgomery GIBill, Thrift Saving Plan, Saving Deposit 프로그램 등이 있다. Turbo TAP은 현역, 방위군, 예비군들에게 웹 사이트를 통해 현재와 미래의 소요에 대응하는 다양한 정보에 접근이 가능한 프로그램이다.

주거정책은 대규모 부대가 주둔한 지역은 기지시설의 일부로서 국영주택을 운용하고 장교로부터 병사까지 숙소를 무료로 제공하여 기지시설의 일부로서 주둔지별로 군사도시의 기반을 구축하고 있다. 지역사회와도 협동하여 경제적인 활력에 도움을 주고 있다. 소단위 주둔지에도 관사지급을 원칙으로 하나 미입주자에 대해서는 전세비용을 현 거주지에 맞게 지원하고 있다.

2 영국

영국은 해외 주둔 지역이 많기 때문에 많은 군인에게 가족과 별거로 인한 이중생활비와 상호방문비, 정신적 위로비를 포함한 별거수당을 지급하고 있다. 따라서 군에서는 본토에 남아 있는 해외 주둔 군인의 가족을 위한 문화·여행프로그램, 주둔지 방문지원 등 현역의 가족을 위한 프로그램이 다양하게 시행되고 있다. 특히 주둔지로 가족이 이동할 때 전입지역에 대한 교육과 주거 지원 등 각종 정보를 제공하기 위한 조직적 지원체계가 잘 발달되어 있다. 이러한 지원조직은 관리자 이외에는 모두 자원봉사자로 구성되는데, 모두 현지 주둔하고 있는 군인의 가족으로 구성되어 운영된다.

또한 유료 군 관사를 독신자용, 가족별 거주용으로 구분하여 운영하고 있으며, 군 관사에 입주하지 않을 경우 일반주택 수준의 임대비를 지불하고 있다.

영국의 경우 특히 군인의 보수책정에 있어 X-요인(x-factor)을 고려함으로써 군 직업의 특수성을 반영하고 있다(전성진, 2004). 보수제도는 군인의 보수뿐만 아니라 특수한 업무에 종사하는 직업에 대하여 인력경제부(Office of Manpower Economics)에서 관장한다. 군인의 보수도 준장 이하와 소장 이상이 구분되어 소장 이상의 경우는 타 공무원의 최고위급과 동일한 기준으로 적용된다. 준장 이하의 경우는 인력경제부 내에 있는 6개의 위원회 중 군인보수검토위원회(Armed Forces Pay Review Body)를 두고 5년 단위로 군인의 보수에 대하여 특수성(X-factor)을 어떻게 반영할 것인지와 매년 군인보수 인상률을 어떻게 결정할 것인지를 제시한다.

군인보수검토위원회의 구성은 9명으로 군인, 교수 및 민간인으로 구성되며, 군인의 경우 예비역 장군, 교수는 경제학 전공과 의학 전공이며, 민간인의 경우는 분야별 컨설턴트(인적 자원, 교육, 경제, 금융, 노동 분야 등)이다. 위원회는 1971년을 시작으로 매년 군인보수와 관련한 보고서를 제출하는데, 보고서의 내용은 크게 군인의 보수와 수당에 대하여 현재의 수준을 유지할 것인가 아니면 인상할 것인가에 대한 타당성을 제시하는 내용으로, 그 배경으로 설문조사(Continuous

Attitude Survey) 실시 결과가 제시되고 있다. 설문조사는 매년 전 군을 대상으로 준장 이하 전 계급에서 3천여 명을 표집하여 110여 문항(일반사항, 모병, 임무, 보수 및 수당, 내부 연락체계, 피복, 불만처리, 건강, 복지, 부대환경, 가족사항 등)의 질문을 조사하고 있다. 영국군은 민간부문과의 보수 차이를 두고 군의 특수성을 인정하여 매 5년마다 주기적으로 검토하여 군과 민간 사이의 상대적 장단점에 대하여 차이가 있는 부분을 반영하고 있다. 그러나 경제여건의 변화 등으로 추가적 검토가 필요할 때에는 언제든지 재검토를 통하여 수정이 가능하도록 하고 있다.

군인의 보수책정에 있어 X-요인(x-factor)의 내용은 직업의 특수성과 영향력, 사회적 관심도 등 세 가지로 구분된다.

표 7-3 | X-요인(x-factor) 결정 요인

요인	직업의 특수성	직업의 영향력	사회적 관심도
내용	직업안정성 직업만족도 진급 및 책임 각종 훈련 등	잦은 전출로 인한 가족의 불안함 근무시간 임무수행을 위한 별거 장단기 임무수행 위험도 등	업무 스트레스 가족지원 대책 이혼율 건강관리 및 교육 개인의 권리 등

자료 : 육군본부(1999)

직업의 특수성 중 직업안정성은 정부에서 발표하는 민간분야 노동시장에 대한 통계치와 안정성을 비교하는데, 최근에는 민간분야보다 더 안정적이라고 판단되고 있다. 다음으로 직업만족도는 민간근로자의 조사자료와 비교하여 사기조사, 동기부여, 적성검사 등과 같은 관련 분야에 대하여 객관적 자료를 수집하는 것이 어렵다고 판단되고 있는데, 그 이유는 설문 결과 장점과 단점이 동시에 조사되었기 때문이다. 교육기회의 경우 민간분야 대비 감소하고 있는 것으로 분석하였다.

또 다른 결정요인인 직업영향력은 잦은 전출로 인한 가족의 불안요소를 내재하고 있는데, 그 이유는 군인 직업의 특성상 군인 개인이나 가족이 자주 이동해야 하기 때문이다. 그에 따라 자신의 집을 가질 수 없는 경우가 있으며, 잦은 이사로 인하여 지역 근로자의 가족은 직업을 갖기가 쉬운 반면 군인가족은 직업을 구하기가 어려운 단점도 있다. 또한 가족이 편하게 살기 위하여 이동하지 않는다면 군인 개인에 대한 불이익이 초래된다. 근무시간도 중요한 요소인데, 매년 민간 근로자와 주당 평균근무시간을 비교하여 군인과 민간과의 차이를 조사하고 있으며, 민간 근로자와 비교할 수 없는 군인의 특수한 부분으로 기혼자뿐만 아니라 독신자에 대하여 임무수행을 위하여 별거수당을 지급하고 있다. 사망과 치명적 사고 등을 구분하여 10명당 사고자를 조사하여 민간분야와 위험도를 분석한다.

사회적 관심도로는 임무수행을 위한 잦은 전출로 인한 스트레스, 장·단기 임무수행을 위해 발생하는 잦은 별거로 인한 이혼율에 대한 조사를 통하여 보수로 감당할 수 없는 부문에 대하여 가족을 지원하는 문제도 분석한다. 추가로 건강 및 교육, 개인의 권리 등에 대하여도 분석하여 반영한다.

보수인상률을 결정하기 위하여 고려해야 할 요소는 민간분야 보수와 연관성이 있는 정부의 경제정책, 보수비교를 위하여 군별, 신분별, 연도별 자료를 통하여 부족하거나 남는 계급을 분석함과 동시에 연도별 정원 대 현재원, 모병, 전역현황 및 근무시간, 조기 전역자 비율, 임무수행을 위한 출장과 파견일수, 임관자 초봉의 변화 등이다.

전역 후 연금제도에 대해서는 일반 공무원과 통합하여 제정된 1810년의 연금제도와 1834년에 재정된 퇴직연금법에 근거를 두고 있다. 퇴직연금의 지급 대상은 장교는 16년 이상, 하사관은 20년 이상으로 되어 있으며, 봉급액의 50~75%까지 지급된다. 기여금 제도에 의존하지 않고 급여의 전액을 국가에서 부담하고 있으며, 별거수당 등 군의 특수성에 따른 수당이 지급되고 있다.

3 프랑스

프랑스는 2003년도에 징병제에서 모병제로 완전히 전환하였다. 프랑스 국방부 사회복지부는 의료 및 재정지원을 하고, 원활한 가족생활 지원과 주택 임대보조,

휴가센터 운영 등의 임무수행을 한다.

군사회복지는 정부 복지에서 각 부처 복지로, 그다음에는 군복지제도로 연계 추진되고 있다. 군사회복지부는 2007년 인적자원부로 개편하여 군복지정책을 정부 복지정책과 상호 보완하며 모든 직원의 형평성과 최근접 지원이라는 원칙을 바탕으로 추진하고 있다. 군사회복지부는 전국 220개 지부와 국방부 대표 52명이 참석하여 연 2회 중앙보고회와 현안 토의를 실시하고 있으며, 10년 주기로 복지중장기지침서를 발간하고 있다.

군인복지 혜택의 대상은 약 200만 명으로 현역 군인뿐만 아니라 퇴역군인, 예비군을 포함하고 있다. 각 군별로 20개의 사회복지 지부를 운영하고 있으며, 약 700명의 군사회복지사가 배치되어 있다.

각 분야에 대한 군사회복지 제도를 살펴보면, 먼저 군인 맞벌이 부부를 위한 보육시설을 제공하고 있으며, 군 자녀를 위해 대도시에 기숙사를 제공하고 있다. 군자녀의 대학 입학 시 대출지원을 하고 있으며 장애인 자녀에 대한 특별지원을 실시하고 있다.

주택분야를 살펴볼 때, 관사 제도를 운영하고 있지 않으나 대부분 주택 임대 시에 임대 가격의 20% 수준의 임대료를 무이자로 지원하고 있다.

제대군인 전직 지원은 4년 이상 복무한 전역군인을 대상으로 하며 단기계약직에 채용되어 15년 미만 근무한 자로서 즉각적 연금 혜택을 받지 못한 자를 우선으로 지원하고 있다. 1972년 국방부에서는 부사관의 전직 지원제도(ARCO)를 창설하였으며, 약 10만 명이 가입되어 있는데 계약직 군인(보통 7년 정도)과 50대 연령층을 중점 대상으로 상담, 전역자 직업 설계, 구직 과정, 직접 채용 기회제공을 주 임무로 운영하고 있다.

군 병원은 10개소(약 2,900병상)가 있으며, 평소에는 군병원과 민간병원을 선택할 수 있도록 하고 있다.[48]

48) 국방부 보건복지실(2007), 프랑스 군의료 및 복지기관 방문보고서.

4 독일

독일군의 복지제도는 사회안전, 사회공정, 사회균형, 사회공동체의 네 가지 원리를 기반으로 하여 운용되고 있다.

독일군은 병역 의무병제를 실시하고 있으나 통일 독일 이후에는 몇 가지 대체 근무 제도를 통해 병역을 마치도록 법제화하였다. 현역 복무는 9개월로 최소화하고, 군복무를 선택하게 하여 병사들의 병영 내 문제를 해결하고 있다.

독일군의 복지정책 및 제도는 정부의 주도로 이루어지며 주로 직업군인의 경제적 복지 위주로 되어 있는 특징을 가지고 있다. 보수체계는 적정 수준의 보수가 보장되도록 법무행정국 예하의 회계분야에서 급여 인상률에 대한 업무를 담당하고 있으며, 기본급여와 별거수당, 가족수당 등이 지급되고 있다. 연금의 경우는 근무기간 동안 개인적으로 별도의 기여금을 부담하지 않으며, 정년퇴직할 경우 국가에서 연금 지급을 하게 된다.

직업군인과 가족에 대해서는 직업적 불이익을 보상하는 차원에서 사기 진작과 우수한 자원을 획득하기 위한 노력을 실시하고 있다. 독일군의 복지정책은 미국군의 사기, 복지, 오락제도(MWR)의 개념을 도입하여 복지, 오락(W.R.)서비스를 실시하고 있는데, 그 대상은 현역 직업군인과 그 가족이다. 범위는 독일연방국의 주둔 지역으로 그 목적은 군복무로 인하여 야기된 불이익에 대한 보상으로 군의 사기 진작과 우수한 자원을 획득하는 데 있다.

독일의 경우 미국군의 복지제도를 여건에 맞게 수용하여 직업군인의 복지를 수준 높게 발전시키고 특히 전역 직업군인을 위한 직업학교 등을 통해 전역 후 생활안정을 도모하고 있다.

장·단기 복무자에게는 25세까지 무료로 관사를 제공하며, 이후에는 일정액의 사용료를 지불하도록 한다. 주거지원을 위해 중앙통제 관리체계를 운용하여 지역별로 전담 관리사무실을 운용하고 있다.

현역 군인은 군 진료시설을 무료로 이용하며, 민간병원 이용은 개인적으로 공적보험이나 사적 보험회사에 추가하여 보험에 가입하였을 경우에는 가능하다. 군

가족에 대한 의료지원은 군 병원 치료의 경우 진료비의 70%를 국가가 부담하고, 30%는 개인이 추가로 사적보험에 가입하여 충당하는 형태이다.

한편 군 가족이 장애인인 경우에는 일반 군 가족과 동일하게 군 병원에서 치료가 가능하다. 자녀가 2세가 될 때까지는 최고 월 600달러의 자녀양육비를 신청할 수 있는데, 금액의 범위는 군인의 수입에 따라 결정된다. 군인자녀에 대한 교육지원은 무상으로 교육 장려금을 지원하고, 대학생 자녀들에게는 무이자로 대부장학금제도를 실시하고 있다.

독일군의 대표적인 복지, 오락서비스로서 전군 규모의 오락연회센터를 들 수 있다. 운영주체는 클럽연합회와 주 정부 소속 클럽관리협회 등 2개의 단체로서, 신분별로 구분하거나 계급과 무관하게 이용하는 등 다양하게 운영하고 있다. 독일군은 또한 전군 규모의 오락연회센터 이외에 각 기지별로 부대의 필요에 따라서 자생적으로 운영하는 군인클럽이 있다. 각 주둔지에 형성되어 있는 군인클럽은 군인 및 가족에게 필요한 각종 스포츠, 문화 활동을 제공하며 시설에 드는 모든 비용은 정부예산에서 충당하고 있다.

독일군 복지제도의 조직과 복지추진 내용을 살펴보면 현역 군인 및 그 가족, 그리고 제대군인을 포함하여 군에 소속된 인원의 복지를 증진시킨다는 의미에서 독일연방 국방부 내에 법무행정국에서 군 행정, 회계, 데이터 사무업무를 담당하고 있으며, 사회서비스국을 두어 정책차원에서 총체적으로 복지정책을 관장하고 있다. 사회서비스국의 업무내용을 살펴보면 군 생활에 적응하지 못하는 군인들을 지원하는 상담업무가 있는데 정신과의사, 심리학자, 사회복지사, 군종이 주축이 되어 군 생활에서 나타나는 부적응 문제와 퇴직문제 지도대책과 개인 상담을 실시하고 있다.

다른 나라들과는 달리 독일에서는 독일군 직업학교를 운영하고 있다. 전역 전이나 전역 후 연방군사학교와 전문직업학교를 개설하여 전역 후 재취업에 필요한 자격증 획득 과정을 위탁과정을 운영하고, 장기복무자 중 8~12년의 군인들에게 공공 교육과정을 이수케 하여 사회 진출 시 취업에 필요한 능력을 배양하고 있다.

5 일본

일본은 제2차 세계대전에서 패배한 이후 1946년 연합군사령부의 명령과 전후에 제정한 평화헌법에 따라 상비군을 가질 수 없게 되었다. 헌법상 의미는 상비전력을 보유하지 않는 것으로 해석되나 국가 평화와 독립을 수호하고 국가 안전을 위하여 육·해·공군 자위대를 설치하도록 하여 군사조직을 운영할 수 있도록 하고 있다. 헌법상 자위대 구성은 의무병제를 도입할 수 없기 때문에 병역제의 분류상 지원병제를 운영하고 있다. 이러한 정치사회적 여건에 의해 국가적 차원의 군사회복지 정책을 마련하기 어려우므로 군의 위상을 제고하기 위해서 대기업 수준의 보수정책과 사회보장제도의 연장에서 방위청 공제조합을 운영하고 있다. 업무체계는 방위청 인사국 후생과에서 총괄적으로 담당하고 업무에 따라 후생계, 공제조합계, 숙사계, 은급계 등으로 나누고 있다. 공제조합에서 특히 주목할 만한 사실은 조합이 금융기능을 담당하고 있다는 점이다. 공제조합의 특성상 회원의 공제부담금은 자연스럽게 금융기관의 역할을 유도하는 것으로서 우리나라 공제회의 기능과 연관하여 유사한 점이 많다. 이러한 방위청 공제조합은 전 중앙공무원을 망라하는 공무원연합공제조합의 산하조직으로 되어 있어 연합공제회에서 운영하고 있는 모든 후생복지사업의 혜택을 타 공무원과 동일하게 받고 있다.

방위청 공제조합은 전국에 270개 규모의 지부가 설치되어 있고 조합원 간 상호부조, 군인 및 가족의 자조적 복지증진을 목적으로 복지사업을 벌이고 있다. 공제조합의 재원은 국가와 본인이 각각 절반씩 부담하도록 되어 있으며, 단기부담금, 장기부담금, 복지부담금 등으로 나뉘어 그 용도가 구분되어 있다. 공제회의 주요급부를 살펴보면 1년 이상 복무한 퇴역지휘관 및 피부양가족의 경우 공제조합법에 의료 요양, 상병수당, 출산수당, 사망 시 매장료 지급 등의 혜택이 있으며, 퇴역(직) 후 임의계속조합원으로 재가입할 경우는 가입 후 2년간 기존의 조합원과 동일하게 공제조합에서 제공하는 각종 급부 및 혜택을 받을 수 있다. 요양의 경우 퇴직 시 본인 또는 피부양가족이 요양을 받고 있는 경우에는 동일 상병에 한하여 퇴직으로부터 최대 5년간 계속 요양을 받을 수 있다. 상병수당은 퇴직 시 본인 또는 피부양가족이 상병수당을 받고 있는 경우에는 퇴직으로부터 1년 6개월간(결핵성 질병은 3년) 상병수당을 받을 수 있다. 다만 동일 상병으로 재해공제연금을 받고 있는 경우에는 상병수당을 감액지급 혹은 지급하지 않는다. 출산수당은 퇴직 후 6개월 이내에 출산을 하는 경우에는 출산 전 42일, 출산 후 56일 동안 출산비 또는 출산수당을 지급한다. 공무원 퇴직연금은 25년 이상 가입한 자에게 60세부터 지급하도록 되어 있는 반면에 군인 퇴직연금은 20년 이상 가입한 자에게 55세부터 지급하도록 되어 있다. 공무원보다 빠른 정년 제도를 적용하고 있는 자위대원에게 연금의 불이익을 주지 않기 위하여 '약년 정년 퇴직기 제도'를 운영하고 있다. 이외에도 공제회는 다양한 복지사업을 운영하고 있는데, 공제조합의 복지사업에는 숙박 및 휴양시설, 주택임대사업, 저축 및 대부사업, 민간보험 알선, 부대 매점 및 휴게소 운영, 생활협동조합 운영, 방위공제회 운영 등이 있다.[49)]

일본 자위대의 관사 및 독신자 숙소 건립 시 기준평형은 20평이며, 소요책정기준은 보직인원보다 약간 여유 있게 소요를 산정하고 있다. 가족과 별거하여 단독으로 부임하는 경우 개인당 1회(보직기간 2년 내외)에 한해 관사 거주를 허용하고 있다. 관사건립부지에 대한 규제는 지자체개발제한법규에 의해 통제되며 정부 및 지자체 건립 공공주택의 방위청 우선 및 특별 분양제도는 없다.

군 자녀의 교육정책은 학비를 전액 보조해 주고 있으며 학교의 우선배정제도는 없고, 다만 고등학교 입시(중학교 3학년 전입 시는 해당 지역 고교입시 수험자격 없음)에서 불이익을 받지 않도록 중 2학년 자녀를 둔 군인은 차후 보직내정 단계에서 통보하여 조기전학 기회를 부여하고 있다.

군인들에게는 학위 취득을 위한 민간대학에 학업의 기회를 보장하고 있으며, 정년 3년 전부터는 업무관리, 기능훈련, 통신 및 장비 등 사회직업을 획득하기 위한 교육을 실시하고 있다.

자위대 매점 내 취업품목의 부가가치세 면세제도는 없으나 임대료 면제, 전기·수도요금, 관리비를 저렴하게 하는 등으로 외부에 비해 염가에 판매하고 있다.

49) 강종필(2000), 군인복지의 사회적 인식과 정책과제, 대구대학교 대학원 박사학위논문.

현역의 민간병원 이용이 가능하며 이용 시 비용의 20%만 본인이 부담하고 있다. 군가족도 자위대 의료지원을 받을 수 있으며, 민간병원 이용 시는 진료비의 30%를 부담한다. 일본은 방위청 공제조합에서 사회보험과 조합원 상부상조제도를 시행하고 있으며, 1988년부터 미군 MWR 개념을 도입하였고, 국고지원으로 복지시설을 건립운용하고 있다.[50]

50) 관병선(1994), 군복지시설 개선에 관한 연구, 국민대학교 대학원 석사학위논문.

PART 3

군사회복지의 실제

Chapter 08

군복무 부적응 병사의 식별 및 관리[51]

1 군복무 부적응에 관한 개념 정의

군에 들어오는 병사들은 인생주기에서 보면 후기 청년기에 속하는 집단이다. 후기 청소년기는 신체적, 정서적, 지적 그리고 사회적 기능에 있어서 큰 변화를 경험하는 시기이다. 또한 자아를 자각하고 외적 현실을 인식하고 책임 있는 사회 성원으로 자기를 완성해 가는 시기이다(육군사관학교, 1980). 청년기는 그 자체 속에서도 부조화의 요인을 안고 갈등하는 성장과정을 겪고 있는데, 이들이 군대라는 특수 환경 속에서 집단생활을 강요당하게 됨으로써 이중의 갈등을 겪게 된다.

한국의 병사는 군 입대를 통해 가정과 사회를 떠나야 하고, 엄한 규율과 통제된 군 조직에 순응해야 하며, 고된 훈련과 절대적 복종을 주 특징으로 하는 군조직의 요구를 일정 기간 수행해야 한다(구승신, 2006; 안도희·김지아, 2007; 한명선·남경아·강희선, 2006). 우리나라는 징병제를 택함으로써 모병제를 주로 하는 외국에 비해 병사의 군복무 부적응 발생 가능성이 큰 상황이나, 군인의 삶의 질

51) 본 연구는 2012년 국가인권위원회 "군복무 부적응자 인권상황 및 관리에 대한 실태조사"의 일부를 수정, 보완하였음을 밝혀두는 바입니다.

제고나 군 적응력 향상을 위한 접근에서는 하사관이나 장교를 중심으로 하는 선택적 접근이 주를 이루고 있다(육군본부, 2007; 정미경·고기숙, 2009).

정서적으로 예민하고 기존 질서에 대해 불만을 가질 청소년 시기에 엄격한 규율, 명령, 긴장 속에서 획일적인 단체행동을 요구하는 군대 생활은 병사들의 심리적인 갈등과 부적응을 겪기 쉬운 환경적 요소를 제공하고 있다.

현재의 청년기 세대는 자율화 세대로, IMF라는 경제적 충격과 정보화 사회로의 진입이라는 급격한 사회적 변화를 경험하는 과정에서 사회의 지배적인 의식이나 가치가 상실된 상태를 경험한 세대이다. 이들의 관심은 자기 자신으로 소속감과 귀속감, 일체감이 부족하며 이러한 점들이 결국 병영 내에서 자유로운 것처럼 보이지만 개인은 고독한 상태를 만들어 가고 있는 것이다(황상민, 2001).

이렇듯 탈조직화·탈권위화된 세대가 가장 조직화되고, 가장 권위적 조직인 군에 입대한 후 경험하는 많은 상황들은 급격한 적응 스트레스를 유발하게 되고 이는 부적응으로 이어질 수 있다. 군의 상명하복의 위계질서 속에서 자아존중감과 정체성 확립에 어려움을 겪어 적응력을 상실하거나, 적응력에 어려움을 겪는 것이 바로 부적응이라고 할 수 있다. 군에서의 부적응은 폐쇄된 환경 내에서 단체생활을 한다는 군 조직 특성으로 인해 각종 사건 사고의 피해 파급효과가 더 증폭될 수도 있다.

과거에 비해 군의 각종 사고는 감소추세를 보이고 있으나, 군의 자살은 최근 20년 사이에 59%나 급감했다. 특히 1990년 155건이던 자살사고는 군의 '시스템에 의한 체계적인 사고예방 활동'이 정착되면서 2000년도부터 매년 52~68건의 분포를 보이고 있다(육군본부, 2009). 군 내에서 전체 사망사고 대비 자살사고가 차지하는 비중이 높고 그 파급효과를 고려해 볼 때, 지속적인 관심과 노력이 경주되어야 할 것이다(박일, 2011).

'적응'이란 인간과 주변 환경의 조화로운 관계를 의미한다. 인간과 환경의 조화 속에서 욕구를 만족시켜 나가는 욕구나 갈등을 합리적으로 해결해 나가는 행동과정이다(Lazarus, 1976). Stouffer(1949)는 군 적응을 개개인이 군대생활에 행복감을 느끼고, 군대임무에 대하여 사명감을 가지며, 직무와 직위에 만족하여 군대에 대하여 시인하는 태도를 가지는 것으로 정의하였다. 구승신(2004)은 군 조직 적응을 "병사들이 군 조직 문화의 한 부분이 되고 그에 흡수되는 과정"으로 개념 정의하였다. 또한 군 조직 적응을 병사들이 군 조직 성원으로 활동하게 하기 위한 사회화와 병사들 스스로 군 조직 내에서의 역할에 자신을 귀속시키는 역할 개인화로 나누어 설명하고 있다(구승신, 2004). 적응의 개념에 반하여 개체의 욕구가 환경 속에서 충족되지 않아 수용과 동화가 실패한 것을 부적응이라고 할 수 있다(이홍철, 2009).

군복무 부적응자는 "군입대자 개인의 심리사회적 요인과 군대 조직의 물리적·사회문화적 요인 간의 부조화로 인하여 개인의 안녕 및 군대와 일반 사회의 안녕에 심각한 문제를 일으킬 수 있는 행동을 현재 나타내고 있거나 잠재적으로 지니고 있는 자"로 정의할 수 있다. 따라서 군복무 부적응을 만드는 개인적 요인들과 환경적 요인들, 그리고 두 요인 간의 상호작용이 중요하다(안현의·손난희·이문희·서은경, 2007). 임우진(2007)은 군에서의 부적응을 "군의 가치나 규범에 일치되고 수용되는 행동을 하지 못하거나 대인관계 또는 부대 환경에 대한 개인의 행동 양식이 불균형 상태에 있는 행동"으로 정의하고 있다. 신응섭(1998)은 군복무 부적응자를 군복무를 성공적으로 지속하지 못하거나 그럴 소지가 있는 사람들로 정의하였다.

국가인권위원회(2006)는 군복무 부적응을 측정하는 질문지를 이용하여 부적응의 주요 요인을 파악하였다. 부적응 집단의 병사들은 부적응의 주요 요인으로 '선임병과의 갈등', '비합리적인 군대 문화', '고된 훈련', '부당명령 및 처벌', '제대 후 진로 부담'을 꼽은 데 반해, 적응 집단 병사들은 '제대 후 진로부담', '비합리적인 군대문화', '열악한 근무환경', '선임병과의 갈등'의 순서를 보였다. 정도의 차이는 있으나, 부적응 집단과 적응 집단 모두 대인관계 문제나 군대의 환경과 문화를 주요 요인으로 꼽고 있다. 신응섭·김용주·고재원(2007)은 Ivancevich와 Matteson(1979)의 통합모형에 근거를 두어 군대 내의 스트레스원(stressors)을 구체화한 스트레스 진단척도를 개발하였다. 군대의 스트레스 유발요인은 부대환경, 직무특성, 대인관계, 개인 신상 등 4개의 요인으로 나타났다. 이러한 군대의 스트레스 유발요인은 개인적 성격특성, 즉 심리적 취약성 요인, 스트레스 반응, 사고행동과 관련이 있다. 육군교도소의 재소자 집단과 일반 병사집단을 비교한 결과,

모든 하위 척도에서 유의미한 차이를 보였는데, 이는 군대 내에서 경험하는 스트레스가 자살, 폭행, 탈영 등 사고행동과 직·간접적인 관련이 있음을 의미한다.

한국국방연구원(2004년)의 장병 인권 실태조사에 의하면, 구타 및 가혹행위 등의 경험에 대해서는 2004년 23.5%(2003년 28%)로 나타났고, 언어폭력(욕설 2004년 58.9%, 협박적 언사), 그리고 성폭력(수치심과 혐오감 야기 2004년 9.7%, 성적 위협 2004년 4.5%) 등이 전반적으로 높게 나타나고 있음을 알 수 있다(국가인권위원회, 2004).

2 군복무 부적응 병사 유형

앞서 논의하였듯이 군복무 부적응은 병사들이 군 조직 구성원으로서 활동하기 위한 '사회화'와 병사들 스스로 군 조직 내에서의 역할에 자신을 귀속시키는 '역할 개인화'로 개념화할 수 있다. 따라서 군대로부터의 억압적 요구에 적절히 대응하지 못해 다양한 문제를 드러낼 경우 '군복무 부적응'이라 정의할 수 있다(정원철·박영주, 2011; 구남웅, 2008). 이러한 군 부적응은 의사소통의 곤란, 직무수행의 어려움, 명령불복종과 같은 역할수행의 어려움에서 우울이나 자살, 불안을 포함하는 정신건강 문제 그리고 극단적인 경우에는 총기난사, 탈영 등의 군기사고로 이어지는 다양한 양상을 나타낸다(이계수, 2003; 한인영, 2000; 이윤희, 1963). 따라서 군 적응력 향상이란 병사가 군 조직에서의 부여되는 임무에 대하여 사명감과 희생정신을 가지고 임하며, 군 조직에서 부여하는 규범과 질서를 자발적으로 시인하고 책임감과 함께 군복무에 임하도록 하는 임상적·정책적 노력을 의미한다.

선행연구에 나타난 부적응 유형의 공통점은 개인 문제, 조직의 문제를 들 수 있다. 개인 문제로는 가정 문제, 체력 열악, 성격장애 및 대인기피 등이고, 조직의 문제로는 기수 문화, 내리갈굼, 가혹행위가 발생해도 실체가 드러나기 힘든 구조, 자율성 부족, 본인의 노력만으로는 감당하기 어려운 부분이 존재함, 신고

후 비밀 보장되지 않아 집단 매도의 우려, 불신감 팽배이다. 또한 간부와 병사, 지휘관에 따라 시각 차이가 크고 관심병사 제도와 또래 상담병, 소원 수리함에 대한 불신이 큰 것으로 나타났다. 설문지에 대한 의견도 병과 간부의 시각이 달랐다.

간부의 경우 병사들이 간부를 고자질하는 수단으로 악용한다고 호소하고 있었고, 병사들은 어떻게 하든지 본인이 드러나기 때문에 사실대로 쓰지 않는다고 하였다. 기수 문화로 꼬인 기수/열린 기수의 존재, 편제상 일을 균형 있게 분배하기 어려움, 일부 생활관에서 음성적인 조직이 전체적인 분위기를 이끌어 감 등의 어려움을 호소하였다. 그리고 남성적인 멋에 이끌려 군에 입대하였으나 기대했던 것보다 훨씬 힘든 훈련 및 적응생활, 부모님이 해병대인 경우 자식에게 강요하는 경우, 막연한 기대감으로 입대하나 현실과 달라 부적응 요소 발생, 간부보다 선임을 무서워하는 분위기, 대대장에게 이야기해도 소용없을 것이라는 패배의식 등의 어려움을 호소하였다. 뿐만 아니라 개인 적성보다는 강제 배치로 인한 부적응 요소가 출현되어 각 군 모두 동기 생활관, 지속적인 교육(상담, 리더십) 등에 관한 개입이 필요한 것으로 나타났다.

3 군복무 부적응 실태 및 관리 현황

1968년 육군의 '인간관계 개선위원회'에 의해 실시된 병역조사는 유일한 최초의 군 부적응에 관한 역학조사로서, 1.5%의 장애자를 보유하고 있는 것으로 나왔다. 1981년의 조사에서는 국군 교도소 입소 시 MMPI 검사 결과 약 45%가 정신적 문제가 있음을 보고하고 있으며, 1995년 육군 자료에 의하며 13%가 신체 및 정신적 문제가 있는 것으로 나타나 중대당 10~20명이 관리대상인 것으로 드러났다. 2002년에는 군 자살자의 34.5%가 복무 부적응이 이유였으며, 2003년 조사에서는 이유가 밝혀진 군 자살자 65명 가운데 복무 부적응자가 16명으로 25%에 이르렀다. 2006년 정신과 활용 실태를 보면 약 3%가 외래진료를 받았으며,

정신과 진단 후 전역한 병사는 367명이었다(신응섭, 2010). 2007년 국방부에서 육군, 해군, 공군에 복무 중인 병사들을 대상으로 실시한 군내 정신장애 유병률 조사에 따르면, 1년에 유병률은 24.2%로 나타났으며, 동일한 연령의 일반인구 결과보다 정신증을 제외한 대부분의 정신장애 빈도가 높은 것으로 나타났다. 특히, 불안장애, 주요 우울장애, 니코틴 사용 장애의 유병률이 높았다. 그리고 대부분의 정신장애에서 공군이나 해군보다 육군의 1년 유병률과 평생 유병률이 더 높은 것으로 나타났다(함봉진 등, 2007).

한편 심리적 어려움으로 인해 군 병원 정신과를 찾는 경우는 지속적으로 증가하고 있는데, 정신과적 문제로 인해 전역한 인원은 2006년 367명에 달했다(신응섭, 2010). 같은 해 현역복무 부적격자로 판정된 인원은 345명이었고, 주된 원인은 근무 부적합, 사고 우려, 지능 저열 등이었다. 또한 2008년 한 해에만 자살 75명, 군기사고로 인한 사망 82명, 1년간 정신과 치료를 받은 병사가 천여 명에 이르며 해마다 천여 명의 장병이 탈영하였다(육군안전센터, 2008). <그림 8-1>의 '군 관련 연도별 진정접수 및 처리현황'을 살펴보면, 매년 증가하고 있는 추세에 있으며 군복무상의 부적응은 당사자인 병사의 신체건강과 정신건강을 위협할 뿐 아니라 동일 구성원들의 군복무에도 지대한 영향을 미치는 사안으로 부적응 병사를 조기에 파악하고, 적절한 관리를 하는 것은 매우 필요하다.

1996년부터 2005년(10개년간 육군 사고사례 분석)까지 복무 부적응으로 인한 사고와 사고의 원인을 고찰해 보면, 군에서 발생하는 군기사고 중 복무 부적응으

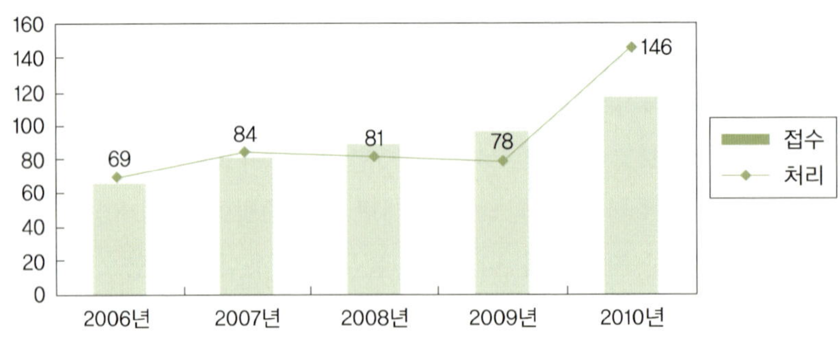

그림 8-1 | 군 관련 연도별 진정 접수 및 처리 현황

로 인한 사고(29.8%)가 가장 많고 다음으로 사적감정/시비가 20.7%, 사적제재가 7.2%의 순으로 나타나고 있다. 이것은 군기사고의 원인으로서 인간관계와 갈등이 가장 큰 원인을 차지하고 있다고 볼 수 있으며, 이러한 문제를 해결해 줄 수 있는 대인관계와 기분 통제, 분노 조절 등의 훈련이 절실히 요구됨을 알 수 있다.

<표 8-1>에서 보는 바와 같이 과거에 비해 군기사고가 현저히 감소하고는 있지만, 복무 부적응이 차지하는 비중은 여전히 크다고 볼 수 있다. 이러한 복무 부적응은 불평불만, 불안, 공포, 분노, 심리적 혼란 및 무력감 등의 정서적인 반응으로 나타나 어떤 유발사건에 의해 내부에 잠재해 있던 문제들이 폭발하게 되고 폭행, 자해, 군무이탈, 자살 등의 사고로 이어지기도 한다. 이러한 문제는 병사들로 하여금 군복무를 원만하게 하는 데 지장을 줄 뿐만 아니라, 개인적 차원에서는 정신적·육체적으로 올바르게 성장할 수 없도록 만드는 요인이 되며, 집단적 차원에서는 군의 사기와 전투력 강화에 큰 악영향을 미치고 있다.

표 8-1 | 군기사고 원인별 분석(육군)

구분	계	복무 부적응	사감 시비	용돈 조달	사적 제재	술주정	선임병 횡포	여자 관계	가정 사정	처벌 우려	기타
계 (%)	42,734 (100.0)	**12,852 (29.8)**	**8,928 (20.7)**	2,892 (6.7)	**3,056 (7.2)**	2,312 (5.5)	**1,810 (4.5)**	1,693 (4.0)	1,375 (3.3)	1,241 (2.9)	6,200 (14.0)
'96	5707	**832**	**1162**	418	**530**	237	**361**	198	158	174	1637
'97	5717	**938**	**1121**	345	**357**	274	**329**	195	184	166	1808
'98	5759	**2133**	**1052**	366	**353**	323	**221**	311	204	187	609
'99	5764	**2009**	**1230**	356	**270**	298	**248**	303	177	169	704
'00	5194	**1789**	**1169**	304	**335**	252	**170**	134	149	118	744
'01	4537	**1970**	**1031**	236	**282**	208	**129**	128	136	124	293
'02	3781	**1727**	**817**	270	**251**	218	**82**	110	119	89	98
'03	3229	**712**	**688**	311	**348**	249	**149**	174	109	124	181
'04	3046	**742**	**658**	286	**330**	253	**121**	140	139	90	126
'05	2813	**740**	**521**	190	**214**	204	**233**	130	133	96	186

자료출처 : 육군본부(1996~2005), 「사고분석」

2011년 현역병입영 귀가자 현황을 병류별, 부대별로 분석한 결과를 살펴보면 다음의 표와 같이 병류별로는 신경정신과적 사유가 귀가자 6,151명 중 34.6%인 2,129명으로 가장 많았고, 다음으로 외과적 사유와 내과적 사유 순으로 나타나 이에 대한 대책이 시급함을 보여주고 있다.

표 8-2 | 병류별, 부대별 현역병 입영 귀가자 현황

구분	인도	계		결핵	내과	신경정신과	외과	안과	이비인후과	피부과	비뇨기과	치과
		명	%									
계	156,978	6,151	3.9	75	1,312	2,129	1,810	232	109	164	114	206
육훈	38,296	2,539	6.6	41	536	702	861	67	55	109	58	110
306보	54,129	1,205	2.2	21	299	217	474	126	20	19	21	8
102보	31,807	611	1.9	7	183	176	117	13	21	14	19	61
2군사	32.095	1.744	5.4	6	288	1,012	347	26	13	20	13	19
해군(상근)	651	52	8.0	-	6	22	11	-	-	2	3	8

자료출처 : 병무청 현역입영과

현역 복무 부적격자는 2010년에 935명으로 증가추세를 보이고 있다. 간이정신진단검사(SCL-90-R) 결과에서 가장 높은 빈도를 보인 증상은 편집증이었으며, 적대감, 신체화, 대인민감성, 강박, 정신증, 우울, 불안, 공포증 순으로 나타났다. 상위에 분포한 편집증, 적대감, 대인민감성은 모두 대인관계의 어려움과 관련된 증상으로, 부적응 병사들이 주로 타인과의 상호작용에서 갈등을 경험하고 있다는 것을 시사한다(신응섭 등, 2010). 한편 육군인성검사(KMPI)와 간이정신진단검사(SCL-90-R)를 사용한 연구에서는 27.8%가 인성검사 이상자로 나타났으며, 18.3%는 상담이나 후송이 필요한 것으로 나타났다(김수룡·이태경·조선익, 1997).

국가인권위원회(2012)의 연구에서는 군복무에 대한 어려움 정도에서는 전체 1,200명의 병사 중 356명(29.8%)이 어려움이 있다고 응답하였고, 부적응 집단의 경우에는 48.9%가, 적응 집단의 경우에는 28.0%가 어려움이 있다고 응답하였다. 주변에 군 생활에 어려움을 느끼는 병사들이 있는지에 대해서는 전체 병사들의

39.5%가 '있다'고 응답하였으며, 부적응 집단 병사들의 54.4%, 적응 집단 병사들의 38.4%가 주변에 군대생활에 어려움을 느끼는 병사들이 있다고 응답하였다. 군대생활이 어려운 이유가 군대문제 때문인지 개인문제 때문인지를 물었을 때, 부적응 집단 병사들의 63.1%, 적응 집단 병사들의 54.6%가 군대생활이 어려운 이유는 '군대문제' 때문이라고 응답하였다. 다른 병사들이 군 생활에서 어려움을 겪는 이유에 대한 질문에서, 부적응 집단에서 75.0%와 적응 집단에서 57.3%가 타 병사의 어려움을 군대문제로 지각하고 있는 것으로 나타났다.

군 생활 부적응의 주요 양상이자 병사의 자살을 초래할 수 있는 장병의 우울에 대한 연구도 다수 진행되었다(고기숙, 2009; 구승신, 2006; 김동연, 2009; 서혜석, 2009). 고기숙(2009)의 연구에서는 중우울이 약 20%에 달하는 것으로 밝혀졌으며, 서혜석(2009)은 입대 6개월 이하의 병사가 우울 수준이 가장 높은 것으로 나타났다. 이 중 직무 스트레스가 우울과 가장 관련성이 높은 것으로 보고하였다. 한편 김동연(2009)은 군 생활에서 경험하게 되는 스트레스가 병사들의 자살 생각에 영향을 미치며, 절망감이 스트레스와 자살 간의 매개역할을 한다고 보고하였다.

군에서는 군복무 부적응으로 인한 사고사례의 심각성을 인식하고 이들을 위한 다각적인 노력을 기울이고 있다. 구체적인 사례로 군의 특성에 맞도록 개발된 심리검사를 활용하거나, 고충상담소 운용, 1인 1종교 가지기 운동, 자살예방 세미나, 분노 조절 프로그램, 계급별 간담회, 비전캠프나 그린캠프 등과 같은 부적응자를 위한 집단 프로그램, 병영생활전문상담관을 통한 상담 및 교육, 군 인성교육 등이 있다(이주실, 2006). 특히 육군에서는 복무 부적응 병사들을 위한 그린캠프를 운용하고 있다. 캠프의 입소 대상자는 지휘관의 면담과 행동 관찰, 병영생활전문상담관의 상담 결과 등의 다각적인 자료를 기초로 자살 우려자, 정신질환(인격, 적응장애), 복무 기피자 등으로 판정된 병사들로서 이미 입대 전 환경에서부터 정신적 장애를 가지고 있거나 자살, 자해 포함 과격 행동을 시도했던 경험을 가진 자들도 많으며, 의무 복무라는 군복무 제도에 대한 불만감이 내재해 있는 상태에서 자살, 자해, 언어적 표현 등으로 복무 부적응의 모습으로 표출하려고 하는 인원들로 특별 관리가 필요한 병사들이다. 이들의 성향은 교육이나 상담을 통해 개선하고자 하는 의지가 부족하고 이로 인해 정상적인 부대생활을 하기에 제한사항이 많은 것으로 군에서는 분류하고 있다. 군은 현재 매년 입대하는 24만 명 가운데 인성검사(KMPI) 결과 약 10% 안팎을 보호·관심대상자로 분류하고 있다. 그리고 2005년 현역 복무 부적합자는 248명이었으며, 2010년에는 '정신이상 및 성격장애자', '군 생활 적응이 심히 곤란한 자', '기타 사고 우려자' 등을 포함하여 935명으로 증가 추세임을 알 수 있다. 국방부가 국회에 제출한 자료(국정감사 제출자료, 2005)에 따르면, 군 입영대상자의 45%가 인격장애 요소를 보유하고 있고, 군복무 부적응의 우려가 있는 것으로 나타났다. '한겨레'가 500명의 전역자를 대상으로 한 여론조사(한겨레21. 통권566호 2005-07-05, pp.18-20)에 의하면, 전역자의 16.4%가 군 인권의 진전을 가로막는 원인으로 '인권을 지킬 수 없는 문제병사들의 증가', '군 문화의 근본 속성으로 인해 그렇다(50.8%)'고 응답하였다. 국방부 자료에 의하면, 2010년도 현역 복무 부적합자는 935명으로 '정신이상 및 성격장애자', '군 생활 적응이 심히 곤란한 자', '기타 사고 우려자' 등으로 분류하고 있으며 이는 매년 증가하는 추세에 있음을 볼 수 있다.[52] 최근 2011년 7월 4일 발생한 해병대 총기사망사건이나 육군 00사단 외박 중 이병 자살사건 등을 볼 때 군에서의 복무 부적응의 문제는 여전히 군 본연의 임무인 전투력에 막대한 손실을 주고 있어서 이에 대한 실태 및 관리 현황을 살펴보고 대책을 마련하는 것은 시급한 문제이다.

4 군복무 부적응 병사의 식별 및 관리상황

1) 징병단계

병영생활전문상담관의 운영 규모는 2012년 148명으로 대폭 확대됨에 따라 육군훈련소 등 전 군의 40개 신병교육기관에 우선 배치하여 훈련병의 조기 복무적응을 지원하고 있다. 병역법 11조에 의하면[53] 병역의무자에 대하여 19세가 되는

52) 2006년 인권상황 실태조사에서 2005년도 현역복무부적합자는 248명으로 조사되었다.

해에 병역을 감당할 수 있는지를 판정하기 위한 검사로 신체검사와 심리검사로 구분한다. 신체검사는 외과·내과 등 신체의 모든 부위를 검사하고 필요한 경우에는 임상병리검사와 방사선촬영 등을 할 수 있다.

2006년에는 심리검사가 도입되고, 징병검사는 신체검사와 필요 시 인성검사를 실시하는 정도였다. 2007년에는 임상심리사를 11명 채용했고, 2007년 4월부터 징병검사 시 심리검사를 실시하였다. 2008년에는 심리검사 정보화 시스템의 구축으로 인성검사 문제지, OMR카드 등 수작업에 의하던 것을 컴퓨터 화면에 의무자가 직접 입력하고 검사결과를 자동 산출하였다. 약식의 지능검사를 실시하고, 질병상태 문진표에 심리검사를 신설하여 해당란에 체크한 사람에 대하여 2차 심리검사를 실시하였다. 2009년도에는 임상심리사 10명(총 21명)으로 인력을 증원하였고, 2010년에는 새로운 인성검사 도구를 도입하였다(365문항 ⇒ 183문항 축소). 그리고 58문항의 인지능력검사도 도입하였다. 2011년에는 정신과 귀가자에 대하여 전원 심리검사를 실시하고, A(정상), B(관찰), C(이상)의 심리검사 결과 표기를 변경하여 정상, 관찰, 정밀관찰, 심리검사 평가소견을 군 지휘관이 알기 쉽게 정형화하여 군부대에 통보하였다.

2012년에는 예외 없는 병역이행 체제 확립을 위해 학력과 신장에 관한 병역처분 기준도 달라졌다. 중학교 중퇴 이하자는 병역감면을 받을 수 있었으나 이제 보충역에 해당하여 공익근무 대상이 되었으며, 신장도 국민 건강상태를 반영하여 종전의 196cm 이상에서 204cm로 상향 조정하였다. 그러나 B형 간염으로 1년 이상 치료하였으나 반응이 없는 경우는 5급 제2국민역으로 처분하여 기준을 완화하였다. 재징병검사 제도는 병역처분 후 5년이 될 때까지 아직 병역의무를 하지 않은 사람을 다시 검사하여 병역이행의 형평성을 높이고 있다. 또한 7급 경과

---

53) <병역법>
제11조(징병검사) ① 병역의무자는 19세가 되는 해에 병역을 감당할 수 있는지를 판정받기 위하여 지방병무청장이 지정하는 일시(日時)·장소에서 징병검사를 받아야 한다. 다만, 군(軍)에서 필요로 하는 인원과 병역자원의 수급(需給) 상황 등을 고려하여 19세가 되는 사람 중 일부를 20세가 되는 해에 징병검사를 받게 할 수 있다.
② 징병검사를 받아야 하는데 받지 아니한 사람과 징병검사가 연기(延期)된 후 그 연기사유가 소멸된 사람은 그 해 또는 그 다음 해에 징병검사를 받아야 한다.
③ 징병검사는 신체검사와 심리검사로 구분한다.

관찰 기간을 1년에서 2년으로 연장하였다. 이에 따라 병역의무자는 충분한 치료 기간을 가질 수 있고, 병무청은 질병상태를 상세히 관찰하여 현역 복무 부적합자 색출은 물론 병역면탈 행위를 적극 차단할 수 있게 되었다. 그뿐만 아니라 신체 손상 등 병역면탈 사유의 수형자를 병역감면 대상에서 제외하여 병역면탈자가 병역을 감면받는 모순을 해결하였다. 또한 '병역처분변경 심사위원회'를 설치·운영하여 병역처분 변경 시 발생할 수 있는 병역면탈 범죄를 예방하고 있다. 그뿐만 아니라 '확인신체검사 제도'와 '특별사법경찰권 제도'를 도입하여 병역면탈이 의심되는 경우 재확인 신체검사를 실시하고, 진단서 위조·바꿔치기 등 불법행위에 대한 증거를 현장에서 직접 확보할 수 있게 됨으로써 병역면탈 범죄에 효과적으로 대응할 수 있을 것으로 기대하고 있다.

심리검사는 병무청에서 군 부적응자를 식별하기 위해 가장 중점적으로 보고 있는 영역이다. 검사 전 인성검사사무원(혹은 임상심리사)이 약 15분 정도 오리엔테이션을 실시한다. 이때의 내용은 검사 동기부여, 검사목적, 검사결과 용도, 비밀보장(한계) 등에 관한 내용이다. 검사환경은 조명, 소음(방음벽 설치), 보안필름을 설치(예정)한다. 1차 심리검사 검사도구는 신인성검사(183문항)으로 2010년부터 실시하고 있으며 CBT(Computer-Based Test) 방식이다. 이와 더불어 인지기능검사(58문항), 질병상태문진표(10문항)에 심리검사 항목(5문항)을 포함하여 실시하고 있다. 2차 심리검사는 1차 심리검사 중 신인성검사, 인지능력 검사, 문진표에서 하나라도 이상이 발견되면 2차 심리 검사를 실시한다. 약 15% 정도가 이에 해당하며, 추가정밀심리검사는 약 2~3시간 소요된다. 2차 심리검사 대상은 1차 심리검사 결과 이상이 있는 사람, 신경정신과 징병 검사의사가 의뢰한 사람, 질병상태 문진표 심리검사란에 하나라도 '그렇다'라고 답한 사람, 기타 2차 심리검사가 필요하다고 인정되는 사람 등이다.

각 징병검사반별 임상심리사 2~3명 상주하여 있는데, 향후 3명으로 증원 계획에 있다. 임상심리사 제도는 2007년부터 시행되었다. 검사도구는 Full Battery 중 필요한 심리검사도구(K-WAIS · BGT · TAT · Rorschach 등)를 선택해 실시하며 정상/관찰/정밀관찰로 분류한다. 심리검사는 개별검사 형태로 실시하고 특별히 사회활동에 문제가 있을 경우 정밀관찰 후 판정한다.

모든 심리검사 이상자는 정신과 징병검사의사가 최종 판정한다. 신경정신과 징병검사 의사는 2차 심리검사 결과 '관찰', '정밀관찰'인 사람에 대하여 정신과 검사를 한 후 필요하다고 인정되는 경우 판정을 보류하거나 7급 판정하고 일정 기간 경과 후 재검사를 실시한다. 치료가 필요한 경우 7급 판정하여 치료 후 재검을 받도록 개별적으로 기한을 준다(병원 진료 기록 첨부하여 재검, ※ 7급 경과관찰 기간은 2년 이내에서 다양). 추가 정밀심리검사가 필요한 경우 임상심리사에게 의뢰하거나 외부 민간병원에 위탁검사를 의뢰한다. 2006년과 달라진 점으로는 3차면담을 실시하는 것이다. 2차 심리검사 대상자 전원 정신과 징병전담의사 면담을 통해 정밀검사를 실시한다. 그 결과 신체등위를 판정한 후 정상자에 대해서는 병적기록표 검사소견란에 '정신과 검사 결과 특이사항 없음(심리검사 이상자)' 등을 기재하고, 이상자에 대해서는 징병신체검사규칙의 해당부령조항 및 신체등위 판정 결과를 입력 처리한다. 7급 판정을 활용해서 병원이나 치료기간을 갖고, 면밀한 관찰을 통해 판정을 내리는 것을 강화하고 있으며, 필요한 경우 중고교 생활기록부를 요청하여 참고한다(온라인으로 조회할 수 있는 NEIS 연계 시스템 구축 예정).

이러한 과정을 거쳐 정신과 징병전담의사에 의해 종합판정을 내리게 된다. 신체적 질병은 상태만 진단하고 결과를 참조하여 치료를 권유한다. 심리검사 결과는 인사관리에 참고할 수 있도록 각 군에 통보하고 정보접근권한이 부여된 지휘관은 정보 열람이 가능하도록 하고 있다. 정밀검사 결과 임상심리사에 의한 전문적인 심리검사가 필요하다고 판단되는 경우 임상심리사에게 추가정밀 심리검사를 의뢰하거나, 불가피한 사정으로 자체 심리검사를 실시하기 어려울 경우에는 민간병원 위탁검사를 의뢰해 신체등위를 판정한다. 현재 부적격 판정 비율은 2011년 기준으로, 19세 전체 수검을 받은 사람 중 1차 검사에서 15% 정도가 선별 이 중 2차를 통해 '관찰/정밀관찰' 판단을 내리는 경우는 50% 정도이다. 이 대상자 중에 81% 정도는 보통 정상(현역)으로 판정을 받게 되고, 나머지 20% 정도가 3급 이상의 판정을 받는다. 입대 후 신병훈련소나 배치된 부대에서 스스로 정상적 복무가 불가능하다고 판단될 경우 군복무 부적격자로 판정해 줄 것을 청구할 수 있는 권리를 장병들에게 부여하여 문제가 발생하기 전에 예방할 필요가 있다. 다음은 최근 5년간 육군 인성검사 현황이다. 최근 5년간 육군 인성검사 현황만 보더라도 귀가조치 되고 있는 인원이 4,800여 명으로 적은 인원이 아니므로 사전에 병무청의 인성검사에서 군에 부적합자를 잘 판별하여야 한다. 병역면탈 범죄가 지능적이고 다양한 유형으로 지속 발생하고 있으며 신체적 훼손뿐 아니라 정신질환을 가장한 병역면탈의 악용 우려도 많아지고 있기 때문에 보다 정교하고 효과적인 개선대책이 요구된다.

표 8-3 | 최근 5년간 육군 인성검사 현황

구 분	입영인원(육군)	이상 소견자		
		계	귀가조치 인원	현역복무 인원
계	496,565	6,135(1.2%)	4,832(0.9%)	1,303(0.3%)
'08년	96,210	812	725	87
'09년	111,129	1,291	1,116	175
'10년	107,426	1,331	1,050	281
'11년	119,504	1,870	1,457	413
'12. 6월	62,296	831	484	347

(김재윤, 2012년 국감자료)

위의 자료에 따르면, 육군 입영인원 100명 중 1명은 정신이상 판정을 받아 귀가조치가 되는 것으로 파악된다. 인성검사 및 심리검사는 현역복무 부적합자를 판별하고 군 사고 예방차원에서 반드시 필요하며 중요한 징병검사이다. 인성검사는 정신과적 문제의 가능성이 있다는 것을 식별하는 수단의 하나로, 전문가의 상담 및 진단을 통해 최종적으로 평가되어야 신뢰할 수 있는 결과로 인정할 수 있다. 정신질환 판정을 받은 예비 장병들은 지난 2008년 1만 2,600여 명에서 지난해 2만 5,300여 명으로 두 배 정도 늘었으나, 이를 진단하는 정신과의사는 14명으로 같은 기간 한 명의 증원도 없었다(송영선, 2011년 9.11, MBN News). 특히 징병전담의사가 없는 청도 존재하고 있어 정신과 전문의의 충원은 시급하다고 볼 수 있다.

복무부적합심사제'를 적용해 오고 있다.

육군, 해군, 해병대, 공군의 각 훈련소 단계에서의 면담내용을 분석해 보면, 군복무 부적응자를 관리하는 인력은 인사과장, 교육대장, 지휘관, 군의관, 병영생활전문상담관, 소대장 등으로 볼 수 있다. 그러나 상담인력의 부족, 상담관 처우 개선, 군의관과 병영생활전문상담관과의 연계 협력 부족, 군의관의 이동 잦은 및 변경 문제, 교육대장 혹은 인사과장의 코디네이터 역할의 어려움 등의 문제를 겪고 있다. 따라서 정신과 군의관과 상담관이 co-work 체계를 구축하여 군사회복지사를 등용시켜 전문성에 입각해 관리하는 것이 절실히 요구된다. 또한 이들의 전문성 제고를 위해 교육훈련 및 연수를 지원해야 한다. 인력활용의 또 다른 방법으로는 병사 가운데 심리 및 사회복지를 전공한 병사가 있으면 이를 활용한 특기생으로 선발하여 현재의 인력을 활용하는 것이다. 훈련소 단계에서 많이 발견하게 되는 병사의 군복무 부적응 유형은 정신과 질환, 대인관계, 우울, 불안, 반사회성, 공격성, 중복장애, 군 사고 위험자, 자살 및 자해, PTSD, 왜곡적인 반응, 집단 및 공동체생활 부적응, 집단따돌림, 복무기피, 가족문제, 일시적 환경의 부적응 등이다.

훈련소단계에서 부적응 병사를 식별하기 위해서는 관찰, 면담체크리스트(32문항), 자가진단표 등을 활용한다. 그러면 약 60~70명이 우선관리 대상으로 선정된다. 그중 소대장이나 분대장의 관찰결과로 추천되어 상담관에게 보내진다. 주 1회 병력 결산을 통해 A(자살 우려자) B(사고 우려자), C(기본관리대상) 등급으로 관리되는데, 2개 기수당 8~12명 복귀조치가 취해지기도 한다. 따라서 가장 중요한 것은 징병단계에서부터 제대로 부적응 병사를 식별하는 것이다. 훈련소단계에서부터 복무기피를 하는 병사와 실질적인 정신과적 문제를 가진 병사에 대한 스크리닝이 필요하다.

중요한 것은 복무기피를 하는 병사로 인해 정말 도움을 받아야 하는 병사에 관한 식별에 소요되는 시간이 부족하다는 것이다. 부적응 인원에 대해 호소증상, 태도 관찰, 성장과정 탐색, 심리 검사 결과 등으로 식별하는데, 이때 우울하다고 하면서 우울한 경험을 표현하지 못하는 훈련병에 대한 집중관찰 실시가 필요하다. 특히 복무기피 및 거짓 증세로 인해 진짜 도움을 필요로 하는 병사가 피해를 볼 수 있다는 것에 대한 교육이 필수적이다. 현재는 정해진 시간 때문에 상담에 대해 체계적으로 소개하거나 접근할 수 있는 방안에 대한 홍보가 매우 부족한 실정이다.

어떤 훈련소에서는 소대장 초도면담 후 소대장이 추천하여 병사 스스로 2주차에 의뢰하여 군생활 적응검사를 실시하고, 군의관이 진단한 후, 소대장하고 의논하는 과정을 거쳐 부적응 병사를 식별한다. 그다음 수진, 큰 병원에서 심의위원회로 추진하여 상담의 지속 과정을 거쳐 최종 부적응 병사를 식별한다. 부적응 병사가 6명 정도 발견되면 이 중 현부심 2명, 1명 부적합, 1명 적합, 1명 이전 병력 우울증, 3개월 있다가 재입대 등으로 판정된다. 과거병력이 발견되면 병명 파악 치료를 하고 들어와 1차 분류되고 소대장이 2차 정밀면담, 1주차 스크리닝 후 상담관의 2주간 면담, 인사참모에게 보고, 위원회 개최, 본부 보고, 정신과 군의관, 군 관련 병원 1명 등이 최종 판정하는 과정을 거친다. 그러나 이러한 과정이 매우 복잡할 뿐 아니라 담당하고 있는 지휘관의 업무 부담, 상담 및 관찰에 관한 전문성 부재 등의 문제로 많은 어려움을 겪고 있다.

또한 훈련소단계에 심리상담을 할 수 있는 병영생활전문상담관도 매우 부족하며 심도 깊은 검사도구 또한 부재하여 병영생활전문상담관이 개인적으로 심리검사도구를 가지고 있지 못하면 이에 대한 식별도 어렵다는 것이다. Full-battery 심리검사가 필요한 경우 1, 2명 심리검사를 진행하다 보면 하루 일과가 다 간다. 몇 명 상담했는지 건수 위주의 실적 평가로 사례관리 및 자료정리를 하다 보면 하루 4건 이상밖에 할 수 없는 실정이다.

그리고 상담에 민감하고 거부하는 경우가 많다. 상담을 가면 비밀유지가 안 되고 문제가 있는 사람이라고 낙인 찍혀 상담 받으러 오지 않으려고 한다. 비자발적인 병사도 많으며 지휘관이 상담이 필요하다고 해도 자신은 문제없다며 상담을 하지 않으려고 한다. 따라서 상담하기 어려울 뿐 아니라 상담을 거부해 버리면 더 이상 진행할 수 없는 한계가 있다. 부모의 협조나 이해, 설득을 구하기도 어렵기 때문에 이러한 일을 지원해 줄 수 있는 군사회복지사가 필요하다. 군부대에서는 가급적 훈련을 마치면 휴식시간을 철저히 보장해야 한다. 감점제[54]를 통해 자신이 원하는 곳에 배치 받지 못하게 하는 제도를 폐지하고 집단따돌림을 예

54) 군생활에 대한 상벌점제

방해야 할 것이다(못하는 사람도 똑같이 진도를 나갈 수 있도록 훈련). 그리고 아프면 아프다고 1주차부터 얘기할 수 있는 군문화가 형성되어야 할 것이다.

현재 어떤 훈련소에서는 매회 1회씩 인권교육을 실시하고 있고 간부대상 상담기법 교육, 상담이해, 인성교육(인격, 성격, 분노) 등의 교육을 실시하고 있다. 그러나 간부들이 적극적으로 참여하지 않고 자는 시간으로 인식하는 경우가 많다. 따라서 다양한 체험활동, 시연·실습 등의 교육훈련 기법이 요구되며 적극적으로 참여할 수 있는 평가체제가 구축되어야 할 것이다. 또한 교관이 여유가 있어야 짜증도 안 내고 하루 종일 병사들에게 시달려도 욕을 하지 않고 잘 대해 줄 수 있기 때문에 교관의 업무부담을 줄여 줘야 한다. 교관은 본인이 예전에 이렇게 교육을 받지 않았기 때문에 현재의 병사들을 이해하기 어려운 부분이 존재한다. 초급간부가 병사들에게 일일이 왜 이 명령수행을 따라야 하는지 목적을 말해 주고, 이해할 수 있도록 설명해 줘야 하나 과거에 자신은 이렇게 교육받지 않아 샌드위치적 혼란을 겪고 있다.

따라서 훈련병의 자율성을 강조하여 훈련은 강하게 시키되 자율적으로 시간관리 및 업무관리를 하도록 해야 할 것이다. 또한 부당한 명령은 “왜?”라고 반문할 수 있는 여건과 담력을 길러줘야 한다. 이러한 부분은 자대 배치 이후 선임들과 충돌이 발생하는 부분이다. 또 다른 시각에서 보면 지금의 교관, 지휘관들은 인권보호의 사각지대에 놓인 사람들이라고도 할 수 있다. 이들을 위한 보호장치의 마련, 이해 및 자원 등도 필요하다.

해병대는 그나마 징병검사 후 빨리 입대할 수 있으나 육군의 경우 기다리다 보면 3년 전 자료를 가지고 현재 입대하게 되는 경우도 있다. 또 육군에서 현역 부적합 판정을 받았으나 자발적으로 다시 해병대에 입대한 경우도 초기에는 부적응 병사로 식별되지 않는다. 위계의 문제로 스트레스를 받는 병사의 경우 동기생활관[55], 계급별 생활관[56] 제도가 효과적이다. 그리고 일시적으로 정서적인 안정 및 위로가 필요한 부적응 병사의 경우는 상담이 효과적이다.

---

55) 공군에서 실시하고 있는 새로운 형태의 생활관제도로 선후임의 갈등이나 내리갈굼 등의 문제를 해결하기 위해 동기나 근접 기수들끼리 모아 생활하게 함

56) 동기 생활관과 유사한 개념으로 계급별로 생활함

3) 자대배치 단계 : 비전캠프 혹은 그린캠프

자대배치 단계에서 부적응 병사에 대한 식별은 신병 1개월 때 간단한 심리검사를 통해 스트레스, 불안, 우울 등을 식별하는 데 약 10~12% 정도가 이에 해당한다. 병사의 경우, 선임의 괴롭힘을 사실대로 말할 수 없다. 그래서 맡은 업무가 적성에 안 맞는다, 가정에 문제가 많다, 정신병원에 다닌 적이 있다 등으로 과장되게 표현하는 경우도 있다. 신병 길들이기라는 과정을 지나면서 선임들의 과오가 발생하고, 신병들이 많이 힘들어하기 때문에 이런 것들을 간과하지 않고 군에서 교육을 시킨다. 복무 변경 후 자연스럽게 부적응 문제가 해결된 사례도 있다.

육군에서는 예하부대 지휘부담 경감 및 안전문화 정착 등으로 선진 병영문화 육성을 위해 비전 및 그린캠프를 운영하고 있다. 1주차에 입소 대상자를 심의하고 있으며, 비전캠프 수료자 중 부적응 현상을 지속적으로 보이는 자에 한하여 부대복귀 후 그린캠프에 다시 입소시키고 있다. 또한 2주간의 그린캠프 참여 후 병역심사대 입소대기자에 대한 지휘부담의 해소를 위해 'After 그린캠프'(1달 이내 1회 정도 실시)도 운영하고 있다.

그뿐만 아니라 전입신병 집중관리를 통해 보호 및 관심병사를 관찰하고 있다. 1단계(1주차)에는 보호 및 관심병사 1차 분류를 실시하며, 전우조 및 1 : 1 간부멘토를 지정토록 하고 있다. 2단계(2~3주차)는 보호 및 관심병사의 2차 분류를 실사하는데 신인성검사를 활용한다. 그리고 3단계(4~8주차)에서는 보호 및 관심병사 등급(A, B, C)을 분류하는데, 스트레스 진단검사, 자살예방 전문교관에 의한 군 자살사고 예방 프로그램 교육을 실시한다. 그리고 군 생활에 대한 자신감 배양과 조기 적응 능력을 부여하고 자살 우려자를 집중식별하기 위해 '이등병 선진병영캠프'를 실시하고 있다. 부대관리주(분기 1회)와 집중정신교육(반기 1회)을 통해 정밀진단을 실시하여 입체적 신상파악을 시도하고 있다.

그리고 자살 우려자 관리를 위해 자살 우려자 전원을 정신과 군의관과 상담 후 진단을 받도록 하여 우울증 진단 시 병원 입원을 통해 치료하며, 우울증 미진단 시 '비전캠프'에 입소 조치하고 있다. 육군에서는 2003년 11월부터 복무 부적응자와 자살 우려자를 대상으로 소그룹 단위로 심리치료를 하는 '비전캠프'를 시행하고 있다. '비전캠프'는 군단과 사단 단위로 운영하되 2개월에 한 차례씩 3박 4일 동안 진행된다. 2004년 6월 30일까지 비전캠프를 시행한 결과를 보면, 복무 부적응 관심병사 3,374명, 자살 우려자 450명이 프로그램에 참가했다. 이들 가운데 현역 부적격자 판정이 내려진 경우는 1%(40명)에 불과했고, 나머지는 대부분 '부대 적응 관리' 대상으로 부대로 되돌아갔다.

사병의 비전캠프 입소 사유는 관심요망 사유가 가장 많고, 그다음 자살충동 순이며, 부적응 사병에 대한 도우미임무를 수행하기 위해서 입소하는 경우가 적지 않은 것으로 나타났다. 2010년과 2011년을 비교할 때 비전캠프를 운영한 회수와 관심사병 및 자살충동에 따라 입소자 등이 조금씩 줄고 있다는 것을 알 수 있다. 2012년 전반기는 관심사병과 자살충동에 따른 입소자가 2010년에 비해 다소 감소하였지만, 운영횟수와 도우미로 입소한 경우는 비슷한 것으로 나타났다.

비전캠프 입소 계급별 분석을 보면, 최근 3년까지 최하위계급인 이병의 입소가 가장 많다. 즉, 일반사회에서와 다른 군 사회에 일원으로 활동한 지 얼마 되지 않은 이병들이 부적응하여 관심사병이 되고 부적응의 극단적인 선택인 자살 및 자살충동을 겪게 되는 것이다. 문제는 어느 정도 군대사회에 적응한 일병의 입소비율이 증가한다는 데 있다. 2010년, 2011년과 비교할 때 2012년 일병의 입소비율은 이병과 거의 차이가 없다. 이병의 적응교육 및 훈련, 내무반구성원 중 상하계급간의 허리역할 등의 어려움에서 오는 스트레스 등으로 인해 혹은 적응 기간이 지났어도 계속된 부적응 문제로 인해 입소 비율이 이등병과 비슷한 수준이다.

사/여단급 부대에서 연중 3~5주간 '상시 비전캠프'를 2009년부터 운영해 오고 있으며, 상시 비전캠프의 심화과정인 '비전캠프'를 격월로 4박 5일간 실시하고 있다. 이주실(2007)의 연구에 따르면 프로그램 도입 전/후로 병 사고율에는 별다른 영향을 미치지 않는 것으로 나타났다. 그러나 부대적 요인에 따라 비전캠프가 우울감, 절망감, 자살충동에 미치는 영향이 달라지는 것으로 나타났다. 그리고 비전캠프에 입소하는 것 자체가 동료나 간부들로부터 '낙인' 찍힐 수 있다는 문제와 캠프 운영에 있어서의 전문성 문제, 프로그램 내용이 비체계적인 내용으로 구성되어 있다는 비판이 있다(김영태, 2009). 이에 따라 군은 2011년 캠프의 운용개념에 변화를 시도하였다.

표 8-7 | 병류별, 부대별 현역병 입영 귀가자 현황

구분	계급	입소인원(명)	입소 사유별		
			도우미	관심요망	자살충동
2010년	계	**5,662**	843	3,689	1,130
	하사	18	7	10	1
	병장	283	244	31	8
	상병	704	419	243	42
	일병	1,542	145	1,090	307
	이병	3,115	28	2,315	772
2011년	계	**4,258**	793	2,623	842
	하사	1	0	1	0
	병장	229	207	20	2
	상병	609	392	174	043
	일병	1,163	152	776	235
	이병	2,256	42	1,652	562
2012년 (1.1~6.30)	계	**2,111**	431	1,286	394
	하사	1	0	1	0
	병장	88	81	7	0
	상병	321	209	93	19
	일병	**776**	103	519	154
	이병	925	38	666	221

자료출처 : 국방부(2012) 내부자료

비전캠프(vision camp)는 복무 부적응자에 대한 안정적인 적응 유도라는 목표를 수정하여 복무 부적응자와 사고 우려자에 대하여 사단급 부대(상비사단은 연 6~12회, 향토 및 동원 사단은 연 4~8회)에서 4박 5일간 군종장교에 의해 실시되고 있다. 비전캠프의 상위 개념인 그린캠프(green camp)는 자살 및 사고 우려자의 적응을 유도하고 사고 예방을 목표로, 자살 및 사고 우려자에 대해 군단급 부대에서 교육대장의 통제 하에 2주간의 교육을 실시하고 있으며, 부대별로 자체

개발한 상담, 인성교육, 적응 유도 프로그램을 활용하고 있다.

현재 군사 병역관리 심사대는 입소가용인원(12명)의 제한으로 최소 2~3주 대기기간이 발생하는데, 2011년 9월 3일부로 상시 그린캠프를 운영하여 예하부대 병력관리 부담을 해소시키고 있다. 관리인력은 병영생활전문상담관, 중대장, 소대장, 교육장교, 안전 \장교 등으로 구성되어 있으나 병영생활전문상담관은 제한된 역할만 하게 되고 예하부대까지 상담관이 못 미치는 부대도 있다. 군 부적응 병사를 식별하기 위해 중대장의 관찰 및 행동기록, 비전캠프 입소, 자대에서 식별, 신인성검사 등을 실시하고 있으나, 질병이나 진료 필요 시 바로 조치하기 어려우며 정신과 질환의 경우 입실할 때 부모의 동의를 받는 과정에서 어려움이 발생하는 경우도 있다. 이 단계에서 병사들은 우울증, 불안, 이성문제, 가정문제(이혼가정), 군복무 기피, 집단에서 열외, 대인기피, PTSD, 경계선 지능, 인격장애(반사

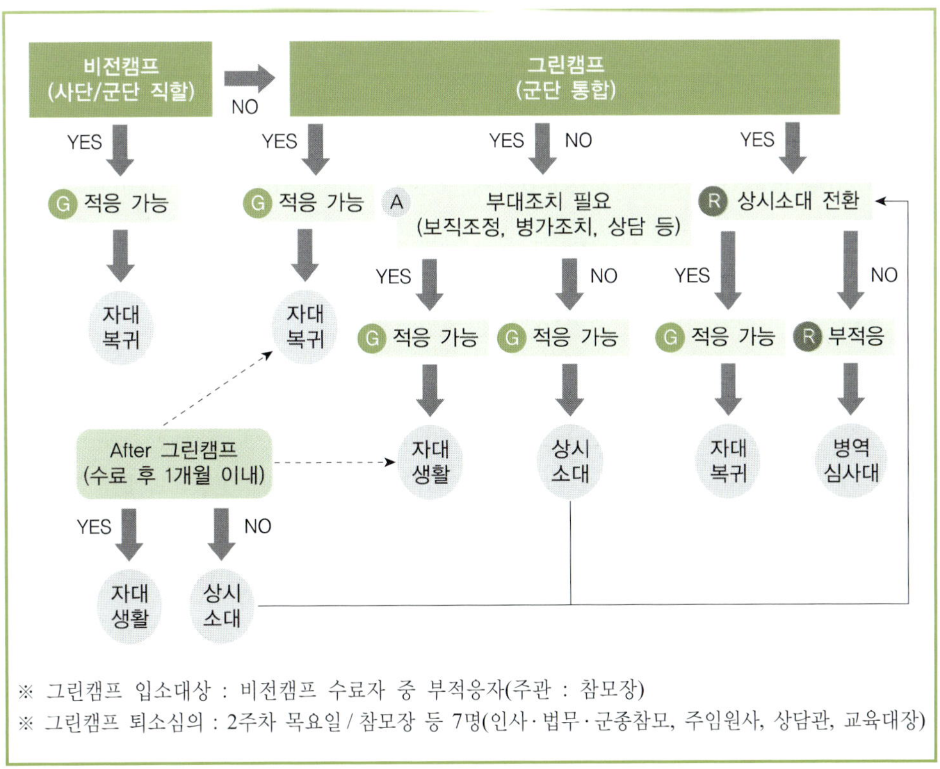

그림 8-2 | 그린캠프 운영 체계도

회성), 수직적 조직사회, 개인적 취약성(조울증 등), 입대 전 왕따 경험, 아스퍼거, 분노폭발성 장애, 내성적 성격, 과거 자살 시도 경험, 선후임 갈등 등의 군 부적응 유형을 나타낸다.

개인적인 기질도 있지만 군 특수상황에서 부적응을 발생시키는 가장 큰 요인은 선임들과의 관계이다. 또한 이런 캠프를 다녀오면 주변 사람들의 눈치와 소문 때문에 더욱더 군대생활에 적응하기 어렵고, 아예 낙인이 찍혀 현부심단계로 가서 제대하고 싶어 한다. 또한 훈련 중 부주의한 사고로 인해 불안, 강박, 공포증이 생긴 사례도 있는데, 군에서 개인훈련 미숙으로만 처리하고 그 이후 정신과적인 치료나 상담을 실시하지 않아 이에 대한 개입도 필요하다.

그린캠프 입소 현황을 보면, 그린캠프를 시행한 '09년 4월 이후 '12년 전반까지 총 12,943명이 입소하였다. 이행 원년부터 사단이나 여단급에서 캠프를 운영하였지만, '11년 하반기부터는 군단급에서 운영하고 있다. 매년 3~4천 명이 입소하며 올해 전반기에는 1,262명이 입소한 것으로 나타났다.

그리고 군은 2009년부터 '병역심사관리대'를 1, 2, 3군사령부와 수방사령부에 두어 운영하고 있다. 군 생활 적응장애 및 자살 우려자에 대해 기본 2주간 입소하여 병영생활전문상담관에 의해 신인성검사와 정신과 개별상담을 통해 관찰하고, 정신과 군의관이 집단 및 개별치료를 실시하게 된다. 이때 치료 불가 시에는 군사령부 병원에 입원 조치하며 심신장애 전역 절차를 밟도록 하고 있다. 전역 단계에서의 주요 변화는 '현역 복무 부적합자'의 처리조건을 간소화하여 2009년부터 시행하고 있으며, 2009년부터 현역 복무 부적합자의 보충역 편입 관련 병역법을 기존의 제2국민역과 병역면제에서 '보충역'을 추가하여 개정하여 시행해 오고 있다는 것이다.

또한 2005년 GP 총기사건을 기점으로 병사들의 전문적 정신상담청구권을 보장하면서 고충처리와 복무 부적응 병사에 대한 적극적 보호차원에서 군의 상담기능을 강화하고자 병영생활전문상담관 제도를 도입하였다. 2006년 시범실시 기간 동안 군 경력자 4명, 민간인 2명을 선발하여 육군훈련소 등 전방 사단에 배치하였고, 2008년 이후 인원을 점차로 늘려, 2012년 현재 159명이 육·해·공군에서 활동하고 있다. 이들의 활동은 주로 복무 부적응 병사에 대한 개인 및 집단상담과 교육, 간부들에 대한 상담기법 교육, '사랑과 도움이 필요한 병사' 선정에 상담결과를 반영하거나 인성검사 결과를 분석하고 지휘·조언하는 일, 비전캠프 수료자를 집중 관리하는 일 등을 하고 있다.

이 제도는 현장 위주 상담활동으로 부대 관리 및 사고예방에 크게 기여하고 있다고 평가되고 있으며, 다양한 계층에 대한 집단상담 교육 및 교육으로 부대 장병 및 관심병사 인성 순화에 기여하고 있는 것으로 긍정적인 평가를 받고 있다(육군본부 인사참모부, 2007). 그러나 이 제도가 본래의 취지에 맞게 정착되기 위해서는 특히 민간 출신 상담관의 활동에 대해 군으로부터의 실질적인 독립성이 확보되어야 하며 업무의 자율성이 보장되어야 한다. 또한 자살 우려자, 사고 우려자들은 부적응자이며 불우한 가정환경 출신자, 심리적 나약자라는 편협한 시각에서 벗어나 문제의 원인 진단이나 해결의 도출을 위한 새로운 인식의 전환이 필요함을 제기하고 있다.

복무 부적응자의 문제는 근본적으로 인권의 문제다. 동시에 나머지 90% 장병들의 안전, 더 나아가 생명권의 문제이기도 하다. 또한 징병제 국가인 대한민국에서 나라의 미래를 짊어질 젊은이들이 군에 입대하여 개인적 이유나 부대적 이유를 막론하고 부적응자가 되어 전역한다면 그것은 국가가 사회의 부적응자를 만들어 내는 결과가 된다. 따라서 사회와 군은 분명히 이러한 사실에 대해 책임감을 가지고 대처해 나가야 할 것이다. 그러나 논의되고 있는 여러 가지 해결책들이 다양한 이유로 미루어지고 있는 동안, 실제로 부적응 병사를 관리하고 있는 부대의 지휘관들과 복무중인 병사들, 그리고 부적응 병사 자신은 힘든 여건 속에서 하루하루를 보내고 있다.

자대배치 단계의 병사 운영 및 관리 현황과 문제점은 지속적인 사고예방에도 불구하고 악습에 의한 사고가 지속적으로 발생하고 있다. 지휘관 및 간부의 꾸준한 생활관 관찰과 감독 활동에는 한계가 있어 지휘관의 연중 업무과중으로 항시 관심병사 관리에 대한 지휘부담이 가중되고 있으며, 주임원사의 겸직으로 집중적인 병사관리 및 전문상담관 역할수행이 곤란하다. 그리고 간부들의 상담기법의 전문성 부족으로 효율성이 저하되고 있다. 또한 부적응 문제요인 내포자의 신상파악 미흡 및 피해자의 신고의지 결여를 문제점으로 들 수 있다. 형식적 면담으로 문제요인 조기발견/선도가 실패되고 있으며, 신고 후 비밀이 보장되지 않아 집단매도가 우려되어 피해자가 신고를 기피하고 있는 실정이다. 뿐만 아니라 사고발생 시 언론보도에 지나치게 민감하고 여론에 휘말려서 병영생활 복무규정의 판단이 흐려지고 있다. 관심병사의 과잉보호로 인해 정상적인 병사의 상대적인 불평등이 호소되고, 사고처리 후 가해자는 오히려 활개를 치고 피해자는 죄인처럼 당당하지 못한 경우도 있다.

병영생활에 대한 상호 공감대 형성 미흡도 문제점으로 들 수 있다. 병영생활 일과 후에도 병영생활에 대한 통제로 인식하고 부대의 생활공간으로 생각하지 않으며 통제 위주의 병영생활 지휘 및 감독을 실시하여 병영생활에 대한 간부와 병들 간에 인식의 격차가 심하다. 타성에 젖은 일부 간부들의 무책임한 언행으로 내리갈굼의 행위도 조장되고 있다. 저속한 폭언으로 병사들의 자존심이 훼손되고 있으며, 후임병의 잘못으로 인해 선임병에게 호된 질책을 받아 자신 또한 후임병에게 더 강도 있는 질책을 가하게 되는 것이다. 또한 전입신병의 직무능력 부족 시 부서 선임병에게 책임을 추궁하는 문화와 과거 경험에 의한 병력통제로 당직근무 활동의 일관성 결여, 자신의 잘못을 시인하기보다는 우격다짐으로 상대방을 굴복시키는 군 특수성으로 인해 군 부적응 병사가 어려움을 겪고 있는 것이다. 따라서 이러한 고리를 끊는 병사 대상의 교육이 필요한데, 생활관장의 자질 향상, 위상 확립, 권위 신장 등에 관한 교육이 실시되어야 할 것이다.

병사들은 병영생활 지침의 근본 취지를 잘못 이해하고 자기 편의적으로 해석하는 경우도 있다. 간부들의 통제 없이 선임기수별 중심의 병영생활로 잘못 이해하고 선임병의 권위의식 팽배로 후임병의 인격, 자존심을 무시하는 행위가 상존하고 있다. 군대란 원래 이런 곳이라는 의식팽배로 선임병의 악습행위가 정당화되고 있으며, 구타 및 가혹행위 등 부당한 대우를 받을 경우에도 결국 신고자는 누구인지 알게 되고 신고 후 생활이 더 힘들 것이라는 두려움으로 인해 신고를 기피하고 있다. 또한 고충을 호소해도 가해자 처리가 불확실할 것이라는 불신감이 내재하고 있다. 힘 있는 소수 인원이 전체적인 분위기를 이끌어가고 있기 때문에 개인의 성향에는 반하지만 전체적인 분위기로부터 고립되거나 배척당하는 것을 꺼리기 때문에 침묵하거나 대세를 따르는 경우가 빈번하다.

따라서 자대배치 단계에서 다음과 같은 개선 방안이 필요하다. 첫째, 근무 여건에 대한 조성이다. 모든 병사가 군 생활 중에 바라는 점으로서 건강하고 싶다, 공부·운동 등 자기계발을 하고 싶다 등을 제시하였다. 또한 선임 눈치, 업무 중 차출 당함, 일에 대해 잘 모르고 투입됐을 때 실수가 가져오는 질책으로 인해 가장 힘들다고 한다. 따라서 업무수행능력을 높일 수 있는 프로그램 및 지원이 필요하다. 둘째, 자율성을 최대한 확보해 줄 수 있는 시스템의 구축이다. 생활관에서의 지침을 자율적으로 확립하여 상하가 서로 조율하며 병영생활을 할 수 있도록 권장해야 할 것이다. 셋째, 생활관장(8~12명 생활하는 곳의 우두머리)을 대상으로 하는 교육이 중요하다. 제 역할을 바르게 한다면 끼어드는 문제가 없을 것으로 생각하는데, 이는 올바른 생각이 아니며 조금 능력이 부족한 병사를 지원해 줄 수 있는 방안, 대안 창출, 긍정적으로 인식하기 등에 관한 교육을 실시해야 할 것이다. 넷째, 지휘관, 영외자, 선임병, 후임병(경험, 지식, 가치관 등)의 조율이 필요하다. 지휘관, 영외자, 선임병, 후임병 등 상호간에 자연스러운 의사소통을 할 수 있는 구조가 필요하며 이들의 자질 함양을 위한 교육 또한 병행되어야 할 것이다. 다섯째, 영외자가 길목을 잘 지켜야 할 것이다. 일정 규정된 시간 이후의 자율시간은 체감적이므로 당직사가 일과를 자세히 알고 있다면 사고를 미연에 방지하는 데 도움이 될 것이다. 여섯째, 이미 실시되고 있는 성과가 좋은 프로그램의 사례공모와 보급, 활용 등도 전개되어야 할 것이다. 전역을 앞둔 병사들에 대한 진로지도, 상담 등이 좋은 결과를 나타내고 있다. 따라서 각 직급에 맞는, 예를 들면 일반 병사— 장학금 비법, 학습지도 / 일등병—업무의 달인 되기 / 이등병—군대의 의미, 사랑에 대한 개념 / 병장—비전, 꿈 등을 주제로 교육이 실시되고 이러한 우수프로그램 및 사례 및 모델이 발굴되어야 할 것이다. 부적응 병사를 대상으로 하는 프로그램뿐 아니라 이러한 병사를 따돌리지 않도록 하는 일반 병사를 대상으로 하는 프로그램 및 교육, 스트레스 대처 및 분노조절도 필요하다.

4) 현역 부적합 심사단계

현역 부적합 심사단계는 다음과 같은 과정을 통해 이루어진다.

① 입소서류접수 : OO본부/소속부대 통한 병역처분변경 조사위원회 자료접수

② 서류검토 및 사전 정보파악 : 입소자 정보확인/정보토대 관찰사항 파악과 입소준비
③ 심리검사 실시
④ 심층상담 및 행동관찰
⑤ 외부전문가 집단상담 및 자문
⑥ 소견서 작성 : 심리검사, 상담, 관찰, 외부 전문상담관 자문을 종합한 소견서 작성

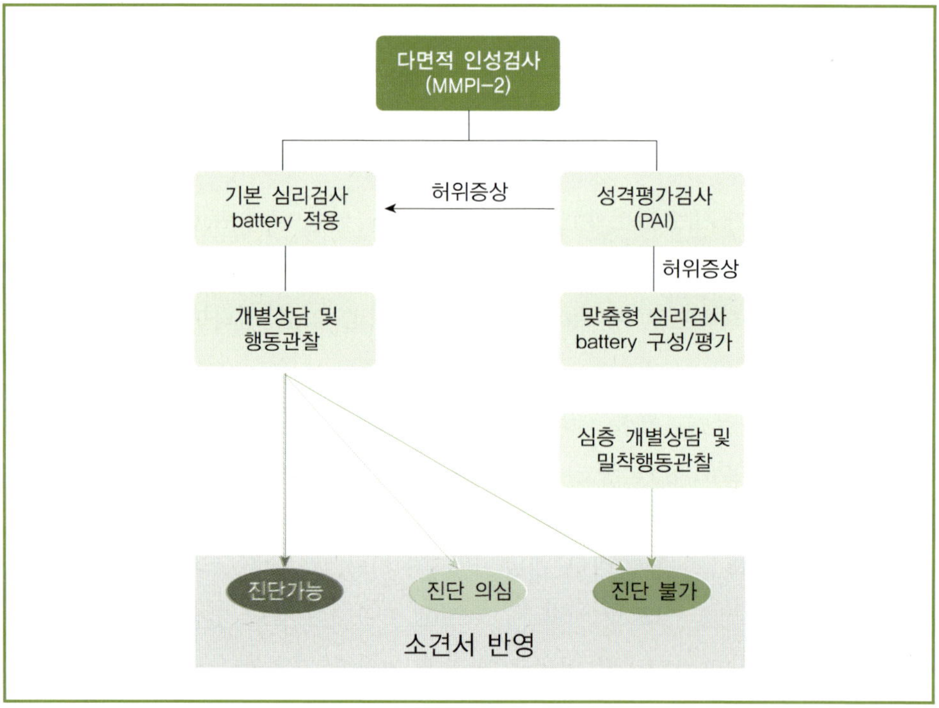

그림 8-3 I 현역 부적합 심사단계

그리고 현역 부적합 심사단계에서 이루어지는 주요 프로그램의 예시는 다음과 같다.

표 8-8 I 현역 부적합 심사단계의 프로그램 예시

요일	1주차	2주차
월	병력 인수 / 입소식 / 군법교육	심리상담 / 나의 미래 작성 토의
화	인성검사(MMPI-II) / 자기소개 / 자살, 사고 예방교육	심리상담 / 군종장교 인성교육 교육대장 인성교육
수	심리평가 / 정신과적 평가(I)	정신과적 평가(II) / 사령부 심의
목	초빙강연 / 군종장교 인성교육 나의 성장기 발표 / 토의	심리상담 / 퇴소 준비 견학(2함대 안보공원, 제암리 3.1운동 유적지)
금	심리평가 / 봉사활동(장애우시설)	퇴소식 / 신변인계(부모)
휴일	영화시청 / 개인 신변정리 / 종교 활동 / P.X. 이용 / 휴식	
기타	명상의 시간(08 :00~08 :30) / 수양록 작성(21 :00~21 :30)	

구분			내용		주관
1주차	(월)	오전	• 이동 및 입소자 인수, 위해물품 / 복용약품 수거		행정관
		13:00~13:30	• 입소식		관리대장
		13:30~14:00	• 침대 배정 / 사품정리	• 관리요원 및 시설 소개, 생활지침 설명	행정관
		14:00~15:00	• 군법교육		법무교관
		15:00~17:00	• 인성검사(MMPI-II)		상담관
		18:30~19:30	• 행정시간(부모님 전화 / 개인신상카드, 자기소개)		행정관
	(화)	08:00~09:00	• 명상의 시간 / 과업준비		관리대장
		09:00~11:30	• 자기소개(마음을 열어요)		상담관
		13:00~15:30	• 자살예방교육 / 사고사례 교육		담당 수사관
		16:00~17:00	• 체육활동(족구, 개인체력단련, 산책 등)		행정관
	(수)	08:00~09:00	• 명상의 시간 / 과업준비		관리대장
		09:00~11:30	• 심리상담		상담관
		13:00~15:30	• 정신과적 평가(I)		정신과 군의관
		16:00~17:00	• 체육활동(족구, 개인체력단련, 산책 등)		행정관

<table>
<tr><th colspan="3">구분</th><th>내용</th><th>주관</th></tr>
<tr><td rowspan="10">1
주
차</td><td rowspan="5">(목)</td><td>08:00~09:00</td><td>• 명상의 시간 / 과업준비</td><td>관리대장</td></tr>
<tr><td>09:00~11:30</td><td>• 초빙강연(인성교육 / 정신건강)</td><td>초빙강사</td></tr>
<tr><td>13:00~14:30</td><td>• 군종장교 간담회 / 인성교육</td><td>군종장교</td></tr>
<tr><td>14:30~16:00</td><td>• 나의 성장기 발표 / 토의</td><td>상담관</td></tr>
<tr><td>16:00~17:00</td><td>• 체육활동(족구, 개인체력단련, 산책 등)</td><td>행정관</td></tr>
<tr><td rowspan="3">(금)</td><td>08:00~09:00</td><td>• 명상의 시간 / 과업준비</td><td>관리대장</td></tr>
<tr><td>09:00~11:30</td><td>• 심리상담</td><td>상담관</td></tr>
<tr><td>13:00~17:00</td><td>• 봉사활동(화성시 장애인 주간보호시설) / 체육복</td><td>관리대장</td></tr>
<tr><td rowspan="2">(토/
일)</td><td>오전</td><td>• 면도, 손발톱 정비, 세탁, 자유시간, 종교 활동</td><td rowspan="2">당직자
(관리병)</td></tr>
<tr><td>오후</td><td>• 복장정비, 산책, 단체체육활동(족구)</td></tr>
</table>

<table>
<tr><th colspan="3">구분</th><th>내용</th><th>주관</th></tr>
<tr><td rowspan="14">2
주
차</td><td rowspan="4">(월)</td><td>08:00~09:00</td><td>• 명상의 시간 / 과업준비</td><td>관리대장</td></tr>
<tr><td>09:00~11:30</td><td>• 자살예방교육 / 사고사례교육</td><td>담당
수사관</td></tr>
<tr><td>13:30~15:00</td><td>• 심리상담</td><td>상담관</td></tr>
<tr><td>15:00~17:00</td><td>• 영화시청 / 인성 및 나의 미래 교육</td><td>관리대장</td></tr>
<tr><td rowspan="4">(화)</td><td>08:00~09:00</td><td>• 명상의 시간 / 과업준비</td><td>관리대장</td></tr>
<tr><td>09:00~11:30</td><td>• 심리상담</td><td>상담관</td></tr>
<tr><td>13:30~15:00</td><td>• 군종장교 간담회 / 인성교육</td><td>군종장교</td></tr>
<tr><td>15:00~17:00</td><td>• 나의 각오 작성 / 발표 / 토론</td><td>상담관</td></tr>
<tr><td rowspan="4">(수)</td><td>08:00~09:00</td><td>• 명상의 시간 / 과업준비</td><td>관리대장</td></tr>
<tr><td>09:00~10:00</td><td>• 심리상담 / 입소자 최종평가 및 의(소)견서 작성</td><td>상담관</td></tr>
<tr><td>10:00~12:00</td><td>• 정신과적 평가 / 심의자료 준비(II)</td><td>정신과
군의관</td></tr>
<tr><td>13:00~17:00</td><td>• 영화시청
• 체육활동(족구, 개인체력단련, 산책 등)</td><td>행정관</td></tr>
<tr><td rowspan="2">(목)</td><td>08:00~09:00</td><td>• 명상의 시간 / 과업준비</td><td>관리대장</td></tr>
<tr><td>09:00~11:30</td><td>• 심리상담</td><td>상담관</td></tr>
</table>

구분			내용	주관
2주차	(목)	13:00~17:00	• 견학(2함대 안보공원 / 제암리 3.1운동 유적지 / 해병대사령부 역사관)	관리대장
	(금)	08:00~09:00	• 명상의 시간 / 과업준비	관리대장
		09:00~09:45	• 개인별 퇴소 준비 / 청소	행정관
		09:45~10:00	• 퇴소식	관리대장
		10:00~	• 퇴소(부모 인계 / 신변 인수증 수령)	행정관

현역 부적합 심사단계에서 부적응 병사를 담당하는 관리 인력은 군의관, 병영생활 상담관, 관리대장, 행정관, 관리병, 의무병, 최종 판정 심의위원회 등이다. 2주간의 관찰 및 그동안 진행되고 보고되어 왔던 각종 기록들을 통해 현역 부적합 심사를 하게 된다. 이 과정에서 상담인력의 부족, 군의관과 병영생활전문상담관과의 연계, 협력 부족, 잦은 군의관의 이동 및 변경 문제, 교육대장 혹은 인사과장의 지역사회 자원 연계 및 전문성 부족 등으로 코디네이터 역할의 어려움이 발생한다. 따라서 군사회복지사 제도의 도입, 전문상담관 채용 증대, 정신과 군의관과 상담관과의 co-work 협력체계 구축, 정신과 군의관 필히 배치, 병영생활전문상담관 교육훈련 및 연수 지원 확대 등의 제도적 개선이 요구된다.

이 단계에 오기까지 병사뿐 아니라 지휘관, 상담관, 동료 병사 등 여러 인력 및 전투력의 손실이 있어 왔다. 따라서 전문적인 식별 및 상담 기록이 이루어지도록 지휘관의 관찰, 기록 등에 관한 교육, 심리검사 도구의 비치, 군사회복지사를 두어 부모상담 및 지역사회 자원 파악 등이 이루어져야 할 것이다. 특히 군사회복지사 제도를 하루 빨리 두어 현부심이 이루어지는 기간 동안 그 지역의 필요 자원들을 연계하여 활용한다든지, 현역 부적합 심사가 이루어졌을 때 그 병사가 다시 지역사회로 안전히 돌아가서 사회에서 살아갈 수 있는 계획 수립이라든지 부모와의 상담, 필요시 후원 등의 자원 개발이 이루어질 수 있도록 해야 할 것이다.

이 단계에서 군 부적응 병사의 유형으로는 신체질환(훈련받다가 허리디스크), 동성애, 틱장애, 공황장애, 대인기피, 우울증(수면장애), 자살충동(여자친구와 이별), 강박장애, 좌절감(무기력함), 정신지체, 반사회성(공격성, 폭행), 과거 정신과적 병력(ADHD), 단체생활 부적응, 강한 개인적 성향, 집안 걱정, 범죄 등이다. 원래부터 반항적이거나 어떤 일을 하는 데 있어 잘 따지는 개인적 기질이 있는 경우 군 생활 적응에 어려움을 나타낸다. 이런 경우 고등학교 때부터 군대의 필요성, 국방의 의미 등에 대한 체계적인 교육이 필요하며, 훈련소에서도 군 생활에 대한 동기부여가 절실함을 알 수 있다. 그리고 이러한 유형들은 훈련소 단계에서부터 나타났던 부적응 유형과 크게 다르지 않았다. 심지어 성폭행이 있었던 사례도 있었다. 정보병, 통신병만 신원조회가 가능하지만 생활기록부에도 정신과적인 내용이 없어 서류상에 이런 내용들을 스크리닝할 수 없는 한계가 있다. 또한 소년범과 1년 6개월 이하는 제출하지 않기 때문에 노출되지 않아 범죄경력을 밝혀낼 수 없다. 이 단계에 오는 병사의 경우, 보충역이나 제2국민역이 아닌 원래 부대로 복귀하는 데 대한 불안이 큰 것으로 나타났다.

최종 현부심 단계에서는 그간의 보고와 기록, 추가 현부심 입소 단계에서의 생활을 보고 보충역, 제2국민역, 원복의 최종 판정을 하게 된다. 2010년 이후부터 현재까지 판정된 내용을 참고로 살펴보면 총 15명 중 보충역 7명, 제2국민역 7명, 부대 복귀 1명 / 총 20회 74명 중 제2국민역 14명, 보충역 51명, 원복 9명이다. 따라서 현부심 단계에 오기까지 소요되는 여러 비용을 비롯한 시간적·인적 노력들을 살펴보았을 때 되도록 빨리 부적응 병사를 정확히 식별하는 것이 군 운영에 도움이 될 것이다.

5 군복무 부적응 병사에 대한 외국의 식별 및 관리 사례

1) 미국

아프가니스탄이나 이라크에 파병되거나 파병임무를 마치고 복귀하는 미군을 관리하는 워싱턴 주 타코마 인근에 있는 '루이스-맥코드 합동기지'는 해외파병 장병을 교육하고 관리하는 미군의 주요 기지이다. 그런데 이곳 출신 장병들이 복무 적응을 원만히 하지 못해 폭력, 강도, 음주운전, 살인, 자살 등의 각종 범죄를 저지르고 있어 미국의 사회적 문제로 부각되었다. 2011년 한 해 동안 이 기지에서는 12명의 장병이 목숨을 끊었고, 지난 2년간 장병들이 주변 마을에서 총기를 들고 설친 사건이 24건이나 되었다. 또한 2012년 4월 우울증 치료를 받던 전투병이 고속도로를 질주하다가 경찰에 포위되어 자신의 머리에 총기를 쏴 자살했다. 그뿐만 아니라 일곱 살 난 딸이 알파벳을 외우지 못한다고 구타하고 고문을 가한 사건과 아내에게 휘발유를 끼얹고 불을 붙인 사건이 발생하는 등의 사고가 잇따르고 있다.

이라크와 아프가니스탄의 전쟁터에서 돌아온 참전용사들은 상당수가 외상후스트레스증후군(이하 PTSD로 약칭)에 시달리고 있으며, 미국의 경기침체로 인해 예비역 장병들의 사회정착에 필요한 일자리가 절대적으로 부족하였다. 2011년 12월 26일자 LA 타임스는 도시 전체가 전쟁에서 돌아온 병사들이 저지르는 자살, 가정폭력, 강도, 살인 등의 각종 비행과 범죄로 물들고 있다고 보도하였다.

미 육군은 전투를 경험한 병사 중 무려 13%가 PTSD 등 정신적 질환에 시달린다는 보고서를 발표한 바 있으며, 특히 이라크 주둔 미군의 20%는 정신건강 상태가 위험수준인 것으로 나타나고 있다. 한편 장기간의 해외 복무로 인해 가정해체 현상도 이미 위험수준에 육박한 것으로 판단하고 있다. 2011년 미 국방부가 발표한 바에 따르면 군인의 이혼 건수는 2만 9,400건으로 1999년 이래 최고 수준을 나타냈다.

현역 및 예비역의 정신적 건강문제뿐 아니라 배우자와 가족들의 정신적 건강도 우려수준인 것으로 파악되고 있다. 미 국방부 산하 월터 리스 육군의료센터가 2003년 5월부터 2004년 4월 이라크와 아프가니스탄 및 해외에서 복무한 육해공군 30만 명에 대한 정신건강 검진을 실시한 결과 이라크에 주둔했던 22만 2,620명 가운데 2만 1,620명이 PTSD로 진단되는 등 19%가 미군이 정한 정신건강 위험기준을 넘어선 것으로 나타났다.

(1) 2012년 신 국방전략지침

미군은 2년 단위로 국방전략지침을 발표해 왔다. 오바마 행정부에 의해 2012

년 국방전략지침이 발표되었으며, 그 내용은 주로 이라크 및 아프가니스탄 종전 이후 미국이 지향해야 할 국방전력과 군사력 배치와 국방예산 사용, 장병 및 그 가족의 복지를 다루고 있다. 이 중에서 장병의 사기진작과 군인가족의 복지 등을 언급하고 있으며, 미군은 의회의 압력에도 불구하고 향후 예산을 추가로 투입하여 장병의 정신건강과 복무의욕 증진, 부적응 장병에 대한 치료 프로그램 작동, 군인가족의 보호, 예를 들면 장병 가족들의 정신적 안정을 위한 상담, 필요한 직업교육 확대 등을 언급하고 있다.

(2) 미 육군 리더십 규정

미 육군 리더십 규정은 2007년 3월 22일에 발효된 것으로서, 미 육군의 리더십 성격과 내용을 규정하고 있다. 부하를 관리하고 지휘하는 데 있어 리더의 핵심역량과 조치 등을 규정하고 있으며, 동시에 장병 개개인도 Self leader라는 개념 하에 스스로 리더가 되는 역량을 규율하고 있다. 미 육군 리더십 규정의 전략적 목표는 잘 훈련되고 장비를 갖춘 장병 육성과 리더 개발이며 이를 구현하기 위해 '동등하게 높은 수준의 삶의 질을 제공받는 고도로 유능한 장병들로 구성된 완전 모병제 유지(Sustain an all-volunteer force composed of highly competent Soldiers that are provide an equally hight quality of life)'를 규정하고 있다. 또한 리더의 핵심역량으로서는 타인 이끌기(Leads other : 솔선, 동기부여, 영감부여), 솔선수범으로 이끌기(Leads by example : 리더의 롤 모델), 의사소통(Communicate : 자기 생각 자유롭게 표현, 경청), 긍정적인 조직 풍토 조성(Creates apositive : 인권친화적인 환경조성, 긍정적 의식 함양), 자기 자신을 준비하기(Prepares Self : 인격 구비, 부하 성장 계발), 타인 계발(Develops other : 개인과 팀의 격려, 유무형적 지원), 성과 내기(Gets results : 직무환경 개선, 윤리적인 풍토 조성) 등을 제시하고 있다. 이들 대부분은 미국 전통의 민주주의와 인권정신에 기반을 두고 기본적인 권리를 최대한 보호하는 가운데 장병 개개인이 복무를 긍정적이고 자율적으로 하도록 조장하여 복무 적응력을 강화하는 데 최종 목적을 두고 있다.

(3) 미 육군 공보업무(CI) 규정

미 육군 공보업무 규정(이하 CI로 명칭)은 지휘관과 부하 간에 적시적이고, 정확하고, 진실한 양방향 의사소통을 위한 목적으로 설치된 규정이지만, 상위적 목표는 장병 개개인의 복무 적응 능력을 육성하는 데 있다. CI 적용 대상은 장병, 예비역, 군인가족, 군무원, 사관생도, 민간보좌관 등이다. 이들이 자신의 임무와 기본적인 권리, 복지 등에 대해 잘 알고 있다면 그렇지 못한 인원에 비해 임무를 더 잘 수행하고, 사기가 더 높으며, 군대에 더 만족하고 타인을 배려한다고 확신하고 있다.

미 육군의 CI 규정의 구현 방법은 정확하고 균형을 이루며 진실한 정보를 모든 구성원이 신속하게 알게 하는 것이다. 정보의 평등한 공유를 통해 소속감과 책임감, 동질감, 전우애를 고양하게 된다. 따라서 정보는 어떤 개인도 조롱당하거나 소외되며, 차별의 대상이라는 느낌을 갖지 않는 방법으로 제시되어야 한다고 규정하고 있다. 이를 구현하기 위해 리더는 늘 부하들이 기쁜지, 열성적인지, 자신이 있는지, 무지한지, 욕구불만에 차 있는지, 실망해 있는지를 알아야 한다. 그리고 이러한 목적을 실현하기 위해 듣기, 읽기, 쓰기, 말하기 등의 커뮤니케이션 능력을 강조하고 있다. 이것은 부하들에 군복무를 하는 데 있어 적응능력을 현저하게 강화시켜 주며, 이를 위해 모든 리더는 커뮤니케이션 능력을 구비해야 한다고 강조하고 있다. 따라서 미군의 정보제공은 군사적인 정보로부터 봉급과 복지혜택, 교육기회, 군사재판 및 법률문제, 의료 및 건강, 스포츠 및 체력단련, 가정문제, 레크리에이션과 여행에 이르기까지 매우 다양하고 세부적이다. 특히 군인가족들에게는 야외훈련, 가족지원단, 부대 보직 및 변경, PX·면세점 같은 부대시설 이용, 의료지원 등에 관한 사항을 알려주어야 한다고 명시하고 있다. 이는 가족들이 직업군인의 긍정적인 복무에 끼치는 영향이 크다고 보기 때문이다.

(4) 미국의 군사회복지 프로그램

복무 부적응이나 정신건강을 위해 실시되고 있는 미군의 상담 체계는 의료적 케어 시스템 하에서 시행되고 있다. 육군·공군은 지휘계선에 포함되지 않으며,

해군은 지휘계선의 일부로 포함되어 있다. 그러나 약물남용의 경우는 민감한 사안이기 때문에 지휘계선(교육 및 평가)과 의료적 케어 시스템(치료 및 갱생)에 속한다. 모든 종류의 케어는 지휘계선에 보고되며 임무 재배치의 결정과 임무에 대한 적절성, 민감한 직무에 대한 조정능력은 모두 지휘계선과 의료적 케어 시스템 사이에서 협조되고 있다. 미군 상담관리 시스템은 군단, 군 사령부 및 육본급의 각급 제대에 상담관리 팀이 운영되고 있으며 대령급이 관리하고 있다. 그는 민간 사회복지가와 군사회복지가가 연관된 위기사항이나 질문에 대해 대답하거나 직무할당을 결정하는 역할을 하고 있다.

육군은 각급 사단별로 대령이 군 및 민간 사회복지가들을 관리하고 있으며 이들로 구성된 조직체가 있어서 이곳에서 육군 사회복지 최고 책임자와 정책을 결정하고 문제점을 해결한다. 또한 군 기지별로 사회복지서비스를 담당하는 총 책임자가 군인과 그 가족들의 서비스에 대한 책임을 지고 있다. 개별적인 제대에서는 사회복지가가 사단장과 연계되어 있으며 육·해·공군의 사회복지 최고 책임자는 육·해·공군 참모총장에게 직접적인 조언도 할 수 있다. 매년 직무능력 구축 및 경쟁력 있는 전문성 제고를 위한 전문가 회의를 실시하고 있다.

민간 및 사회복지사의 혼합형 구조가 바람직한 구조일 수 있는데, 군사회사복지사의 역할은 가정폭력, 약물남용, 정신보건 문제, 예방교육, 의료사회복지 분야에서 민간인 사회복지사들과 협조 시스템 구축하여 문제를 관리하며 전투 스트레스를 조정하고 부대 계선(일반적으로 사단급)상 직접적으로 연계하며 민간 사회복지사를 감독하는 것이다. 이를 통해 정신보건 문제에 있어 군의 명료성과 민감성에 직접적인 영향을 줄 수 있다.

군사회복지는 최상의 전투력을 유지하기 위한 제도로, 1973년 모병제에서 지원병제도로 전환하면서 군에 우수한 인력 획득이 전투력 증강에 최우선 과제라는 측면에서 접근되었다. 이것을 위해 다음과 같은 두 가지 측면이 강조되었는데, '삶의 질 향상'과 '경제적 문제'에 중점을 둔 것이다. 다시 세분하면 문화적 복지 분야인 MWR(Moral Welfare Recreation)과 경제적 복지 분야로 구분되어 획기적인 발전을 추구하였다. MWR은 군인과 그 가족의 안락함, 정신적·신체적 건강, 기쁨, 만족을 증진시키기 위해 국방성의 총괄하에 각 군별로 독립 운영된다.

그 범위는 임무유지활동, 지역사회 지원활동, 영업활동으로 구분하고 있으며 이 제도는 군인과 그 가족이 민간사회와 똑같은 생활의 질을 영위함으로써 육체적·정신적 복지 증진을 도모하여 전투 준비태세 확립을 목적으로 하고 있다(이흥윤, 2005).

이러한 제도를 더욱 효과적으로 운용하기 위해서는 군사회복지사들과 네트워크 형성이 필요하며 군사회복지사들의 순환보직에 대한 필요성도 제기된다. 1942년, 미국의 정신의학사회복지사협회가 전시 서비스국을 설치하고, 육군이 정신의학사회복지에 관한 일련의 사업계획서를 작성함으로서 1943년 1월에 공식 승인되었다. 미 육군의 군사회복지는 1980년대에 군 조직의 일부로 완전히 통합되면서 육군 내의 의료체계 내에서 정신보건과 의료사회복지 분야에서 중요한 역할을 담당하고, 군인들과 그 가족들에 대한 보건 및 사회복지서비스를 제공하고 있다. 또한 지역사회서비스의 개발과 파병 시 특별팀의 일원으로 참가하며, 교도소 내 지원 서비스를 실천하고 있다. 현재의 미국 군사회복지제도는 의료사회복지서비스와 가족보호 프로그램에 집중하고 있는데, 군의 정책사항에 대한 조언과 필요한 경우 정책수립과 실천과정에 개입하도록 확대될 필요가 있다. 대규모 민간 인명피해, 자연재해로 인한 대량 인적손실, 내전 및 무정부 상태로 인한 심리적 긴장상태와 같은 상황에서 도움을 제공할 수 있다.

육군 사회복지사는 의료센터나 병원에서 광범위한 의료서비스나 퇴원계획의 수립, 가족지원서비스 등을 제공하며, 전문적으로 훈련된 사회복지사는 가족실천 레지던트 프로그램에서 교육을 담당하게 된다. 특수 가족프로그램에서 정신적이고 육체적으로 고통을 받는 환자들에게 서비스를 제공하기도 하며 교도소 내 입원환자, 직원, 가족구성원에게 정신보건을 포함한 여러 가지 서비스와 결혼과 가족문제 상담, 아동과 청소년 상담, 위기 개입 서비스 등을 제공할 수 있다.

육군기지 내에 있는 지역사회서비스기관의 사회복지사는 지역사회의 다양한 서비스를 개발하며, 군인가족들이 지역사회에서 잘 생활할 수 있도록 돕는 활동을 전개한다. 그리고 지역사회 내에서 해결할 수 없는 문제는 상부조직에 보고하고 정책제안, 재정자문, 프로그램 자문 등을 수행할 수 있다. 또한 사회복지사, 정신분석 전문의, 심리학자로 구성된 특별팀을 구성하여 국제 파병 시 부대마다 배치되어 전쟁 중 병사의 스트레스를 관리해 주고, 귀국이나 재파견과 관련하여 재적응 문제를 돕는다.

① 상대방 입장 고려하기 프로그램 적용

미 육군에서 시행 중인 '상대방 입장 고려하기(Consideration of Others) 프로그램'은 구성원 상호간에 신뢰심과 결속력, 전투준비태세 강화, 그리고 복무적응 능력을 강화하는 데 있다. 이 프로그램은 개인 및 공통적 관심사, 예를 들면 삶의 질 향상, 다양한 환경에서의 민감도(Sensitivity), 신뢰감과 결속력 구축 등에 대한 서로의 생각을 나누게 한다. 상대방 입장 고려하기 프로그램에는 모든 군인과 군무원이 1년에 8시간 참여해야 하며, 학습효과를 고려하여 15~25명 단위로 학급을 편성한다. 토의 내용은 실제 생활에서 일어나거나 일어날 수 있는 것을 과거의 사례를 들어 심층적으로 토의한다.

② 윤리적 풍토 평가 조사서(ECAS) 작성하기

미 육군에서는 모든 지휘관으로 하여금 정기적으로 부대에 윤리적 풍토를 얼마나 조성하고 있는지를 스스로 평가하도록 하는 제도를 채택하고 있다. 이 조사서는 설문문항형식으로 되어 있으며, 1~5점까지 부여하도록 되어 있다. 조사 내용은 자신과 부하 개개인의 품성(우리는 누구인가?), 부대와 부서의 정책과 실제(우리는 무엇을 하는가?), 부대 리더들의 행동(나는 무엇을 하는가?), 환경적 요소들(무엇이 우리를 둘러싸고 있는가?)에 대한 것으로서 각 영역마다 5~6개의 질문사항이 설정되어 있다. 미 육군이 모든 리더로 하여금 윤리적 풍토 조사서를 스스로 작성하게 하는 것은 부대의 임무를 수행하는 데 있어 얼마나 윤리적이고 도덕적이며 인격에 기초하고 있는지를 진단하기 위해서이다. 이러한 작업은 장병들에게 군대에 대한 긍정적인 이미지와 긍지를 가지게 하며, 개개인의 기본 권리와 인권을 보호하여 복무 적응을 강화하는 데 도움이 되고 있다. 이런 점에서 미군은 전투를 지속하고 있는 군대이지만, 군대가 공정하고 투명하며 차별이 없고 인권이 침해되지 않는 가운데 사기복지를 꾸준하게 강구함으로써 더욱 강한 군대를 육성하는 노력을 기울이고 있다고 평가할 수 있을 것이다.

③ 자살사고 예방 프로그램 적용 지침

이 프로그램은 '미 육군 건강 및 예방의학센터(U. S. Army center for Health Promotion And Preventive Medicine)'가 자살사고를 예방하기 위해 개발한 교관용 지침서로서 장병 상호간에 자살사고 징후에 대해 질문하는 방법, 위험에 처한 전우를 도와주는 방법, 전문가에게 자살사고 위험 대상자를 인도하는 방법 등을 구체적으로 다루고 있다. 이 지침서의 제1장은 자살 징후 토의로서 여기에서는 감정과 토의, 자살 위험신호 및 위험요인, 우울증과 자살 이유를 다루고 있다. 제2장은 위험요인 토의로서 부정적인 위험요인, 긍정적인 위험요인, 개인의 긍정적인 요인, 부대의 긍정적인 요인, 군민공동체의 긍정적인 요인, 장병의 복원력, 복원력 배양 방법, 육군의 가치관을 소개하고 있다. 제3장에서는 'ACE' 개념 및 기법을 소개하고 있다. 여기에서 'ACE'란 질문하는 방법(Ask), 보살피는 방법(Care), 전문가에게 인도하는 방법(Escort)으로서 상담기법과 연계하여 매우 구체적으로 다루고 있다. 제4장에서는 'ACE' 기법에 의한 역할극 실습이며, 제5장에서는 교육자료를 활용하고 실습하는 내용을 다루고 있다.

이와 같은 'ACE' 지침서는 앞서 설명한 아프가니스탄과 이라크 작전 이래 2002년과 2007년 사이에 자살사고가 급증한 것에 대한 대응조치로 작성된 것이다. 2005년의 경우 미 육군의 자살률은 10만 명당 13명이었으며, 2006년에는 98명이 자살하였다. 이 중 자살로 인한 사망의 87%는 현역장병이었으며, 42%는 파병장병이거나 12개월 안에 파병 경험이 있었던 장병이었다. 미 육군의 'ACE' 지침서는 자살 위험에 직면한 장병들을 위기에서 구출하기 위한 것이 주목적이지만, 프로그램 교육을 통해 복무에 대한 인식과 신념, 태도를 긍정적으로 전환하여 복무 부적응자를 적응자로 전환하기 위한 유용한 도구라고 할 수 있다.

2) 유럽(터키, 독일, 프랑스, 스웨덴)

(1) 터키

터키에서는 적응 및 부적응에 대한 개념은 별도로 정립하지 않고 있으나, 매년 실시되는 근무평정에 의해 적응자와 부적응자를 구별하고 있다. 간부의 경우 부적응자는 군에서 퇴출되며, 조기 퇴출된 간부는 민간인 신분으로 공직 또는 일반회사에 취직할 수 없다. 군 생활 적응 및 부적응과 관련된 프로그램으로 간부의 경우 모집단계에서 경찰과 국정원에서 지원자에 대한 배경검토 조사를 통해 선발 시 적용한다(경제관념, 주변에서의 평가, 국가관 등). 임관 전 지휘관이 교육예시 40개의 평가항목으로 구분된 평가를 실시하며 각 항목당 100점을 만점으로 평가된다. 평가 항목 중 1항(국가에 대한 충성도 : 정치관 등), 2항(복무자세), 3항(마약 취급자 또는 가족관계, 금융문제 등)은 모두 100점을 받아야 하며, 미달자는 부적응자로 분류, 적부심의위원회에 회부된다. 기타 항목에 대해 평균 30점 이하는 적부심의위원회에 회부된다.

간부는 임관 후 복무 중에도 동일하게 40개의 평가 항목 중 1, 2, 3항에 대해 100점 만점을 받지 못한 자와 평균 30점 이하 장교 및 부사관은 부적응자로 적부심의위원회에 회부되어 최종적으로 조기 퇴출이 결정된다. 대령 이하 장교 및 부사관은 각 군에서 적부심사를 통해 조기 퇴출되며, 대령 이상 장교는 총사령부에서 적부심의위원회에서 최종 결정되어 조기 퇴출된다. 군 생활 적응이 우수한 부사관(근무성적 우수자)는 계약직으로 장교로 임용될 수 있다. 장교의 경우 근무성적 우수자는 2회에 걸쳐 1년 조기 진급하는 제도가 있다. 병사의 경우 매주 2회의 지휘관 정신교육을 의무적으로 실시하고 있으며, 간부들은 소속 병사들에 대한 상황을 주기적으로 소대장 및 중대장에게 보고하게 되어 있다. 근무가 불성실한 자는 추가적인 업무를 주며, 합당한 상관의 명령에 불복종하는 병사들은 군기교육대로 보내지고, 군기교육대에서의 일과는 의무복무기간에서 제외된다.

병사들의 군 생활 적응을 위한 정책으로는 신입병사들의 군 생활 적응을 위해 '생명전우' 제도를 도입 운영하고 있는데, '생명전우'란 상호간 전투 중 생명을 맡길 수 있는 전우를 말한다. 통상 신입병 부임 시 상병과 일대일로 관계를 유지시켜 주는 제도로서 상호간 병영생활에 대한 일거수일투족을 확인하고, 신입병이 병영생활에 적응할 수 있도록 지원하며, 애로사항에 대해 소대장에게 보고하는 제도이다. 이 제도의 도입으로 현재 큰 성과를 나타내고 있다. 소대장은 의무적으로 3개월에 1회씩 병사들과의 면담을 통해 병영생활에 대한 애로사항을 청취하고 정신적 스트레스가 있는 병사들에게 특별휴가를 주는 제도가 있다. 소대장 및 중대장은 병사들에게 경험담 또는 미래설계 등 각본이 없는 정신 훈화를 수시로 하고 있다. 장교 및 부사관은 복무 중 평가 항목 1, 2, 3항은 반드시 100점 만점을 받아야 하며, 평가 기준 미달자는 즉시 적부심의위원회에 회부된다. 또한, 복무 중 금융문제가 발생하거나 신용불량자는 확인되는 즉시 적부심의위원회에 회부된다. 군복무 중 마약 판매 및 흡입, 결혼 후 부적절한 성관계 등은 적부심의위원회에 회부되는 항목이다. 이혼에 대한 제한은 없다. 장교는 대부분 군인고등학교(4년), 사관학교(4년), 병과교육(1년)을 마쳐야 장교로서 복무가 가능하며 교육기간 중 국가관과 군인으로서의 복무 자세 등에 대해 엄격한 교육을 받고 있다.

(2) 독일

독일 연방군에서는 생활 부적응이라는 표현이 없다. 독일 연방군은 더 이상 징병제를 운용하지 않고 직업군인제로 전환하였다. 그리고 많은 군인이 영내에 거주할 의무가 없다(단지 신병훈련 기간 일부, 훈련 기간은 제외). 따라서 많은 인원이 폐쇄된 좁은 공간에서 집단생활을 하는 데서 발생하는 생활 부적응 자체가 원천적으로 발생하지 않는다. 군에 지원하는 모든 인원(계급 불문)은 군대에서의 생활이 어떻다는 것을 사전에 충분히 설명받기 때문에 본인 스스로 군복무 여부를 판단하거나 신병(자원복무병) 입대 초기에 군 생활이 본인에게 맞지 않다고 판단되면 아무 때나 군복무를 중단하고 귀향할 수 있다. 군 생활 적응 및 부적응과 관련된 다양한 프로그램을 보면 연방의회 군특명관 제도가 있다.

독일 연방군은 군 생활 부적응을 포함한 장병의 인권보장을 위해 연방의회 군특명관(Wehrbeauftragter) 제도를 운용하고 있다. 독일 연방의회에서는 군의 인권보장을 위해 군특명관 1명을 선출한다. 그 예하에 별도 조직을 두어 군부대 및 병영 내 인권 관련 현안 발생 시 신고접수 및 수사를 진행하여 매년 연방의회에 보고한다. 본래 목적은 히틀러 같은 독재자가 출현하여 인권을 유리하는 행위가 재발하지 않도록 하는 것이다.

표 8-9 | 군특명관실 조직도(인원 약 50명)

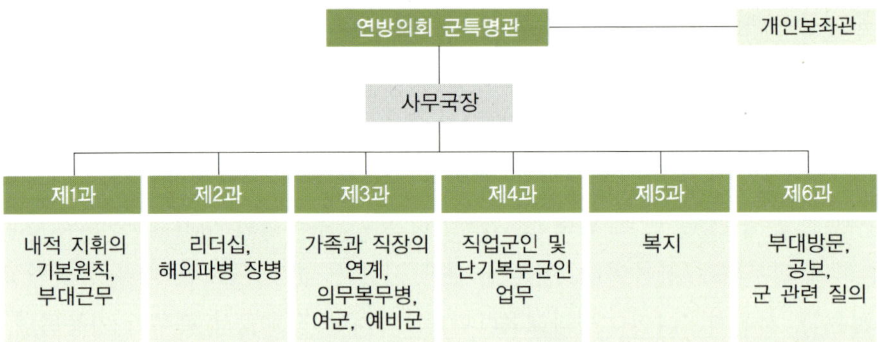

각종 프로그램은 먼저 기본교육으로 중대장은 입대 즉시 신병에게 군법교육 및 장병의 권리와 의무에 대한 교육을 실시한다. 또한 중대장은 입대 신병에게 연방의회 군특명관 제도를 자세히 설명하고 특명관의 연락처(주소, 전화번호 등)를 직접 고지한다. 군특명관 연락처는 각 중대 현관에 게시되며 장병들은 군특명관 제도를 군내 인권문제 발생 시 가장 빠른 해결방법으로 인식하고 있다. 또한 대표병사 제도가 있는데, 이것은 장병들이 자체 선출하며 개인고충 등 장병의 이해를 대변한다. 이들은 중대장과 수시 면담 및 대대장과 월 1회 면담 실시하게 된다. 훈련 열외로 병사의 신체능력이 행군, 체육활동, 야외훈련 등의 야외활동에 부적합할 경우에 지휘관과 협조하여 군의관 승인 하에 일정 기간 야외훈련에서 열외시킬 수 있다.

병가는 질병 등으로 복무가 불가할 경우 지휘관과 협조하여 군의관 승인 하에 일정기간 자택 요양할 수 있으며, 종교 활동을 통한 프로그램으로 대대별로 인근 지역 교회/성당과 자매결연을 하거나 매월 1회 종교행사 시 신병들이 성직자를 면담하여 집단소외, 집총에 대한 공포 등 개인 고충을 토로할 경우 성직자는 지휘관과 협조하여 사안별로 지원할 수 있다. 일반 군 생활 적응과는 구분되는 전투상황에 대한 심리적 적응을 위한 활동 및 프로그램을 보면 최근 독일 국방부는 해외파병임무 중 전투경험에서 발생하는 심리적 스트레스로 인한 질병인 외상후 스트레스증후군(PTSD)의 심각성을 인식하고, 차관 직속의 심리치료담당관을 신설 운용 중이다. 아울러 PTSD 증상을 호소하는 장병에 대한 질병 인정 및 이에 대한 지원제도를 확대하고 있다.

(3) 프랑스

프랑스는 국내 부대 내에 심리상담관을 운용하고 있다. 병/장교들의 애로 및 적응 상담을 위한 별도의 심리상담관 제도를 운용하지 않고, 장병 모집을 위해 실시하는 신체검사 시 심리적으로 군 생활 부적응 가능성이 있는 후보자를 파악하여 선발 여부에 반영한다. 직업군인제로 완전 전환한 주재국은 군 직업의 특수성 및 제약을 충분히 이해하여 장기적으로 근무할 수 있는 유능한 장병 모집을 위하여 사전에 심층면접을 실시한다. 또한 계약기간을 다양화(육군 : 2년, 3년, 5년씩, 해군 : 3년, 10년)하고 엄격한 절차를 걸쳐 군이 필요로 하는 검증된 인원만을 장기 계약하고 있다. 기 복무자 중 심리적으로 문제가 있는 장병들의 경우 군부대 군의관이 판단하여 군병원 혹은 일반 병원의 정신과 상담진료, 약물치료 혹은 병가를 통해 문제를 해결하도록 한다.

그리고 대외작전지 심리상담사 운용하고 있는데 군의무국에 소속된 소수의 전문 심리상담사들이 있으나 이들은 대외작전지에 파견되고, 현재 아프가니스탄의 경우 전문 심리상담사가 현지 작전사령부에서 자문으로 근무한다. 기타 아프가니스탄에 파병된 부대에는 관련 교육을 받은 인적 환경 장교(OEH : Officier Environment Humain)가 배치되어 있고, 각 소대에는 심리문제 관련 교육을 이수한 병 혹은 부사관 1명이 지정되어 심리 지원이 필요한 인원을 사전 탐색하고 필요 시 육군 심리지원실(Cellule psychologique de l'Armée de Terre)이 개입하도록 한다. 아프간 파병 인원 중 특히 급조폭발물 폭발현장 경험 혹은 시신 및 부상자 수거 경험이 있는 장병들에 대해서는 국내 복귀 후에도 정기적으로 심리관리를 실시한다.

프랑스에는 근무 부적격 심의위원회가 있다. 근무 중인 병이 근무에 지장을 초래하는 신체적 질병 혹은 정신장애를 겪는 경우 근무 부적격 심의위원회(Commission de Réforme)를 소집하여 근무 부적합 판정 시 관련자의 계약을 해지한다. 근무 부적격 심의위원회는 국방장관이 국·내외 각 군별로 한 개 또는 여러 개의 위원회를 설치하며 병을 포함한 모든 군인의 근무 부적합 판정 심의를 담당한다. 위원회의 구성은 국방장관령으로 임명되는 위원장(과장급 군의관) 1명 및 위원 2명(군의관 1명 및 장교 혹은 상급부사관 1명)이다. 위원회 소집은 해당자 본인이 신청하거나 직속상관의 요청에 따라 해당자 소속 군 인사국에서 군의관의 소견서를 첨부하여 국방장관에게 요청한다. 위원회 심의는 비공개로 실시되나 필요하다고 인정되는 모든 참고인을 소환하여 의견을 청취하며 해당자는 자신이 선택한 변호사를 동반할 수 있다. 위원회 결정은 국방장관 및 해당자에게 통보되고, 국방장관은 위원회의 결정을 토대로 근무 부적합 결정을 내린다.

프랑스군은 현재 완전히 직업군인제로 전환되어 장교/부사관뿐 아니라 병도 기혼자의 경우 본인의 희망에 따라 영외에서 거주할 수 있음은 물론 주말 외박도 가능하여 일반 공무원과 큰 차이가 없는 비교적 덜 제약적인 생활을 하고 있으므로 근무 환경을 아군과 비교할 수 없는 것으로 판단된다.

군사회복지정책은 매 10년 주기로 복지중장기지침서를 발간하고 있다. 맞벌이 부부를 위한 보육시설의 확충과 군 자녀를 위해 대도시에 기숙사를 제공하고 있다. 또한 군 자녀의 대학 입학 시 대출을 지원하고, 장애인 자녀에 대한 특별 지원을 하고 있다.

한편 군복지정책의 이 같은 특성에 근거하여 원창희와 이원배(1994)는 군복지의 영역을 군인들에 대한 경제적 욕구 충족을 위한 경제적 복지와 군인가족과 군사 임무의 편의를 제공하기 위한 문화적 복지로 대별하고 있다. 특히, 이들은 군복지정책 중 경제복지에 비해서 문화복지정책이 미흡하다고 보고 문화복지정책의 확대를 주장하고 있다. 문화복지는 금전적 혜택은 없지만, 신체적 및 정신적 건강을 위해 제공되는 비금전적 혜택으로서 영내(직장), 영외(가정)에서 영리행위 유무 기준에 따라 군사임무, 가족지원, 영업활동 복지의 세 가지로 세분화하고 있다.

표 8-10 | 군복지의 범주

범주		활동
경제적 복지		보수, 병영시설, 의료시설, 관사, 군인연금, 건강보험, 자녀 학자금 지원, 위생시설, 독신숙소, 직업보도, 직업훈련
문화적 복지	군사임무 복지	실내외체력단련, 오락시설, 도서관, 문화시설(강당, 영화관, 취미활동실)
	가족지원 복지	자녀교육(장학금 지원, 학자금 대부, 자녀기숙사), 생활용품, 주거환경(놀이터, 교통, 상가)
	영업활동 복지	매점, 골프장, 볼링장, 숙박시설, 복지회관, 할인매장, 레저, 스포츠 등 위탁시설, 자동차 정비/세차, 주유소

자료 : 원창희 외(1994)

특히 문화적 복지의 한 유형인 군사임무와 관련된 복지는 근무지 내에서 군인의 신체적 및 정신적 건강을 위해 필요한 복지로서 군사 임무수행 상 반드시 필요한 기본적인 생활이며, 가족복지는 영외의 군인가족이 물질적·심리적으로 안정될 수 있도록 지원하는 복지활동으로서 사회 평균 문화수준을 유지하는 데 기여함을 목적으로 한다.

(4) 스웨덴

스웨덴군은 현재 기존의 영토방위군 체계에서 해외 군사작전 수행 능력을 갖춘 조직으로 재편하는 과정에 있다. 따라서 스웨덴군의 군 생활 적응 및 부적응에 관한 세부 개념은 국제작전 수행 시의 환경과 밀접한 관계를 맺고 있다. 스웨덴군의 군 생활 적응 및 부적응에 관한 세부 개념에 있어서 ‘정신건강’은 중요한 부분을 차지하며, “군사적이나 사회적인 기능을 원활하게 수행하며 군 생활 동안의 스트레스와 중압감에 대처하고 극복할 수 있는 역량”이라고 정의한다. 스웨덴군은 해외작전에 투입되는 모든 병사의 정신건강을 증진시키기 위한 시스템을 갖추고 있으며, 미국 해병대와 해군의 전투 및 작전 스트레스 조절(COSC; Combat and Operational Stress Control) 개념에 일부 기반을 두고 있다.

군 생활 적응 및 부적응과 관련된 다양한 프로그램으로 작전 배치 이전의 준비 훈련 기간 동안 근무 중의 스트레스, 스트레스 반응, 대응 방안 등과 관련하여 군사심리학자가 주관하는 2시간의 수업을 실시하며, 병사들로 하여금 이전 작전 기간 동안의 경험과 현재의 상황을 고려하여 자신만의 스트레스 대응법을 마련할 수 있도록 도움을 주는 데 중점을 두고 있다. 수업의 또 다른 목적은 군인에게 있어서 정신건강은 필수적이라는 인식을 심어줌으로써 임무수행을 위해서는 정신적 건강이 육체적 건강만큼이나 중요하다는 점을 강조하기 위함이다. 병사들은 또한 자신뿐만 아니라 함께 작전을 수행하는 동료들의 상태를 진단하고 그에 상응하는 대처 방안을 스트레스 연계 모델 수업을 통해 배우게 된다.

해외에서의 작전 수행 기간 동안 병사들은 감정적, 사회적, 그리고 육체적인 여러 형태의 스트레스 요인에 노출된다. 일반적으로 육체적으로나 정신적으로 건강함을 유지하는 것은 병사 자신과 병사의 상관에게 달려 있다. 육체적으로나 정신적으로 고달픈 사건을 경험한 후 나타나는 반응은 내부 사후평가(After Action Review)를 통해 처리한다. 특정 상황에서는 상관이 사후평가를 주관하며 인사관리담당관에게 자문을 구할 수도 있다. 정신건강 유지와 효과적인 군 생활 적응을 위해서 사후평가제와 조직 내 병사들 상호간의 협조는 매우 중요하다. 스웨덴군은 해외 작전 완료 후 스웨덴으로 돌아온 모든 병사들의 심리상태를 귀향 절차에 따라 관찰한다. 전투 환경에서 일상생활로 복귀 후 겪는 심리적 변화, 다른 병사들의 경험 사례, 병사들에게 제공되는 지원 등에 대한 정보를 제공하는 교육이 실시되며, 스웨덴군 인적관리센터 소속 군사심리학자가 해당 교육을 주관한다.

모든 귀향 병사는 각종 심리지표검사(WHO-5, HAD, PC-PTSD, CES)를 받게 하여 외상후스트레스장애(PTSD), 불안감, 우울증, 일반 생활 만족도 등의 검진 및 측정을 수행하며 검사 결과에 따라 해당 병사가 심리적 도움이 필요한지에 대한 여부를 결정한다. 심리검사를 거친 귀향 병사는 집단 개입 프로그램에 참여하여 임무수행 기간 동안의 경험을 되돌아보고 귀향에 따르는 희망과 두려움의 감정을 함께 나눈다. 또한 집단 개입 프로그램 운영을 통해 별도의 관심이 필요한 병사를 파악할 수 있으며, 해당 병사는 군사심리학자와 추가적인 상담을 거친 후 지역 내 군병원이나 민간 정신과의사에게 위탁하게 된다.

귀향 병사들에게 가장 흔히 나타나는 문제는 작전 배치 기간 동안의 과도한 업무로 인해 누적된 스트레스 반응으로서 불면증, 심리적 불안, 흥분 같은 증상을 수반한다. 이러한 증상 대부분은 5회의 심리치료 이후 크게 호전된다. 심각한 증상을 동반하는 경우 추가적인 심리치료가 필요하나 스웨덴군 병사들에게 흔히 나타나는 현상은 아니다. 4~6개월 이후 교육, 심리지표검사, 상담 같은 귀향 절차와 유사한 후속 조치를 실시한다. 이 기간 동안 스웨덴에서의 일상생활에 적응하는 시간을 가진 병사는 자신의 상황이 어떻게 변해 왔는지 되돌아볼 수 있는 기회를 가지며, 심리치료가 필요한 경우 스웨덴군 인적관리센터나 지역 내 군병원을 방문하도록 권고한다. 군 생활 적응 우수자는 동료들의 존경과 신임을 얻는 사회적 인센티브와 진급 같은 직무상의 인센티브를 획득할 수 있다.

사관학교(Karlberg)에서 실시하는 장교 기초훈련 과정은 군사심리학과 정신건강관리에 대한 교육을 포함하고 있으며, 전투 상황에서의 심리적 요인이 갖는 중요성 대해 강조한다. 군대 내 인권 보장과 관련된 제반 활동, 그리고 스웨덴 사회와 스웨덴군에게 있어서 인간의 평등과 인권은 핵심적인 가치로서 개개인 모두는 그러한 핵심 가치를 수호해야 할 책임을 지닌다.

3) 아시아(중국, 대만)

(1) 중국

중국은 군사의학과학원 기초의학연구소에서 '전군 군사 인지 및 심리위생연구센터'는 장병들의 심리건강 파일을 구축, 최초로 잠수함부대의 장병들을 대상으로 실시하였다(06년도). 평시 군대는 재난구조, 국제평화유지, 대테러·폭동진압 등 각종 위급하고 험난한 임무를 수행하며, 전시에는 더욱더 부상이나 죽음 같은 위협에 직면한다. '전군 군사 인지 및 심리위생연구센터'는 미래 전장이 군인들의 심리적 바탕에 미치는 특수한 요구에 착안하여 부대와 부대원이 심리적 건강 상태를 유지하는 '방화벽'을 만들고자 노력한다. 연구센터는 심리전문가 팀을 조직하여 모 해군 잠수함부대에 심리서비스 업무를 전개한다. 전문가들은 잠수함부대의 임무 특성과 생활환경에 집중하여 장병들에게 심리건강교육 강좌·심리자문·심리소통 등을 개설하였고, 장병들을 도와서 심리건강 파일을 만들었다.

심리건강 파일을 만드는 것은 장병들의 심리적 특징과 건강 상태를 이해하고 장악하는 데 도움이 되며, 적시에 심리적 질병을 치료하고 심리적 장애를 제거할 수 있다. 그뿐만 아니라 각기 다른 사람에 대해 적합한 분류를 하여 정확하게 임무를 부여할 수 있다. '전군 군사 인지 및 심리위생연구센터'는 군대(군인)가 정신적인 손상을 입는 데 대한 의학방호·심리전 생물의학 효능 및 특수환경·돌발사건에 대한 스트레스·인지과학연구를 하는 전문기구이다. 이 연구센터는 2008년 사천 대지진 후 재난구조에 참가한 약 13만 명의 장병들에 대해 샘플 조사 등을 실시, 그중 500여 명의 장병에 대해 전문 진단과 심리 소통, 심리치료를 진행하였다. 이 작업은 비전쟁 상황 아래의 특수한 조건하에서의 군사인원에 대한 심리적 스트레스 상태 관련 데이터를 보존하는 좋은 기회가 되었다.

(2) 대만

대만은 군 생활 부적응 장병 관리를 위해 '국군 지역 심리위생센터' 및 '24시간 심리상담전화'를 운영하고 있다. '국군 지역 심리위생센터' 및 심리상담전화는 국방부 군의국(軍醫局)에서 운영되는데 동 센터는 군복무 중인 장병들이 심리적·정서적 고충을 겪을 경우 이들에 대한 심리상담을 통해서 문제를 해결해 주는 데 있다. 상담을 요하는 장병들은 우선적으로 군내 심리상담 전화 또는 지역별 동 센터를 방문하여 애로사항을 상담할 수 있다. 전화상담 요원들은 상담전문가, 사회복지사, 정신과 군의관 등으로 구성되며, 24시간 운영하고, 상담 결과는 상황에 따라 가족 및 소속부대에도 통보한다.

전화상담만으로 충분하지 않을 경우에는 대상자를 먼저 '국군 지역 심리위생센터'로 옮겨 상담 및 치료를 하고, 여기에서도 뚜렷한 개선이 없을 경우 다시 '국군병원'으로 옮겨 전문 치료를 하게 되며, 그 결과에 따라 부대별 부적격 심사를 통해 군 생활 지속 여부를 최종 결정한다.

4) 이스라엘

이스라엘의 현역병 복무 부적합자 처리제도는 신체검사 과정과 유사한 과정을 거쳐 부적합자로 의뢰된 자원에 대하여 판정처리 하고 있다. 현역병 복무 부적합자 처리 과정은 가장 먼저 부적합 유무를 검증하는 것으로, 신원 자료를 관련서류와 면밀히 대조하고 기존 신체검사를 하게 된다. 군병원, 충분한 전문가 및 검증 시스템을 완비하여 최종 판정을 내리게 되는데 이때 검증부서는 행정기관장, 선병사무소장, 공무원 등으로 구성된 위원회에서 면밀하게 검토하여 최종 판정을 한다. 전 단계에서 이루어진 절차를 확인하고, 최종 판정서류에 위원회 위원들이 서명함으로써 부적합자를 처리하게 된다. 현역 부적합 대상자에 대하여는 군 지위 문제에 상당한 문제점을 안고 있다고 하나, 보안상의 이유로 유형이나 현황은 공개를 꺼려한다.

병역제도는 징병제이며 병역 복무는 14~54세(여자는 34세)까지이다. 병무행정 담당기관은 군인력부(Israeli Defence Force)이며 총사령부의 인사 및 부관참모가 담당하는데, 별도의 병무행정 기구 없이 군에서 담당한다. 병역의 종류 및 복무기간은 다음과 같이 분류될 수 있다. 가드나는 14~17세로 준군사적 훈련을 받게 되며, 현역은 18~20세로 남자는 3년, 여자는 20개월 복무한다. 이때 여자의 경우 아이가 있을 경우 면제된다. 제1예비역이 되면 연간 55일 훈련받게 되며 제2예비역은 연간 38일, 민방위역 또한 연간 38일 훈련을 받는다. 병역을 위한 신체검사 제도는 다른 나라와 달리 징병검사와 동시에 징집되는 것이 특징이다. 따라서 징병검사를 입대 개념으로 볼 수 있다. 신병징집사무소에서는 징병 의무자를 징집하여 수용본부대에 집결시키고 신체검사로 선발하여 분류하고 부대별로 배치한다. 신병훈련소에 입영시켜 15주 기본훈련을 시킨 다음 근무부대에 배치하게 되는데, 징병검사에 대한 연기나 면제제도는 존재하지 않는다.

신병의 선별 과정은 입영 전에 체력, 특기, 직업, 가족사항 등의 개인기록 참고하는데, 사실상 성장하는 과정에서 '가드너' 등에 의해 완료된 상태이다. 언어능력, 학력 및 경력, 지능, 면담의 4개항을 측정하여 군의 소요에 맞춰 병종을 결정하고 배분한다. 현역병 복무 부적합자 처리제도를 살펴보면 부적격자 유형으로 전투로 인한 정신장애, 군 환경 부적응으로 인한 정신장애, 개인, 가정문제로 인한 우울 증세 등으로 분류된다. 현역병 복무 부적합자 담당기관은 Medical Corp 산하 Mental Health Center를 운영하고 있으며, 예하 각 지역에도 동일한 하부기관이 존재한다. 동 기관은 전 장병에 대해 업무를 담당하고 있으며 지역적으로 독립 건물로 인근 부대 장병 관리를 하고 있다. Mental Health Center 임무는 장병들에 대한 모든 정신적 질환에 대해 전담하여 증세 조기발견에 역점을 두고 증세 치료 후 군복무를 정상적으로 할 수 있도록 하는 것이 주목적이다. 다만, 치유가 장기 소요되고 군복무 부적합 판단 시 퇴역 조치한다.

군복무 부적합자 조치는 장병이나 개인 및 지휘관의 신청에 의해 접수된 질환에 대하여 우선적으로 전문 상담 부서에서 상담을 통해 증세를 진단하고 질환의 유형을 판단한 후 해당하는 치료과정을 수행한다. 이때 퇴역 조치가 필요하다고 판단될 때는 관련 위원회를 통해 결정한다. 이스라엘의 병역제도는 그들이 처해 있는 독특한 국방환경에 따라 모든 국민이 곧 군대라는 의식으로 무장되어 있으며, 국방은 바로 생존의 수단인 동시에 목표라 할 수 있을 만큼 생활화되어 있다. 따라서 위와 같이 군복무 부적합자로 판정이 나게 되면 자국민의 냉대 및 사회생활 모든 부문에서 차별을 받게 되어 실질적으로 부적합자로 판정되는 경우는 거의 없는 실정이다.

5) 외국 사례를 통해 본 시사점

군복무 부적합 대상자는 어느 나라 군대든지 존재한다. 그러나 이스라엘은 그러한 부적합자가 면제로 판정되어 전역 후에 사회생활을 하는 데 있어 제도로써 평생 불이익을 감수해야 한다. 따라서 부적합 대상자로 판정받기를 꺼려한다는 것이 우리나라와 다른 점이라 할 수 있다. 또한 고등학교를 졸업하면 반드시 군복무를 필해야 사회생활을 할 수 있도록 제도화되어 있다. 군대를 갔다 오지 않으면 같은 직장생활을 하는데도 보수 면에서 군대를 필한 사람보다 월급을 30%나 적게 받기 때문에 사회생활을 영위하기 어렵다. 마지막으로 남녀 모두 군복무 의무가 있기에 군대를 필하지 않으면 친구들로부터 따돌림을 당한다. 따라서 특별한 장애가 없는 한 복무를 원하고 있으며, 특히 공직에 나갈 때 군복무는 필수적이다.

표 8-11 | 현역 복무 부적합자 처리(이스라엘 사례)

처리절차	1. 정신적 부적응자를 전담부서인 '정신건강센터'로 이송 2. 전문 상담을 통한 증세진단 및 유형분류 3. 해당 치료과정 수행 4. 전역 필요 판단 시 관련 위원회 회부
심의	1. '정신건강센터' 1차 치료 후 - 치료에 장기간 소요- 복무 부적합 판단 시 2. 관계위원회 부적합 심의 후 전역
프로그램	부적격자 유형 분류 - 전투로 인한 정신장애 - 군 환경 부적응으로 인한 정신장애 - 개인/가정 문제로 인한 우울증세 등

우리나라에서는 복무 적응 문제에 대해 그 심각성을 재인식해야 한다. 군이 장병들의 복무 부적응 문제를 단순히 개개인의 문제로 국한해서는 안 되며, 군 내외에서 발생하는 문제와 개인적 문제의 복합적 산물이라는 관점의 전환이 필요하다. 그리고 복무 부적응 해소를 위해 법적·제도적인 장치를 구비해야 한다. 이를 위해 국방정책과 각 군의 기본정책서, 군인복무규율, 인사관리 및 보건규정, 교육규정 등에 복무 부적응을 해소하기 위한 법규와 제도를 명시해야 한다. 또한 법적·제도적인 장치에 따라 인성교육, 군인윤리교육, 리더십교육, 인권교육 등을 통합적이고 체계적으로 개발하고 시행해야 한다. 전문적인 교육기관 설치와 교관 인력을 양성을 위한 조치를 강구해야 하며, 복무 부적응 해소를 위한 민간 전문 인력과의 네트워크 구축이 필요하다. 특히 PTSD 진단과 치료를 위한 민-군 간의 협력이 필수적이다. 그뿐만 아니라 군복무 부적합자에 대한 검사 및 판정을 위한 전문기관이 필요하다. 투명성 제고를 위해 군 관련 기관, 병무청, 민간단체, 의사, 지역공무원(통반 담당)이 포함된 위원회가 구성될 수 있으며, 부적합자를 병영에서 조기 분리하여 비전캠프 운영 및 치료를 우선적으로 해 정상적으로 재복무할 수 있는 시스템이 마련돼야 한다. 군의 지휘부담 경감 및 사고예방 등을 위하여 부적합자를 조기에 병영에서 분리하며, 군복무를 필한 사람에 대하여는 가점 부여 등 사회생활에 필요한 인센티브를 제공한다.

Chapter 09

군인가족과 사회복지실천

1 군사회복지와 군인가족

군대는 외부의 침략으로부터 국가를 보호하고 국민의 안정과 생명과 재산을 방어하기 위하여 일정한 지휘체계 아래서 군사력을 행사하는 국가의 한 기관이다. 이러한 군도 21세기 정보지식 기반 사회에서는 다른 조직과 마찬가지로 변화하지 않을 수 없다. 무기체계의 첨단화와 국방관리의 과학화·전문화를 지향함으로써 장기적 차원에서 군 인력을 어느 정도 감축할 수밖에 없으며 양보다는 질을 추구하게 된다. 이런 추세에 비추어 볼 때 앞으로 우수한 직업군인에 대한 요구가 더욱 강해질 것이기 때문에 국가가 이에 대해 미리 대비하지 않으면 안 되며 그 가족들의 삶의 질에 대해서도 관심을 갖지 않으면 안 된다(조흥식, 2006 : 9-10).

군사회복지(military social welfare)는 군인과 그 가족이 지닌 기복적인 욕구를 충족시키기 위한 사회복지적 노력의 일환이며, 다른 측면에서는 군 조직이나 군 제도가 가진 고유의 목적이 잘 성취될 수 있도록 돕는 활동을 의미한다(박용순, 1999 : 315). 이미 선진국의 경우 군인 및 군인가족의 복지 증진을 위해 군사회복지를 실시하고 있으며, 특히 군인가족에 대한 지원은 국방업무를 수행하는 군의 일부로 인식되어 우수인재 유입과 군복지의 토대로 군 가족 지원을 행하고 있다. 미국의 경우 300명 이상의 사회복지사가 군인 및 군인가족의 복지증진을 위해 활동하고 있으며, NASW(2003)의 평화와 사회정의 정책 보고서(Peace and Social Justice Policy Statement)에서도 군대라는 장에서 인간의 가치와 사회복지 니드에 우선순위를 둘 수 있도록 자격을 갖춘 전문사회복지사를 계속적으로 활용하도록 요청하였다(Savitsky, Illingworth, & DuLaney, 2009 : 327. 재인용).

역사적으로 사회복지사는 이미 오래전부터 군인 및 군인가족의 지원을 위해 활동해 왔으며, 사회정의적 차원에서도 사회복지사는 군인 및 군인가족을 지원할 역할과 책임을 갖고 있다. 특히 우리나라의 경우 전쟁을 경험한 지 얼마 되지 않았을 뿐 아니라 여전히 남북이 대치하는 현실을 고려해 볼 때 군인과 더불어 군인가족에 대한 지원은 군 전력 유지에 필요한 적절한 인력을 확보 및 유지하고 군사전문가 집단으로서의 위상을 확립하는 데 매우 중요하다고 하겠다. 따라서 우리나라에서도 군인 및 군인가족의 복지 및 삶의 질 증진을 위해서는 군 차원의 접근은 물론 정부 차원의 제도적 보장 및 다양한 군인 및 군인가족의 심리사회적 적응을 돕는 군사회복지사의 개입이 이루어져야 한다.

군인가족에 대한 사회복지가 왜 중요하며 어떤 점에서 의의를 갖는지를 구체적으로 살펴보면 다음과 같다.

첫째, 군인가족에 대한 국가 차원의 지원은 군인가족은 물론 군인의 생활만족감 증진 및 삶의 질을 향상시킴으로써 궁극적으로는 군의 사기 증진 및 군 인적자원의 개발을 통한 국가 경쟁력 강화에 도움이 된다. 국가 안보 및 존립에 직결되는 군의 임무를 수행하고 있는 군인에게 건강한 가족의 존재와 지지는 국가방위의 소명과 임무에 몰입하고 헌신할 수 있게 하는 기본 토대로서 군인가족의 생활만족과 삶의 질은 군인의 삶의 질과 관련성이 깊다. 선행연구들에 따르면 가족의 적응이나 삶의 질은 아동기 암 생존자, 비행청소년 등 어려운 상황에 놓인 특정 가족구성원의 삶의 질에 영향을 미친다고 하였다(Wheaton, 1990; Kakar, 1998; Trrri, Parry, Chesler, Fritz & Repetto, 2005). 결과적으로 군인이 생명을 담보로 하는 임무를 수행하고 열악한 근무여건 등 고위험과 스트레스가 많고 일상적인 가정생활에 어려움이 많은 직업이라는 점을 고려해 볼 때 군인가족들의 지지가 군인에게 미치는 영향은 절대적으로 중요하다. 결과적으로 군인가족이 군인들에게 심리적 지지와 안정을 주기 위해서는 군인가족의 생활만족과 삶의 질도 매우 중요하다고 고려되어야 한다.

둘째, 군인이 매력 있는 직업으로 인식되고 타 직업과의 경쟁에서 우수한 인력을 확보하고 풍부한 경험과 능력을 갖춘 인력을 계속 군인으로 유지(retention)하기 위해서는 군인뿐 아니라 군인가족에 대한 사회복지도 매우 중요하다. 미 육군 가족조사 프로그램(army family research program)에 따르면 가족 관련 변수가 개인준비태세에는 그 효과가 미미하나 재지원윤에 대한 효과는 상당히 존재하는 것으로 나타났다(Sadacca, Mcloy & Difazio, 1993; 강유림, 2009 : 6 재인용). 또한 국방연구원(1993 : 41-42)이 직업으로서 군인의 매력에 대해 현역 직업군인과 군인 부인들의 생각을 조사한 결과에 따르면 군인 56.1%, 군인가족 54.7%가 군 직업 선택을 만류하겠다는 부정적인 반응을 보였으며, 군인가족의 스트레스가 전역 희망의 중요한 사유가 된다는 보고도 있다(강유림, 2009 : 6). 이는 군 인적자원 개발과 가족복지와의 관련성이 상당히 중요함을 엿볼 수 있게 한다. 특히 우리나라의 경우 급격한 인구감소 문제와 더불어 군에 대한 부정적 인식들이 해소되지 않는다면 우수한 인력을 군인으로 유치 및 확보함에 있어 상당한 어려움이 예상되기 때문에 우수한 인력의 지속적인 확보와 유지를 위해 군 이탈과 기피의 원인이 되고 있는 가정생활의 불만족 요인들을 제거하고 가족친화적 군복지 정책을 확대해 나가는 것이 필요하다.

셋째, 안정적인 가정생활은 군인의 직무만족, 사기, 업무수행 및 전투준비태세 등을 높인다. 선행연구들에 따르면 직업군인의 직무만족 및 사기, 업무수행 및 전투준비태세와 가정적 요소는 밀접한 관련이 있다. 이미 잘 알려진 직무 관련 이론들에서 제시하듯이 군인들이 가정생활에서 심리적 안정감을 느낄수록 군인의 직무만족이 높아질 가능성이 크다. 실증적 연구에 따르면 군인가족 중 부인들의 삶의 만족도는 군인들의 사기, 업무수행 그리고 현역으로 남아서 적극적으로 활동하려는 군 생활 지속성의 결정에 영향을 미친다(Moghadam, Rosen & Carpenter, 1989)고 보고하였으며, 군대가 군인과 가족에게 얼마나 지원한다고 인식하느냐는 군인의 전투준비태세에 가장 강한 영향을 준다(Segal & Harris,

1993)는 결과도 있다(강유림, 2009:2 재인용).

넷째, 군인가족은 군인의 적응 및 회복력을 증진시키는 보호요인이기도 하지만 위험요인이기도 하다는 것이다. 선행연구들에 따르면 가족스트레스, 조절(adjustment), 적응(adaptation)의 탄력성(resiliency) 모델에서는 가족 강점들은 높은 스트레스 상황에 있는 가족구성원을 위한 긍정적인 결과(outcome)를 촉진시킬 수 있다고 한다(McCubbin & McCubbin, 1996). 삶의 질 모델에 의하면 가족구성원의 부적응 행동과 가족의 삶의 질은 삶의 질이라는 연속선(긍정적인 부분과 부정적인 부분)상에서 어떤 위치에 놓이는가에 따라 다르게 영향을 미칠 수 있다고 가정한다. 즉, 특정 가족구성원의 부적응 문제를 경험하는 가족들은 모두 낮은 삶의 질을 지각하는 것이 아니며 그들의 삶에서 현재 당면한 어려움을 보상해 줄 수 있는 다른 부분들(예를 들면 소득, 결혼생활의 만족)이 풍부하다면 삶의 질을 느끼는 수준이 다르다는 것이다. 한마디로 개인이 만족하는 부분은 개인이 불만족하는 다른 부분을 보완하거나 대체할 수 있다는 것이다(Campbell, Converse & Rodgers,1976; Frisch, 1998). 또한 군인가족이 적절하게 기능하지 못하면 군인의 스트레스를 가중시킬 수 있으며 특히 음주, 정서적 문제, 가정폭력 등 다중의 어려움을 가지고 있는 군인가족의 경우, 부부간의 관계 악화는 물론 부모-자녀간의 문제는 물론 심지어는 가족해체의 원인이 될 수도 있다.

2 군인가족의 당면문제와 욕구

군인가족은 다른 일반가족과 마찬가지로 아동이나 노인 돌봄, 교육, 부모 됨, 직업선택 등과 같은 역할을 수행한다. 그러나 이외에도 군이라는 특수한 상황으로 인해 군인가족들은 특별한 요구들을 갖게 되는데, 구체적으로 군인가족에게 영향을 미치는 군의 특성을 살펴보면 다음과 같다. 첫째, 군인은 군대 조직상의 제 특징으로 인하여 직업군인이 처한 상황에 따라 민감하게 행동하여야 하며, 자의적 직업생활이라기보다는 근원적으로 군의 필요에 의하여 움직여지는 특수한 근무 환경에 놓여 있다(오기택, 2000 : 11-12). 그중 하나가 잦은 전속이다. 잦은 배치 또는 파병 결정이 군인에게 고지된 것에서부터 집으로 복귀하고 재통합 때까지 전속 및 파병은 군인에게 신체적·환경적 스트레스 요인, 긴 작업시간, 가족으로부터 분리로 인해 신체적·감정적·정신적 스트레스를 수반하지만 군인가족에게도 마찬가지이다.

둘째, 군 생활은 기동력과 임무즉응력(mission readiness)이 특징이다. 군인들은 어떤 시간에, 어떤 지역에 무슨 일이 일어나도 그들의 일을 할 준비를 요구받는다. 이러한 요구는 가족에게도 적용된다. 따라서 군인 및 군인가족은 군의 요구와 개인 및 가족의 욕구 간에 균형을 맞추어야 하는 어려운 과업을 갖는다. 또한 군대는 민간직장과는 달리 임무즉응력이라는 이름하에 군인의 개인적 삶을 강도 깊게 구속한다. 그 결과 부부불화, 물질남용, 정신과 신체건강 같은 개인적인 사항에도 관심을 갖는다. 이런 요인들은 군대에서 군인의 적합성을 결정함에 있어 매우 중요하게 고려되기 때문에 선발이나 승진에 영향을 미친다(Savitsky, Illingworth, & DuLaney, 2009 : 329).

셋째, 군인은 생명을 담보로 하는 임무를 수행할 뿐 아니라 엄격한 군법 하에 기본권이 제한(거주이전, 통신, 언론출판의 자유 등)되며 간부의 47.8%가 격·오지 및 전방지역과 같은 위험하고 열악한 곳에서 임무를 수행해야 한다. 또한 교육, 훈련, 작전임무, 비상대기 등 상시 근무태세로 사생활에 제한을 받고 있다(국방부, 2009b).

우리나라 군사회복지에 대한 학문적 연구는 1980년대에 들어서 본격적으로 시작되었다. 그러나 군 가족에 대한 사회복지지원에 대한 연구는 1980년 중반에 들어서야 비로소 시작되었다. 군인가족지원방안에 대한 연구(원창희·독고순, 1995)가 국방연구원에서 행해졌고, 군인 부인 및 군인가족의 스트레스 및 적응에 대한 연구가 일부 행해졌다(김현주, 1994; 김현주·홍두승, 1994; 박영숙, 1995; 선순규, 1996). 반면 2000년대에 와서는 00편의 석사학위논문과 약간의 학술지 논문이 발표되었다. 연구 주제로는 군인가족지원센터(강유림, 2009), 가족복지서비스 욕구 및 지원(김수열, 2003; 박기수, 2009), 자녀 양육 스트레스와 기능(오기택, 2000; 김승현, 2003; 김혜원, 2007), 자녀의 학교적응(강학성, 2000), 직업군인의 양육태도(조일님·강진희. 2001; 이현아, 2007), 군 자녀 보육 욕구(김현주, 2004), 군인 배우자의 스트레스(김희화, 2000; 함명화, 2007), 가족지원과 직무만족(강효석, 2002), 순진국인 배우자 적응(이윤수, 2009) 등이 있다. 이외에도 일부 군사회복지와 관련된 논문에서 군인가족에 대한 지원이 필요하다는 주장들이 제기되어 왔다(김통원, 2003; 유흥위, 2006; 조흥식, 2007). 선행연구들을 토대로 군인가족의 심리사회적 당면문제와 욕구를 정리하면 다음과 같다.

1) 경제적 문제

군의 보수체계는 우수한 간부를 획득하고 병사들이 병영 내에서 기본적인 욕구를 해결하기 위한 핵심사항이다. 현재 군 간부의 가구당 월평균 총소득은 사회평균보다 높지만, 낮은 자가보유율로 인하여 총자산은 사회보다 현저히 낮다(국방부, 2009a : 16). 또한 급여체계는 공무원과 비교하여 동일 직급과 업무에 비해 공무원수당, 일직수당이 지급되지 않는 등 상대적으로 불이득을 받고 있다(박기수, 2009 : 8). 직업군인들은 잦은 이사와 가족과의 별거생활로 인해 매월 상당한 추가생활비를 부담하게 되고, 부인의 안정된 경제활동 참여율이 상대적으로 낮다. 2005년 통계청의 자료에 따르면 일반여성들의 경제활동 참여비율은 50.1%에 달하는 데 반해 상무대 군인가족 대상 설문 조사결과를 보면 직업군인 여성배우자의 14.7%만이 경제활동을 하는 것으로 나타나 일반부인의 경제활동 참여와는 현저한 차이가 있다고 하였다(강유림, 2009 : 2 재인용).

또한 장기간 훈련이나 파병은 특별한 재정적 고려를 필요로 한다. 군인이 그동안 가정경제를 관리해 왔다면 장기간 훈련이나 파병기간 동안 은행문제, 재산관리, 세금문제를 포함한 재정적 관리에 대한 책임이 배우자에게 넘어간다. 그러나 그러한 관리를 잘할 수 있는 준비를 갖추지 못한 배우자의 경우 경제적 어려움을 야기할 수 있다(Savitsky, Illingworth, & DuLaney, 2009 : 334)

무엇보다 전역 및 퇴역은 군인가족의 가정경제의 변화에 영향을 미치는 매우 중요한 변수이다. 군인은 전투 중심의 교육훈련 및 작전수행 등으로 고려하여 신체여건상 정년이 짧으며 대부분 생애 최대 지출시기인 45~56세에 본인의 의사와 관계없이 전역을 하게 되고, 군인의 업무가 일반사회와 연계성이 부족하여 전역 후 사회 재취업이 곤란하다. 또한 연간 연금대상자의 48%만이 재취업을 하고 있지만, 취업기간은 2~8년에 불과하다(국방부, 2009b).

2) 주거문제

주거는 인간다운 삶을 이루는 기본적인 요소 중의 하나이다. 잦은 전속으로 인한 거주 이전은 직업군인 및 가족에게 불안정한 생활을 야기한다. 군인은 일반사회와 비교하여 자가 주택 보유율이 29.9%에 불과하고, 2.4개의 방이 딸린 주택에서 총 3.1명이 함께 생활하며 주택만족도도 일반에 비해 낮은 것으로 나타났다(국방부, 2009a). 군인은 군 정책에 의해 순환보직됨에 따라 일정 지역에 계속 거주할 수 없고 잦은 이사를 하게 되어 이사에 따른 경비소모 및 주택정보의 미비 등으로 주택구입의 기회가 적다는 것이다(박기수, 2009 : 14-15). 그나마 관사를 희망하는 가족이 있다고 하더라도 관사가 부족하여 적시에 지원하지 못하고, 지원하더라도 노후하거나 협소한 관사가 대부분이라서 쾌적한 생활을 영위하기가 어렵다. 직업군인의 주거생활만족도를 조사한 박기수(2009)에 따르면 각 군별과 부대 분류 특성과 무관하게 불만족하고 있었으며, 그중 건축상태가 노후화되고 구조가 구식인 것이 가장 불만족하였고, 그다음으로 공간의 크기, 안락함, 시설의 편의성, 사생활 보장, 지리적 위치 등 순으로 불만족하였다.

3) 자녀양육 및 교육문제

군인의 근무환경은 군인가족의 자녀양육과 가족 기능에 영향을 미치고 있다(김승현, 2003; 선순규, 1996). 그러나 그것을 군인이나 가족이 어떻게 인식하는가 하는 것은 조금씩 차이가 있다. 강효석(2002 : 60)과 박영숙(1995)의 연구에서는 군인들이 자녀양육 및 교육에 대한 어려움이 많았고 보고되는 데 반해 그렇지 않다는 조사결과도 있다. 군인가족의 학령 전기 자녀양육 스트레스를 조사한 김혜원(2007)에 따르면 군인가족의 학령 전기 자녀양육 스트레스는 비교적 높지 않으며 가족 기능은 높다고 하였다. 그러나 임상적으로 도움이 필요한 수준의 양육 스트레스가 높은 가족이 전체 가족의 36.8%로 나타나 이들에게 양육 스트레스 중재가 필요하다고 하였다. 또한 직업군인을 조사한 박기수(2009)에 따르면 자녀교육 만족도는 대체로 만족하고 있었으나 자녀교육의 문제점으로는 잦은 이동이 가장 높게 나타났으며 재정적 문제, 자녀의 환경 부적응, 자녀 교육프로그램 부족 순으로 문제가 있는 것으로 나타났다.

선행연구들을 통해 군인가족이 자녀양육 및 교육과 관련해서 갖는 어려움을 정리해 보면 다음과 같다. 첫째, 유아기의 보육문제이다. 자녀가 있는 부부군인들을 포함한 맞벌이 군인가족들은 자녀의 보육에 상당한 어려움이 있다. 맞벌이 군인가족의 50% 이상은 보육시설 지원이 제한되는 격·오지에서 근무하게 된다. 군내 보육시설은 전군에 5개소가 설치되어 있지만, 업무시간과 보육시간이 일치하지 않아 이용률은 제로에 가깝다(박기수, 2009 : 13). 향후 맞벌이 군인 부부나 여군의 증가추세를 고려한다면 자녀 보육문제는 매우 중요하다.

둘째, 학령기의 교육문제이다. 잦은 전속으로 인해 학령기의 자녀들은 1~2년 만에 학교를 옮겨야 하며, 격·오지 근무는 대체로 자녀교육을 시킬 수 있는 교육시설이 없고 벽·오지 근무 시 자녀를 일정한 지역에서 교육을 시키고자 할 경우 그들의 가족과 떨어져 생활해야 하며 임무수행을 위해 실시하는 각종 야외훈련 및 당직근무, 비상소집, 영내대기 등 초과근무 등으로 인하여 일과 후나 공휴일 때 아버지로서의 자녀 교육에 관심을 갖고 지도할 수 있는 시간이 없다(박기수, 2009 : 12-13).

4) 부부관계 및 배우자 스트레스

군생활의 특수성은 부부관계는 물론 배우자 스트레스에 영향을 미칠 수 있다. 구체적으로 살펴보면 첫째, 남편의 잦은 부재에 따른 어려움이다(선순규, 1996; 박영숙, 1995; 강효석, 2002 : 60; 함명화, 2007 : 5; 박기수, 2009 : 10-11). 군인들은 근무시간이 길고 불규칙하며 훈련과 비상대기 상태가 발생한다. 남편의 잦은 부재로 인해 집안일과 자녀양육 같은 일상의 일부를 담당해 줄 것을 기대하기 어렵다. 따라서 가사의 역할 분담이 군인가족에게 편중되어 있다(박기수, 2009 : 10-11). 또한 국방부(2009a : 14)에 따르면 기혼 군인의 30.7%가 가족과 별거 중으로 사회통계 별거율(21.2%)의 약 1.5배나 높은 것으로 나타났다.이외에도 배우자와의 분리는 긴장, 외로움, 역할과다, 역할교체, 재정적 곤란, 지역사회 지지의 변화, 육아 요구의 증가 등 다양한 어려움을 야기한다.

둘째, 잦은 이사로 인한 신체적·정신적 소모가 크다. 군인가족 중년여성들은 잦은 이사, 격·오지 근무에 따라 가족, 친구 등과 같은 지지자들과의 단절(선순규, 1996; 박영숙, 1995), 지역사회로부터의 고립, 사적 영역에서도 통제를 받는 군 공동체생활로 인한 자율성 부족 등을 경험한다(함명화, 2007 : 5).

셋째, 군인가족 배우자는 스트레스가 높으며 가족복지에 대한 욕구가 높다는 것이다. 군인가족 중년여성의 생활스트레스는 일반 중년여성이 갖는 스트레스 이외에도 남편의 직업적 특성에 따라 추가적인 스트레스를 받는다. 군인가족과 일반가족을 비교 연구한 함명화(2007 : 18)에 따르면 군인가족 중년여성과 일반 가족 중년여성의 스트레스는 관계영역에서 일반여성의 스트레스가 높은 것을 제외하고는 집단 간 차이가 없었지만 군인가족 여부는 중년기 여성의 신체적·사회적 갱년기 증상에 영향을 미치는 요인으로 나타났다. 직업군인을 조사한 박기수(2009)에 따르면 95.2%의 군인들이 배우자 복지서비스의 필요성을 느낀다고 하였으며, 그중에는 직업군인 배우자를 위한 여가지원 프로그램(스포츠, 문화강좌 등)이 가장 높았고 그 외 별거가족 지원서비스, 방과 후 교육 순이었다.

또한 외부로부터 사회적 지지체계가 없는 군인의 문제는 배우자에게 과도한 의존을 일으켜 새로운 스트레스를 야기한다. 한 연구에 따르면 공군 아버지의 78%가 그들의 문제를 함께 나눌 가까운 친구가 없다고 느꼈다고 하는데, 이러한 친구의 상실은 군인으로 하여금 새로운 지지체계를 형성하게 하기보다는 배우자에게 과도하게 의존하도록 함으로써 급기야는 배우자가 새로운 지지관계를 형성하는 것을 차단하게 되고 그 결과 배우자도 군인과 마찬가지로 친구나 교회 등 부가적인 사회적 지지네트워크로부터 소외된다는 것이다.

넷째, 배우자의 경력개발의 어려움이다. 잦은 이동은 군인가족들의 직업경력의 단절을 초래한다. 군인 배우자들의 경우에는 한 직장에서 장기적으로 근무하는 것이 어렵기 때문에 취업률은 매우 낮다(Drumment, Coleman & Cable, 2003 : 280-283).

5) 군인자녀의 적응문제

청소년은 사춘기와 진학과 관련된 다중의 정상적인 스트레스요인을 이미 경험하고 있다. 그중 군인부모를 둔 아동 및 청소년들은 이런 발달적 스트레스 이외에도 잦은 이사 및 부모의 부재로 인한 가족역할 및 일상생활의 변화 등으로 인해 부가적인 스트레스 요인을 갖는다(Huebner et al., 2007 : 119).

첫째, 잦은 이사와 관련된 사항이다. 잦은 이동이 군인가족의 아동과 청소년들에게 미치는 영향에 대한 연구들에 따르면 그 결과들은 일관적이지 않다. 일부 연구에서는 잦은 이동으로 인해 아동 및 청소년 자녀가 높은 수준의 정신병리를 경험한다고 하기도 하고 행동적·학업적 문제, 사회적 기능, 전속 및 파병과 관련된 불안, 부모의 죽음이나 전투와 관련된 손상에 대처하는 문제 등과 같이 또 다른 도전을 경험한다고 한다(이성열, 2002; National Military Family Association, 2006; APA, 2007;Savitsky, Illingworth, & DuLaney, 2009 : 331 재인용). 특히 파병과 같이 장기간 아버지의 부재는 자녀로 하여금 두려움과 적응의 문제를 야기하고 상당한 스트레스를 줄 수 있다(Savitsky, Illingworth, & DuLaney, 2009 : 331). 반면 또 다른 연구에서는 군인가족 자녀들의 경우 군이 제공하는 구조화된 환경으로 인해 군인가족 자녀가 아닌 아동의 재배치보다 영향을 덜 받는다고 하기도 하고, 오히려 재배치가 아동의 학업적 성취에 긍정적 영향을 준다는 연구도 있다.

부모의 부대 재배치로 인해 받는 부정적인 장기적 효과를 경험하는 아동이 적다고 해도 부대 이동 전후로 계속되는 스트레스적 적응기간이 필요한 것은 일반적이다(Cornille, 1993). 이 시기에 다른 대상에 비해 청소년은 상대적으로 더 많은 사회적 배척을 인식하거나 경험한다고 하며 자신의 의사와 관계없이 부모의 직업에 따라야 한다는 점에서 자신의 삶에 대해 무력감을 느낀다고 한다(Drumment, Coleman & Cable, 2003 : 280-283 재인용). 특히 사회적 관계를 중요시하는 여자청소년은 남자청소년보다 적응에 더 큰 어려움을 갖는다.

둘째, 군인의 생활 전반과 청소년의 적응과의 관계이다. 제넨과 쇼(Jenen & Shaw, 1996)에 따르면 모둔 군인자녀가 다 어려움을 경험하는 것은 아니고 전속이나 파병 전 가족기능, 아동의 나이와 성별, 부모의 부재에 대한 의미, 군인부모가 노출된 위험 정도, 남겨진 배우자가 배치로 떠난 배우자의 부재를 어떻게 다루는지에 따라 조절된다고 하였다(Huebner et al., 2007 : 113 재인용).

또한 청소년들은 군인부모의 장기간 부재와 분리로 인해 독특한 심리적 어려움에 처해 있다는 보고도 있다. 군인인 부모가 전쟁지역에 자주 배치된 경험이 있는 12~18세 아동의 불확실성, 상실, 적응력, 적응을 조사한 결과에 따르면 조사대상자들은 불확실성(uncertainty)과 상실에 대한 전반적인 지각, 경계의 모호함(ambiguity), 정신건강에서의 변화, 관계 갈등 등을 경험한 것으로 나타났다. 그중 모호한 상실(ambiguous loss)은 이들 청소년의 경험을 이해하고 이들에 대한 예방과 개입노력을 강구하는 데 매우 중요한 개념인 것으로 나타났다(Huebner et al., 2007). 모호한 상실은 Boss(1999)의 연구에서 제시된 개념인데, 가족들은 신체적으로는 떨어져 있지만 정신적으로는 함께 있거나 신체적으로는 함께 있지만 정신적으로는 떨어져 있다고 생각하여 모호하고 불확실한 상태로 인식되는 것이다. 이것은 자녀로 하여금 군인인 부모를 영원히 잃을 수도 있을 것이라는 불안, 걱정과 두려움을 갖게 할 뿐 아니라 군인부모 없이 잘 지내고 있는 것에 대한 죄의식과 자부심을 동시에 느끼게 한다. 이런 모호한 상실은 건강한 발달에 장애가 될 수 있으며 실제로 만성질환 또는 정신질환, 실종자, 입양 또는 이혼들을 포함한 다양한 가족상황과 관련되고 있다(Huebner et al., 2007 : 112).

6) 지역사회와의 단절과 소외

군인 및 군인가족은 지역사회와의 관계에서 여러 가지 어려움에 직면할 수 있는데 구체적으로 살펴보면 다음과 같다. 첫째, 군인가족이라는 특수성으로 일반 지역사회와의 공동체 형성에 따른 어려움이 있다. 군공동체의 형성은 일반인들과는 어느 정도의 거리를 두고 형성되기 때문에 군과 일반인 사이에 구체적인 교류가 제한된다. 따라서 서로의 이해 폭이 좁고 일반인들과 분리된 생활공간은 일반인들의 군에 대한 거부감을 형성하기도 한다. 공동체로서 사적인 생활영역까지도 군의 통제 영역 안에 있으므로 자율성에 한계가 있다(박기수, 2009 : 10-11).

둘째, 군인가족들은 잦은 이동으로 인해 새로운 지역공동체 안에 친밀한 유대감이 생기기까지 일시적으로 또는 장기적으로 사회적 고립감을 경험한다. 2005년 국방부 국정감사자료에 따르면 직업군인은 평균 16.2회 이사하며, 32%가 잦은 이사 등으로 가족들과 별거생활을 하며, 읍·면 근무가 47.8%에 이르고, 이 중 41.7%가 격·오지에서 근무하는 것으로 나타났다(강유림, 2009 : 2 재인용). 특히 자녀들은 교우관계의 단절 내지 박탈, 새로운 환경에 대한 적응 문제 등으로 인해 안정감의 욕구를 충족시키기 어렵다.

셋째, 지역사회 내 군인가족들에게 적합한 사회적 서비스가 적으며, 잦은 이동으로 인해 지역사회 자원을 친숙하게 이용할 수 없다는 것이다. 군부대가 위치한 해당 자치단체 및 지역사회에서 이들 군인들에 대한 사회복지 개입은 거의 전무한 실정이며, 지역사회 주민으로서 군인은 복지적 혜택에서 배제되었다. 김현주(1994)에 따르면 군인가족 부인들은 남편 근무지의 잦은 이동과 격·오지 근무로 인해 친한 친구나 혈연관계에서 분리되고 문화시설 미비 등의 문제를 경험한다고 하였다. 가족 중 특히 부인들은 낯선 지역에서 외부환경과의 고립된 상황을 경험하며 외롭게 생활한다. 주로 평일시간에는 단조로운 일상을 벗어나는 경험은 거의 없으며, 아파트 밖에 나와서 친한 이웃 몇 명과의 교류가 전부인 것으로 조사되었다(강유림, 2009 : 38). 특히 심리사회적 지원이 필요한 군인가족의 경우 외부의 도움이 절실히 필요한 상황에서도 주변의 인식이나 평가의 두려움, 군 경력에 미칠 부정적 영향을 두려워해서 지역사회 자원을 활용하지 못한다는 것이다(Drumment, Coleman & Cable, 2003 : 279; Savitsky, Illingworth, & DuLaney, 2009 : 329).

7) 건강 및 의료 관련 문제

첫째, 군 생활 시 뜻하지 않는 부상이나 건강상의 문제가 생기는 경우 군인을 간호하고 돌보아야 하는 것은 군인가족의 몫이다. 군인은 직업의 특성상 평상시 전투를 준비하는 과정에서 실제 재해의 위험수준도 타 직업에 비해 높다. 신정현

(1996 : 320)에 따르면 군인의 재해 위험은 공무원의 1.6배, 민간근로자의 1.7배에 달한다고 한다(강효석, 2002 : 49 재인용). 그런 경우 병원 안에서는 물론 지역사회 내에서 포괄적인 재활서비스를 필요로 하는데, 군인의 경우 군 의료보험의 혜택을 받고 있지만 의료적·재정적 간호와 돌봄 문제 등 보험으로 해결되지 않는 많은 문제에 직면한다. 특히 훈련 중 심각한 부상을 경험하거나 파병을 다녀왔거나 가까운 병사의 죽음을 목격하거나 전투에서 힘든 상황을 경험한 경우 외상후스트레스장애 등 정신건강 문제들을 경험하기도 한다. 신체적 손상은 치료를 위해 쉽게 드러날 수 있지만, 정신적·심리적 손상은 구체적인 행동으로 드러나기 전에는 종종 발견하기 어렵다. 무엇보다 정신건강과 관련된 스티그마는 군인 및 군인가족으로 하여금 의료적 돌봄을 받는 것에 장애요인이 된다(Savitsky, Illingworth, & DuLaney, 2009 : 331-333).

둘째, 군인가족의 의료서비스 이용 시 생기는 어려움이다. 의료지원은 해외파병, 격·오지에 근무하는 군인과 가족에게 매우 절실하게 요구되는 기본적인 복지이다. 현재 군인가족들이 거주하는 격·오지 부근에는 의료시설이 낙후되고 첨단의료장비와 전문의료인력이 부족하여 양질의 의료서비스 제공이 곤란하다. 직업군인가족에 대한 응급치료 가능 의료진 구축이 제한되고 있다. 또한 군인가족에 대한 양질의 서비스는 어렵고 본인이 진료비를 부담함으로써 군인가족의료지원은 현실적으로 유명무실하다(유홍위, 2008).

8) 가정폭력 및 아동학대

군인의 전속이나 파병은 부모 됨의 스트레스를 증가시키고 어떤 경우에는 아동을 위한 적절한 부모의 보호능력을 손상시키기도 한다. 미 국방부(2006)에 따르면 2005년 가족옹호프로그램(Family Advocacy Program)에서 군인가족의 배우자 학대는 약 16,000건이 보고되었다고 한다. 군인의 부부관계는 전투 경험의 결과에 의해 위협받게 된다. 이것은 가족응집력, 표현력, 친밀성, 관계적응을 위협하는 요인이 되고 대인간 폭력의 위험을 증가시킨다. 군인에게 있어 투지(battlemind)는 용기를 가지고 두려움과 고난을 극복하는 내적 강점이며 목표지향적인 공격성, 규율 및 응집력 등이 절실히 필요하다. 그러나 이런 요소들은 임무 수행에서는 중요할 수 있지만 가정으로 복귀 후 잘 조절하지 못하면 부적절한 공격성을 초래하고 가족폭력을 야기하기도 한다(Savitsky, Illingworth, & DuLaney, 2009 : 329). Gibbs, Martin, Kupper & Johnson(2007)에 따르면 남편의 파병기간 동안 군인 부인에 의해 행해진 아동학대 발생률은 남편이 파병되지 않은 군인 부인의 아동학대율보다 3배 이상 높다고 하였다. 이처럼 배우자의 파병기간 동안 아동학대율이 증가되는 것은 아동방임의 경우 더욱 심각하다(Savitsky, Illingworth, & DuLaney, 2009 : 330 재인용).

9) 사별로 인한 정서적 고통 및 적응문제

군 생활 시 뜻하지 않는 사고로 사별하는 경우 남겨진 군인가족의 심리사회적 어려움이 크다. 순직한 공군조종사 부인들을 연구한 이윤수(2009 : 82-83)에 따르면 가족발달 단계 중 비교적 초기 단계에 남편과 사별하는 경우 미처 준비하지 못한 미해결된 애도를 경험하게 되어 장기적으로 정신적 외상(trauma)을 가져올 수 있는 심각한 위기상태에 노출된다고 한다. 그러나 지역사회와 분리되어 제한된 사회지지체계를 갖고 살아왔을 뿐 아니라 순직 공군조종사 배우자의 복합적 위기와 고통 그리고 문제에 대해 많은 사람들이 알지 못하기 때문에 사회적 재적응이 쉽지 않다고 하였다.

10) 파병 및 장기적 분리로 인한 심리적 적응문제

군인가족의 생체심리사회적 기능(biopsychosoical factor)에 영향을 미치는 독특한 요인 중에는 장기간의 분리가 있다. 이것은 군인가족들로 하여금 일시적 또는 장기적으로 한부모화(single parenting)되고 하고 가족이 만나 재통합하는 경우 새로운 도전을 일으키는 등 심리적 적응문제를 야기한다. 구체적으로 군인과의 분리단계와 재통합단계에서의 적응문제를 살펴보면 다음과 같다(Drumment, Coleman & Cable, 2003 : 280-283).

(1) 군인과의 분리단계

군인은 경우에 따라 파병이나 전속 등으로 인해 가족과 떨어져 있어야 할 시간들이 있다. 이러한 분리는 군인가족들에게 아동양육, 가족 간의 관계유지, 가족 간 경계 협상 등의 새로운 문제를 야기한다. 군인부모로부터 분리되는 동안 군인가족의 아동은 종종 경미한 또는 심각한 수준의 불안, 수면장애, 공포, 신체적 질환 같은 행동문제를 보이기도 한다. 아동과 성인 모두의 증상은 분리의 성격, 분리된 사람과의 긍정적 관계의 강도와 관련이 있다. 또한 아동의 반응은 부모의 반응에 영향을 미친다. 만약 어머니가 남편의 파병으로 인해 우울적 반응을 보인다면 아동은 어머니의 우울적 증상이나 행동을 그대로 비춘다(Drumment, Coleman & Cable, 2003 : 280-283). 또한 군인과의 분리 동안 누가 어떤 역할을 담당할 것인지에 대한 가족 역할 및 경계에 대한 재협상을 해야 한다. 이 경우 가족구성원의 장기간 분리는 가족경계의 모호함을 야기하고, 그 결과 신체적으로는 함께 있지 않지만 심리적으로는 존재하는 가족성원은 일상생활의 가족기능을 방해할 수 있다. 특히 군인이 가정에서 중요한 결정을 주도적으로 해 온 경우 아버지가 없는 상황은 매우 혼란스러울 수 있다.

(2) 재결합 단계

일반적인 편견 중 하나는 군인 배우자나 부모가 가정에 복귀하면 분리의 어려움이 즉각 극복된다는 생각이다. 그러나 재결합이 즐거움을 주기도 하지만 분리만큼 가족에게 도전적인 요소가 되기도 한다. 이러한 재결합에 영향을 미치는 요인을 살펴보면 다음과 같다.

첫째, 역할과 경계이슈이다. 군인의 부재 시 가족구성원들이 맡아온 역할이나 책임이 군인의 재결합으로 인해 새롭게 조정되어야 한다. 이 경우 기존의 역할을 다른 가족구성원에게 넘기거나 새롭게 부여되는 역할에 대해 가족 간의 갈등과 어려움이 있을 수 있다. 특히 파병을 마치고 재결합한 군인의 경우 자신이 예상했던 역할이나 기능이 행해지지 않을 때 자신이 가족들로부터 불필요한 존재 또는 배제된다고 느낄 수 있다.

둘째, 가사 관리이다. 배우자의 부재로 가사 일을 성공적으로 관리한 개인은 자신의 성취에 대해 자랑스럽게 생각할 수 있고 새롭게 발견한 독립을 소유할 수 있다. 반면 빚이 증가되거나 가사 일이 원활하게 행해지지 않았다면 배우자와의 결합에 대해 불안이나 걱정을 할 수 있다. 또한 가정으로 복귀한 배우자의 경우에도 그들의 생활이 하루바삐 정상화되기를 희망하지만 변화된 역할이나 새롭게 형성된 가정 분위기 등에 대해 친숙하지 못하다고 느끼고 좌절감을 경험할 수도 있다.

셋째, 허니문 효과이다. 종종 재결합은 로맨틱한 사건이 되기도 하고 재결합 허니문 기간은 더 커진 가족응집력에 의해 수반되기도 한다. 그러나 오래되고 새로운 문제가 곧 수면으로 떠오른다. 분리 전에 다루어지지 않은 오래된 문제는 곪아진 시간의 길에 따라 다양하고 심지어는 더 풍부해진다. 새로운 문제는 개인적 변화에 대한 경계와 적응의 재협상을 필요로 한다.

넷째, 사회적 지지이다. 일상생활에 대한 니드는 가족성원으로 하여금 분리 동안 그들의 정서적 생존을 보장했던 사회적 지지네트워크로부터 철회도록 한다. 재결합단계를 통해 성공적으로 진행되기 위해 가족성원들은 분리 동안 그들이 이용한 지지적 네트워크에서 독립과 개인에 대한 애착 간에 균형을 협상해야 한다. 만약 균형이 유지되지 않는다면 지지네트워크는 부부관계의 정서적 친근감을 손상시킬 수 있다.

다섯째, 부모의 거절과 불안이다. 재결합 동안 군인가족을 힘들게 하는 것은 아동이 부모를 거절하거나 부모의 존재에 불안감을 느끼거나 분리불안과 유사한 경험을 하는 것이다. 예를 들어 군인부모는 유아일 때 아이를 떠난 이후 아동이 된 후 돌아왔을 때 더 이상 인식할 수 없다.

여섯째, 신체적 그리고 정신적 상태이다. 가족은 전투에서 돌아온 군인가족의 신체와 정신건강을 걱정한다. 만약 군인이 외상후스트레스장애를 경험한다면 재결합은 매우 고통스럽다. 그런 가족들은 사회가 군대 운영을 지지하지 않거나 군인을 부정적으로 보는 기간 동안 특히 어려움을 경험한다. 군인가족은 잦은 분리와 재결합을 거치는 동안 많은 도전에 직면해야 한다.

11) 전역군인의 사회통합 문제

군인의 임무를 마친 뒤 지역사회로의 건강한 재통합(healthy reintegration)은 매우 중요하다. 특히 지역사회로 복귀한 군인들의 경우 군대생활의 스트레스 요인에 의해 압도된다. 군인들이 사회로 복귀하였을 때 그들은 재정적·전문적·사적인 장애를 경험한다. 이들 군인 중 많은 경우에는 높지 않은 월급으로 인해 이미 빈곤과 홈리스의 위험에 처해 있는 경우도 있다. 이들 중 일부는 감옥, 쉼터, 치료시설에서 발견되기도 한다(Savitsky, Illingworth, & DuLaney, 2009 : 333).

특히 전역 군인가족의 경우 군인연금의 수혜도 20년 이상 장기복무를 한 경우에만 해당되고 현역 시기에 지원받던 주택 및 자녀학자금 지원과 융자, 기숙사 제공 등의 혜택이 전역한 이후에는 모두 중단되어 심리사회적 어려움이 크다고 하겠다(김금아·오정은, 2006 : 77). 또한 치료를 받는 것에 대한 부정적 스티그마는 일부 퇴역군인으로 하여금 그들의 두려움과 트라우마를 독립적으로 다루게 한다. 그 결과 적절한 치료를 받지 못함으로써 약물이나 알코올로 대신하는 경우가 있다. 이러한 물질들은 군인들이 전투에서 경험한 공포나 두려움을 순간적으로 덜어주기도 하지만 정신건강 문제를 야기하기도 한다(Savitsky, Illingworth, & DuLaney, 2009 : 334).

3 군인가족에 대한 우리나라의 지원정책 및 서비스 실태와 문제점

1) 군인복지기본법의 미비

현재 군인가족에 대한 지원에 관한 법은 군인복지기본법에서 극히 일부가 다루어지고 있다. 군인복지기본법에서는 군인가족을 배우자, 본인 및 배우자의 직계존속, 본인 및 배우자의 직계비속으로 정의하며(제2조) 국방부장관은 5년마다 군인복지기본계획을 작성, 승인 후 확정하고(제6조) 5년마다 군인의 복지실태에 관한 조사를 실시, 반영해야 한다고 명시하였다(제7조). 또한 군인에 대한 복지정책의 수립 및 그 시행 등에 관한 사항을 심의하기 위하여 국방부에 군인복지위원회를 두고 군인복지정책의 기본방향, 관련 법령 및 제도개선과 예산지원, 기본계획의 수립, 실태조사에 관한 사항을 심의하도록 하였다(제8조). 또한 시행령에는 실태조사와 관련된 내용으로 혼인, 출산, 양육, 부양, 동거 가족형태 등 가족관계에 관한 사항, 자녀들의 교육여건에 관한 사항, 군 숙소 이용, 자가 보유 여부 등 주거에 관한 사항, 군 의료기관의 여건 등 의료지원 실태에 관한 사항, 복지시설 및 체육시설의 분포, 이용 정도 및 복지 수요에 관한 사항을 규정했다.

또한 군인 및 군인가족의 주거지원을 위해 군 숙소 지원(제9조), 10년 이상 복무한 군인 중 무주택세대주에 대하여는 주택을 우선적으로 공급할 수 있도록 주택의 우선공급(제10조)을 두었다. 자녀의 보육 및 교육지원과 관련해서는 군인의 근무지 이동으로 인하여 그 자녀가 학교의 전·입학이 필요한 경우에는 전·입학을 지원하며 국가 및 지방자치단체가 군인 밀집지역에 국공립보육시설을 설치하는 경우 국방부장관은 보육시설 설치에 필요한 시설을 지방자치단체에 무상으로 사용·수익하게 할 수 있다고 하였다. 또한 근무형편상 군인과 같이 생활할 수 없는 군인의 직계비속이 「초·중등교육법」 또는 「고등교육법」에 따른 학생인 경우 숙식시설을 제공할 수 있다고 하였다(제11조). 또한 의료지원 및 건강검진과 관련해서는 제12조, 제13조에서 제시하였고 군인의 복지증진과 체력의 유지·향상을 위하여 필요한 경우에는 군인복지시설을 설치, 운영할 수 있다고 하였다(제14조).

군인복지기본법과 동법 시행령 제정을 통해 새롭게 정립된 것은 무엇보다 군복지의 직접 수혜 대상에 군인과 더불어 그 가족을 포함함으로써 향후 군복지정책의 대상을 명확히 규정했다는 점이다(조홍식, 2008 : 6). 그러나 군인복지기본법이라고 하기에는 법의 구성 및 내용이 매우 빈약하며, 특히 군인 및 군인가족 지원을 위한 조직, 인력, 시설, 예산 및 서비스, 지역사회 협력 등이 빠져 있어 상당한 보완이 필요하다. 따라서 군인복지기본법 및 시행령 개정을 통해 군인가족의 복지 지원 및 서비스에 대한 내용이 추가되어야 하겠다.

2) 군인가족 전담 지원 조직 미비 및 비체계성

미국의 경우 MWR제도를 도입하여 군인과 그 가족의 복지향상을 도모하고 있는데, 선진국들은 대체로 군인과 그 가족의 복지향상에 심혈을 기울이고 있다. 그러나 우리나라에는 군인가족을 지원하는 전담부서나 기구는 없고, 주로 국방부의 4개 실의 하나인 인사복지실 아래 보건복지관 복지정책과에서 다른 여러 정책들과 함께 다루어지고 있어 정책의 우선순위에서 밀려나 있고 체계적인 지원이 이루어지기 어려운 상태이다. 이외 군인공제회, 각 군 복지단, 재향군인회 등 군인단체가 있지만 기금이 영세하고 수혜대상 및 서비스 내용이 제한적이어서 군인가족의 욕구를 충족시키는 데 한계가 있다.

한마디로 군인가족에 대한 지원은 군인 관련 정책에서 중요한 우선순위를 차지하지 못하고 이들에 대한 지원이 제도적 차원에서 종합적·체계적으로 보장되기보다는 선별적·시혜적으로 이루어짐을 알 수 있다. 또한 관련 조직들 간에도 연계와 협력이 부족하고 중복적으로 운영되고 있어 다양한 군인가족의 복지욕구에 대응하는 데 전문성이 낮아 수요자의 욕구를 충족시키는 데 한계가 있다.

3) 군인가족의 복지 실태 및 욕구조사 미흡

군인가족의 복지 실태 및 욕구에 대한 조사가 매우 미흡하다. 군인가족들이 어떠한 당면문제와 어려움을 가지고 있는지를 있는 그대로 드러내고 함께 아는 것이 매우 중요하다. 실제 미군 복지제도의 발전에 있어 촉진제 역할을 한 것은 국민의 군에 대한 긍정적 인식과 의회 등의 적극적인 실태조사 및 연구 활동이었다고 한다(김근아·오정은, 2006 : 58). 지금까지 우리나라의 경우 직업군인은 상대적으로 사회적으로 안정된 직업인으로 간주되어 왔기 때문에 복지의 사각지대에서 방치되어 왔고 이에 대한 조사나 연구도 미흡한 실정이다. 그러나 급속히 변화하는 사회적 환경 속에 다양한 요인들이 군인 및 군인가족의 복지에 영향을 미칠 수 있고 군인의 신분, 연령, 직무특성에 따른 군인 및 군인가족의 생활실태 및 복지 욕구도 다양할 수 있다는 점을 고려해 볼 때 가장 먼저 군인가족의 복지 실태 및 욕구조사가 이루어져야 하겠다.

4) 군인가족에 대한 전문적·통합적 서비스 부족

직업군인과 그 가족들은 일반인과 다른 특수임무에 대한 혜택과 지원이 제공되어야 하지만, 우리나라는 주로 군인의 전력증강에 최우선적으로 집중해 왔고 군인 및 군인가족 복지 증진에 대해서는 소홀히 해 왔다. 현재 행해지고 있는 군인가족에 대한 정책 및 서비스로는 군인가족 의료보험, 국방부의 복지후생 관련 사업(가족수당, 부식비, 자녀 학자금 지원, 매점, 이사비용 보상, 별거수당, 효도휴가, 군 자녀 기숙사 제공, 다자녀 가정 지원, 체력단련장 운영 등), 군인공제회, 각 군 복지단, 재향군인회 등 군인단체에서 행하는 사업(생활자금 대부, 주택공급사업, 출산보조금 지급, 장학사업 등)이 있을 뿐이다. 그나마 행해지는 정책이나 서비스도 주로 물질적 원조에 국한되고 있는 반면 군 조직의 특성을 감안한 가족들의 심리적·정신적 문제에 대한 전문적 원조방안은 전무한 실정이다(박미은, 2005). 특히 병사가족, 직업군인가족, 전역가족 등 대상에 따른 가족의 지원이 체계화·전문화되지 못하고 있으며 그들에 대한 서비스 및 프로그램에 대한 충분한 논의도 이루어지지 못하고 있다.

5) 군인가족지원센터의 기능 및 서비스의 문제

군인가족지원센터는 군인가족의 전입 간 불편을 해소하고 편의를 도모하며 주거단지 내에 필요한 생활정보를 제공하는 것을 주된 기능으로 하여 500세대 이상의 군인아파트에 설치되는데, 현재 상무대, 계룡대, 자운대에서 설치 운영 중이다. 그러나 1998년에 처음으로 운영된 이후 12년이 지났음에도 여전히 초보적인 수준에서 벗어나지 못하고 있다. 특히 군인가족지원센터는 법적인 근거가 분명하지 않고, 프로그램 내용도 다양성이 부족하고, 프로그램의 전문성이 부족하여 일회성 프로그램을 운영하며, 군인가족들의 적극적 참여가 부족하며, 군인가족지원센터 운영인력의 전문성이 부족하고, 군인가족지원센터 고유의 기능을 찾아보기 어렵다(강유림, 2009 : 54-57).

6) 지역기관과의 연계, 협력 부족

군인가족은 군공동체에도 속해 있지만 지역사회의 중요한 구성원이므로 군인가족은 지역사회와도 활발하게 참여와 교류가 있어야 하며 군인가족에 대한 지원도 지역사회를 토대로 이루어져야 한다. 그러나 지금까지 군인가족은 여러 가지 요인들에 의해 지역사회와 단절되었을 뿐 아니라 군인가족에 대한 지원도 군이라는 제한된 범위 내에서만 이루어졌다. 그 결과 군에서는 군인 및 군인가족에게 유용한 자원을 지역사회에서 어떻게 연결하는지를 모르고, 지역사회에서는 군인 및 군인가족이 어떤 욕구를 가지고 있는지를 알지 못하였다. 다양한 군인가족의 복지증진을 위해서는 군뿐만 아니라 지역사회 내의 다양한 기관과 연계, 협력하지 않으면 안 된다. 최근 국방부는 2008년 10월 육군수도방위사령부에서 보건복지가족부와 군인가족에 대한 전문적 가족지원 제공을 위한 업무협약(MOU) 체결식을 가졌는데 이러한 시도는 군과 지역사회기관과의 연계, 협력을 활성화시키는 좋은 계기가 될 것으로 생각된다. 향후 사회복지관, 건강가정지원센터, 여성회관, 상담실, 문화센터 등 다양한 지역사회기관과의 연계, 협력이 이루어져야 하겠다.

4 군인가족에 대한 사회복지의 실천적 개입

1) 개별적이면서 포괄적인 서비스 제공

군인가족에 대한 지원은 경제, 주거, 의료, 문화 등 다양한 측면들이 함께 포함되면서도 개인의 개별적인 요구도 고려되어야 한다. 군복지 서비스는 주거, 교육 등 직업군인과 그 가족이 경제 및 생활에 요구되는 기본적인 분야에 대한 지원은 물론 장기적으로는 사회 여타 분야의 발전과 환경 변화에 따라 스포츠, 여가활동 등 문화적인 욕구를 충족시킬 수 있는 수준까지 발전되어야 한다(김통원, 2003). 그뿐만 아니라 군인의 신분, 연령, 직무특성에 따른 군인가족의 개별적 욕구가 충족될 수 있는 정책 및 서비스가 적용되어야 한다. 예를 들어 20대 군인가족은 출산과 육아에 대한 욕구가 높고, 30~40대는 자녀교육, 50대는 건강에 대한 관심이 높을 수 있다. 또한 부부가 모두 군인이거나 여군은 다른 군인가족과는 차별화된 욕구가 있다. 따라서 부부군인, 여군은 물론 예비군 가족의 복지 욕구까지 수용할 수 있는 포괄적인 복지가 필요하다(국방부, 2009a : 13). 또한 사회적 돌봄이 필요한 노부모 또는 장애가족이 있는 군인가족, 한부모가족 등에 대한 특별 지원이 있어야 한다.

2) 배우자에 대한 심리사회적 지원

군인 배우자에 대한 지원은 군복무의 발달주기(전속, 배치, 파병, 재결합 등)에 따라 다양한 적응상의 어려움을 갖는다(Drumment, Coleman & Cable, 2003 : 283-284). 따라서 사회복지사는 군인의 배치 및 파병주기에 따라 상담, 교육, 직접적 서비스, 자원연결 등 다양한 방법을 활용하여 군인가족을 지원해야 한다. 먼저 장기간 전속이나 파병과 같은 분리 전 단계에서는 단·장기간 분리기간 중 가족들이 어떻게 지낼 것인지에 대해 사전 계획을 수립하는 것이 중요하다. 이를 위해서는 먼저 일정 기간 가족들이 떨어져 지내야 한다는 것을 알리고 가족구성원과의 분리에 대해 가족들이 어떤 느낌과 욕구를 갖는지를 함께 나누는 것이 필요하다. 또한 가족에 따라 가족과의 분리로 인해 많은 스트레스를 경험할 수 있으며 도전의 시간이 될 수 있음을 알게 한다. 또한 군인이 없는 기간 동안 재정적 부분, 건강문제, 역할 및 책임, 자녀양육문제, 떨어져 있는 군인과의 의사소통 방법(편지, 메일, 전화 등), 필요한 경우 외부자원 활용 등에 대해 어떻게 대처할 것인지에 대한 구체적인 계획을 수립할 수 있도록 돕는다. 이러한 계획을 수립하기 위해 군인과 군인가족들을 대상으로 하는 워크숍을 마련할 수도 있고 부모교육, 코칭을 할 수도 있다. 전속이나 재배치서비스를 통해 가족들은 더 많은 정보를 알게 되고 군인의 전속 및 파병에 대해 긍정적인 생각을 갖고 긍정적인 적응을 하게 된다. 이를 위해서는 군인가족을 위해 지역사회에서 이용할 수 있는 자원들이나 정보들을 제공하고 지역의 군인가족과 민간가족들이 교류할 수 있는 웹 사이트나 채팅방을 제공하는 것도 필요하다. 또한 필요한 경우 생활비 편성, 부채 정리 등 자산관리에 대한 교육이나 자녀양육에 대한 교육이나 훈련을 제공할 수도 있다.

그리고 군인가족의 양육 스트레스를 낮추기 위해 배우자교육은 물론 부모교육 프로그램이 행해져야 한다. 아버지가 직업군인인 군인가족의 역할분담에서 집안일과 자녀양육 등의 일상적인 일은 아내에게 편중되어 있는 것을 당연한 것으로 받아들이는 경향이 있기 때문에 스트레스요인으로 크게 인식하지 않는다. 따라서 군인가족의 양육 스트레스를 감소시키기 위해 주안점을 두어야 할 부분은 바로 정서적인 문제이다. 군인가족의 특성으로 고려한 부모교육 프로그램은 반드시 부모가 함께 참여할 수 있어야 하며 부대근무와 가사 및 양육문제로 인한 시간과 장소 부족을 고려하여 바로 근무지에서 접근이 가능하도록 온라인·오프라인으로 동시에 이루어질 수 있어야 한다. 부모교육 프로그램 내용에는 부모 자신에 대한 이해, 자녀양육 시 양육방법의 조화, 군인가족의 적응 등이 포함되어야 한다(김혜원, 2008 : 44. 재인용).

다음으로 분리단계에서는 군인이 가족과 분리되어 있는 동안에도 가족 내에 응집력을 촉진하고 신뢰적인 관계를 유지하도록 돕는 것이 필요하다. 예를 들어 어린 자녀를 둔 군인가족에게는 군인이 가정으로 다시 복귀하고 난 다음에 떨어져 있는 동안 자녀의 경험, 변화, 성장을 이해할 수 있도록 부모의 부재 시 아동이 활동한 사진이나 내용을 잘 정리해서 스크랩할 수 있도록 코칭할 수 있다. 또한 군인 배우자가 희망하는 경우 취업을 함으로써 경력을 개발할 수 있도록 지원하는 것이 필요하다. Ward(2002)에 따르면 군인가족의 고용과 소득 증가는 군인생활에 대한 만족감을 증가시키고 결과적으로 군인으로 하여금 더 오랫동안 군생활을 할 수 있도록 돕는다고 하였다. 미국의 경우 군인 배우자 고용을 돕기 위해 일부 군대에서 전국 취업 데이터베이스와 연결된 웹 사이트와 이력서 서비스에 대한 정보를 제공하기도 한다. 군인 배우자를 위해 경력개발을 지원하고 희망하는 경우 자신들이 희망하는 분야에 취업할 수 있도록 정보 및 자원연결이 이루어져야 한다.

마지막으로 군인과의 재결합단계이다. 이 시기는 분리와 마찬가지로 떨어졌던 가족이 다시 함께 살기 시작하는 단계도 혼란스러울 수 있다. 따라서 재결합기간 동안에도 군인가족이 적응과 재조직화를 할 수 있도록 도와야 한다. 이를 위해 유사한 상황에 있는 사람들과의 지지집단을 형성하고 이들과 의사소통을 할 수 있도록 촉진하는 것이 필요하다. 재결합한 가족들을 대상으로 군인의 부재기간 중 그들이 얼마나 그리워하고 어떤 생활을 하였는지를 함께 나누도록 하고 가족으로 복귀한 뒤 자신과 배우자, 자녀가 갖는 감정을 이해하도록 돕는 것이 필요하다.

3) 군인자녀에 대한 심리사회적 지원

군인부모를 둔 자녀들은 부모 직업의 특수성으로 인해 가정생활 및 발달에 있어 독특한 요구와 문제들을 경험하게 된다. 군인자녀들이 건강하게 잘 적응할 수 있도록 지원하기 위해서는 먼저 청소년들의 심리적 모호함을 최소화시키고 가족, 지역사회 자원들이 군인자녀 및 가족성원을 돕도록 극대화시켜 완화시키는 것이 필요하다(Huebner et al., 2007 : 121).

또한 학령기 자녀들을 위해 사회복지사는 학교교사나 학교 사회복지사에게 군인가족 자녀의 어려움과 스트레스를 알리고 이해시켜야 한다. 군인가족 및 자녀에게 새로운 학교에 적응하는 동안 직면하는 독특한 도전을 인식시킴으로써 군인자녀의 경험을 개선시킬 수 있다. 또한 학교 적응을 촉진시킬 수 있도록 학교와 지역사회에서 이용 가능한 자원을 발굴하고 확립하도록 하고, 학교교사가 군인아동이 직면하는 중요한 이슈를 이해하도록 교육시켜야 한다. 특히 사회복지사는 이와 같은 과도기적 상황에서 아동이 학교에 적응을 잘할 수 있도록 돕고 필요한 지지적 서비스가 제공될 수 있도록 학교 사회복지사와 연계하는 것이 필요하다. 더불어 새로운 학교에 전학한 아동이 교육체계에 적응할 수 있도록 돕는 프로그램도 실시되어야 한다. 전학 후 적응기간 동안 아동의 스트레스와 불안을 감소시키기 위해 군인자녀와 함께 지역사회 및 기관을 방문할 수도 있고, 지역에 살고 있는 일반가정아동과 군인가족아동을 연결시켜 줄 수도 있다. 특히 전학한 학교의 교재, 진도, 수업방법, 학칙에서 이전 학교와 차이가 있는 경우 학교 사회복지사와 협력해서 이러한 차이를 알려주는 것이 필요하다.

4) 부상 및 사별가족에 대한 개입

군인은 훈련 중이나 임무수행 중 여러 가지 사고가 생길 위험이 크며, 특히 불의의 사별이 생길 가능성이 크다. 특히 우리나라의 경우 총 14개국 16개 지역에 1,075명의 군인이 파병되었다(국방부, 2009a : 277)는 것은 상당수의 군인가족들이 이런 상실의 위험에 있음을 알 수 있다. 군복무 중 사고 피해 및 질병에 대해서는 금전적 보상 및 의료지원을 하고 있지만 심리사회적 지원도 강화되어야 한다. 무엇보다 생존자와 유족들의 극심한 상실감과 복합적인 위기에 대해 위기 개입을 하고 정보 제공과 정서적 지지를 비롯한 다양한 보호체계를 활용하여 사회재적응이 쉽도록 공식적인 서비스 체계를 갖추어야 한다. 특히 유가족들의 개별성을 고려한 사회복지실천의 사례관리 시스템을 접목시켜 필요한 정보와 지원책을 제공해 줄 수 있는 방안을 마련해야 한다. 또 군 조직 전체의 충격과 상실감을 극복하기 위해 물질적·정서적 지원체계와 지원연계, 정책 건의에 이르는 공식적인 사회복지실천 활용이 필요하다(이윤수, 2009 : 83).

5) 퇴역군인에 대한 개입

미 국방부(2007)의 특별위원회 보고에 따르면 배치로부터 복귀한 군인들의 38%, 해군의 31%가 심리적 증상을 보고하였고 배치된 주 방위군의 49%가 심리적 증상을 갖는다고 하였다(Wheeler & Bragin, 2007 : 297 재인용). 사회복지사는 퇴역군인의 재통합을 위해 먼저 퇴역군인을 지역사회에 기여한 사람이자 리더로 인식하고, 그들을 문화적으로 잘 이해하고, 강점 관점의 생체 심리사회학적 접근의 개발과 옹호서비스를 제공해야 한다. 그 외에도 지역사회 내에 퇴역군인들의 재통합 접근을 지지하는 특별위원회를 개발하고 퇴역군인의 필요를 드러내고 모든 군인 및 가족에게 적용되는 포괄적인 프로그램을 통해 공공건강과 사회복지 파트너십을 옹호하기 위해 현존하는 사회복지조직을 활용해야 한다(Wheeler & Bragin, 2007 : 299).

6) 군인가족지지센터의 전문화

군인가족을 지원하는 것을 주된 목적으로 하는 가족지지센터가 새롭게 설립·운영되거나 기존의 군인가족지원센터의 기능 보완 및 활성화가 이루어져 한다. 먼저 새롭게 설립되는 가족지지센터(family support centers)는 교육을 통해 문제를 예방하고 군인가족들이 그들의 욕구를 충족시킬 수 있도록 지지적인 개입을 제공해야 한다. 예방프로그램은 가족생활에 영향을 미치는 분야, 즉 가정경제를 다루는 것, 부모화 기술, 분리와 배치에 대한 대처와 관리 등을 다룬다. 한편, 개입프로그램으로는 개인과 가족상담, 아동과 배우자 학대, 물질남용 같은 정신건강 이슈를 다룰 수 있다.

또 다른 방법으로는 현재 운영되고 있는 군인가족지원센터의 기능을 확대·활성화하는 것이다. 이를 위해서는 미군의 가족센터의 모형 및 운영을 벤치마킹하는 것도 필요하다. 미군은 80년대 후반에 이미 군인가족지원법령을 제정하고 민간부문 가족지원 프로그램을 도입하여 군인가족 지원프로그램의 일환으로 가족센터를 운영하고 있다. 가족센터의 기능으로는 고용지원, 정보 및 소개, 배치전환지원, 개인재정관리, 동원/배치 지원, 신입·별거가족 지원, 가족평생교육, 비상사태 지원, 자원봉사협조 등이 있다. 이밖에도 미군은 아동발달프로그램, 가족옹호프로그램, 가족위안협회, 자원봉사그룹 등을 적용하여 군인가족의 적응을 돕고 있다(원창희·이원배, 1994 : 63-64).

7) 군인가족 옹호서비스

사회복지사는 다양한 군인가족을 위해 옹호서비스를 행할 수 있다. 먼저 군인가족 및 배우자의 당면문제 및 어려움을 옹호, 대변하는 역할을 수행해야 한다.

지금까지 전쟁과 군은 지금까지 가부장적인 요소와 남성 중심의 정치성을 대표해 왔고, 여성은 중요한 정책 부분에서 배제되었다. 하지만 앞으로 지구촌 평화 유지를 위한 노력은 여성이 함께 동참해야 하며 현재까지도 국제정세에 따른 국가존립을 위해 개인의 목숨도 불사해야 하는 군 조직에서 정신적 스트레스를 받고 있는 군인 배우자 또한 그들의 희생을 인정받아야 한다. 이를 위해 보훈정책을 비롯한 공적 영역에서의 공론화의 발현과 정책 건의에 대한 기회를 줄 수 있도록 옹호, 대변, 지지자의 역할이 필요하며 레질리언스의 보호요인이 될 수 있는 신념체계를 강화하기 위한 사회복지실천 서비스의 활용, 자조집단 활성화를 위한 노력과 지원이 이루어야 한다(이윤수, 2009 : 100).

사회복지사는 가족폭력 및 학대에 노출된 군인가족을 옹호해야 한다. 전술한 바와 같이 군인가족들은 가족폭력 및 학대에 노출될 가능성이 있다. 그러나 가정폭력의 피해를 당하고 있는 군인가족들이 자신을 노출하고 서비스를 요청하는 것은 쉬운 상황이 아니다. 사회복지사는 희생자에게 가족폭력과 관련된 현재의 정책에 대해서 잘 알리고 서비스나 쉼터를 필요로 하는 군인가족들에게 효과적으로 서비스를 실행할 수 있어야 한다. 또한 군인가정의 폭력문제의 심각성을 외부에 알림으로써 군대와 민간 지역사회기관이 군인가족 폭력 문제에 관심을 갖고 지원할 수 있도록 하고 군인가족을 옹호하고 대변하는 역할을 해야 한다 (Savitsky, Illingworth, & DuLaney, 2009 : 329-330).

이를 위해서는 먼저 사회복지사가 군인의 투지와 군인문화가 가족에게 미치는 영향에 대해 잘 알고 있어야 하며, 가족폭력에 대한 군의 대응방침을 잘 알고 있어야 한다. 가족폭력의 희생자에게 서비스를 제공하는 사회복지사는 군대의 가족폭력에 대한 정책변화에 대해 잘 알고 있어야 하며, 가족폭력에 대한 지역사회 반응을 촉진할 기회에 대해 잘 알고 있어야 하며, 군인가정의 가족폭력 예방 및 근절을 위한 다양한 접근 및 프로그램을 실시해야 한다. 또한 사회복지사는 군인가족의 아동학대 문제도 중요하게 다루어야 한다. 이를 위해 군대 내 군인가족의 아동학대 문제를 이해해야 하며 군인 및 군인가족들과 아동 학대문제를 예방·교육할 수 있는 자리를 마련하고 군인가족의 폭력문제를 지원할 수 있는 지역사회 자원을 발굴해야 한다.

8) 다양한 군대문화를 고려한 서비스 및 프로그램 제공

사회복지사는 군인가족에 대한 접근에 있어 무엇보다 군대문화에 대한 민감성을 가지고 있어야 하며, 군대 및 군인을 둘러싼 다문화적 이해를 바탕으로 해야 한다. 군대는 독특한 사회규범, 신념, 행동, 의식 등이 있으며 군 문화는 군인과 마찬가지로 군인가족에게도 군인의 사명과 군인생활스타일을 갖추도록 요구하기 때문에 군인 배우자와 가족의 활동과 행동에 영향을 미친다. 특히 군 문화를 따르는 군인 및 군인가족의 행동이나 태도는 군 생활의 헌신과 적응의 표시로 해석된다는 것을 알아야 한다(Knox & Price, 1999 : 129 재인용). 강점 관점을 강조하는 사회복지사는 군복무의 이점과 군인으로서 사명감과 응집력을 통해 성취감을 맛볼 수 있도록 하고 군인과 가족들이 군복무와 관련된 과업을 성공적으로 다룸으로써 새로운 기술을 습득하고 성취감을 느낄수 있도록 해야 한다.

또한 군대는 다문화적 사회이다. 따라서 다양한 문화적 배경을 갖는 군인가족을 지원하기 위해서는 지역시민, 사회단체, 종교, 다른 조직 구성원을 활용한 멘토링 프로그램을 통해 대안적 지지네트워크를 개발하는 것이 필요하다(Drumment, Coleman & Cable, 2003 : 283-284).

사회복지사는 군 문화가 군인가족들로 하여금 지지적인 가족서비스 접근을 방해하는 장애요인이 될 수도 있음을 알아야 한다. 사회복지실천에 있어 가장 큰 도전은 정신건강 문제에 대한 도움을 찾는 것에 대한 문화적 스티그마이다. 군인이나 군인가족이 정신건강과 관련하여 외부의 도움을 받는 것은 유능한 군인으로서 갖추어야 할 자격에서 벗어난다고 생각한다. 이러한 군대 분위기로 인해 군인이나 군인가족은 자신들의 군 경력유지에 부정적인 영향을 미칠 우려 때문에 사회복지기관 이용을 꺼려한다. 따라서 군인가족을 다루는 전문가들은 군 문화가 프로그램에 참여하는 군인가족의 행동에 얼마나 강하게 영향을 미칠 수 있는지에 대해 잘 알아야 한다. 또한 만약 군인가족들이 공식적 서비스 이용에 대한 스티그마를 두렵게 생각하고 실제 서비스 이용에 대한 스티그마가 생길 우려가 있다면 직접 군인가족에게 개입하기보다는 군인가족들로 구성된 자조집단 또는 지지집단의 개발을 돕는 것이 필요하다. 군인가족을 지원하는 전문가들은 비공식적 지지집단을 이끌 군인가족성원을 훈련할 수 있고 그들에게 집단역동이나 정신건강과 관련된 기술을 가르치고 이들 리더를 위한 적절한 자원을 기획하고 개발할 수 있다(Drumment, Coleman & Cable, 2003 : 283-284; Knox & Price, 1999 : 129 재인용).

9) 지역사회기관과의 연계, 협력

군인가족은 지역사회의 중요한 성원이며 군인 및 군인가족의 다양한 욕구는 어느 단일 기관에 의해서만 충족될 수 없다. 특히 군대의 예산삭감 문제, 잦은 지리적 이동문제 등은 군인가족의 현실적 문제를 다루는 데 한계가 있다. 잘 조정된 지역사회의 개입들이 군인가족의 지지를 위해 활용되어야 한다(Hashmand & Hashmand, 2007 : 172-173). 군 지역사회에서 군인가족의 적응과 공식적·비공식적 지역사회 토대의 네트워크 간의 관계를 연구한 보웬(Bowen et al., 2003)에 따르면 비공식적 지역사회 지지는 가족의 적응에 직접적인 영향을 주지만, 군대의 지지는 공동체의식을 통해 가족의 적응에 영향을 미치는 것으로 나타났다. 즉, 공동체의식은 가족의 적응에 중요한 조절변수인 것으로 나타났으며, 지역사회는 구체적인 정보와 표현적인 지지의 중요한 출처인 것으로 나타났다.

사회복지사는 군인가족에 필요한 서비스 제공을 위해 비영리기관, 퇴역군인 조직, 군인가족에게 서비스를 제공하는 기관 및 단체들, 정부 관련자와 공식적·비공식적 모임이나 협의체를 구성하고 이들에게 군인가족의 문제를 알리고 참여를 촉진시키는 노력을 강구해야 한다. 또 직업군인, 퇴역군인 및 가족에게 적합한 포괄적인 자원과 프로그램을 개발하고 유지할 뿐 아니라 지역사회 내에 군인가족에게 유익한 자원을 발굴하고, 명단을 확보하며, 필요한 경우 군인가족을 의뢰하거나 연계할 수 있어야 한다. 마지막으로 사회복지사는 군대와 민간체계 간의 협력의 중요성을 인식해야 하며 다학문적 접근을 실천에 적용할 수 있도록 훈련되어야 한다.

10) 윤리적 문제 다루기

군사회복지사는 군대의 일원이면서 사회복지사라는 이중 직업과 다중적 역할, 군대 법에 의한 계층적인 구조, 이중 클라이언트층(군인과 군 조직)의 경험, 전문가 소외가 특징이다(Tallant와 Ryberg, 1999. Simmons & Rycraft, 2010 : 11 재인용). 이는 군사회복지사의 직무에서 윤리적 갈등과 도전이 상당히 있을 수 있음을 의미한다고 하겠다. Simmons & Rycraft(2010)는 24명의 군사회복지사를 대상으로 질적 연구를 통해 전투상황에서 갖는 윤리적 딜레마에 대해 조사하였는데, 그 결과 군의 전투사명에 대한 욕구와 군인의 니드와의 갈등상황에서는 도덕적 이유보다는 임상적 판단에 근거하는 것으로 나타났다. 그 외 비밀보장, 사생활보호, 상사와의 갈등, 관계와 경계유지, 진단과 치료 등과 관련된 윤리적 갈등을 갖는 것으로 나타났다.

군사회복지사는 사회복지전문직의 독립된 분야 중 하나이다. 군사회복지사는 그들의 기술을 적용함에 있어 군이라는 장의 특성으로 인해 윤리적 도전에 경험하기도 한다. 군의 윤리와 사회복지의 윤리는 유사한 점도 있지만 서로 상이한 부분도 있다. 즉, 사회복지에서는 사회정의를 강조하는 데 반해 군 조직에서는 더 큰 사회의 선을 위해 개인의 자유를 희생할 수 있다는 것을 상대적으로 더 강조한다. 그 이외에도 자기결정, 자율, 비밀보장, 삶의 질, 삶의 권리를 강조하는 것은 군대 윤리와는 다른 부분이 있다. 예를 들어 군인이면서 사회복지사인 경우에는 군인 및 군인가족과의 지원에 앞서 비밀보장에 한계가 있음을 분명히 해야 한다. 따라서 군인이면서 사회복지사인 경우에는 이 두 측면의 윤리적 가치와 책임을 고려하지 않으면 안 되며 무엇보다 윤리적·실천적 개입에 있어서는 다양한 검토와 분석을 통해 사회복지전문직과 군인에게 제공되는 보호가 최적의 것이 될 수 있도록 보장하는 것이 필요하다.

11) 군인가족 지원에 대한 사회복지 이론 및 실천 개발

사회정의적 차원에서 사회복지사는 이들 군인 및 군인가족을 지원할 역할과 책임을 갖는다. 사회복지사는 직업군인, 퇴역군인과 가족, 특히 지역사회로부터 소외되어 있는 군인 및 가족을 위해 지원할 직접적 서비스를 제공할 수 있도록 준비해야 한다. 그럼에도 불구하고 사회복지문헌에서는 군종사회복지사가 군인과 퇴역군인을 위해 최고로 도울 수 있는 방법에 대한 실제적 지침을 제공하지 못하고 있다. 대학에서조차 이들 특별한 인구집단에 대한 내용을 사회복지 커리큘럼에 통합하지 못하고 있다(Savitsky, Illingworth, & DuLaney, 2009 : 327). 우리나라의 경우 전쟁을 하고 분단국가로 있지만 이들 군인을 위해 사회복지사들의 구체적인 노력에 대해서는 잘 제시되지 못하고 있다. 따라서 봉사, 사회정의, 능력을 핵심원칙으로 하는 전문가인 사회복지사는 군인과 퇴역군인 및 가족의 건강과 안녕에 영향을 미치는 요인을 알고 있어야 하고 군인가족 지원에 대한 이론, 전문적·실천적 개입방법 및 기술, 프로그램 등을 개발, 적용함으로써 보다 효과적인 개입을 할 수 있도록 해야 한다.

Chapter **10**

제대군인과 사회복지

1 제대군인의 정의

일반적으로 제대군인은 군복무를 마치고 전역한 사람을 뜻한다. '제대군인'은 「병역법」 또는 「군인사법」에 따라 군복무를 마치고 전역(퇴역·면역 또는 상근예비역 소집해제를 포함)한 사람(대한민국 제대군인지원에 관한 법률 제1장 제2조), 국가기관·지방자치단체·공공단체 및 사회복지시설의 공익목적에 필요한 경비·감시·보호·봉사·행정업무 등의 지원업무(병역법 제26조 제1항 제1호)에 복무하고 소집 해제된 공익근무요원을 포함한 사람을 말한다(제대군인 지원에 관한 법률 제16조 제1항).

제대이라는 용어는 흔히 퇴역, 전역, 예편 등의 단어와 혼용(混用)·혼돈(混沌)되어 사용되는 경향이 있다. 먼저 퇴역은 현역, 예비역, 보충역인 장교, 준사관, 부사관이 계급 상 연령 정년에 도달하여 병역의무를 완전히 마치는 것을 뜻하며, 전역(轉役)은 현재까지 복무하던 역종(役種)에서 다른 종으로 바뀜을 의미한다. 즉, 장교, 준사관, 부사관, 병이 현역에서 예비역으로 역종이 바뀌는 것을 말한다. 또한 예편(豫編)은 군인이 현역에서 예비역[57]으로 편입됨을 의미하며, 군인사법 제42조에서는 "현역에서 전역되는 자로서 퇴역되지 아니하는 자는 예비역에 편입한다"라고 명시하고 있다.

2 제대군인의 복무 특성

1) 복무 구분

(1) 고용구조의 특성에 따른 복무 구분

① 인력구조 측면

표 10-1 | 인력구조적 측면의 고용구조 특성

복무방식	• 직업군인/의무복무 군인(일부 장교 및 부사관, 병 전체)
군인의 구분	• 법률상(군인사법) 구분 : 장기복무군인(10년 이상), 단기복무군인 • 실질적 구분 : 장기/중기/단기복무군인
신분집단별 인력분포	• 장교의 인력분포 - 중/소위(38.35%), 대위(30.2%), 소령(16.7%), 중령(10.2%), 대령(3.7%) - 장군(0.7%) • 부사관의 인력분포 : 하사(33.8%), 중사(35.9%), 상사(19.6%), 원사(10.6%)

자료 : 이정표 외(2004). 「군 전역간부의 사회취업활성화」. 한국직업능력개발원. 육군본부.

② 고용방식 측면

표 10-2 | 고용방식 측면의 고용구조의 특성

장교	• 최초 임용 : 사관학교·3사관학교, 모집, 기타 양성교육에 의한 임용 • 중·장기 복무장교 - 장기복무 장교(10년) - 단기복무 장교 중 복무기간 연장 희망자 중 선발된 자(3년 이상) * 진급선발에 의해 상위직 진출

57) 예비역(豫備役)은 현역을 마친 사람에게 일정한 기간 동안 부여된 병역으로서 평시에는 일반인으로 생활하다가 국가비상시나 훈련기간에 소집되어 군무에 종사함을 뜻한다.

부사관	• 최초 임용 : 부사관학교, 모집 등 양성교육에 의한 임용 • 중장기복무 부사관 - 장기복무 부사관(7년) - 단기복무 부사관 중 복무기간 연장 희망자 중 선발된 자(4년 이상) * 진급 선발에 의해 상위직 진출

자료 : 이정표 외(2004). 「군 전역간부의 사회취업활성화」. 한국직업능력개발원. 육군본부.

(2) 법률에 따른 복무 구분

① 「군인사법」에 따른 복무 구분

「군인사법」 제3장 제6조에서는 복무 구분, 제7조에서는 복무기간을 명시하고 있는데 이를 정리하면 <표 10-3>과 같다.

표 10-3 | 군인사법에 따른 복무 구분

계급	구분	복무기간	복무 대상	비고
장교	장기복무	• 10년으로 하되, 장기복무 장교로 임용된 날부터 제5연차에 1회의 전역지원 가능 • 다만, 공군사관학교를 졸업한 공군의 조종병과장교로서 비행훈련과정을 수료하여 비행자격이 부여된 자는 15년으로 하되, 제10연차에 1회의 전역지원 가능	• 사관학교를 졸업한 자 • 「군법무관임용 등에 관한 법률」 제3조제1호의 규정에 의한 군법무관과 동조 제2호 또는 제3호에 해당하는 자로서 장기복무를 지원하여 임용된 군법무관 • 단기복무장교 중 장기복무장교로 선발된 자 • 공군의 조종병과장교로서 비행훈련과정을 수료하여 비행자격이 부여된 자	단기복무장교로서 장기복무 또는 복무기간연장을 원하는 자는 대통령령이 정하는 바에 의하여 전형을 거쳐야 함
	단기복무	• 3년으로 하되 다만, 육군3사관학교 및 국군간호사관학교를 졸업한 자는 6년으로 하고, 「병역법」 제57조 제2항에 따른 학생군사교육단 사관후보생과정 출신	• 육군3사관학교 또는 국군간호사관학교를 졸업한 자, 사관후보생 및 「병역법」 제57조의 규정에 의하여 실시하는 학생군사교육단 사관후보생과정 출신 장교와	

계급	구분	복무기간	복무 대상	비고
장교	단기복무	장교 및 여성 군인 중 간호과장교(국군간호사관학교를 졸업한 간호과장교를 제외한다)에 대하여는 국방부장관은 각 군의 인력운영상 필요하다고 인정하는 경우 1년의 범위 내에서 그 복무기간 단축가능	제2항의 장기복무장교에 속하지 아니하는 자	
부사관	장기복무	• 7년으로 하되 다만, 대통령령으로 정하는 군의 필수기술분야에 종사하는 장기복무부사관은 10년으로 하되, 제7년차에 1회의 전역지원 가능	• 군의 교육기관에서 고등학교의 교육과정을 이수한 자 및 지원에 의하여 전형에 합격한 자	• 단기복무하사관으로서 장기복무 또는 복무기간 연장을 원하는 자는 대통령령이 정하는 바에 의하여 전형을 거쳐야 함.
	단기복무	• 단기복무부사관은 4년(여성 단기복무부사관 및 제6조 제7항 제4호의 단기복무부사관은 3년, 같은 항 제3호의 단기복무부사관은 「병역법」 제20조의2에 따른 연장복무기간)으로 함.	• 제6항에 따른 장기복무부사관이 아닌 자로서 지원에 의하여 전형에 합격한 자 • 제62조에 따라 일반교육기관에서 군장학생으로 선발된 자로서 고등학교 이상의 교육과정을 마친 자 • 「병역법」 제20조의2에 따라 유급지원병으로 선발되어 연장복무하는 자 • 「병역법」 제57조제2항에 따른 학생군사교육단 부사관후보생 과정 출신 부사관	
준사관		• 5년으로 한다. 다만, 대통령령으로 정하는 군의 필수기술분야에 종사하는 준사관(상사 및 원사에서 준사관으로 임용된 자를 제외한다)은 10년으로 하되, 제7연차에 1회의 전역지원 가능		

② '대한민국 제대군인지원에 관한 법률'에 따른 구분

'제대군인지원에 관한 법률' 제1장 제2조에서는 복무를 장기복무와 중기복무로 구분하고 있다. 즉, '장기복무 제대군인'의 경우 10년 이상 현역으로 복무하고, 장교·준사관 또는 부사관으로 전역한 사람으로 규정하고 있으며, '중기복무 제대군인'은 5년 이상 10년 미만 현역으로 복무하고, 장교·준사관 또는 부사관으로 전역한 사람으로 정의하고 있다.

2) 복무정년

'군인사법' 제8조에서는 현역에서 복무할 정년은 다음과 같다. 다만, 전시·사변 등의 국가비상시에는 예외로 한다.

표 10-4 | 복무정년

연령정년						근속정년		계급정년	
원수	종신	대령	56세	준사관	55세	대령	35년	중장	4년
대장	63세	중령	53세	원사	55세	중령	32년	소장	6년
중장	61세	소령	45세	상사	53세	소령	24년	준장 6년	
소장	59세	대위 이하	43세	중사	45세	대위 이하	15년		
준장	58세			하사	40세	준사관	32년		

군인의 경우 상위계급으로 진급하지 못할 경우 연령정년에 따라 조기전역을 해야 하므로 일반직 공무원에 비해 정년이 매우 짧다고 볼 수 있다. 위관 및 영관급 장교에 해당되는 5급 이상의 일반직 공무원의 정년은 60세이며, 준사관 및 부사관, 하사관에 해당되는 6급 이하의 공무원은 2008년 6월 13일 개정되어 2009년 1월 1일부터 시행된 국가공무원법에 따라 2013년에는 기존 6급의 정년 57세가 5급과 동일하게 60세까지로 연장된다. 이러한 사실에 견주어 볼 때 군인들의 정년이 일반직 공무원에 비해 15~17년 정도 단축되어 있음을 알 수 있다.

이러한 직업군인의 조기전역은 아래 <표 10-5>와 같이 생애주기 상 가장 지출이 크게 이루어지는 시기에 이루어지므로 가족들의 안녕에도 심각한 영향을 끼치게 된다.

표 10-5 | 제대군인가족의 생애주기

구분	20대	30대	40대	50대	60대
생활부담	27세	35세	47세	51, 58세	
	결혼준비	주택 마련	자녀교육	자녀 결혼	노후생활
자녀교육		35세	41, 47세	51, 54세	
		초등교육	중·고교	대학	
			최대 지출기		
군정년	23세		49세	53, 55세	
	임관			대령, 준·소장	
사회정년	26세			55세	61, 65세
				기업	공무원

자료 : 최수용(1999). 장기복무제대군인의 취업활성화 방안연구. 국방대학원 석사학위논문.

그러나 군인이라는 특수직은 직무성격 및 직무내용에 있어 일반사회의 타 직업과는 현격한 차이를 지닌다. 이에 군인들은 전역 후 재취업 및 사회적응에 있어서도 상당한 어려움을 겪는 것이 일반적이다. 제대군인의 문제는 곧 현역 군인의 사기, 더 나아가 국가안보 및 국방력과도 직결되며, 미래의 우수인력 확보에도 영향을 미치는 매우 중요한 사안이기에 국가·사회적 지원수준이 관건이다.

3 제대군인의 현황

중·장기복무 장교·준사관 또는 부사관의 제대현황을 살펴보면 최근 5년간 평균적으로 장기복무 제대군인은 3,200여 명, 중기복무 제대군인은 2,540여 명이 전역하는 것으로 나타났다(이윤성, 2009). 제대군인의 전역은 크게 정기전역과 수시전역으로 구분할 수 있는데, 정기전역은 계급·근속·연령정년에 의한 전역을 뜻하며, 수시전역은 본인의 원에 의한 전역을 말한다. <그림 10-1>과같이 제대군인의 수가 2003년에 증가세를 보이다가 2004년부터 감소, 2007년부터는 소폭 증가를 나타내는 데는 경제적 상황에 영향을 받는 수시전역의 변동 폭이 반영된 결과라 할 수 있다. 또한 아래 <표 10-6>과 같이 장기복무 제대군인의 수는 꾸준히 증가세를 보이는 반면 중기복무 제대군인의 감소 폭이 크기 때문에 전반적으로 제대군인의 전역은 감소추세를 보이고 있다.

표 10-6 | 제대군인 현황

(단위 : 명)

	2002	2003	2004	2005	2006	2007	2008	2009
계	6,212	6,849	6,075	5,416	5,034	5,331	5,414	5,959
장기복무 제대군인	3,160	3,325	3,286	3,164	2,820	3,411	3,611	4,230
중기복무 제대군인	3,052	3,524	2,789	2,252	2,214	1,920	1,803	1,729

자료 : e-나라 지표(http ://www.index.go.kr)

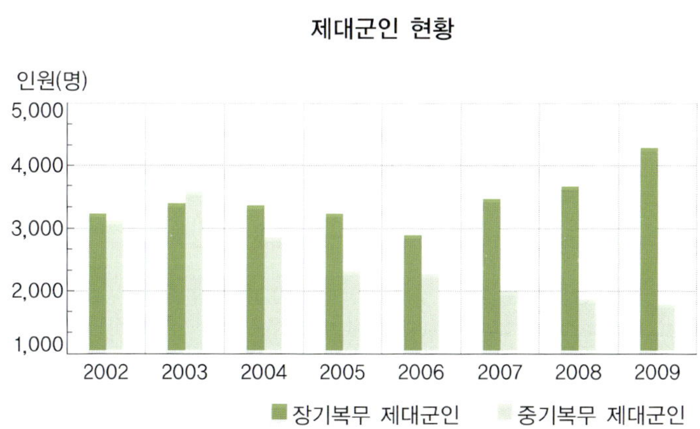

자료 : e-나라 지표(http ://www.index.go.kr)

그림 10-1 | 제대군인 현황

2004~2008년까지의 중·장기 복무제대군인 총 27,270명 중 장기복무 제대군인은 16,292명으로 전체의 59.7%를 차지하며, 중기복무 제대군인은 40.3%인 것

으로 나타났다. 계급별로는 장기복무제대군인 중에서 영관 계급이 39.4%(6,413명), 부사관 계급이 38.4%(6,259명)로 나타나 이 두 계급이 장기복무 제대군인의 77.8%를 차지함을 볼 수 있다. 한편 중기복무 제대군인에서는 위관급이 72.1%(7,918명)로 가장 높게 나타났으며, 그다음으로는 부사관 계급이 27.6%(3,032명)로 나타나 중기복무 제대군인의 경우 상당수가 위관급 장교임을 알 수 있다.

표 10-7 | 중·장기 복무 제대군인의 계급별 현황(2004~2008)

(단위 : 명, %)

구 분	계	장성	영관	위관	준사관	부사관
계	27,270 (100)	389 (1.4)	6,420 (23.5)	9,389 (34.4)	1,781 (6.5)	9,291 (34.0)
장기복무	16,292 (100)	389 (2.4)	6,413 (39.4)	1,471 (9.0)	1,760 (10.8)	6,259 (38.4)
중기복무	10,978 (100)	0 (0.0)	7 (0.06)	7,918 (72.1)	21 (0.2)	3,032 (27.6)

자료 : 안중현(2009). 중장기 복무제대군인의 안정된 사회복귀 지원방안 연구. 국방대학교 안보과정 연구논문.

중·장기 복무 제대군인의 연령별 현황을 살펴보면 장기복무 제대군인 집단에서는 56세 이상이 38.5%(6,277)로 가장 높은 비중을 차지하고 그다음으로 40~49세가 27.0%(4,403명)으로 많았다. 중기복무 제대군인 집단에서는 34세 이하가 72.2%(7,932명)를 차지하였으며, 그다음으로 35~39세가 27.3%(2,993명)을 나타내어 중기복무 제대군인의 경우 40세 미만이 95%를 차지함을 알 수 있다.

장기적으로 국방환경의 변화에 따른 국방인력의 감축, 비전투 분야의 아웃소싱 등으로 인해 전역하는 제대군인 수는 지속적으로 증가될 것으로 예측된다. 그러나 군인들의 전역 연령이 40~50대에 가장 높게 나타나 한창 자녀교육비 등 가계지출이 높은 시기이므로 전역 후 경제적 안정 및 사회적응에 상당한 애로를 경험할 가능성이 높다. 특히 군 직무는 사회생활에 활용되는 직무와는 그 연계성이 부족하기 때문에 제대군인의 원활한 사회복귀를 위해서는 국가적·사회적 관심과 지원이 반드시 요구된다.

표 10-8 | 중·장기 복무 제대군인의 연령별 현황(2002~2006)

(단위 : 명, %)

구 분	계	34세 이하	35-39세	40-49세	50-55세	56세 이상
계	27,270 (100)	8,230 (30.2)	5,132 (18.8)	4,447 (16.3)	3,181 (11.7)	6,280 (23.0)
장기복무	16,292 (100)	298 (1.8)	2,139 (13.1)	4,403 (27.0)	3,175 (19.5)	6,277 (38.5)
중기복무	10,978 (100)	7,932 (72.2)	2,993 (27.3)	44 (0.4)	6 (0.1)	3 (0.02)

자료 : 안중현(2009). 중장기 복무제대군인의 안정된 사회복귀 지원방안 연구. 국방대학교 안보과정 연구논문.

4 제대군인 사회적응지원사업

제대군인을 대상으로 한 사회적응지원사업은 국방부와 국가보훈처에서 담당하고 있다. 국방부에서는 군인연금과 더불어 전역 예정자(전역 1년 전)를 대상으로 한 사업을 운영하고 있으며, 국가보훈처에서는 전역 후의 사회적응지원 업무를 담당하고 있다.

1) 국방부

(1) 전직지원정책과

국방부 전직지원정책과는 인사복지실 보건복지관에 설치되어 있으며, 주요 업무는 다음과 같다.

- 군인의 전직지원에 관한 정책과 계획의 수립·조정 및 제도발전
- 전역 예정 간부 취업 직위의 확대·개발

- 군내·외 직업보도교육에 관한 사항
- 국방취업지원센터 운영에 관한 사항
- 한국군사문제연구원 업무의 지도·감독

① 국방취업지원센터

'국방취업지원센터'는 1997년 2월에 설립되어 장교, 준사관, 부사관 등의 전역(예정) 간부들을 대상으로 구인처 개발, 취업정보 제공, 취업상담, 취업 추천, 취업박람회 개최 등 취업지원 활동과 각종 직업보도, 취업기본교육, 전직 컨설팅 시행 등의 맞춤형 취업교육을 실시하고 있으며, 중소기업청, 3개 직업전문학교, 잡코리아, 한국폴리텍 I 대학, 명지대학교 사회교육원과 업무협약을 체결, 1998년 9월부터 국방취업전산망을 운영하고 있다.

가. 조직도

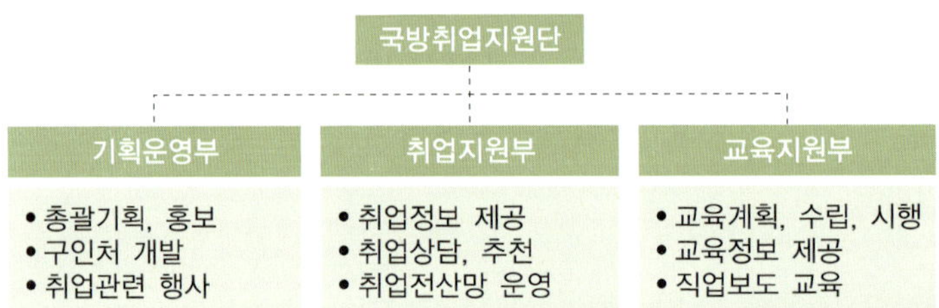

자료 : 국방취업센터 홈페이지(http ://www.mndjob.or.kr)

그림 10-2 | 국방취업지원센터 조직도

나. 주요업무

가) 전직 컨설팅

전역 예정 간부의 업무경력, 핵심능력, 선호도 등을 파악하여 새로운 진로를 개척할 수 있도록 전문적으로 도와주는 컨설팅서비스

- 시행 업체 : SCOUT(서울), JMC(서울, 지방)
- 시행 시기 : 월 1회
- 대상 및 인원 : 직업보도 입교 중인 장기복무 전역 예정 간부, 850명
- 교육 진행 : 집중교육 1개월(주 3회), 취·창업워크숍 1개월, 사후관리 10개월
- 교육 장소 : SCOUT(서울), JMC(서울, 대전, 창원, 대구, 광주)

나) 직업훈련

(가) 직업훈련의 종류

㉮ 재직자를 위한 훈련
- 직업능력개발 훈련 : 재직근로자 대상 교육, 고용보험 피보험자
- 유급휴가 훈련 : 유급휴가 외 고용보험 피보험자 대상 훈련
- 수강 장려금 : 이직 예정자 및 50세 이상 재직 근로자

㉯ 실업자 등을 위한 훈련
- 실업자 훈련 : 실업자 재취직 촉진, 65세 미만의 피보험자
- 정부위탁 훈련 : 무기능 비진학 청소년, 실업자 등
- 자활 훈련 : 저소득층 자활자립
- 고용촉진 훈련 : 군전역자 등 취업애로 계층 지원(지방자치단체)
- 취업유망분야 훈련 : 신규 미취업자, 고용보험 미적용 사업장

(나) 직업훈련기관 구분

표 10-9 | 직업훈련기관

구 분	기 관구 분정 의
공공훈련 기관	국가, 지방자치단체, 공공단체(한국산업인력공단, 한국장애인공단, 한국폴리텍대학, 대한상공회의소 등)가 설립한 훈련기관
학원	학원의설립운영및과외교습에관한법률에 의한 학원. 다만, 직업능력개발훈련시설로 지정 받은 학원은 '직업능력개발훈련시설'로 구분함
직업능력개발 훈련법인	근로자직업훈련촉진법 제22조의 규정에 의하여 설립·허가된 직업능력개발훈련법인이 운영하는 직업훈련시설
기업 연수원	기업이 재직근로자의 향상훈련을 위하여 설립·운영하는 연수시설로 기능인력 양성을 위한 직업훈련원은 제외. 예) LG인재개발원

구 분	기 관구 분정 의
사업 내 훈련원	기업이 기능인력 양성을 위하여 설립·운영하는 직업훈련원 예) 삼성전자비스 직업훈련원
평생교육시설	평생교육법에 의하여 설립된 시설. 다만, 직업능력개발훈련시설로 지정 받은 평생교육시설은 '직업능력개발훈련시설'로 구분함. 예) 동의대학교 평생교육원
사내 기술대학	기업에서 운영하는 기술대학
특수 법인	개별법에 의하여 설립된 법인으로 훈련을 실시할 수 있는 명문규정을 두고 있는 법인. 예) 산업표준화법에 의한 한국표준협회

자료 : 국방취업센터 홈페이지(http ://www.mndjob.or.kr)

(다) 직업훈련 참여기관

표 10-10 | 직업훈련기관 현황

구분	훈련참여기관		기관 수
실업자 직업훈련	소계		991
	공공훈련 시설	한국폴리텍대학	40
		학교법인 기능대학	16
		대한상공회의소	8
	여성인력개발센터		46
	훈련법인		69
	노동부 지정시설	대학/전문대학	4
		사업주(단체)	36
		개인 등	276
	노동부 지정시설 외	대학/전문대학	38
		학원	469
		개인 등	9
재직자 직업훈련	소계		3,201
	공공훈련기관		53
	여성인력개발센터		46
	직업능력개발 훈련시설		459

구분	훈련참여기관	기관 수
재직자 직업훈련	평생교육시설	177
	직업능력개발 훈련법인	69
	학원	1,083
	사내기술대학	3
	기업연수원	139
	사업 내 훈련원	289
	특수법인	68
	기타	815

자료 : 국방취업센터 홈페이지(http ://www.mndjob.or.kr)

(라) 선진국의 전역군인 직업훈련 현황

표 10-11 | 선진국의 전역군인 직업훈련 현황

구분		미국	독일	영국	프랑스	대만	일본	한국
정년		60세까지 재복무 가능	장군:60 영관:55-59 위관:52	영관:55	영관:54-57 위관:52	장군:54-57 영관:50-54	장군:60 영관:54-55 위관:53	장관:58-63 영관:45-56 위관:43 부사관:40-55
교육 과정	자격인증제	●						
	사회적응교육	●					●	●
	직업전환교육	●	●	●		●	●	●
	원격통신교육	●	●		●		●	
교육 기관	군내직업 교육기관	●	●		●	●		
	군외직업 교육기관	●	●	●	●	●		●
교육비 지원		●	●			●		●
관장기관		노동성 국방성	국방성	국방성	국방성 (재향군인 전재처)	관병 보도회	노동성, 재향군인회 방위청	국방부 보훈처

자료 : 국방취업센터 홈페이지(http ://www.mndjob.or.kr)

③ 한국군사문제연구원

가. 설립목적

국방, 군사에 관한 제 분야를 연구·분석, 국방정책 수립 및 군사발전에 기여하며, 예비역 지원사업을 통하여 국군의 전력향상에 이바지함을 목적으로 1994년 01년 01일 설립되었다.

나. 조직의 기능

표 10-12 | 한국군사문제연구원 조직기능

구분	내용
연구분야	• 국방·군사 분야에 대한 연구조사 • 국방정책부서 및 연구기관에 자문 • 학술연구발표 및 유관기관과 교류 • 학술서지 발간
취업지원	• 현역 및 예비역 활동지원 - 취업지원 - 창업 및 사회적응교육
사업분야	사업목적달성을 위하여 필요하다고 인정되는 수익사업 및 부대사업

자료 : 한국군사문제연구원 홈페이지(http ://www.kima.re.kr)

다. 군사연구위원 제도

군 실무경험이 풍부한 예비역 고급두뇌를 국방·군사 관련 정책개발 및 연구에 참여시켜 국방·군사발전을 도모함과 동시에 미취업 전역 장군 및 대령의 전역 후 생활안정을 지원하기 위해 관계규정에 정하는 바에 따라 현역 복무기간 중 일정한 기부금을 납부한 자는 전·퇴역 후 군사연구위원으로 위촉, 군 관련 연구기관에 배정하여 연구자문활동에 참여케 함과 동시에 일정액의 연구자문 활동비를 지원하는 제도이다.

(2) 군인연금

① 목적

군인의 퇴직, 사망, 요양 시 본인이나 그 가족의 생활안정과 복리향상에 기여하기 위한 제도로서 첫째, 군인이 재직기간에 납부한 기여금을 토대로 퇴직 시 연금 및 일시금을 지급하며, 둘째, 공무 중 질병 또는 불의의 사고로 부상당하거나 사망한 때에는 군인 또는 그 유족에게 적절한 급여를 지급하는 데 목적을 두고 있으며, 사회보험적·생계보장적 성격 이외에도 국가보상적 성격이 강한 연금제도이다.

② 제도운영 주체

군인연금제도는 최초 공무원연금법(1960년 1월 제정)에 포함되어 운영되었으나, 1963년부터 공무원연금에서 분리하여 독자적으로 운영되고 있으며, 운영 주체는 국방부장관으로서 국방부 인사복지실 보건복지관실 군인연금과에서 실무업무를 담당하고 있다.

③ 수혜대상

원칙적으로 기여금을 납부하는 군인(부사관, 준사관, 장교)에 대해서 적용되나 군인연금법상의 급여 중 사망보상금과 장애보상금은 기여금을 납부하지 않은 병사에게도 지급된다.

표 10-13 | 국가별 기여금 부담현황

° 전액 국가부담	개인부담〉국가부담	개인부담=국가부담
미국, 영국, 독일 등	캐나다, 이탈리아 등	한국, 일본, 아르헨티나 등

자료 : 군인연금 홈페이지(http ://www.mps.go.kr)

④ 급여의 종류

'군인연금법' 제2장 제1절 제6조 퇴역연금일시금, 퇴역연금공제일시금, 퇴직일시금, 상이연금, 유족연금, 유족연금부가금, 유족연금특별부가금, 유족연금일시금, 유족일시금, 재해보상금, 사망조위금, 재해부조금, 퇴직수당, 공무상요양비

표 10-14 | 군인연금 급여종류 및 내용

급여종류		수령요건	금액
퇴직급여	퇴역연금	군인이 20년 이상 복무하고 퇴역한 때	최종 3년 평균보수월액×50%(20년)~76%(33년)
	퇴역연금 실시금	군인이 20년 이상 복무하고 퇴역하면서 연금이 아닌 일시금을 받고자 할 때	보수월액×복무년수×{1.5+(복무년수−5)/100}
	퇴역연금 공제일시금	군인이 20년 이상 복무하고 퇴역하면서 20년을 초과하는 재직기간 중 일부에 대해서 일시금으로 받고자 할 때 (나머지 기간에 대해서는 연금으로 수령)	보수월액×공제복무년수×(1.5+공제복무연수/100) *공제복무년수 : 일시금으로 받고자 하는 기간
	퇴직일시금	군인이 20년 미만 복무하고 퇴역한 때	5년이상 20년 미만 복무자 : 보수월액×복무년수×{1.5+복무년수−5)/100} 5년미만 복무자 : 보수월액×복무년수×1.2
유족급여	유족연금	• 군인이 20년 이상 복무중 사망한 때 • 퇴역/상이연금 수급전자가 사망한 때	퇴역/상이연금액의 70%
	유족연금 부가금	군인이 20년 이상 복무중 사망한 때	퇴연연금일시금의 25%
	유족연금 특별부가금	퇴역/상이연금 수급자가 지급개시월로부터 3년 이내 사망한 경우	퇴역연금일시금×25%×(36−연금받은 달수)/36
	유족연금 일시금	군인이 20년 이상 복무중 사망한 때	퇴역연금일시금과 동일
	유족일시금	군인이 20년 미만 복무중 사망한 때	퇴직일시금과 동일

급여종류		수령요건	금액
재해보상급여	유족연금(순직)	군인이 복무중 공무상 원인으로 사망한 때	보수월액×65%(복무년수 20년이상), 55%(20년이하)
	상이연금	군인이 복무중 공무상 질병, 부상으로 전역한 때	보수월액의 50%(7급)~80%(1급)
	공무상 요양비	군인이 복무중 공무상 질병, 부상으로 요양한 때	요양에 소요된 비용
	사망조위금	군인본인 및 직계존속, 배우자 및 배우자의 직계존속이 사망한 때	군인본인 사망 : 보수월액 3배 그 외 : 보수월액 1배
	재해부조금	군인이 화재 등 재해로 재산손실을 입은 때	보수월액의 6배~2배
	사망보상금	군인(사병 포함)이 복무중 사망시	공무상 사망 : 보수월액 36배 일반 사망 : 보수월액 12배 전사 : 소령 10호봉 보수월액 72배
	장애보상금	군인(사병 포함)이 질병, 부상으로 전역한 때	신체장애등급 1급(보수월액 12배), 2급 (8배), 3급 (6배) *재해보상금의 경우 본인의 보수월액이 중사 1호봉 보수월액보다 적을 경우에는 중사 1호봉 보수월액을 적용
퇴직수당		군인이 1년이상 복무하고 퇴역한 때	보수월액×복무년수×복무년수별 지급비율 *복무년수별 지급비율 1년이상~5년미만 : 10% 5년이상~10년미만 : 35% 10년이상~15년미만 : 45% 15년이상~20년미만 : 50% 20년 이상 : 60%

자료 : 군인연금 홈페이지(http ://www.mps.go.kr)

2) 국가보훈처

국가보훈처는 국가유공자와 보훈가족의 영예로운 삶이 유지·보장되도록 보상금 지급, 교육, 취업, 의료, 대부 등의 보훈정책을 수립하여 지원하고 독립, 호국,

민주화 관련 기념 추모행사를 통해 민족정기 선양과 국민의 나라사랑 정신을 계승·발전시키며, 장기복무 제대군인의 사회정착지원으로 현역장병의 사기를 진작시켜 국가안보의 버팀목 역할을 수행할 수 있도록 지원하는 부서로서 역할과 기능이 확대되어 있다.

(1) 조직도

* 춘천, 강릉, 울산, 진주, 홍성, 청주, 충주, 안동, 순천, 목포, 전주, 익산지청 제외
자료 : 국가보훈처 홈페이지(http ://www.mpva.go.kr)

그림 10-3 | 국가보훈처 조직도

① 지방보훈청(5개), 보훈지청(19개), 국립묘지(대전현충원, 민주묘지 3, 호국원 3)

② 산하기관

- 보훈복지의료공단 : 5개 보훈병원, 보훈교육연구원, 양로시설, 요양원 등
- 독립기념관 및 88관광개발주식회사(88CC 위탁관리회사)

(2) 보훈 예산

국가보훈처의 연간 총 4조 753억 원 대비 세출예산 3조 4,679억 원 중 제대군인과 관련한 예산규모는 아래 <표 10-15>와 같이 전체의 1.1%에 불과하다.

표 10-15 | 보훈처 세출예산 내역

합 계 (억 원)	보훈급여금	단체지원	선양사업	의료·복지	제대군인	인건비 등 기타
34,679	26,449 (76.3%)	209 (0.6%)	876 (2.5%)	5,566 (16.1%)	389 (1.1%)	1,190 (3.4%)

자료 : 국가보훈처(2010.2.17)의 제287회 국회(임시회) 업무보고

(3) 산하 기관 및 단체

① 제대군인지원센터

제대군인지원센터는 5년 이상 중·장기복무 제대군인(전역 예정자 포함)을 대상으로 제대군인 취업전문사이트(www.vnet.go.kr) 운영 및 취·창업지원 등 맞춤식 제대군인 전직지원 서비스 제공(2004년 2월부터 설치·운영)하고 있다.

가. 업무내용

- 진로상담 : 군 경력, 특기, 적성 등을 통한 전문가에 의한 진로상담
- 취업지원 : 취업 컨설팅, 실시간 채용정보제공 및 구직활동 지원, 정기 취업 워크숍(교육내용 : 이력서, 면접, 구직전략, 기타특강), 지방순회상담
- 창업지원 : 창업 컨설팅, 자문(법률, 세무, 특허, 금융 등)

- 교육지원 : 5년 이상 중·장기복무 제대군인을 대상으로 전역 후 3년이 경과되지 아니한 자에 한하여 직업교육훈련비(1인당 50만 원 이하, 전액/50만 원 이상은 초과금액의 50%, 최대 100만 원까지 지원)를 지원해 주고 있으며, 제대군인 무료 사이버교육을 실시(1,400여 개 과목)하고 있다. 교육장소는 서울제대군인지원센터, 부산제대군인지원센터, 대전제대군인지원센터, 대구제대군인지원센터, 광주제대군인지원센터이다.

표 10-16 | 제대군인지원센터의 지원실적[59)]

(단위 : 명)

	1999	2000	2001	2002	2003	2004	2005	2006	2007	2008	2009
취·창업지원	79	80	61	40	33	155	600	1,111	2,126	2,995	3,175
사회복귀교육	1,005	1,199	764	520	650	905	1,897	2,848	4,941	5,884	5,986
-사회적응교육	1,005	1,199	764	520	650	722	1,435	1,320	1,707	2,010	1,907
-직업교육훈련	0	0	0	0	0	183	462	1,528	3,234	3,874	4,079
상담실적	0	0	0	0	0	3,572	17,839	29,459	43,427	69,220	69,710

출처 : e-나라 지표(http ://www.index.go.kr)

② 보건복지의료공단

1981년 11월 2일 '한국원호복지공단법'의 제정·시행으로 그동안 각기 업무를 수행해 오던 '국립원호병원', '국립직업재활원', '원호단체후원회' 등을 통합하여 '한국원호복지공단'을 설립하게 되었다. 이후 1985년 1월 1일 '한국보훈복지공단'으로 개칭하였고, 1999년 1월 1일부터는 보훈교육연구원을 운영하여 국가유공자 및 제대군인들을 대상으로 민족정기 선양교육과 사회적응교육을 수행하고 있으며, 2001년 1월 16일 '한국보훈복지의료공단'(법률 명칭 '한국보훈복지의료공단법'으로 개정)으로 기관 명칭을 변경하여 오늘에 이르고 있다.

58) 2004년부터 사업실적이 크게 증가한 것은 2003년까지는 지방보훈관서를 통해서만 제대군인 취·창업 지원을 하였으나 2004년 서울제대군인지원센터, 2007년 부산, 대전제대군인지원센터, 2008년 대구, 광주제대군인지원센터가 설립되었기 때문이다.

가. 조직도

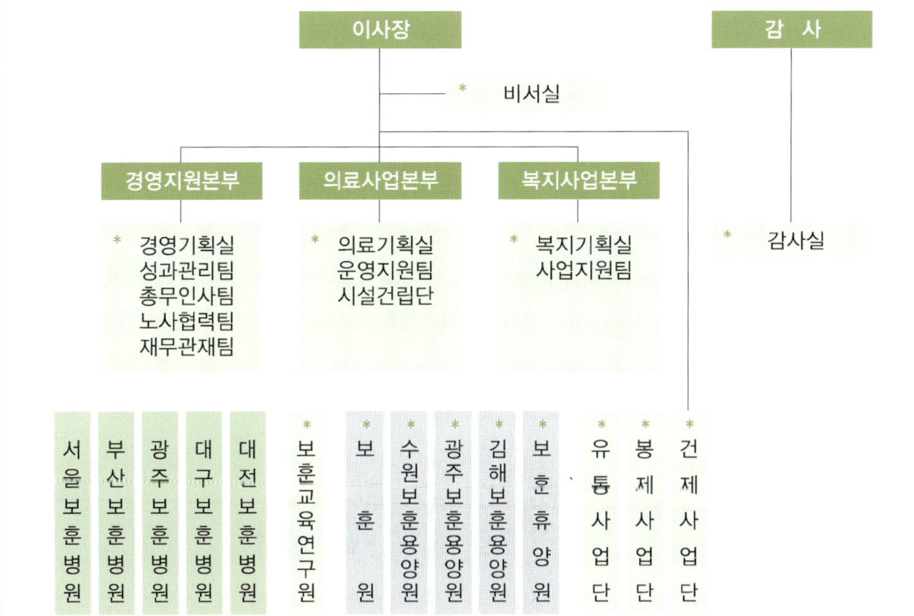

자료 : 한국보훈복지의료공단 홈페이지(http ://www.e-bohun.or.kr)

그림 10-4 | 보훈복지의료공단 조직도

나. 사업

가) 의료사업 : 5개(서울, 부산, 광주, 대구, 대전) 보훈병원 및 보장구센터 운영, 국가유공자 신체검사, 고엽제 검진

나) 복지사업 : 보훈교육연구원 운영, 국가유공자 및 그 유가족 등의 보훈복지시설 운영

- 보훈요양원 운영 : 보훈요양원(수원보훈요양원, 광주보훈요양원, 김해보훈요양원)은 치매·중풍 등 중증 노인성 질환을 가진 국가유공자 대상
- 보훈원 운영 : 보훈원은 무의·무탁 노령 국가유공자 및 유족과 미성년 자녀 양로·양육보호
- 보훈휴양원 운영 : 1996년 9월 1일에 개원한 보훈대상자의 미망인들을

대상으로 한 콘도형 숙박시설로서 60실과 부대시설을 갖추고 있다. 이용 우선순위는 미망인 본인, 국가유공자 및 그 유족 순이며, 일반인도 이용 가능하다.

- 보훈복지타운 : 보훈복지타운(수원시 장안구 영화동 소재)은 60세 이상 무주택 고령 국가유공자 및 그 유족을 위해 실버타운 개념의 고령자 전용주거시설로서 아파트 7개동 452세대의 주거시설과 식당, 사우나, 슈퍼마켓, 건강상담실, 시청각교육실, 취미교실, 도서실, 빨래방, 체력단련실 등의 부대시설을 갖추고 있으며, 26m^2 240세대의 경우는 보증금 120만 원에 월 관리비 49천 원, 45m^2 212세대의 경우는 보증금 200만 원에 월 95천 원의 관리비를 책정하고 있다.

5 제대군인 사회적응지원을 위한 개선방안

보훈처 제대군인지원센터와 취업지원 기능면에서 비교해 볼 때, 아래 <표 10-17>을 보면 국방부와 국가보훈처의 기능 및 역할에는 차이가 있지만, 상당 부분 중첩되어 있어 국가예산낭비는 물론 지원사업의 수혜자의 혼란을 야기할 수 있다. 이에 전반적으로 제대군인지원제도 및 정책, 그리고 서비스에 대한 재조정이 요구된다.

보다 효율적으로 제대군인을 지원하기 위해서는 크게 다섯 가지 차원에서 논의해 볼 수 있다.

우선, 현재와 같이 파편화된 제대군인 지원정책 및 서비스를 한데 모아 실질적으로 전담하여 운용할 수 있는 통합기구(기관, 재단, 위원회 등)의 마련이 시급하다. 미국과 캐나다의 경우 제대군인을 위한 독립된 정부기관이 있으며, 이스라엘의 경우는 정부기관 외의 별도재단을 설립·운영하고 있다.

둘째, 정부 부처 간 협력을 통해 보다 효율성을 높이는 방안을 강구해야 한다. 현재와 같은 국방부와 국가보훈처 간 갈등을 예방하기 위해서는 국가보훈처가

표 10-17 | 취·창업 지원내용

구분	국방취업지원센터	보훈처 제대군인지원센터
기관	재단법인 산하기관	국가 소속기관
구직정보 및 구인처	군 관련 업무	민간·공공 일자리
구직신청	○	○
취업전산망 운영	○	○
취업상담	○	○
취업교육	○	○
창업상담	-	○
창업교육	-	-
취업박람회	○	○
	• 주로 군 관련 일자리 개발에 집중 • 취업을 희망하는 진역간부의 등록 의무화 • 일반 사무직원이 상담진행 • 취업박람회의 대상이 중사 이상의 전역 예정 간부 대상(ROTC, 단기복무자 중심)	• 민간기업과 공공부문 일자리 개발 초점 • 취·창업 희망자가 자율적으로 등록 • 민간 전문컨설턴트에 의해 상담진행 • 취업박람회 대상이 보훈가족과 장기복무 제대군인

자료 : 이윤성 국회의원실(2009), 2009년 국정감사 정책보고서 재구성

주축이 되고 국방부, 노동부, 중소기업청 등의 부처별 기능을 활용하여 지원하는 방안도 고려할 수 있겠다.

셋째, 공공과 민간의 유관기관 및 단체와 네트워크를 강화하여 보다 적극적인 일자리를 창출 도모해야 한다. 전역 이후 기본적인 경제생활 안정을 돕기 위해서는 현재와 같이 소수의 담당자들로 운영되는 제대군인지원센터의 대처로는 역부족이다. 전문인력 보충 및 확대가 이루어져야 한다.

넷째, 제대군인에게 부여되는 인센티브를 강화하여야 한다. 인센티브 강화는 제대군인의 전역 후 생활안정을 도모할 수 있음은 물론 군인이라는 직업의 대외적인 선호도도 높이기 때문에 우수한 인재의 확보에도 긍정적인 영향을 미치리

라 본다. 캐나다의 경우 직업선택 우선권, 이스라엘의 경우 보안 관련 공기업 고용기회 제공, 그리고 이스라엘의 경우는 수당(제대수당, 예비군수당, 실업수당, 비선호 직종수당)을 신설하여 지원하고 있으며, 복무기간별 포인트제를 도입하여 소득세를 특별 공제하는 방법들을 활용하고 있다.

마지막으로 현재까지 제대군인지원제도 및 정책, 서비스의 실행에 있어서 군 조직체계에 대한 이해를 갖춘 사회복지전문가의 참여가 이루어지지 못하였다. 제대군인지원을 위한 관련 제도 및 정책 참여, 그리고 실천현장에서 전문적인 실천을 할 수 있는 지속적인 군사회복지전문가 양성 및 배출이 활발히 이루어져야 하겠다.

Chapter 11

군 의료와 사회복지실천

1 군 의료의 이해

1) 군 의료의 의의

오늘날 지식정보사회가 도래하면서 국민생활수준의 향상, 문화적 삶의 질을 추구하는 경향, 건강을 삶의 권리로 생각하면서 양질의 서비스를 강조하는 새로운 가치관의 확산 등의 영향으로 의료의 질에 대한 관심이 점점 증가하고 있다.

따라서 군복무 시 발생한 질병이나 사고에 대해 국가가 끝까지 책임질 수 있는 군 의료 체계 확립과 양질의 진료를 받도록 하는 것은 장병 개개인뿐만 아니라 국민에게 군을 새롭게 인식시킬 수 있는 중요한 요소이다.

군 의료 활동은 전투력 유지와 밀접한 관련을 가지고 있으며, 전투력 유지에는 두 가지 영향을 미친다. 첫째, 이미 육성된 전투력을 전·평시 비전 상 및 각종 질병으로부터 보호해 줌으로써 전투력 보존에 기여한다. 둘째, 전시 부상으로부터 장병을 신속히 치료함으로써 전투력을 복원하는 유일한 수단을 제공한다. 이러한 활동은 직접적으로 잘 훈련된 전투력(인원)을 유지할 뿐만 아니라 부차적으로 치료받을 수 있다는 믿음을 제공함으로써 장병들의 사기앙양에도 지대한 영향을 미치는 역할을 담당하고 있다(최광표 외, 2002).

2) 군 의료의 특성

(1) 군병원의 특성

군병원은 군부대의 특성을 지니고 병원 기능을 수행하는 조직체로서 한정된 자원과 조직(군인으로 구성된 의료요원)으로 전·평시 환자에게 양질의 의료서비스를 제공하여 건강한 전투 병력을 보존하기 위해 운영된다. 따라서 군병원에 입원한 환자들은 군인인 동시에 환자이다. 군병원과 민간병원은 질병의 치료와 요양을 담당하는 의료시설이라는 측면에서는 공통점이 있다. 반면에 민간병원과 다른 군 의무체계가 가지고 있는 고유한 특성을 살펴보면 다음과 같다.

첫째, 권위주의적 계급구조의 조직이다. 즉, 명령에 의해 움직이는 수직적 구조를 갖추고 있다.

둘째, 군은 전국에 걸쳐 다양한 수준의 의무시설을 보유하고 있다. 1차 의료부터 3차 의료수준에 이르기까지 각 단계별로 의무시설을 보유하고 있으며, 병원 간 환자후송 및 전원이 이루어진다.

셋째,군 의무시설 종사자의 대부분은 동일 시설이나 직위에 오래 근무하지 못하며 잦은 인사교체가 이루어져 풍부한 전문적인 경험 축적이 어렵다.

넷째, 군 의료의 일선을 담당하는 군의관의 대부분은 단기 복무자이며, 이들은 매우 다양한 교육 배경과 수련 배경을 가진 전문의들이다.

다섯째, 대부분의 공공의료기관과 마찬가지로 군병원은 병원의 수익성 경영의 효율성을 경시하는 경향이 있다. 기본적으로 병원 간의 경쟁이 없으므로 질적 향상을 통한 환자 유인의 동기가 없다.

여섯째, 군병원 관리 및 운영은 군 관련 법규, 제도, 규정, 방침으로 이루어지기 때문에 군병원에 입원하게 되면 환자라 할지라도 군인이라는 신분으로 지켜야 할 기본적인 규정에 의해 자율성에 많은 제약을 받고 있다(이대식, 2002; 서혜석 · 이대식. 2007a).

앞에서 살펴본 바와 같이 군병원과 민간 의료기관 간의 차이점을 요약 비교하면 <표 11-1>과 같다.

표 11-1 | 군 의료기관과 민간 의료기관의 비교

구분	군 의료기관	민간 의료기관
환자종류	동일 연령층 및 남성 위주 장기 재원	다양한 연령층 및 이성 단기 재원
운영	무료진료	유료진료
목적/방식	전투력 보존 비용증가 억제요구가 강함 진료기능의 극대화 저렴한 인건비, 부수인력 활용	경영추구 이윤추구 진료기능의 편의성 극대화 인력절감 노력, 생산성 제고
질병 발생	지병, 안전사고(작전, 교육훈련)	지병, 사고
주질 병	단순 급성 질환 및 외상	소아와 노년층이 중심인 만성질환 등 다양한 질병
인력구성	경험이 부족한 단기복무 군의관, 간호 및 보조인력 부족	전문성이 높고, 간호 및 보조인력이 상대적으로 충분
시설 및 장비	첨단장비의 부족 환자 편의시설 부족	첨단·고급 시설 및 장비에 중점투자 환자 편의 위주의 시설 설치
QA 도입배경	민간과의 차이 극복 운영의 효율성 제고	의료기관 간의 경쟁 의료기관 운영의 효율성 제고 사회적 압력
주된 관심	과소진료 방지	과잉진료 방지
사회경제적 압력	장병들의 지식, 요구도 증가 경제적 압력은 민간에 비해 없음	의료소비자의 지식, 권리 신장 건강보험확대, 의약분업 등 의료정책의 변화
추구목표	서비스 향상을 통한 위상 정립	서비스 향상을 통한 이윤 추구
임무의 다양성	교육훈련, 작전임무 등 부가임무	사회적·인간적 측면

자료 : 국군의무사령부(1990), "한국군 의무지원체계 개선에 관한 연구"

장병근(2003). "군 의료서비스 만족도 영향요인 분석 연구". 건양대 경영행정대학원 석사학위논문

(2) 군병원 입원환자의 특성

군병원 입원환자는 대부분 20대 초반의 남자를 대상으로 하므로 동일한 연령층, 동일한 성별을 대상으로 한다. 또한 군 입대과정에서 질병 유무를 판정하여 건강한 청년을 입대시키므로 단순 급성 질병이 대부분이고, 군병원에 입원한 환자는 완전한 회복 상태, 즉 병원에서 자대로 복귀하면 즉각적으로 부대 임무를 수행할 수 있어야 하기 때문에 단기적이고 집중적인 전문치료와 간호를 받아야 하는 기간보다 훨씬 긴 회복기를 보내야 하는 정양요소를 포함한 장기 입원이 대부분이다. 환자의 통제가 가능한 것도 민간의료에 비하여 다른 특성이라고 할 수 있다(박정, 2002).

군병원 입원환자는 연간 4~5만여 명에 달하고, 22개 진료과 중 환자 비중은 정형외과, 신경외과, 일반외과, 일반내과, 이비인후과, 정신과 순이다. 정신과 환자는 6순위로 3% 정도를 차지하며, 전체 입원환자 중 반복 입원환자가 6%를 차지한다.

의병전역은 연간 4,000여 명으로 신경외과, 정형외과 다음으로 정신과 환자가 군 생활 부적응으로 의병전역을 하고 있다. 군병원 전체 입원환자 중 정신과가 6순위이지만, 군 생활 부적응자로 전역하는 순위로 보면 3순위를 차지하고 있는 것을 볼 수 있다.

군병원은 전방병원에서 1차 입원 후 후방병원으로 후송되는 후송환자들이 5%를 차지하고 있다. 민간병원 환자들의 평균 입원기간이 10일인 데 비해 군병원의 평균 입원기간은 70일이 되어 민간병원 환자의 평균 재원기간보다 무려 7배나 길다(양해자, 2005).

이와 같이 군병원에 입원하는 환자 중에는 군 생활 부적응에서 반복 입원하는 환자와 여러 가지 이유로 군 생활 도중 의병전역을 해야 하는 환자, 전방병원 수용범위 제한으로 후송되는 환자, 군병원에서 생활하다가 소속부대로 복귀하게 하면서 겪게 되는 갈등요소를 가지는 퇴원환자 관리 등은 의료사회복지사의 주 대상이 될 수 있다.

3) 군 의료전달 체계

군 의료전달 체계는 지원 대상 병력의 배치 상태와 상황에 따라 다르게 설정되어 있으며, 상황의 변화에 신속히 대처할 수 있는 조직으로 되어 있다. 군 지원병원 및 후방병원과 수도병원은 3차 진료기관 역할 수행을 위해 첨단 의료장비를 확보하여 운영하고 있으며, 군단지원병원은 2차 진료기관 역할을 수행하고 있고, 사단의무대와 연대의무중대 및 대대의무실은 1차 진료기관 역할을 수행하고 있다, 이러한 체계는 진료 능력 범위를 설정하여 의료 이용의 편의를 도모하고 의료자원 활용의 효율성을 제고할 목적으로 도입되어 체계적인 군 의료서비스를 제공하고 있다. <그림 11-1>은 군 의료전달 체계를 모형으로 나타내고 있다(정한근, 2005).

우리 군에서 설립·운영하고 있는 군병원을 소속별로 살펴보면 국군의무사령부 소속병원, 국군서울지구병원, 해군 소속 포항병원 및 진해병원(해양의학연구원), 공군소속 항공의료원으로 구분할 수 있다. 이를 좀 더 구체적으로 살펴보면 후방

진료수준	지원범위	진료체계도	기 능
3차	전군 지원	수도병원	• 전문적인 치료 • 진료 종결 및 요양기능 • 군 임상의학 연구
	군 지원	군(야전) 지원병원, 후방병원	
2차	군단 지원	군단지원병원 이동외과병원	• 책임지역 병력 진료지원 • 외래진료, 최초 입원진료 및 요양기능 • 지원부대 의무지원
1차	소속부대 지원	사단의무대, 연대의무중대 대대의무실	• 군 1차 진료 / 응급처치 • 경환자에 대한 입실기능 • 후송대기 기능 (후송을 위한 치료 / 조치)

* 자료 : 야전교범(2002), 의무근무지원

그림 11-1 | 군 의료전달 체계

병원은 의무사령부에서 2~3차 진료를 제공할 수 있는 병원으로서 수도병원, 대전병원, 부산병원, 광주병원, 대구병원, 마산병원. 논산병원 그리고 계룡대병원의 8개 군병원이 여기에 포함된다. 후송병원은 군 사령부급에 대한 2차 진료를 제공할 수 있는 병원으로서 원주병원, 청평병원의 2개 군병원이 여기에 포함된다. 야전병원은 군단급에 대한 2차 진료 지원을 제공할 수 있는 병원으로서 벽제병원, 춘천병원, 철정병원, 일동병원, 양주병원, 그리고 강릉병원의 6개 군병원이 여기에 포함된다. 한편, 해군의 진해병원 및 포항병원, 공군의 항공의료원은 관련 지역 및 해당 군에 대한 1~2차 진료를 제공하는 것에 추가하여 각 군 특성에 맞는 연구기능을 가진 특수병원이라고 할 수 있다(최광표 외, 2002).

2 군 의료사회복지 개념

1) 군 의료사회복지의 의의

군 조직은 일반사회와 구분되기는 하나 그 구성원은 사회와 직·간접적으로 밀접한 관계에 있다. 그 이유는 군 조직체의 구성원인 군인이 사회로부터 들어와서 군복무를 필하면 언젠가는 다시 사회로 되돌아가기 때문이다.

그로 인하여 사회가 지닌 여러 가지 요인이 군에 미치는 영향을 결코 부인할 수 없다. 각기 자기 나름대로 사회생활을 영위하던 이질적인 인자가 특수조직인 군에 입대함으로써 일단 사회와 외형적인 단절은 가능하나 그 내부에 잠재해 있는 여러 가지 요인들은 하나의 개연성을 지니면서 군대생활로 연장되고 영향을 미치기 마련이다(하호욱, 1976).

다시 말해서 사회적·경제적·문화적 배경을 달리하는 일정한 연령층의 입대자들이 원래 소속해 있던 사회집단(가족, 학교, 직장 등)을 떠나서 엄격한 계층사회인 군의 집단생활에 적응해야 함으로써 부적응의 문제를 가질 수 있다. 이로 인하여 우발사고와 안전사고 등을 일으킬 가능성이 높고, 그에 따라 군병원에서 치료를 받아야 하며, 일단 입원 후(또 하나의 적응) 또다시 부적응의 문제에 봉착하여 질병 치료에 영향을 미침으로써 회복이 지연될 수도 있다. 또한 이와 같은 적응 능력의 결여는 퇴원 후 자대 복귀와 사회복귀 시까지 영향을 미칠 수 있다.

그리고 일단 발병 후 역할 변화와 사회 환경적 변화 그리고 질병의 치료과정에 대한 두려움으로 인하여 정서적 문제, 즉 스트레스 등의 정신 신경증적 문제를 가질 수 있으며 부적응의 경우와 마찬가지로 질병 치료에 영향을 미쳐 회복이 지연될 수 있다.

군 의료사회복지사는 이러한 부적응 문제와 정서적 문제에 관한 고도의 사회학적·심리학적지식과 이의 해결에 필요한 전문치료기술뿐만 아니라 문제 해결에 직·간접적으로 도움이 되는 동원 가능한 지역사회 자원의 활용에 관한 지식을 보유하고 있다.

이와 같은 전문사회복지에 대하 지식과 기술을 바탕으로 의학만으로는 해결될 수 없는 환자의 정신적 문제를 해결하기 위해 환자 자신의 능력을 극대화시키는데 조력함으로써 신체적·정서적 문제의 포괄적이고 완전한 해결, 다시 말해서 전인으로서 환자의 안녕과 복지에 기여한다.

즉 의료사회복지사는 의료전문직의 하나로서 의무병과의 제1차적 사명인 전투력의 보존에 커다란 공헌을 한다. 그것은 질병으로 인하여 손상된 전투력을 치료·회복시켜 재극대화시키는 과정에 의료사회복지사가 개입하여 심리사회적 측면의 문제 해결지식과 기술을 바탕으로 치료 효과를 높이는 전문적인 기능을 담당하는 것을 의미한다.

이와 같이 군내의 의료사회복지사 활동은 환자의 건강회복과 복지를 위해 매우 중요한 영역이며 조기정착 및 발전되어야 할 필요성과 당위성이 있다.

2) 군 의료사회사업 개념

프리들랜더(Friedlander, 1968)는 의료사회사업이란 사회사업의 전문화된 한 분야로서, 환자가 가능한 한 보건서비스를 가장 효과적으로 활용할 수 있도록 하기 위하여 병원, 진료소 혹은 기타의 의료기관에서 실시되는 개별사회사업 또는 집단사회사업의 실천을 포함한다. 이는 환자의 질병과 치료에 영향을 주는 사회적·정서적 문제를 다루는 원조에 강조점을 두는 것을 그 특색으로 하고 있다. 김덕준(1997)은 의료사회복지란 의료팀의 일원으로 사회복지의 전문적 입장에서 의료·보건의 현장에서 환자 혹은 그 가족이 당면한 정신적·사회적·경제적 문제와 욕구상태를 해결·완화·충족하여 의료의 목표 달성을 원조하는 과정이라고 하였다.

김규수(2006)는 보건·의료기관에서 의료팀의 일원으로서 사회복지의 전문적인 방업을 활용하여 환자의 질병치료와 회복 및 사회복귀기능을 돕는 목적으로 질병으로 인하여 파생되는 환자의 심리적, 사회적 그리고 경제적 문제가 진료과정이나 질병회복에 악영향을 주지 않도록 문제를 해결해 주거나 조정하여 환자 및 그 가족을 돕는 전문적인 활동이라고 정의하였다.

이상에서 살펴보았듯이 군 의료사회복지의 개념도 일반 의료사회복지사의 활동원칙과 역할 및 특성을 가지고 군 조직성원의 질병 치료자의 하나로서 특히 질병의 사회적·심리적·정신적·경제적 요인을 조사·판단·해석하여 환자의 질병치료에 기여하는 전문직이라고 정의할 수 있다. 즉, 질병의 원인이 될 수도 있고 또 질병의 치료 효과를 느리게 하여 방해할 수도 있는 환자의 심리적, 사회적, 가정적 및 경제적 문제를 해결하도록 도와주고 환자가 퇴원 후에도 정상적인 부대 적응이 되도록 돕는 전문적 활동을 말한다.

3 군 의료사회복지의 발전과정

1) 미국의 군 의료사회사업

미 육군에서 처음으로 의료사회사업이 시작된 것은 1918년 9월 육군의무단의 요청에 따라 미국 적십자사가 뉴욕 주 프라다버그 소재 미 육군종합병원에 훈련된 정신의료사회사업가 1명을 배치한 데서부터이다. 이때 사회사업 업무를 보조하기 위해 5명의 사병이 참가하게 되었으며, 그들의 주 임무는 정서적으로 교란

된 환자의 진단, 치료 및 사후 보호계획에 도움이 되는 배경적 정보를 확보하는 데 있었다.

제1, 2차 세계대전 기간에 점차 그 필요성이 인정됨에 따라 사회사업 요원이 적십자사로부터 지원되어 17개 군병원에 각각 배치되었다. 그 후 1943년 11월 미 육군은 사회사업 기술직위를 사병 특기로 설정함으로써 공식적으로 군 정신의료사회사업 요원의 가치를 인정하기에 이르렀으며 당시 약 1,000명에 달하는 직위가 인정되어 요양원, 종합병원, 특수병원, 전투사단, 교도소, 정신위생시설에 배치 받을 수 있는 제도가 마련되었다.

종전 후인 1945년 7월 미육군성 의무감실 정신신경자문과 내에 정신의료사회사업기구가 설치되었고, 같은 해 9월에 육군 장교 MOS 분류에 정신사회사업장교의 직종이 설정되었다. 이에 따라 1946년 2월에 최초로 사회사업장교의 임용이 있었다. 이는 곧 2차 대전의 전시 상황 하에서 활약한 711명의 사회사업 기술병의 기여와 공적을 기반으로 하여 의정병과에 사회사업업무가 발전을 보게 된 것이다.

1950년, 한국전쟁이 발발했을 무렵 첫 번째로 미 육군 사회사업 기술교범(TM8-241)이 발간되었으며, 약 50여 개의 군 사회사업장교 직위가 정식으로 확보되었다. 한국전쟁을 계기로 이전까지 정신의료분야에 치중되던 군 사회사업이 내·외과부문(medical and surgical settings)도 포함하기에 이르렀다.

1952년에는 165명의 현역 사회사업장교 65명이 군무원으로 각각 근무하였으며, 그들에게 다시 260명의 사회사업 기술보조요원이 지원되었다. 이 시기의 활동분야는 육군병원, 정신자문활동, 교도소, 군의학교, 의무감실, 전투사단에까지 확장되었다. 월남전 때에는 전투사단을 지원하는 이동외과병원의 정신과 팀에 배속되어 사회사업을 지원하였다.

1960년대에는 육군종합병원의 편성에 사회사업과를 설치하는 조직 면에서의 혁신을 가져왔다. 그에 따라 점차 기타 군병원에서도 그 필요성을 인정하여 그와 유사한 조직의 변화를 가져왔다(하호욱 1976).

최근에 와서 사회사업은 새로운 분야인 사회조사, 인종관계 및 지역사회의 프로그램 기획과 보다 광범위한 문제취급 면에도 관련을 맺고 있다.

현재 사회사업요원들은 미육군성 프로그램 발전 및 연구조사를 위한 참모 기능을 수행하고 있으며 여러 곳에 산재되어 있는 군병원, 전투사단, 군인가족이 거주하고 있는 지역 등에서 전문요원으로 활약하고 있다. 이같이 미 육군에 있어서 사회사업 프로그램은 육군 의무조직에서 빼놓을 수 없는 중요한 부문이 되었으며, 각급 군사시설에서 활동하는 현역 사회사업요원도 매년 증가일로에 있고, 현재는 육·해·공군에 다수의 사회복지사가 활동하고 있다.

<표 11-2>는 미군 내에 고용된 사회복지사로서, 군인과 민간인을 합하여 약 1,300여 명의 인원이 일하고 있다.

표 11-2 | 미군 내에 고용된 군인 및 민간 사회복지사 현황

구 분	하급 장교	상급 장교	민간인	총 계
육 군	73명	105명	250명	428명
해 군	20명	10명	450명	480명
공 군	103명	111명	215명	429명
계	196명	226명	915명	1,337명

* 자료 : 사회복지대백과사전(2001)

2) 우리나라의 군 의료사회복지

하호욱(1976)에 따르면 우리나라 군 의료사회복지의 시작은 미 육군에서 의료사업이 태동할 무렵부터 그 발전적 기반을 조성하기에 이르기까지 협동적인 기여와 공헌을 지속하여 온 미 적십자사와 마찬가지로 대한적십자사가 일찍부터 군병원에 전개하여 온 사회복지적 기여와 공헌에 있다. 박애의 봉사정신 아래 폭넓은 인도적인 사업을 추진하고 있는 대한적십자사는 1953년 당시 제3 육군병원에 적십자 휴게실을 설치한 것을 시초로 야전병원, 후송병원, 통합병원 및 병원열차대 등 각급 의무시설에 적십자 봉사실을 설치하여 각종 오락, 급식, 생일축하잔치, 도서대출, 개인 신상상담 등을 통한 사회복지업무를 대행하여 왔으며 군종장교의 상담 및 의정장교의 직업보도 업무 등을 통하여 극히 단편적인 측면에

서 사회복지사의 부분적인 역할을 다루어왔다,

1968년, 육군은 다양한 인재를 동시에 육성하는 다목적 경력관리 제도를 채택하여 장교의 주특기를 현행체제로 분류·제정할 당시 의무부대에서의 진단, 치료 및 처리를 용이하게 하기 위한 정신과적 또는 일반 의학적 사회사업기능을 수행시킬 목적으로 의정장교에 직능부호 764(현재 1481 심리/사회사업)로 사회사업장교를 설정하여 직능화 조치를 취하였다.

그러나 그 후 지금까지 직능화 관리를 발전시키지 못하였다. 그 원인은 군 의료사회복지에 대한 관심 부족으로 직능화 조치에 뒤따라야 할 제도적인 후속조치를 해 주지 못한 데에 있었다.

1973년 9월, 수도통합병원에서 개최된 대한군진의학 학술대회에서 "현대사회에 있어서 사회사업가의 역할"이라는 제목의 발표가 있었고, 1974년 2월 당시 주한 미8군 의무참모 에섹스(Henry Essex) 대령에게 한국 육군의 사회사업분야 발전을 위한 협조를 요청하는 공문서를 발송하였다. 그 주요 내용을 간추려 보면 첫째, 장차 한국군에 의료사회사업제도를 도입 발전시키는 데 있어서 주한 미군 사회사업전문장교의 협조와 지도, 둘째, 한국군 사회사업장교 양성을 위한 실무교육의 실시 등이었다.

곧이어 미8군에서 최선의 협조를 다짐하는 회신이 있었고, 그 해 2월 육군본부 회의실에서 그 당시 미8군 사회사업가로 일하고 있던 이부덕 대위를 초빙하여 30여 명의 의무병과 중견장교들이 모인 가운데 미 육군의 의료사회사업에 대한 설명을 들어 많은 공감을 얻게 되었다. 그 후 미육군성 의무감실의과 미8군 의무참모부의 협조 그리고 이부덕 대위의 적극적 활동으로 주한 미군 병원에서 장교 양성을 위한 실무교육을 실시하도록 합의를 보게 되었다. 1974년 12월부터 연 2회 사회사업분야에 근무할 수 있는 장교를 선발, 주한 미 병원사회사업과에서 26주간 실무교육(OJT)을 실시하여 1977년까지 6명의 사회사업장교를 양성 배출하였다. 1차적으로 수도 및 대구통합병원에 각각 배치하여 사회사업업무를 수행하였으나, 그 당시 병원 편제에 사회사업과가 없어 많은 어려움을 겪게 되었다고 설명하고 있다(하호욱, 1976).

1977년도 이후부터 각 대학 ROTC 및 학사장교 중 사회복지학과 졸업생을 선발하여 임무를 수행토록 제도화하였으며, 1978년에 군병원 편성에 있어서 편제상 사회사업과 설치와 사회사업 장교의 직위를 책정하였다. 1980년 이후 국군 군의학교에서 간부반 새마을교육에 최초로 '군 의료사회사업'에 대한 교육을 실시하여 그 필요성을 인정받아 1981년부터 장교 교육과정 중 초등군사반, 고등군사반 간호관리반에 정규 교과과정으로 채택되었고, 1982년도부터 장교양성과정과 보수교육과정에 확대 실시되었다(이대식, 1982).

1982년 '군진 사회사업' 교범이 발간되어 전군에 배포·활용하였으나, 그 이후에는 군진학술대회 때 몇 편의 논문 발표 외에는 별다른 활동이 없었으며, 현재 각 병원 사회사업과 편제도 없어진 상태이다.

그러나 2005년 이후부터 최근에 이르기까지 군 내·외부에서 군사회복지에 대한 관심과 연구를 갖기 시작하였다.

국회에서 군사회복지사 도입을 위한 공청회에 군 대표로 참석한 이대식(2005, 2006)은 군사회복지사의 필요성 및 활성화 방안에 대해 토론을 맡아 강조하였으며, 한국군사회복지학회 창립 행사 및 포럼을 통해 군병원 내 의료사회복지의 필요성 및 활성화 방안을 발표하였다.

2007년에는 최초로 국군군의학교 및 국군대전병원에서 예수대학교 사회복지학부생 대상으로 군사회복지 현장실습을 실시하였다(서혜석·이대식, 2007b).

또한 2011년에는 국군수도병원에 군 정신건강증진센터를 개소하여 정신보건사회복지사를 채용하여 운영하고 있으며, 정신과 외래 및 병동 환자에 대한 집단상담, 사례관리 및 각종 상담치료적 요법을 수행하고 있다.

4 군 의료사회복지의 실천

1) 군 의료사회복지의 활동 근거

의료사회복지가 우리나라에서 법적으로 처음 규정된 것은 1973년 9월 20일 개정의료법시행령(대통령령 제6863호) 제24조 2항 5호에서 "종합병원에는 사회복지사업법의 규정에 의한 사회복지종사자 자격증을 가진 자 중에서 환자의 갱생, 재활과 사회복귀를 위한 상담 및 지도업무를 담당하는 요원을 1인 이상 둔다"고 한 데서 비롯되었다.

그 후 사회복지종사자라는 용어가 1983년 5월 21일 사회복지사업법의 개정에 따라 '사회복지사'라는 용어로 대체되었으며, 현재는 의료법 시행규칙 28조 ②의 6(의료인 등의 정원)에 "종합병원에는 사회복지사업법의 규정에 의한 사회복지사 자격을 가진 자 중에서 환자의 갱생·재활과 사회복귀를 위한 상담 및 지도업무를 담당하는 요원을 1인 이상 둔다"라고 규정되어 있다. 따라서 군병원도 의료법에서 지정한 인력을 운용해야 할 것이다. 또한 군에서는 이미 1968년에 육군 장교경력관리 제도를 도입하여 주특기를 분류·제정할 당시 의무부대에서 환자 진단치료 및 처리를 용이케 하기 위한 정신과적 또는 일반의학적 사회사업기능을 수행시킬 목적으로 의정장교 직능에 사회사업특기(직능부호 764, 현재 1481 심리/사회사업)를 부여하였다. 77년도 이후부터 각 대학 ROTC 및 학사장교 중 사회복지학과 졸업생을 의정장교로 선발하였으며, 현재 의정장교 중 80여 명이 복무하고 있다. 따라서 군병원도 법적으로 규정하고 있는 인력 확보로 의료사회복지부서가 편성·운영되어야 한다.

2) 군 의료사회복지의 실천분야

(1) 일반 의료사회복지

일반 의료사회복지분야란 의료시설 내에서 병의 원인이 될 수 있고 치료의 효과를 방해할 수 있는 사회적·정서적·개인적 문제들을 해결하도록 돕고 퇴원 후 환자가 소속부대나 가정 또는 지역사회에 돌아가서도 적절하고도 정상적인 기능을 수행하도록 돕는 의료사회복지사의 활동 영역을 말한다.

따라서 의료사회복지사의 직무는 다음과 같다. 첫째, 환자에 대해서는 환자가 가지고 있는 질병치료에 관련되는 심리사회적 문제를 이해시키고, 개별사회사업의 접근을 통하여 자신은 물론 병원의 의료자원을 활용하고 적응할 수 있도록 돕는다. 둘째, 의료팀에 대하여는 환자의 치료에 있어서 사회경제적 배경과 가족을 비롯한 개인생활에 대한 정보를 조사·수집하여 전반적인 치료활동에 반영케 하고 의료진이 환자를 전인적으로 이해하고 서비스를 해 줄 수 있도록 돕는다. 셋째, 가족원에 대해서는 환자의 질환 특성과 예후, 환자의 반응 특징을 설명하여 이해케 하며 보조치료자적인 역할을 수행하거나 협력하도록 한다. 또한 질환으로 생긴 여러 가지 문제를 돕는다. 넷째, 퇴원계획 및 사후지도는 물론 자대생활 적응문제를 돕는다. 또한 퇴원 또는 전역하는 데 문제가 있거나 전역 후 갈 곳이 없는 환자를 지역사회와 연결해 주며 필요 시 퇴원 후 보직조정이 되도록 인사관리에 반영시켜 준다(홍기태, 2003).

(2) 정신보건사회복지

정신장애의 치료와 예방을 목적으로 병원과 환자 사이를 정신의학적으로 관련시키는 것을 정신보건사회복지라고 할 수 있다. 정신보건사회복지사는 치료팀의 일원으로 직접 또는 간접적으로 치료하는 동시에 환자의 가족과 상담을 통하여 환자의 치료에 원만히 협력하도록 지도하며, 환자의 질환과 관련이 있는 불건전한 상태에 있는 그 가족을 치료하며, 그 주위환경을 개선·유지시키는 데 목적이 있다.

(3) 재활사회복지

영구적인 심신의 불구가 생겼다는 것은 본인에게 정신적으로 큰 충격을 주는 동시에 그 자체가 환자 본인 및 군, 가정, 직장, 사회에 부차적으로 문제를 야기하여 이것이 환자의 의료적 재활에 나쁜 영향을 미친다. 사회복지사는 이러한 요인이 환자의 재활에 미치는 영향을 정확히 파악하여 심신의 불구로 인한 정신적인 스트레스와 신체상을 재확립하려는 과정에서 생기는 내적 갈등 및 가정, 직장 문제 등에 대한 상담을 통해서 자신을 올바로 수용하고 생에 대한 새로운 애착과 의욕을 갖고 스스로 문제를 해결하도록 유도한다.

그리고 자신의 문제를 있는 그대로 받아들이도록 하고, 자신의 현재 능력을 최대한으로 발휘한다면 앞으로 사회생활을 충분히 할 수 있다는 강한 자신감과 동기를 조성하며, 자신의 왜곡된 성격 및 행동 교정에 스스로 참여할 수 있도록 도와준다.

(4) 기타 분야

의료사회복지사의 임무는 야전의무부대에서 환자에게 개별사회사업을 제공하고 그들의 보호, 진찰, 치료 및 처리기능에 있어서 정신과 전문의를 도와 정신건강 활동에 참여함으로써 전투력을 보존하는 데 있으며, 국군군의학교에서는 장교·부사관·병사들에게 군 의료사회복지임무를 수행할 수 있도록 전문직으로 교육시키기 위한 교육과정의 책임자로서 활동한다. 또한 사회복지에 관한 교범 편찬 업무와 교리발전에 대한 책임이 있다(이대식, 1982).

이상 살펴본 바와 같이 군 의료사회복지 실천분야를 네 가지 분야로 설명하였으나, 현재는 이루어지지 않고 있는 실정이다. 따라서 시급히 군 의료사회복지가 실천되어야 할 분야이다.

3) 군 의료사회복지사의 역할

군 의료사회복지사는 전문상담가로서 환자와 가족의 심리적·사회적·경제적 문제를 파악 진단하여 원활한 진료가 이루어질 수 있도록 원조하고, 환자가 정상적으로 가정과 사회로 복귀할 수 있도록 지원하며, 병원의 효율적인 운영과 환자에 대한 서비스 증진을 위해 활동한다. 또한 지역사회와의 유대관계를 확립하기 위한 프로그램을 개발하고 시행하며, 전문상담활동 및 질환별 사회복지 개입을 위한 연구조사 활동을 수행한다. 의료사회복지사의 역할에 대하여 전문적인 역할모델과 지원대상별에 따른 역할로 구분하여 소개하고자 한다.

(1) 군 의료사회복지사의 전문적 역할

군 의료사회복지에 있어서도 일반의료, 재활의료, 정신과 등의 특수 분야가 있어 다소 차이가 있겠으나 공통적인 전문 역할을 요약하면 다음과 같다.

첫째, 심리사회적 치료자로서의 역할이다. 질병으로 야기되는 심리적인 문제는 바람직한 의료서비스를 받는 데 장애가 되기 쉬우므로 개별사회사업의 치료적 역할과 집단사회사업활동을 통하여 성취감과 자신감을 갖게 하고, 참여의욕 증진을 통한 문제의 해결 또는 완화되도록 돕는 치료적 역할을 한다. 군병원의 환자는 소속 부대를 떠나 병원이라는 새로운 환경(새로운 상급자와 병원의 상하관계 등)에 새롭게 적응해야 하며, 진료 후 다시 복귀할 경우에도 장시간의 공백으로 인해 새롭게 적응해야 하고, 공백 기간 동안의 업무는 질병 치료 후 복귀하는 장병들에게 많은 심리적 부담감으로 작용하게 된다. 또한 우리나라의 군복무는 모병제가 아닌 징병제로 스스로의 원에 의한 것이 아닌 강제적 징집에 기인한 것이므로 군에서 질병이 발생하거나 장애가 생기는 경우 환자 본인은 물론 가족까지도 받아들이기 어려운 일임이 분명하다. 따라서 환자와 더불어 가족이 현재의 상태를 수용하고 치료에 협력하여 재적응하도록 도와야 한다.

둘째, 양질의 의료지원을 위한 조정자의 역할로서는 치료에 참여하는 여러 다른 의료진과 함께 각기 다른 전문적인 집단과 치료 및 서비스 계획을 수립함에 있어서 의료팀에 심리사회적·경제적인 정보를 제공하여 환자의 전인적인 이해를 증진시키고 의료팀의 종합적이고도 통합적인 서비스를 위한 협력과 조정을 담당한다. 민간병원과 달리 군병원은 일반적인 치료 외에 위탁치료(진료, 검사), 공무상 요양, 민간병원 진료, 상급병원 후송 등 여러 가지 다양한 방법이 함께 적용되고 있다. 따라서 병원 의료팀이나 환자에게 최적의 진료서비스를 제공하기 위한 정보를 제공해 주는 역할을 해야 한다. 또한 군병원은 휴가·외출·외박과 면회, 그리고 심신장애자 전역, 연금, 보훈신청 등 치료 외의 부가적인 제도가 있는데, 이러한 것들을 고려하여야 한다. 따라서 이러한 제도에 대한 정보를 의료팀과 환자에게 제공해 주어야 한다.

셋째, 자원동원가로서의 역할이다. 환자의 치료에 있어서나 재활과정에 있어서 인적·물적·제도적·법적인 자원을 필요로 한다. 이 경우 병원 내의 자원 활용과 함께 환자의 질병회복과 재활 및 사회복귀를 위한 지역사회의 공·사적인 사회자원을 조직하고 동원하는 것이 타 전문가와 다른 독특한 역할이다.

넷째, 재활치료와 교정자의 역할이다. 재활의료팀에서 심리사회적 측면의 조사연구와 평가치료, 훈련, 지도 및 종합적인 서비스 계획수립과 재활과정에 참여하여 치료나 교정 역할을 한다. 군대는 특성상 재활치료를 요하는 환자가 많이 발생한다. 따라서 의료사회복지사는 환자가 재활과정에 적극 참여하고 자신감을 갖도록 원조하는 역할을 해야 한다(이대식, 2006).

(2) 군 의료사회복지사의 지원대상별 역할

의료사회복지사의 역할은 환자나 그 가족을 위해 의료진과 공동 협력 하에 그들을 돕는 것이며, 심리사회적, 정서적, 개인적 및 경제적 문제에 관심을 가지고 치료에 개입 또는 협조한다는 점에서 동일하나, 여기서는 지원 대상 면에 따른 의료사회복지사의 역할을 설명하고자 한다.

첫째, 군의관에 대한 역할로서 환자를 치료하는 데 필요한 사회적·경제적 배경과 가족배경을 조사하고 환자의 사생활에 대한 정보를 수집하여 군의관에게 알려준다. 필요하면 환자의 질병이 현재 그에게 어떤 의미가 있는지 설명하고 전문적인 판단을 제시하기도 하며 환자에게 확정된 치료절차와 군의관의 지시에 따르기 위해 요구되는 사항들을 해석하거나 설명해 준다. 그리하여 군의관으로 하여금 환자를 전인적으로 이해하도록 조력하는 역할을 한다. 또한 환자의 사회환경적 여건에 맞게 치료계획을 세워 팀워크를 만드는 데 필요로 하는 일을 상호 조정한다.

둘째, 환자에 대한 역할로, 환자의 정서적 또는 개인적 문제를 다루는 데 있어서 그를 돕기 위하여 적합한 상담요법의 형태로서 케이스워크 서비스를 제공한다. 또한 처방된 치료나 질병으로 인해 환자를 제한 또는 구속하는 것을 환자가 받아들일 수 있도록 돕는다. 그리고 환자의 잠재적인 능력을 최대로 개발하기 위해 지역사회 자원 활용, 또는 사회적 환경에 적응케 하는 관점에서 미래계획을 돕는다.

셋째, 퇴원계획 및 퇴원 후 사후지도에 대한 역할로서 퇴원시기, 퇴원 후 갈

곳, 자가 치료 방법, 간호 방법 등에 관한 상담 및 지도와 전역하는 데 문제가 있거나 전역 후 갈 곳이 적당하지 않은 환자를 위해 지역사회 조직기관과 협력하며 계획 수립 시에는 군의관, 간호장교, 환자 그리고 그의 가족들과 함께 논의한다. 이때는 퇴원 후 필요한 준비를 하도록 돕고, 필요한 의학정보를 제공한다. 퇴원 후 사후지도로는 퇴원 후 군의관의 지시대로 따르고 있는지? 새로운 환경과 부대에서 환자가 어떻게 적응하고 있는지, 정상적인 사회인으로 기능하고 있는지를 살펴보고, 적절한 서비스를 제공한다. 또한 병원생활에서 지역사회로 환경이 바뀐 환자의 경우 회복상태와 욕구를 평가한다.

넷째, 교육 및 훈련에 관한 역할로서 군 의료사회복지를 전공하는 사회복지학과 학생의 실습지도와 의과대학생과 간호대학생의 실습지도 또는 임상강의를 하며 새로 들어온 직원의 교육과 의료사회복지사 자체훈련 및 재교육의 역할을 담당한다.

4) 군 의료사회사업복지사의 표준 직무

군 의료사회복지사의 표준 직무는 군 의료사회복지의 정체성과 전문성을 확보하고 군 의료사회복지서비스의 질을 향상시키기 위해 필요할 뿐만 아니라 급변하고 있는 의료 환경과 사회 환경의 변화에 대처하기 위해서도 필요하다. 군 의료사회복지사의 표준 직무 내용 <표 11-3>을 제시하면 다음과 같다(이대식, 1982).

표 11-3 | 군 의료사회복지 표준 직무 분류

의료사회복지 직무 \ 구분		포함되는 직무 내용
행정사무	보고서 작성	주간, 월간 및 연간업무 보고
	케이스과정 기록 정리 보관	취급하는 사회복지 케이스에 대한 Case file 정리, 보관 상담기록, 원조활동 기록
	문서수발 업무	대내외 공문수신 및 발신, 환자에 대한 편지발송, 외부자원과의 업무연락

의료사회복지 직무	구분	포함되는 직무 내용
행정사무	실적통계 및 분석평가	사회복지자료 환자실적 집계 업무분석평가
	사업계획 수립	사회복지과에 대한 월간 및 연간 사업계획 수립
심리사회적 정신적 문제 해결업무	심리사회적·정신적 문제의 원인 조사 및 평가	질병의 원인이 되는 심리사회적 또는 정신적 문제의 원인조사와 이의 해결을 위한 진단, 치료 상담과 사정평가
	군경력, 개인, 가족 및 사회적 역사적 배경조사	군 경력과 개인력 검사, 사회생활사 및 가족배경조사, 질병에 관계되는 사람 또는 대상에 대한 면담
	문제해결을 위한 치료 상담	개별치료 상담과 가족 및 친지와의 상담
	집단치료 및 집단활동 지도	환자집단의 작업치료, 오락치료, 집단 심리치료 등
	의료진과의 협의 진단	회진 참여, 군의관, 간호장교 및 관련 의료원과의 협의상담, 환자의 특수한 문제 또는 욕구에 대한 공동진단
지역사회 자원과 연결 업무	자원체계의 정보 수집 및 제공	활용 가능한 지역사회의 자원에 대한 정보수집, 환자 또는 가족과 자원과의 연결을 위한 정보제공
	자원활용 상담	가능한 지역사회 자원 및 시설, 제도 등의 활용을 위한 상담, 지역사회 기관으로부터의 의뢰상담 등
	지역사회기관과 상호의뢰 및 알선	지역사회 기관과 의뢰하거나 의뢰를 받아 처리
	지역사회 순회 진료(이동진료)	무의촌, 사회복지시설(부녀보호소, 갱생원, 아동보호소, 보육원 등) 및 특수지역을 위한 이동진료에 참여계획 수립
사회복귀 및 재활문제 해결 업무	퇴원계획 상담	퇴원시기, 퇴원 후 갈 곳, 자가 치료 방법, 간호방법 등에 관한 상담 및 지도
	재활계획 상담	장애를 극복하기 위한 상담, 의수족 착용 및 훈련계획 상담, 재활시설 수용을 위한 상담, 의료, 직업 및 사회재활상담 지원

의료사회복지 직무	구분	포함되는 직무 내용
사회복귀 및 재활문제 해결 업무	회복상태 및 적응도 평가	질병의 회복상태 평가와 사회 환경에 적응이 가능한지를 평가, 환자가 속해 있는 환경에 적응 여부 평가
	직업훈련 및 취업지도	퇴원 후 가능한 직업선택을 위한 상담, 직능평가 및 직업훈련 계획수립 취업알선 또는 지도
	추가치료 및 자가 치료 지원	퇴원 후 외래치료 및 자가 치료 지도 및 예방교육 경과 관찰 예후진단 건강회복도 평가, 문제해결 여부 평가
교육 및 연구조사 업무	실습지도	사회복지 전공학생, 의과대학생 및 간호대학생들의 임상실습 지도
	자제요원 교육	임상학과 회의 참석, 사례 연구회 참석
	학술회의 참석	사회복지에 관련된 세미나 참석, 각종 학술대회 참석
	의료 사회복지 연구 및 조사	의료 사회복지를 발전시키기 위한 연구 활동 및 조사 활동, 기타 의료 사회복지와 관련 있는 업무

5 군 의료사회복지의 과제

그동안 군 의무 분야에서 군 의료사회복지활동이 활성화되지 못한 데는 여러 가지 요인이 복합되어 있다. 군병원 의료사회복지의 문제점을 통한 과제를 살펴보면 다음과 같다.

첫째, 군 정책입안자나 군 정책결정권자들의 군 의료사회복지의 중요성에 대한 인식 부족이다. 군 의무발전 계획에 따라 시설 및 장비의 현대화와 전문 의료 인력이 보강되고 있지만, 의료사회복지에 대한 인식부족으로 아직 시행되지 못하고 있으며, 이로 인해 피해를 보는 것은 군병원을 이용하는 많은 환자들이다. 따라서 정책결정자 및 군 고위간부들이 병원 내 사회복지사의 역할과 필요성에 대한 인식제고가 선행되어 편제에 반영하고 조기에 인력을 확보하여 활용하여야 한다.

둘째, 군에서 의무병과에 사회복지장교에 대한 전문 직능화 조치는 하였으나, 이들이 활동할 수 있는 병원 내 의료사회복지업무를 수행할 부서와 직위를 반영하지 못했다. 따라서 의료사회복지사의 전문적인 활동을 보장하기 위해 병원 내 진료부에 사회사업과 편성 및 인력을 보직 하여야 한다.

셋째, 군내 사회복지사들의 전문성 부족이다. 군내 소수의 전문 사회복지사가 있으나 행정직 임무나 수행직책 근무로 전문성을 살려 활동하면서 전문성을 향상시킬 수 있는 여건이 마련되어 있지 않다. 군 의료사회복지사의 전문성 확보를 위해 군 차원에서 민간 보수교육에 적극적으로 참가시켜야 하며, 군·민간 정기적인 세미나 등을 개최하여 상호 교류하여야 한다.

Chapter 12

군에서의 사례관리 현황과 과제[59]

군사회복지는 사회복지의 2차적 기능의 하나인 군에서 군 조직원인 군인과 그 가족을 위한 사회복지실천 중 하나이다. 군의 특수한 환경과 임무수행에서 발생할 수 있는 다양한 문제는 군 조직 구성원들의 정서적 어려움으로 연결된다. 군의 1차적 기능인 국가 수호를 위한 성공적인 임무수행을 지원하기 위해 군인과 가족들의 삶의 질 향상에 국가와 사회가 관심을 기울여야 하는 것은 당연한 일이며, 군사회복지사는 군인이나 군무원, 민간인의 다양한 신분으로 정서적·물질적 지원을 위해 개입하며, 군 조직 내 정보와의 연계 및 사회적 자원을 동원하고 개발한다. 1968년도 의무병과에 사회사업특기 병과가 시작되었고, 1977년 의정장교로 사회복지 전공자들이 선발되었지만, 군사회복지실천은 군에서나 사회에서나 제대로 그 가치를 인정받지 못했다. 군사회복지실천은 1998년 이후 많은 어려움 속에서도 비약적인 발전[60]을 이루었다. 하지만 군 조직 내에서 사회복지실천을

---

59) 2012년 11월 3일, 군사회복지학회 발표문을 수정·보완한 글임을 밝힌다.

60) 12년 전 석사 논문으로 군사회복지실천의 필요성을 연구하면서 군인과 군 가족, 학자들도 연구자와 같은 생각인지 알고 싶었고 작은 소통 공간으로 '군사회복지연구회' 카페를 만들었다. 각계각층의 여러 회원들이 같은 생각을 공유했고 접근 방법의 차이가 있을 뿐 기본적으로 군사회복지가 필요하다는 것에 대한 의견은 일치했다. 그 후 군사회복지연구회가 활성화되었고 국회 간담회, 공청회 참석을 비롯하여 각 군 참모총장 및 군 복지 관련 군 간부와

인정받기에는 여전히 어려움을 겪고 있다. 몇 명의 병영생활전문상담관[61]의 노력만으로는 다양한 군 조직과 그 안에서의 역할, 군 조직의 특수성의 한계로 인해 사회복지사의 역할을 제대로 인정받기 어렵기 때문이다. 군과 실천이 함께 연계할 수 있는 방법은 교육, 정보 제공, 연구, 문제 사정 및 해결, 자원 연계, 정신보건 등 다양하나 군 조직에서 구성원으로 인정해 주는 직급은 없는 것이 현실이다. 여기서 오랫동안 군과 사회복지의 협력이 쉽게 이루어지지 못한 이유를 생각해 보자.

가장 기본적인 원인으로는 사회복지와 사회복지실천에 대한 개념 혼동에서 비롯된다고 볼 수 있다. 이러한 원론적인 개념 이야기는 사회복지영역 안에서도 의견이 많고 학문적·실천적 깊이를 요구하는 만큼 군 조직에서 사회복지실천의 개념과 실천의 응용을 받아들이는 것은 쉽지 않을 것이다. 사회 문제가 불러일으키는 원인에 대한 시각 차이 때문에 사회복지와 사회복지실천(사회사업)은 사회적 시책과 적응력 강화라는 상반된 개념 규정으로 분리되어 발전되어 왔지만, 근본적인 오류를 가지고 있다. 어떠한 사회문제든 모든 사회문제는 정도의 차이는 있을지라도 개인적 요인과 사회적 요인을 동시에 지니고 있기 때문이다. 이러한 이유로 개인 변화에 초점을 둔 전문직화나 사회 변화를 강조하는 제도화 중 어느 한쪽으로 편중될 수는 없다(김동국, 2008). 그러나 많은 사람들이 이런 사회복지정책과 사회복지실천의 역사적 발전과 일원론적인 흐름을 인지하고 있지 못하고 있다.

관계자, 육해공군 각 계급별 장교 및 부사관, 군 가족 및 순직가족, 보훈처 관계자 등을 통해 군사회복지의 필요성을 알리고 설득시켰다. 이런 과정에서 군과 사회복지의 정치적 입장과 마인드, 미군과 다른 우리나라 군의 상황과 특수성, 국가기밀에 예민한 폐쇄 집단 및 다른 집단을 받아들이는 데 대한 책임성 소지 등 여러 복잡한 문제로 인해 많은 한계를 느꼈다. 군 조직 내외에서 어떤 방안을 가지고 어떤 활동을 하건 국가와 군 조직에서 공식적인 인정을 받지 못하면 군인이든 민간인이든 군사회복지사만 무거운 짐을 지게 될 것이 확실했기 때문에 우선은 지속적으로 실천현장에서 활동하면서 실천 매뉴얼과 논문을 쓰는 것이 공식적인 인정을 받기 위한 최선의 길이라고 생각했다. 그러던 중 국가정책에 우리의 목소리를 전달하고 연구 결과를 함께 나눌 수 있는 군사회복지학회가 탄생되었다.

61) 2006년부터 군대 내에서 활동하게 되었으며 군 경력 10년 이상 된 제대군인과 전역 예정자인 장교와 부사관 및 상담, 사회복지학과 학사학위 이상으로 관련 분야 자격증이나 경력이 있는 민간인을 대상으로 국방부에서 선발한다. 기간제 근로자의 신분을 가지고 채용기간은 기본 1년 계약에 1년 단위 1회 연장이 가능하다. 최대 2년까지 근무하고 재채용의 경우 신규채용의 절차를 거치도록 한다(국방부 훈령 제1059호 병영생활전문상담관 운영안, 2009).

특히 사회복지실천의 목적과 중심적 가치에 기초한 존재론적 차원의 논의는 사회의 소외 계층을 돕는 사회복지직의 사회적 책임을 강조하며 사회복지실천의 맥락과 사회적 조건의 영향력을 강조해 왔다. 기능주의적인 또는 개인주의 지향의 심리사회적 접근 방법으로부터 갈등주의적인 또는 집합주의 지향의 사회개혁적 접근방법까지 단일 학문 내에서 발견되는 시각의 폭이 넓은 것은 사회복지실천의 학문적 특성이다. 이러한 특성은 역사적으로 사회복지실천의 흐름이 개인의 적응과 사회변화라는 상이한 개입목표를 통합시키지 못하고 각기 필요한 사회과학이론들을 선택하며 발전해 온 배경과 밀접하게 관련된다(홍선미, 2004). 군 조직에서는 이러한 이론과 실천의 통합적 맥락을 알지 못하기 때문에 사회복지실천을 전통적 대상과 영역으로 한정시켜 이해하고 있다. 사회복지라 하면 급진적 개혁이나 변화, 사회주의를 떠올리고, 사회복지실천은 사회 소외계층을 물질적으로 지원하는 실천 활동으로만 단편적으로 인식하고 있다.

사회복지실천은 전통적으로 소외계층이 주된 대상이었지만 슬픔과 고통, 상실을 겪는 사람들에게 다시 사랑하는 마음을 가지고 살아갈 수 있도록 여러 정보와 지지를 연계해 주는 역할을 담당하고 있다. 군의 특수한 상황과 제한된 범위 안에서 '개인과 환경, 집단, 지역사회'의 변화와 연계를 기본 틀로 갖고 있는 사회복지실천을 어떻게 접목시켜야 할지, 또 보직 순환과 함께 복지 전문가가 없는 군 조직에서 누가 책임지고 사회와 연계를 시도할 것인지 많은 고민이 뒤따르게 된다. 이러한 이유로 군 조직에서 실천 분야의 역할 규정이 모호하게 되었고, 필요성을 제대로 인지시키지 못했다. 사회복지사는 오래전부터 전투 분야에 활용되어 육군사관학교 정규 선택과목으로 기반을 다져 놓은 심리 분야(중공군의 인해전술 등 심리전)와 병사 관리를 위한 상담 분야의 전문가들과 차별화되는 필요성을 인지시켜야 하며, 정신보건사회복지사나 의료사회복지사는 병무청이나 군병원에서 정신장애나 정신적 충격을 다루는 전문 의사와 보건 분야 전문가와 차별화되는 역할을 군에 인지시켜야 하는 어려운 과제를 안고 있다.

또한 우리가 자주 비교하는 미군의 사회복지사의 역할과 지위는 국민의 사회복지실천에 대한 인식과 서비스, 군이 국가경쟁력에 미치는 영향력으로 이뤄진 것으로 이런 여러 요인을 배제하고 우리나라와 동등한 비교를 하기에는 무리가 있다. 우리나라에서는 미군처럼 사회복지실천, 심리, 상담, 의료, 보건 등 모든 다학문적 연계가 가능한 예산 편성이 어렵기 때문에 제한된 범위에서 필요한 인력을 선발하기 위해서는 군의 한정된 상황을 반영하면서 심리, 상담, 의료, 보건과 차별화된 특수성으로 효과성을 입증할 수 있는 역할 체계와 연구가 필요하다. 사회복지 성격상 효과성과 효율성을 양적으로 단기간 입증하기 어려운 만큼 진정성[62]을 바탕으로 군 조직의 구성원들의 신뢰와 지지를 먼저 얻어야 한다.

군은 전쟁을 대비하고 이에 준하는 훈련을 하는 조직[63]으로 당위성을 가진다. 군과 사회복지의 근본적 지향점은 자유, 평등, 인권, 삶의 질 향상, 국권 수호 등으로 동일하지만 이루기 위한 과정과 방법은 서로 다르다. 전쟁이 일어나면 개인의 안위보다는 국가 전체, 집단의 안위를 먼저 챙겨야 하며, 욕구 중 가장 기본이 되는 생존 욕구가 가장 우선시되기 때문에 인권, 자유, 평등, 삶의 질 향상 등의 가치는 사치가 된다. 위에서 살펴본 대로 군의 여러 특수성을 고려할 때 개입 기술과 자원 동원, 환경 변화, 연계 등 직·간접적 활동에 제약을 받을 수 있다는 점, 국방비와 사회복지비의 예산 편성에 대한 갈등, 우리나라의 군과 사회복지의 역사와 전통, 대상자 관점에 대한 각기 다른 이해와 정치·사회·문화적 분위기 등 여러 이유로 군과 사회복지의 협력을 긍정적으로 보지 못했던 것이 아닐까?

전쟁의 위협을 배제할 수는 없지만 오랫동안 지속되어 온 평시 상태와 제3차 세계대전을 막기 위한 전 세계의 노력 및 인류의 도덕적 진화는 군의 폭력, 전쟁, 살인, 강간 등 부정적 이미지를 평화 수호와 국가의 상징성, 자연재해로부터 국민을 돕는 긍정적 이미지로 변화시켰고 제한된 범위 내에서 많은 개방을 시도했다. 국민과 함께하는 친근한 군으로 변화하면서 군과 사회복지는 서로 윈-윈 하

62) 14년 전 군사회사업의 필요성에 대한 연구를 하고 논문을 쓴다고 했을 때 주변의 군인과 사회복지과 교수님과 연구자, 선후배들이 공통적으로 한 이야기가 있다. "군에서 사회복지실천은 이루어질 수 없다". 소신껏 논문을 써 나가면서 많은 사람들이 했던 이 말에 대해 많은 생각을 했다. 군과 사회복지가 윈-윈 할 수 있는 방안과 효과들이 내 머릿속을 맴돌았다. 하지만 많은 사람들이 군 조직의 1차적 목적과 사회복지 기본 철학이 상반된다고 생각하는 현실에서는 혼자만의 구상으로 끝날 수도 있겠다는 생각이 들었다.

63) "전시에 생존하기 위해서는 훈련만이 살 길"이라는 말은 그냥 웃고 넘길 수 있는 말이 아니다. 이 점이 사회에서 풍자하는 '보이스카우트 캠프'와 '군복무'의 차이점이며 전시에 군복을 입은 군인과 군복을 입지 않은 민간인의 죽음이 정치, 외교, 윤리적으로 차별화되는 이유이기도 하다.

고 신뢰를 나눌 수 있는 협력자, 조력자로 함께하기 시작했다. 아직 군 조직에서 공식적인 제도화는 이루어지지 않았지만 여러 변화 속에서 2007년부터 외부지원에 의한 사회복지실천과 연계된 시범사업을 실시하고 있으며, 현재는 사회복지공동모금회 테마기획 사업으로 '군 사기 무한충전 프로젝트'를 수행하면서 지역사회복지관과 연계한 형태로 부적응 병사와 그린캠프 지원 프로그램과 상담, 자원봉사 프로그램 연계 등 다양한 방법으로 군과 연계를 맺고 실천 현장을 개척해 나가고 있다. 이런 과정 중 사회복지실천의 대표적인 개입방법인 사례관리가 군에서 의뢰를 받아 진행되고 있다는 사실은 크게 주목해야 할 부분이다. 지금까지 군에서는 군인 개개인의 인적사항과 관리를 자체적으로 해결해 왔고 보안상 사회와 철저한 경계를 유지해 왔기 때문에 민간 조직에 의뢰한다는 것은 생각지도 못한 일이었다. 바로 이 점이 군사회복지에서 사례관리가 중요한 의미를 갖는 점인데, 군과 사회복지의 협력으로 각각의 1차적 목적을 달성할 수 있는 유연한 연계 방안으로 사례관리가 시작되었기 때문이다.

사회복지실천은 여러 가지 접근으로 군에서 다양하게 활용될 수 있지만, 군의 특수성 때문에 많은 개입과 접근 방법들이 한계를 가질 수밖에 없었다. 사회복지에서 중요한 자원이 될 수 있는 환경의 변화와 활용은 전체를 위해 개인을 희생해야 하는 군 조직 안에서 실천되기가 매우 어려운 상황이었기 때문이다. 사례관리는 군의 1차적인 목적을 달성하기 위해 의무적으로 군에 들어온 구성원의 심리적 안정을 책임지고, 사회에서는 보호받아야 할 국민을 관리해 주는 사회복지의 1차적 목적을 수행할 수 있기 때문에 그 의의는 매우 중요하다. 사회복지실천이 군의 1차적 목적을 지원해 주기 위함이라는 필요성이 제기되었지만 사례관리 체계가 구성되면 결국 2차적 기능과 사회복지의 1차적 기능까지 수행하게 되는 것이다. 일정 기간 복무하고 다시 사회로 되돌아가는 병사들의 청소년 시기의 여러 어려움과 가족 문제, 물질적·심리적 지원을 다각적으로 지원할 수 있으며 결국 군과 사회복지가 윈-윈 할 수 있기 때문이다. 현재 많은 사례가 의뢰된 것은 아니지만 사회와 연결하여 지속적으로 군인의 정서적·물질적 지원에 관심을 갖기 시작한 것은 분명히 군의 변화이고 군사회복지실천의 역사적인 도약이라고 할 수 있다. 본 연구는 사회복지공동모금회 사업으로 군에서 여러 프로그램을 시행하고 있는 사회복지관에 의뢰된 병사들의 사례관리 현황을 알아보고 발전 방향을 모색해 보고자 한다. 현황을 알아보기 전에 군 조직에서 사회복지실천의 사례관리의 필요성과 연계 방안에 대해 먼저 살펴보자.

1 군 조직과 사례관리

1) 사회복지와 군에서의 사례관리

1970년대 미국 정신보건사회사업에서 활용되기 시작한 사례관리 방법은 최근 한국 사회복지실천의 민간과 공공의 다양한 영역에서 사회복지서비스의 주요 전달방법으로 활용된다. 사례관리라는 용어는 매우 다양하게 사용되고 있으며, 사례관리의 정체성은 서비스 영역에 따라 달라지는 경향이 있다. 예를 들어 교정분야에서 일하는 사례관리자는 클라이언트를 지도·감독하고, 약간의 상담을 제공하며, 클라이언트와 그 가족에게 필요한 서비스를 연결하여 클라이언트가 보호관찰 기간을 잘 마칠 수 있게 하는 기능을 수행한다. 반면 인지장애를 가진 클라이언트와 일하는 재활기관의 사례관리자는 일반적으로 수용되기 어려운 클라이언트의 행동을 지도하고 상담을 제공하며, 다양한 관련기관과 시설에 거주하고 있는 그들을 위해 연결자로서 역할과 직업훈련을 위한 다양한 서비스를 제공한다(권진숙 외, 2012).

사례관리란 보호서비스가 필요한 사람들의 다양한 욕구에 맞는 서비스를 개별적으로 맞추는 것을 의미한다. 현재 보건복지부는 지방자치의 발전에 따른 지역단위 복지 기획을 강조하고 있으며 중앙부처, 지자체, 민간기관의 복지정보를 통합적으로 관리하려는 노력을 보이고 있다. 통합사례관리사업이란 복합적 욕구를 가진 대상자에게 통합사례관리를 통해 공공·민간의 급여, 서비스, 자원 등을 맞춤형으로 연계 및 제공해 주는 것을 말한다. 절차로는 대상자 접수, 욕구조사, 대상자 구분 및 선정, 사례회의 개최, 서비스 제공 계획 수립, 서비스제공 및 점검,

종결, 사후관리로 나눠지게 된다. 복지수요 충족을 위한 민관 협력의 필요성이 확대되고 지역단위의 다양한 사회복지서비스 요구가 확대되어 가고 있기 때문이다. 현재 보건복지부의 지역복지 추진방향은 첫째, 통합적 서비스체계 구현으로 지역주민의 복합적이고 다양화된 복지욕구에 맞춘 통합적 서비스 제공, 둘째 재정 확보로 지역 중심의 복지서비스 제공에 있어 재정적 안정성 확보, 셋째 민관 협력 도모로 인한 공공과 민간 차원의 복지서비스 활성화를 위한 협력 체계 구축, 넷째, 민간사회복지 활동 지원으로 주민 중심의 민간자원을 동원하고, 이를 활성화시키기 위한 방안 모색, 다섯째, 체계적이고도 전문화된 서비스 제공으로 지역사회의 복지발전을 체계적이고 전문화된 계획 책정으로 추진, 여섯째, 주민 참여 활성화로 주민의 적극적인 참여를 바탕으로 한 지역복지 활성화를 목표로 추진되고 있다(송준헌, 2012). 이러한 보건복지부의 지역복지정책과 국방부의 군의 복지 지원이 함께 연계되면 군 사례관리에 대한 사회복지학계와 지역사회복지관의 공식적인 활동이 보다 폭넓게 발전될 수 있으며, 청소년과 가족복지의 사례관리 논스톱 서비스 체계가 지역사회 및 군 조직과 함께 이루어지게 될 것이다.

2) 군 사례관리의 필요성

군 사례관리는 군 조직이라는 2차 현장에서 군인과 그 가족들을 대상으로 하는 사례관리를 말한다. 이러한 이유로 우리는 군이라는 집단에 대해 먼저 이해해야 한다. 20대 초반의 병사들이 전체 군인의 비율에서 가장 많은 수를 차지하고 있다. 이들은 지금까지 생활하던 환경과 분리되어 제한된 공간에서 2년 정도의 긴 시간을 집단생활을 하며 지내야 한다. 특히 청소년 후기에 속하는 신체적, 정신적, 자아 정체성의 문제와 독립의 시기에 따른 여러 문제들, 자발적 선택이 아닌 징병으로 인한 구속과 긴장 등 여러 정서적 개입과 최선의 해결 방안이 필요하다. 군의 지휘체계와 집단의 갈등과 명령체계, 전시 대비와 훈련으로 인한 위기 상황에 대한 개입과 집단 역동으로 발생되는 갈등, 의사소통에 대한 이해가 필요하다. 의무적으로 군복무를 하게 된 이들은 일정기간 근무하게 되기 때문에 군에 대한 소속감과 정체성은 한정된 기간에 머물 수밖에 없다. 그러나 직업군인은 가족과 함께 국가에 대한 책임감과 의무감을 갖고 임무수행을 하게 된다. 군인의 임무 상 가족과 떨어져 살거나 잦은 이동, 정해진 범위 안의 집단생활, 생명을 담보로 한 위험한 직업 환경에 노출되기 때문에 일반 가족의 가족역할이나 구조와 다를 수 있기 때문이다.

병사들은 입대 전 개인의 취약 상태나 가족 및 주위 사람들과의 갈등, 입대 후 병영생활 부적응에 따른 어려움을 들 수 있다. 부사관 및 장교는 무엇보다 잦은 근무 이동에 따른 불안정한 생활과 가족과의 문제(주거, 의료, 경제, 자녀교육 등), 제대군인의 경우는 전역에 따른 재취업과 생계 안정, 사회 적응 등이 중요한 관심사가 된다. 관심 및 부적응 병사는 개인 및 가족과 관련된 고민과 걱정을 가지고 입대하게 된다. 결국 해결되지 않는 문제도 있지만 모든 문제가 미해결된 채 군에 들어오기 때문에 개인 성향과 집단 분위기에 의해 안정된 군 생활을 하기 어려운 병사들이 있다. 이러한 이유로 사례관리 과정에서 가족 사정에 중점을 두는 경우가 많다. 가족의 역량 강화와 가족에 대한 지원을 통하여 가족의 결합 및 건강성 강화를 지향한다. 사회와 가정에서 해결하지 못한 문제와 어려움들이 군 생활에 좋지 않은 영향을 미칠 수 있기 때문에 이를 예방하는 역할을 할 수 있다. 사례관리 서비스는 경제적/기능적으로 취약한 가족이나 병사를 우선적인 대상으로 실시하고 있기 때문에 이들의 개인 및 사회적인 역량을 강화하고 적절한 자원을 통한 서비스를 제공함으로써 국방의 의무를 잘 수행할 수 있도록 지원한다.

군 사례관리는 우선 병사와 그 가족을 대상으로 한 전문화되고 분절된 전달체계의 통합(integration)의 역할을 수행한다. 군 조직 내 관련 부서, 지역사회의 서비스 기관뿐 아니라 병사와 가족의 사적 자원 및 네트워크도 파악하여 이들이 활용할 수 있는 자원으로 개발하고 연계하도록 한다. 사례관리는 서비스 연계에 중점을 두기 때문에 지역사회의 서비스 인프라 및 자원의 수준이 사례관리서비스의 수준에 주요한 영향을 미친다.

(1) 국방부와 보건복지부의 정책 및 서비스 변화

국방의 의무를 다하기 위해 군에 입대한 병사들과 군인의 길을 선택한 직업군인들의 역할과 가치는 지금까지 위험에 따른 '수당'과 희생의 결과로 얻게 되는 보훈정책으로 보상해 주었지만, 사실 국가 수호의 애국심이 개인의 안위보다 우위에 있기 때문에 근본적으로 다른 직업보다 물질적 환산이 불가능하다. 이런 가운데 시대의 흐름은 휴먼서비스 발달과 함께 여러 사회 변화를 가져왔는데, 보건복지부의 중앙·지방 통합적 사례관리체계가 네트워크와 함께 주목받게 되었고, 국방부 또한 전시체제가 아닌 평시에 징집되어 온 청년들의 개인 사정과 집단문화, 가정과 사회의 급속한 변화를 고려해야 할 시점이 되었다. 국민의 복지서비스에 대한 기대 수준이 높아졌으며 전시 체제의 위험성과 평시 체제의 안정성이라는 양면을 모두 갖게 됨으로써 병사와 직업군인에 대한 국가의 책임이 물질적 보상뿐 아니라 정서적 지원까지 필요하게 되었다. 이러한 흐름 속에서 사회복지실천의 핵심인 사례관리의 활용은 정부, 군, 민간 등 여러 이해관계 영역의 욕구충족에 적합하다.

(2) 군 조직 구성원의 다양화와 급변하는 사회 환경

군은 장교, 부사관, 병, 직업군인, 의무복무군인 등 다양한 집단으로 분류할 수 있는데 이에 따라 일반적인 기준을 설정하기가 어렵다. 연령 및 근무지, 임무 등도 매우 광범위하여 다양한 복지 소요를 포괄해야 하는 어려움이 존재한다. 군부대는 전국에 걸쳐 산재되어 있고, 군 간부의 50%, 병의 60% 이상이 읍면 이하 지역에서 근무하고 있다. 국민 평균 20%, 국가공무원 13%에 비하면 매우 높은 수치이다. 대부분 복지 인프라의 취약성을 가지고 있다(국방부, 2008). 구성원의 다양성과 광범위한 지리적 여건은 군에서의 사례관리가 필요한 이유를 잘 나타내 준다. 복지를 둘러싼 사회 환경은 급변하고 있다. 노동시장의 변화에 따라 고용복지의 중요성이 증대되면서 전통적 의미의 복지정책은 다소 위축되고 있으며, 가족구조의 급격한 변화에 대응하기 위한 국가 차원의 가족복지정책은 확대되는 추세이다. 경제 성장에 따른 여가문화사업 등이 활성화되는 한편 인구구조 변화로 인한 군 인력수급 문제의 어려움은 증대되어 군 복지 증진 요구는 더욱 높아지고 있다. 이에 따라 사회 발전에 부합하는 장병 생활 여건의 보장, 건강한 군

가족 공동체 형성을 위한 가족 복지, 사회와 병행·발전하는 문화 복지, 군 가족 및 제대군인의 실질적 복지를 위한 취업 지원이 더 비중 있게 다뤄져야 한다(국방부, 2008).

위와 같은 이유와 장애나 질병을 가지고 있는 특별가족과 노인이 가족 구성원일 때, 그리고 서비스를 받아야 하는 아동 및 청소년이 가족 구성원인 경우, 전몰 및 순직 군인가족 등은 군이 주체가 되고 민간의 지원이 뒷받침되는 사례관리가 필요하다. 하지만 이 부분은 앞으로 추진되어야 할 과제로 남겨 두고 우선은 병사 위주의 사례관리에 대해 살펴보도록 하겠다. 병사들은 의무 복역이기 때문에 직업군인과는 다른 특성을 가지게 되고 20대 초반의 연령대에 징집되기 때문에 가족구조의 변화와 사회 문화의 변화뿐 아니라 가족의 일반적 기능과 경제 문제 등이 복합적으로 연결되어 있다. 일반 병사들의 자기계발, 여가, 문화 등의 지원도 필요하지만 가정문제나 정서적인 지원과 물질적 지원이 이루어지지 않으면 군 적응에 어려움을 겪게 되는 병사들에 대해서는 군사회복지실천의 일환으로 군 사례관리가 필요하다.

3) 군인과 군인가족 특성

(1) 현역병사와 가족

오늘날 우리 사회는 각 계층의 복지욕구를 비롯하여 양극화로 인한 상대적 빈곤과 박탈감, 가정 해체 현상, 황금만능주의, 자살 등 많은 병리현상을 가지고 있다. 군에 입대하는 병사들 역시 이러한 사회적 혼란 속에서 입대하게 되었고, 병영 내에서 신구세대의 갈등과 더불어 빈곤가정 병사들의 근무 부적응, 가족 간의 불화와 불안정으로 군 안에서도 고민하고 힘들어하고 있다. 소득하위 10%인 부모와 가족을 고향에 두고 병역의 의무를 수행하는 병사들은 병영생활 중에도 가정문제에 대한 고민과 그로 인한 병영 부적응의 문제로 자살, 무단이탈, 휴가 후 미복귀 등의 사건과 사고의 직·간접적 대상이 되고 있다(국방부, 2009 군 자살사고 예방 시스템 시행계획). 육군의 경우 자살사고의 원인은 복무 부적응 다음으로 가정문제라고 분석되고 있으며, 이외 가정문제로 인한 비관과 복무 부적응에 따른 대민 물의사고 등을 포함한 병력관리에 문제가 되고 있다(유흥위, 2009). 병사 가족들은 훈련소 입대나 각 부대의 사정에 따른 행사 참여 외에 군에서 따로 지원하는 서비스가 없다. 그리고 군복무 중 사고나 순직으로 인한 유가족은 보훈처로 이관되면서 군 조직에서 분리된다. 전역 군인과 그 가족도 사회인으로 돌아갈 뿐 군과는 별개가 된다.

현재 군은 군인 친족 사망 시 휴가조치 및 위로금 지급과 더불어 생계곤란 병사의 병역 감면과 관련한 정책을 시행[64]하고 있다. 이러한 저소득층 병사와 그 가족에 대한 지원이 사례관리의 주된 기능이 되겠지만 더 나아가 가족과 심리정서적 문제가 있는 병사와 가족, 군사고 및 자살로 자녀를 잃게 되는 경우[65]에 군과 사회에서 정서적·물질적으로 지원 정보와 자원을 제공해 주는 역할을 해야 할 것이다. 국제결혼 여성 이민자, 외국인 노동자, 새터민 등 다양한 문화, 인종, 종교, 제도, 언어 등 다문화사회에서의 군과 사회의 노력이 요구된다(최선애, 2010). 정해진 복무기간 동안이지만 다문화가정의 구성원이 병사, 직업군인으로 군 조직의 구성원이 될 때 발생할 수 있는 부적응과 차별, 가족 문제에 대한 지원 등 노력이 필요하다. 또한 현재 사회에서 중요한 이슈가 되고 있는 학교폭력 가해자 및 피해자 학생처럼 집단생활에 문제의 소지가 있는 경우, 집단생활을 겪어 보지 못한 중도 탈락 학생들 또한 군에서 관리해야 할 사례관리 대상자가 될 수 있을 것이다. 이런 다양한 가정환경과 배경으로 군에 입대하는 병사들을 군의 상명하복과 전통적인 군사문화와 시스템만으로 다루기에는 한계가 있다.

64) 생계곤란 병역 감면 선정기준은 가족의 부양비율, 재산액 및 수입액 등에 기준하고 있으며, 가족 부양비율은 부양의무자가 남자 1명인 경우 피부양자가 3명 이상이어야 하며, 부양의무자가 여자 1명인 경우는 피부양자 2명 이상으로 규정하고 있다. 또한 부양의무자의 나이는 남자인 경우 20~54세까지이며, 여자는 20~44세까지, 피부양자는 19세 이하 남녀, 남자 60세 이상, 여자 50세 이상으로 하고 있다. 재산액은 2,800만 원 이하이며, 수입액은 보건복지부 최저생계비 적용 해당자(1인 월 401,666원, 2인 668,504원, 3인 907,929원 등)에 속해야 한다(국방부).

65) 2002년 군복무 중 숨진 고 채희상 일병의 부모는 이렇게 말한다. "천안함 장병들의 희생이 남이 일 같지 않아 뉴스를 볼 때마다 눈시울을 붉힙니다. 천안함 희생자들에 비하면 자식의 죽음이 너무 초라하게 잊혔기 때문입니다. 최전방 철책 근무를 서던 중 누군가의 총에 맞아 숨진 아들…… 군 의문사진상규명위 조사 결과 타살 가능성이 높다는 결론이 났지만, 전체 군 사망자 가운데 현충원에 묻히는 장병은 약 40%에 불과합니다."(KBS NEWS. 2010)

(2) 직업군인과 가족

군 조직은 '국가 존립'을 목적으로 만들어진 집단이다. 이런 특수한 목적으로 인해 목적의 절대성, 계급적 권위, 집단의 결속성 등의 사회 및 문화적 조직 특성을 갖고 있다. 이것은 곧 직무 환경 또한 계급과 직위에 의한 획일적 생활 강조, 재사회화를 통한 전체성 강조, 인간관계상 독특한 특성으로 이어지게 된다. 이러한 과정에서 불투명한 장래성, 근무지 이동에 따른 잦은 이주 및 자녀교육 문제 장기간 임무수행 시 출퇴근 곤란, 임무의 위험성, 사회와 분리된 환경에서의 근무에서 오는 소외감 등 특수한 직무 환경에 대한 부담감을 가지게 된다. 대부분의 군인가족들은 관사에서 거주함으로써 군인에게 적용되고 있는 규범과 임무수행 성격에 직·간접적인 영향[66]을 받는다.

특히 군의 계급사회 성격이 민간인들에게도 영향을 미쳐 군인가족들에게 계급에 따라 차별적으로 반응하도록 유도한다. 학교에서 군 자녀를 대할 때도 부모의 계급이 영향력을 많이 미치고 있으며, 군인의 아내들은 민간인이지만 남편의 계급에 따라 부인의 지위도 결정된다. 군 조직의 형성은 일반 민간인들과는 어느 정도의 거리를 유지하여 형성되어 있기 때문에 군과 민간인 사이에 구체적인 교류가 제한되어 있다. 따라서 서로에 대한 이해의 폭이 좁고 민간인들과 분리된 생활공간은 민간인들의 군에 대한 거부감을 형성시키는 요인이 된다. 또 군 가족은 다른 보통 집단과 일상생활 양식이 다르다. 잦은 이사와 잠재적으로 위험한 환경 안에 배치됨, 지역상 많은 지지 체계에서의 고립, 다른 일반 시민과 비교해서 낮은 연령대를 가지고 있다. 이들의 가장 큰 스트레스는 배우자의 전몰 및 순직 사건으로 인한 정신적 충격과 심리적 지원이다. 그리고 군인 당사자의 임무수

---

66) 군의 직업적 특성은 대표적으로 크게 네 가지로 살펴볼 수 있다. 첫째, 생명을 담보로 임무수행을 한다는 점에서 높은 재해 위험을 가진다. 이런 재해 위험은 공무원의 1.6배, 민간 근로자의 1.7배에 달한다. 둘째, 주기적 이사와 별거로 경제적·심리적 부담감이 크다. 이러한 이유로 근래 군 가족의 별거율은 32%로 나타나지만, 자녀가 어리고 결혼 초기에는 근무지에 따라 함께 생활하고 지낸다. 셋째, 다수의 군인들이 사회와 분리된 환경 속에서 근무하고 군 조직 내 공동체 생활을 하기 때문에 생활 여건의 열악함과 일반 사회와 지리적·문화적·사회적으로 격리되고 동떨어짐을 느낀다. 넷째, 근무시간의 무한정성으로 상시 대기해야 하며 주·야간 훈련과 전투준비태세 유지, 당직과 퇴근 후 및 휴일 위수 지역 내 활동이 제한된다.

행 중 부상이나 동료의 죽음은 외상후스트레스(PTSD)에 의한 위기개입과 사례관리가 필요하다. 스트레스를 받는 가족들을 성공적으로 적응시킬 수 있는 요인으로 가족 자원 중 가장 중요한 것은 적응력으로 나타난다. 적응력을 강화시키기 위해 지지집단을 형성할 수 있도록 해야 하고, 환경 서비스에 대한 정보 제공과 군과 지역사회가 지지 서비스를 할 수 있도록 해야 한다. 이렇게 군 가족들은 지역적으로 밀집된 형태의 공동체를 이루고 있으며 대부분의 친밀관계가 군공동체 안에서 이루어져 사회로 나왔을 때 바로 의지할 만한 친목관계 형성이 어렵다.

이러한 군가족의 대표적인 특성들은 민간인과 군인을 구분하여 부르는 용어로도 일반 사회와의 분리성을 잘 반영해 준다. 이러한 특성으로 본인은 군인이 아니지만 가족이기 때문에 군 조직 내에 함께 거주하고 생활하는 군가족들은 군인과 다를 바 없는 제약과 임무를 함께 수행하게 되는 것이므로 그들의 희생과 공헌은 군인 못지않게 평가되어야 한다는 것을 보여준다. 이러한 복합적인 이유로 군 조직에서 나와 일반 사회로 다시 돌아오게 될 때는 사회 재적응이라는 어려움을 겪게 된다. 군인이 전역해서 사회에 복귀할 때 자유시장에서의 경쟁은 쉽지 않다. 이를 위하여 국가에서는 '취업 보호'를 해 주어야 하는데 국방부와 국가보훈처의 정책에 사회와 연계한 사례관리는 앞으로 누가 주체가 되건 필요성을 가질 것으로 예상된다. 이러한 군인에게 요구되는 여러 가지 제약과 규범은 가족 또한 함께 겪어야 하는 것이고 군 조직 내 특성이기 때문에 군인가족은 군인과 마찬가지로 군인의 역할을 함께 나누고 있다고 보아도 과언이 아니다. 사회의 일반 가족들보다 부모 및 배우자의 직업적 역할과 영향으로 정신적·사회적 스트레스를 더 받게 된다. 위험한 임무수행의 경우 배우자와 직업적 역할의 동반자가 되며, 정신적인 스트레스를 받게 된다. 그리고 엄격한 계급사회와 지휘체계가 군 조직의 기강이 되기 때문에 남편의 계급과 지위와 역할에 따라 개인적인 성격을 버리고 관사 생활과 군조직의 공동체 사회에 맞춰 생활해야 한다. 이러한 과정에서 자녀들의 보육과 학교, 문화시설 이용에는 큰 제약을 받게 되고, 자녀양육에 있어서도 일반 가정보다 더 어려움을 겪게 된다.

(3) 보훈가족

한국전쟁 이후 북한의 끊임없는 도발과 위협으로 대한민국 국군은 실전과 같은 훈련에 임해 왔고, 그 과정 중에 순직군인들이 꾸준히 발생하고 있다. 국가와 국민은 2010년 3월 26일 천안함 사건과 2010년 11월 23일의 북한의 연평도 포격사건으로 북한에 대한 안보를 더욱 강조하고 있고, 현 시점에서 대한민국 군인의 임무수행은 더욱 중요하게 되었다. 국가를 위해 목숨을 바치는 군인의 사명감은 가족들이 안전하게 보호받을 수 있을 때 더욱 빛을 발할 수 있다. 즉, 군의 사기 진작과 1차 목표의 원활한 수행을 위해서는 보훈가족에 대한 공식적인 국가적 보호체계가 이루어져야 한다. 갑작스런 배우자의 전몰 및 순직은 유가족들에게 미해결된 애도와 사전에 예방할 수 없었다는 안타까운 마음을 갖게 한다. 일반적으로 유가족들은 전몰 및 순직군인과 함께 군 조직에서 생활해 왔고, 위험한 임무수행에 함께 정신적인 스트레스를 받아오는 경우가 대부분이다. 이런 경험은 전몰 및 순직군인의 임무수행과 유가족 스스로의 자긍심에 의미를 부여하는 중요한 정신적인 신념으로 나타난다.

직업군인가족은 다른 사회의 일반 가족과 다른 특수성을 가지고 있다. 군 조직 안에서 공동체 생활을 해 오던 군인가족은 배우자의 전몰 및 순직 시 사회로 다시 되돌아오게 되는데 심리적 충격과 자녀 양육, 사회 재적응, 경제적 자립 등의 여러 복합적인 문제들을 한꺼번에 혼자 짊어지게 된다. 많은 보훈가족들 중 유일하게 순직공군조종사 부인들은 자조집단을 통해 스스로의 힘을 키워 나가고 있는데, 이러한 자조집단의 활성화를 위한 노력도 중요하지만 자조집단 발전 과정에서 처음 어려움을 겪게 되었을 때 내적 의식화를 위한 사례관리는 필수적으로 지원되어야 한다(이윤수, 2011). 보훈가족이 원할 경우 보훈처와 사회복지의 연계 사례관리 지원은 계속 이어져야 하는데, 자신이 소속된 집단에 참여하기 힘들거나 소속된 집단이 없는 대부분의 보훈가족들은 개별 사례관리가 더욱 절실하다. 천안함 전사자유족협의회 또한 자조집단의 임파워먼트를 잘 보여주었는데, 정부에서 제안한 맞춤형 지원[67]에 대한 사례관리의 활용성에 대해 깊은 논의가 필요하다.

---

67) 정부는 천안함 사건이 국민의 마음에 영원히 기억되도록 추모사업을 추진하고 유가족들에게

2 군 사례관리의 현황과 과제

위에서 설명한 다양한 군인과 가족에게도 체계적인 사례관리가 필요하지만, 현재 군사회복지사업은 부대에서 의뢰하는 위기가정 병사들을 대상으로 지역사회 전문기관 연계 네트워크를 통한 통합적 사례관리를 지원하고 있다. 위기가정 병사 사례관리는 가정의 어려움으로 부대 내 부적응을 겪고 있는 병사들을 대상으로 스스로 해결하기 어려운 다양한 문제(경제적 어려움, 가족구성원의 알코올중독, 조손가정, 한부모가정 등)나 욕구를 해소하는 데 필요한 자원을 전문 사회복지의 전문기관 연계 네트워크를 통한 통합적 서비스 제공으로 복무 적응력을 높이고 무사히 사회에 복귀할 수 있도록 돕고 있다. 군 사례관리의 기대 효과는 가정 내 어려움을 겪고 있는 병사의 문제 해결을 통한 복무 적응도 향상과 통합적 사례관리(개인-가정-군대)를 통한 문제해결능력 강화로 부대 내 군 조직 역량을 강화시키는 데 있으며, 국방의 의무를 다하기 위해 훈련을 받는 병사와 그 가족의 정서적·물질적 안정을 주기 위함이다.

1) 군에서의 사례관리 현황[68]

(1) 군 조직의 특수성에 의한 사례관리

군인은 생명을 담보로 임무수행을 충실히 하는 집단이며, 군의 임무수행은 국가 안보에 직접적인 영향을 끼치게 된다. 그러다 보니 다른 직업과 달리 빈번한 이사와 불안정한 생활, 훈련, 대기, 야간근무 등 근무시간이 일정치 않은 특수한

최고 수준의 예우를 위해 취업과 교육, 의료, 주택 등 국가유공자에 걸맞은 지원을 해 주고, 장기적으로 유족들의 생활 실태를 조사해 '맞춤형 지원'을 해준다는 방침을 가졌다(KTV. 2010.4.30).

68) 현재 사회복지공동모금회 2010 테마기획 '군 사기 무한충전 프로젝트'에 참여하고 있는 복지관 중 사례관리를 진행하고 있는 두 개 복지관의 사례관리 과정과 사례들을 종합하여 소개하였다.

직업적인 어려움을 감수할 수밖에 없다. 이러한 군 조직의 특수성을 먼저 이해하여 군조직과 민간 그리고 국방부와 보건복지부의 역할 분화와 공유가 이루어져야 하며 상호간의 네트워크가 잘 이루어질 수 있어야 한다. 이러한 '연계 서비스'를 구축하기 위해서는 군사회복지사 활성화 방안이 마련되어야 하며 이 중에서 사례관리 전문인력 양성이 이루어져 기관 간 연대적 역할이 분담되어야 한다.

현재 사례관리 의뢰는 병사 위주로 이루어지고 있다. 의뢰 과정은 첫째, 담당 간부의 추천 및 의뢰(80%), 둘째 정기적인 상담 과정에서 다른 문제로 상담을 하다가 필요에 의한 사례, 셋째 비전-그린캠프 입소 후 교육과정에서 발견 또는 캠프 퇴소심의를 위한 사례회의 과정에서 사례에 대한 정보공유 과정에서 필요, 넷째 이등병 교육 등에서 사회복지사의 역할에 대한 설명을 듣고 난 후, 또는 다른 병사에게 이야기를 듣고 병사가 직접 신청, 다섯째 병사의 신청으로 이루어짐(소대장, 중대장에게 상담을 받고 싶다고 신청, 해당 부대 인사과로 요청, 사회복지사에게 연락하여 상담 계획), 여섯째 인사과에 비치된 신청서(복지관용) 작성 후 제출로 이루어진다.

현재 군에서 의뢰, 신청된 사례관리 병사들에 대한 인적 상황들과 사례관리 시행 과정을 정리한 사례회의 내용과 관련 자료에 대한 설명은 <표 12-1>과 <표 12- 2>와 같다.

표 12-1 | ○○복지관 사례회의 보고서 요약

세부 내용	내용
사례회의 개요	• 추천받은 13가정의 대상 중 우선순의 5가정 인테이크 및 위기가구지원 및 사례관리가 필요한 대상 선정 • 자립가능 가정, 수입대비 지출내역, 자원, 문제의 시급성 등 고려하여 5가정 중 2가정 위기가구 생계비 지원(2~3개월 나누어 지급), 1가정은 해당 지역사회복지관으로 의뢰, 1가정은 현물 지원, 1가정은 지원이 요구되지 않음
발표 내용 및 논의사항	• 가정방문 및 해당 병사 상담으로 가정환경실태조사 • 5가정에 대한 사례관리 대상 적합여부, 지원범위 결정 • 각 사례별 사례관리 대상 적합여부, 생계비 등의 지원금 지원 여부와 지원 범위, 연계할 수 있는 자원의 종류, 기타 사례에 대한 의견 제시

표 12-2 | ○○복지관 사례개요와 개입과정 정리

문제 영역	내용	개입목표	서비스명	서비스 내용
기초생활 해결-주거비 및 생활비 부족	군복무로 인해 경제활동 중단과 수입 감소	일시 후원금 지급으로 당장의 생계비 부담 감소	후원금 지급	3월~5월까지 매월 10만원씩 지급
경제-기초생활 해결-주거비 및 생활비 부족	복무기간 동안 장기적인 2인 가족의 생활곤란	생계비 지원이 가능한 후원기관 및 후원자 연계	외부지원 연계	사랑의 리퀘스트 생활비 지원 사업 신청
		지역사회복지관사례 의뢰(의뢰 후 의뢰 회신과 1개월 모니터링 실시)	재가복지 서비스 제공	지역사회복지관으로 사례 의뢰
가족관계-가족돌봄-보육 어려움	군복무 근무 시간과 아들의 어린이 집 이용 시간이 맞지 않아 클라이언트 모가 아들을 돌보고 있음	향후 보육곤란 욕구가 증가할 경우 개입 필요	보육지원	가족지원이 가능한 상태이므로 향후 가족지원이 불가능한 상태일 때 지원여부 결정

지금까지 군 사례관리 시행 과정에서의 장애요인을 살펴보면 앞서 우려한 점들과 같다. 첫째, 사례관리 병사와의 정기적인 상담의 어려움이 발생된다. 인테이크와 사정 부분에서 이미 예상했던 바와 같이 병사들은 군 조직에 소속된 군인의 신분이기 때문에 군인으로서 역할 수행(보직수행 및 훈련 등)이 우선이 된다. 둘째, 사례관리 개념에 대한 인식 부족과 함께 단기간의 성과 보고가 이루어져야 하는 군 조직의 기대와 행정 절차로 필요한 협조를 이끌어내는데 어려움이 있다. 셋째, 군 보유하고 있는 정보 공유가 어려워 병사 및 그의 가족이 같은 정보를 반복하여 제공해야 하는 번거로움이 존재한다. <표 12-3>에서 살펴보면 사례관리로 의뢰된 병사들은 저소득의 경제적 문제와 가족과 가정상황에 대한 걱정이 대부분이다.

표 12-3 | ○○복지관에 의뢰된 사례 정리

경제사항	추천 및 신청의견
수급	조부 암, 조모 뇌경색, 부 지체장애1급, 가정상황으로 복무 중 스트레스 겪음/본인 신청
저소득	부자가정의 상근예비역, 고퇴, 가정형편으로 인해 검정고시 학원비 요청/본인 신청
일반	모자가정, 경제적 어려움 호소/본인 신청
일반	성장기에 부의 잦은 이혼 및 재혼으로 두 동생을 스스로 돌봄. 입대 이후 동생들 걱정으로 복무에 영향 /본인 신청
저소득	부자가정으로 본인의 입대 이후 부 혼자 생활, 부가 무직이며 고물수거로 생활/대대장 의뢰
저소득	모자가정, 모가 공장에서 사고가 나서 현재는 일을 쉬고 있음. 상근예비역/인사장교 의뢰
저소득	모자가정, 모가 일용직 식당일로 생활, 미성년의 여동생 있음. 상근예비역/인사장교 의뢰
저소득	조손가정, 상근예비역, 고등학생 남동생 있음. 가족걱정으로 고민 중임/인사장교 의뢰
저소득	조손가정, 현역 입대 이후 조모 혼자 거주, 조모 걱정/비전캠프 교육대상
차상위	모자가정, 지적장애 여동생이 있음. 파산상태로 가족걱정이 큼/인사과장 의뢰

<표 12-4>에서는 사례관리를 진행하고 있는 병사들의 세대 유형을 간략히 분류해서 정리했는데 조손, 한부모, 소년소녀, 일반세대로 나눠 볼 수 있었다. 일반세대 또한 여러 가족 문제와 경제적 문제로 병사들의 부담을 가중시켰다.

표 12-4 | ○○복지관 사례관리 세대 유형 및 주요 문제 정리

세대유형	주요 문제
조손	입대 후 할머니 홀로 미성년인 두 동생을 돌보심으로 인한 염려로 정기적으로 가족의 안부를 확인해 줄 것을 요청
한부모 (이혼)	천식을 앓고 있는 어머니의 건강과 가족의 경제적 어려움으로 차비가 부족해 군에 출근하지 못하는 상황이 발생함으로 인해 경제적 지원 요청

세대유형	주요 문제
별거중	결혼 후 입대한 병사로, 입대 후 아내가 가출함으로 인한 혼란과 5세 된 딸을 돌보고 있는 부모님에 대한 걱정으로 군 생활의 어려움을 호소함
일반 세대	카지노에 자주 출입하는 아버지로 인한 도박 빚으로 가족이 경제적 어려움을 겪고 있으며, 거주할 곳이 없음으로 인해 상근병임에도 군에서 현역들과 지내고 있어 경제적 지원 등을 요청
소년 소녀 가정	중졸이라는 학력과 상근 신분으로 인해 근로하지 못하는 상황으로 인하여 경제적 어려움을 겪고 있어 경제적 지원 및 상담적 지원을 요청
한부모 (이혼)	아버지께서 일용직 근로를 하고 있으나 원룸의 월세가 밀려 경제적 어려움을 겪고 있으며 거주할 곳이 없음으로 인해 상근병임에도 군에서 현역들과 지내고 있어 경제적 지원 등을 요청
일반 세대	음주문제로 근로를 하지 않는 아버지와 뇌출혈 수술을 받은 바 있는 어머니의 건강문제로 인한 염려로 정기적으로 가족의 안부를 확인하고 경제적 지원을 해 줄 것을 요청
일반 세대	위암 말기 판정 및 뇌출혈 수술로 인해 건강이 매우 좋지 않은 아버지와 병간호에 치중하고 있는 어머니에 대한 염려로 가족의 안부 확인 및 경제적 지원을 요청
한부모	가장 역할을 하였던 ○○병사는 입대 후 가족 생계유지 및 우울증이 심한 누나로 인한 염려로 가족 안부확인 및 경제적 지원을 요청
한부모 이혼	어머니께서 미용사 일을 하고 있으나 수입이 적어 경제적 어려움을 겪고 있으며 검정고시를 준비하는 여동생에 대한 걱정으로 가족 안부 확인 및 경제적 지원을 요청

사례관리의 목적을 달성하기 위해서는 군의 특수성을 고려해서 최대한의 효과성을 가져올 수 있어야 한다. 다른 사회복지실천과 개별 상담과의 차이점은 군이라는 제한된 범위와 지역사회와의 연계를 생각해야 한다는 점이다. 사회에서 사회복지서비스를 받고 있는 가정이었는지, 사각지대에 놓여 있던 가정이었는지 먼저 살펴야 하며 군과 지역사회의 연계에 적절하고 유연한 전략이 이루어져야 한다. 군 조직의 특성과 제한점을 반영한 사례관리의 목적을 정리하면 <표 12-5>와 같다.

표 12-5 | 사례관리의 목적비교

목적	사회	군
보호의 연속성	다양한 욕구를 충족하기 위해 서비스 개입과 환경 지지, 클라이언트와 가족과 관계 유지, 위기개입, 사회적 네트워킹 등 포괄적 서비스 및 시간의 경과에 따라 변화하는 개인의 욕구에 지속적인 서비스 제공	지속적으로 보호를 받아야 하는 직업군인과 가족 및 병사들은 공간과 시간의 한정성을 갖게 되기 때문에 이동, 복귀 지역 사회복지기관과의 연계로 보호의 연속성 지속
서비스의 통합성	복합적인 욕구를 해결하기 위해 많은 기관과 지역사회의 자원을 통합적으로 활용	군 내의 제한된 자원과 군 지역 복지기관과 의뢰한 군인의 이동지, 복귀 지역의 자원을 통합적으로 연계
서비스의 접근성	서비스 이용자의 적격성, 기준, 규정, 정책, 절차 등 서비스 접근에서 장애물을 극복하고 개인이 필요한 서비스에 접근할 수 있도록 함/인종, 종교, 성적 지향 사회경제적 계급, 장애 등과 상관없이 서비스에 접근할 수 있는 평등한 기회	현역 및 제대군인, 보훈가족, 다문화가정의 자녀, 학교 및 군내 폭력 가해자, 성적 지향, 종교 등 관계없이 서비스 신청을 할 수 있는 기회
사회적 책임	클라이언트의 욕구에 서비스가 적합하고, 적당한 시기에 적절한 방식으로 제공, 중복되지 않도록 관리, 효율성과 효과성 반영, 높은 전문성, 지속적인 개선 필요	최대한 군 조직의 일정과 낙인 방지, 여건을 존중하고 맞춤형 서비스 실시(우선은 사회에 있는 가족들에게 물질적·심리적 지원)
클라이언트 역량강화	클라이언트가 사회복지기관이 도움 없이 스스로 사례관리를 할 수 있는 역량강화가 목표/ 사례관리 초기부터 클라이언트의 강점에 초점을 둠	클라이언트뿐 아니라 군 내외에 있는 가족들까지 스스로의 힘으로 일어설 수 있는 역량강화
평가	사례관리가 클라이언트에게 적절하게 제공되고 있는지, 클라이언트의 변화와 만족, 서비스의 통합, 서비스와 성과의 질에 집중	군의 행정절차와 체계 내에서 클라이언트와 가족들에게 적절히 제공되었는지 만족도와 서비스 통합

앞으로 군에서의 사례관리가 좀 더 발전적인 방향으로 성장하기 위해서는 국방부와 보건복지부의 공동 협력이 필요하며 이런 협력이 아직 이루어지기 어렵다면 각 군 조직의 힘의 흐름과 행정 절차, 병사 관리에 대한 흐름을 잘 파악하고 대처해야 한다. 통합사례관리팀이나 솔루션 체계 등의 사례관리팀을 넘어서 군과 민간의 협력이 이뤄져야 하는 팀을 만들어 운영해 나가야 하고, 그런 과정에서 사례관리 대상자에 대한 정보 공유 시스템을 함께 만들어 나가야 할 것이

다. 결국 군 조직에서 사례관리를 하기 위해서는 군 조직의 특수성과 행정 시스템을 잘 알아야 하고 사회복지실천에 대한 활용은 2차 현장이라는 점을 잊어서는 안 될 것이다. 사회복지실천의 마인드를 시간을 두고 군 조직과 다른 영역의 전문가들에게 인식시켜야 할 것이며, 사례관리 전 과정과 프로그램은 정확한 평가가 이뤄지도록 질적/양적 평가에 대한 계획을 미리 고민해 놓고 군 조직에 근거를 가진 정당한 요구와 설명을 포함한 보고가 이루어질 수 있도록 해야 한다.

2) 군에서의 사례관리 과제

(1) 통합적 지원체계 구축

군 조직에서는 사례관리에 대한 개념과 기능에 대한 이해가 사회복지 영역보다 낮다. 사회복지학을 접하지 않은 간부급 군인들은 사례관리에 대한 필요성을 알 수 없을 뿐 아니라 계급체계의 상명하복에 따른 책임과 역할로 인해 정확한 성과와 평가를 우선하기 때문에 사회에서의 일반적인 사례관리 체계와는 다른 학, 군, 지역사회 전문기관의 네트워크 구축 방안이 필요하다. 학계와 지역사회 전문기관의 연계 노력으로 군 조직에서 행정, 실무 등의 힘을 가지고 있는 간부들의 인식 개선에 노력해야 한다. 그러기 위해서는 학, 군, 지역사회 전문기관이 서로 윈-윈 할 수 있는 방안을 마련(지역사회 공헌 및 특강 및 학술 행사)하고 자연스럽게 사례관리 및 프로그램 등의 필요성 인지시킨다. 그리고 군과 함께 통합 사례관리 체계나 솔루션 체계를 만들어 나가야 한다(예산과 각 군 조직의 상황에 따라 둘 중 하나의 체계를 우선적으로 취하고 차후 두 가지 체계를 구분하여 지원을 받을 수 있도록 하는 방안). 지금까지는 군 조직 담당자들의 자체 기준에 따라 선정되어 기관으로 의뢰되는 과정으로 사례관리가 진행되었으나 앞으로는 도움을 줄 수 있는 복지관과 센터에서 함께 참여할 수 있는 방안을 마련해야 한다. 그리고 군 조직 인력인 사제안전장교, 병영생활전문상담관과 함께 기관의 담당 복지사가 팀을 이뤄 주기적으로 모임을 갖고 병사 선정과 사례회의를 진행할 수 있는 방안이 마련되어야 한다.

① 복지관 내에서 사례관리팀 구성-확실한 활동 내역과 역할 분담 보여주기

사례관리 팀장 및 사례관리자, 기타 사례관리에 필요한 전문가(선택 사항)를 구성하여 사례관리의 전 과정 총괄, 사례관리 연관 부서와 협력 개발, 기관 내부 자원 조직화, 외부 컨소시엄 복지관이나 기관들과 연계, 슈퍼비전 체계 구축, 통합사례관리팀 운영, 지역사회 자원 조직화를 위한 협력 활동을 하고 이 내용을 군에서 충분히 인지할 수 있도록 한다.

② 통합사례관리체계

통합사례관리체계는 다른 서비스 조직과 연관되어 있는 클라이언트를 대상으로 지역사회와 함께 공동사례관리를 실천해 나가는 운영체계를 의미한다. 복지관의 사례관리팀과 지역사회 서비스 제공기관의 실무자, 전문 슈퍼바이저, 군 조직의 실무자 및 지원 가능한 힘을 가진 간부, 사례관리 클라이언트의 욕구와 선호 충족에 도움이 되는 조직이나 인력 등을 선별하여 구성하도록 하고 전문적 실천을 위한 자문과 사례에 대한 정보 공유, 임상적·행정적 협의 및 의결, 자원 공유, 컨소시엄 기관들의 종합적 대상 선별을 위한 회의 등의 역할을 하도록 한다.

③ 솔루션 체계

심리사회적 문제뿐 아니라 폭력, 알코올, 의료 및 정신과적 문제 등으로 매우 복합적인 문제를 표출하거나 만성적 문제 상황에 빠져 군에서 다시 사회로 계속 문제가 이어질 수 있는 경우, 군 조직에 큰 문제를 일으킬 수 있는 경우 관련 분야 교수, 현장 전문가, 의사, 사례관리 전문가, 상담 관련 전문가, 변호사, 지자체 의원, 지역복지 대표협의체 위원 등 전문가들의 지원을 받을 수 있는 체계를 만들어 사단장 및 실무를 맡고 있는 간부를 포함시키고 유기적인 관계를 만들 수 있도록 한다.

(2) 군 사례관리의 대상자 판정 기준

군 사례관리에서는 병사 개인의 개입보다는 가족에 대한 사례관리가 주를 이루기 때문에 선정된 병사의 가족에 대한 아웃리치를 중요하게 생각해야 한다.

표 12-6 | 사례관리 대상자 수준판정 기준 및 예시

관리 수준	사례관리 수준 판정 기준 및 예시
현재	• 가정의 내·외부, 인·물적 자원이 부족하여 생활의 어려움을 겪고 있는 저소득 가정의 병사 • 한부모가정, 조손가정, 위탁가정, 형제자매가정, 별거가정 등 가족구성원의 역할이 취약하여 가족관계적 측면에서 개입이 필요한 가정의 병사 • 개인의 심리·정서적 측면의 문제로 인해 복무생활에 어려움을 겪고 있는 병사 • 기타 생계·의료·교육·거주 등의 욕구가 표출되는 가정의 병사
추후 검토 사안 예시	• 병사, 가족 혹은 의뢰자의 판단으로 긴급개입이 요청된 경우 • 병사 가족의 의식주 관련 긴급 상황이 발생한 경우 • 폭력 사건(군 조직 내 폭력, 가족폭력, 성폭력, 자살 등)이 일어난 직후 또는 발생 위험성이 높다고 판단된 경우 • 병사 혹은 가족원이 가족폭력 사건에 연루되어 있거나 학대 가능성이 있으나 현 상황에서 가족원의 안전계획 문제 해결을 위해 관련 기관의 충분한 협력을 얻을 수 없는 경우 • 병사나 가족을 위한 긴급개입이 요청되나 가족 등 자연적 지지체계가 적절히 대응하지 못하는 경우 • 갑작스러운 사고(가족원의 사망 등)로 인해 경제적 및 사회적으로 위기에 직면한 경우 • 부채 관련 문제가 가족의 생계비에 직접적인 영향을 끼치고 있으나 적절한 관리를 위한 전문적·법적 체계와 연결되어 있지 않은 경우 • 병사 혹은 가족이 심각한 의료적 문제, 물질중독 문제(알코올이나 마약중독 등), 행태중독 문제(오락, 게임, 도박중독 등), 정신질환 문제(정신분열병, 우울증 등 자해 및 타해의 위험성이 있어 의료적 치료가 필요한 경우)가 있으나 치료를 위한 적절한 지원체계와 연결되어 있지 못한 경우 • 위의 상황으로 인해 법적·의료적·경제적 지원이 긴급히 요청되는 경우 • 병사나 가족원이 법적 체계(보호관찰 대상자, 수감자 등)와 직접 연결되어 있는 경우 • 긴급 사례관리 병사로서 긴급개입 이후 위기 상황이 종료되었으나 일정 기간 집중적 개입이 요청되는 경우 • 긴급 및 집중 사례관리 수준에 해당되지 않는 병사로서 장기적인 사례관리가 필요한 경우

자료 : 권진숙 외(2012) 재구성

<표 12-6>에서는 사례관리 대상자 수준 판정 기준을 군 조직 상황에 맞춰 정리했다.

(3) 종결 기준에 대한 고려

가족이 문제 생황에 대처할 수 있는지의 여부와 사례계획 시 세웠던 목표의 달성, 기본적인 욕구 충족, 서비스 연계 및 시행 여부 등이 포함되며, 사례 종료 이후 사례관리자 대신 활용될 지원체계와 옹호자의 여부, 그리고 현재의 위험이 감소되거나 제거되었는지 여부와 미래의 위기에 대한 관리계획 수립 여부 등이 사례 종료의 기준으로 제시될 수 있다. 군에서의 사례관리에서는 이에 더하여 군복무 기간이 끝나게 되면 군 조직 내에서는 자연스럽게 종결되며 지속적인 관리가 필요한 경우에는 지역사회 및 민간 사회복지서비스 연계로 계속 이어질 수 있을 것이다. 종결은 클라이언트나 사례관리자에 의해, 외부요인에 의한 이유로 이루어지게 되는데, 사전에 기간을 정하는 것이 좋고, 군의 제한된 기간 안에 한정을 둘 것인지, 사후 관리로 지역사회 연계를 계속해야 할 것인지 논의를 거쳐야 한다. 다른 사회복지실천 현장보다 군 조직은 평가와 사후관리에 대한 부분에 더 신경을 써야 한다. 다른 2차 현장도 마찬가지겠지만 정부와 공공기관이 관련된 현장에서는 정확한 평가가 이루어져야 하며, 이를 위해 철저한 계획을 가지고 필요한 프로그램과 사례관리를 진행해야 할 것이다. 사후관리는 군 조직 내 병사가 복무 중일 수도 있고 전역하고 난 뒷일 수도 있기 때문에 이러한 병사들의 개인적인 상황과 시간에 대해 미리 잘 알아야 하고 병사와 가족이 거주하는 지역사회 연계를 잘 준비해야 한다. <표 12-7>에서는 일반적인 사례 종료 기준에 맞춰 군 조직 내에서의 사례 종료 기준을 재구성해 보았다.

표 12-7 | 사례 종료 기준

구분	사례 종료 기준
1	병사 및 가족이 문제에 대처할 수 있는가(정서적, 경제적)?
2	사례계획의 목표 달성 여부
3	기본적인 욕구 충족 여부
4	사례 종결 후 활용될 다른 지원체계 발굴 여부
5	다른 기관으로부터 필요한 서비스가 연계되어 시행되는지 여부
6	위험 수준이 감소하거나 제거되었는지 여부
7	스스로 문제 해결 능력을 가지게 되었는지 여부

자료 : 권진숙 외(2012) 재구성

(4) 군 사례관리의 모든 과정에서 활용할 수 있는 자조집단

사회복지실천 현장에서는 자조집단의 중요성을 잘 알고 있다. 그래서 사례관리자(사회복지사)들은 거의 모든 프로그램의 마지막 결과로서 자조집단이 구성되어 진행되는 것을 계획하고 이를 실행하고자 노력한다. 그러나 자조집단이 구성되어 운영되는 것은 쉽지 않다. 특히 군 조직 안에서 자조집단을 만들고 운영하기란 더 어려울 수밖에 없다. 하지만 앞으로 통합적 사례관리팀이 제대로 운영되고 국방부나 각 군 본부의 정책과 서비스의 협조와 간부들의 협조가 있다면 불가능한 일은 아니다. 앞에서 살펴본 강점 관점과 해결중심모델을 활용하고 임파워먼트 모델을 활용하여 자율적인 자조집단 구성을 최종 목표로 하되(병사와 가족) 이런 자율적인 자조집단이 당장 어렵다면 병사들의 군복무 기간 동안 사회복지사(사례관리자)의 프로그램 과정이나 일부 강제성을 가진 집단 활동으로 시작하여 정착시킬 수 있다. 자조집단은 말 그대로 클라이언트들 스스로가 스스로를 돕는 집단이기 때문에 자조집단을 구성할 때는 “클라이언트가 원해서 시작되었는가?”라는 자발성을 생각해서 계획하도록 한다. <표 12-8>에서는 군 사회복지실천에서 주로 활용할 수 있는 역량 강화와 자조집단 활용의 접근 방법으로 강점 관점과 임파워먼트 접근, 옹호로 나누어 적용시켜 보았다.

표 12-8 | 역량 강화와 자조집단 활용의 접근 방법

영역	강점 관점	임파워먼트 접근	옹호
초기	군인과 가족에 대한 존중 및 관심사에 초점/이해와 공감, 협력관계, 인정과 칭찬	강점 파악, 이해와 공감, 협력관계	군인과 가족에 대한 상황 알아보기
사정	욕구와 원하는 바를 인지, 강점(문제 대처 능력, 재능, 관심, 비전, 지지, 자긍심, 레질리언스)과 자원 사정, 강점 사정 질문과 강점 확대를 위한 개입계획	군인과 가족의 강점과 능력 사정/지역사회 자원/가치, 신념, 태도, 행동력 사정	군인과 가족의 개인적 문제와 사회, 군 내 행정적인 문제 사정/격려 및 정보 제공
개입	동의와 참여 강화, 비공식적 지지망 구축, 비공식적 자원 우선 활용, 클라이언트 역량 강화	강점을 확대, 자원 활용으로 공식·비공식적 보호 강화, 클라이언트의 선택권 보장, 스스로 자원을 활용할 수 있는 능력 강화 및 교육, 기술, 자조집단, 자원 확보	행정적·기술적 지원, 적절한 서비스를 지원받지 못하거나 부당한 처우를 받을 때 토의, 설득, 촉구, 방안 마련
점검	클라이언트 중심 점검 강화, 연계기관과 점검 및 정기적 회합 추진	내적·외적 힘 변화, 개인 내적 역량과 대인관계 역량, 정치적·지역사회 행동	자조집단의 의견 수렴 전달 / 설득
종결 및 평가	스스로 자원을 활용할 수 있는 능력 개발 유지, 성과가 나타난 요인 인식 확인과 공유, 협력이 필요하다면 다시 힘을 갖도록 지지	순환적	부당한 부분에 대한 법, 행정 영역 해결

(5) 외부 자원의 활용 : 타 영역 및 기관 전문가와 일하기

사례관리자는 타 전문가와 일하게 되는 경우가 많다. 특히 군 조직 내에는 타 전문가(군, 상담, 상담심리, 교육, 정신과의사 및 간호사 포함 의료 영역 전문가 등)와의 사이에서 클라이언트에 대한 생각이나 프로그램 지원 기준 등에 대한 것들이 나와 다를 경우가 종종 발생한다. 어떠한 경우에든지 상대방 역시 자신의 일에 최선을 다하려고 하고 있음을 지지하고 협력과 조력자의 관계가 유지될 수

있도록 역할 분담과 함께 사회복지사(사례관리자)의 역할과 마인드를 제대로 이해시킬 수 있도록 시간을 두고 노력해야 한다. 이러한 과정에서 주의할 점은 다른 영역 전문가의 입장과 역할, 마인드 또한 함께 이해해 주어야 하고, 갈등을 현명하게 해결할 수 있도록 군 조직 안의 권력과 힘의 역학관계, 행정 시스템에 대해 잘 알아두어야 하며, 전문가로서의 지식과 경험, 자부심을 갖는 노력을 게을리 하지 않아야 한다는 점이다.

국가는 국가의 존립을 위해 국방의 의무를 다하는 청년들의 복지 욕구를 제한된 범위 내에서 수용할 수 있어야 하고 직업군인과 그 가족, 보훈가족의 직업적 의무를 넘어선 희생에 대해 진정한 포용성을 가져야 한다. 이러한 국가 수호를 위한 순수한 가치를 구현할 구체적인 방법으로 사회복지실천의 활용을 주장했다. 그 중에서도 사례관리는 군과 사회복지의 윈-윈을 위한 가장 기초적인 협력 방안이며 지역사회와의 연계가 활용될 수 있다는 점에서 큰 의의를 둔다. 사회복지기관에서 지속적인 군 협력 프로젝트와 시범 사업을 계속할 수 있도록 모두 관심을 가지고 지원해 주어야 한다. 군 사례관리의 지속적인 발전을 위한 바람과 제언은 다음과 같다.

첫째, 병사들과 그 가족뿐 아니라 광범위하고 다양한 군 조직 내 사례관리가 필요한 군병원과 군인가족, 보훈가족에 대한 지원이 이루어질 수 있도록 대상자 영역을 넓혀 나가야 한다. 군 조직의 각기 다른 담당 부서에서 비슷한 개념으로 일시적 또는 행정적 절차로 행해지고 있는 서비스를 사회복지실천 영역에 통합시킬 필요가 있다. 이 과정에서 일반적인 개입으로 해결되는 것이 아닌 사례관리가 꼭 필요한 클라이언트 선정과 욕구조사가 뒷받침되어야 할 것이다.

둘째, 실천 현장의 안정화와 군 조직 현장에 맞는 사례관리의 접근 방안과 모델 연구가 필요하다. 사회복지실천의 2차 현장인 교정복지, 학교복지, 의료복지, 산업복지와 기본적인 틀은 같을 수 있지만 '군 조직'은 위에서 언급한 바와 같이 많은 구성원들이 죽고 사는 '생존'의 극단적인 상황을 배제할 수 없다. 군 조직 구성원들은 모두 사회와 연결되어 있지만 군인과 민간인은 철저하게 구분되며, 정치·외교·안보·역사·문화·사회적 이슈 등에 민감한 영향을 받고 또 민감한 영향을 주는 그 어떤 조직보다 특수한 조직적 성격을 지니고 있다. 이러한 성격을 반영한 군 사례관리 체계와 내용, 활용, 접근 방법과 과정, 성과 등은 기록[69]으로 남아야 한다. 이 과정에서 논의되어야 할 점은 '비밀보장'과 '안보'라는 주관적 평가가 가미될 수 있는 상황이다. 어떤 범위 안에서 어떤 방법으로 컨소시엄 기관들과 사례를 함께 나누고 외부 자문을 받으며, 자체 평가와 외부 평가를 어떻게 조율할 것인지 군 조직과 사회복지실천의 구체적이고 문서화된 협의안이 만들어져야 할 것이다.이 부분은 책임 문제로 불미스러운 관계로 번질 수 있기 때문에 정확한 답이 없는 유연한 휴먼서비스 고유의 한계와 역할, 평가와 조언 등에 대한 구체적인 협의가 공식적으로 이뤄져야 할 것이다.

셋째, 통합관리 시스템(국가, 지역사회, 군, 개인)의 구체화 작업이다. 군 조직 내부의 가족 서비스를 지원하는 전담체계, 지역복지시스템 연결하는 협력체계, 민간사례관리와 공공사례관리의 통합적인 연계가 현실화 되어 다른 조직과의 중복을 막고 사례관리자의 위치와 역할을 분명히 해야 한다. 이를 위한 방안으로 군 조직과 계속적인 논의를 해야 하며, 군사회복지실천을 활성화시켜야 한다. 사회복지공동모금회뿐만 아니라 군 복지 기금을 군 가족에게 연결시키고 민간 차원의 비영리 사회단체, 기업의 민간 복지기금 활용 등 민간 자원 동원으로 군과 사회복지의 협력이 군인과 가족들에게 인식되도록 해야 한다.

넷째, 군 조직과 군인, 군가족의 특수성을 이해하고 접근할 수 있는 전문가 양성이 필요하며 한국군사회복지학회의 역할이 강화되어야 한다. 군이라는 특수한 조직이 지니고 있는 다양성에 대해(대상, 문제, 욕구, 제한, 군부대의 성격 등) 어떤 사회복지사를 어떤 직함으로 어떤 문제에 대해 배치시키고, 사례관리는 어떤 전달체계에 넣어 관리할 것인지, 제한된 범위 내에서 자원 동원, 욕구 충족, 네트워크 연계는 어떻게 이루어 나갈 것인지 다양한 분야에서 논의가 이루어져야 한다.

군에서의 사례관리가 사회복지실천 개입과 다른 점은 조정과 점검, 지속적 보호와 관리이며 일반적인 사례관리와 다른 점은 지역사회 네트워크와 군의 행정절차, 민간 행정과 지역 연계가 잘 이루어지도록 지원을 해 주어야 한다는 점이

69) 대외적으로 공개 여부와 공개 가능 범위는 대상자의 안전과 비밀보장을 먼저 보장해 주어야 하며, 국가 안보상 이상이 없는 범위 내에서 이루어져야 할 것이다.

다. "사회복지실천은 예술이다(Tuner, 1996)"라는 말은 어떠한 상황에서 어떤 개인을 만나도 개인의 성격과 환경, 집단, 지역사회, 정치적 힘 등 여러 자원과 기술을 동원하여 스스로의 힘으로 일어설 수 있도록 창의성에 기초한 사회복지사의 역량을 말하는 것이다. 사례관리는 오랜 기간의 보호와 관리가 필요한 클라이언트에서부터 시작되었지만 개인에 대한 맞춤형 서비스라는 사회복지실천의 전통적인 실천 활동으로 활용되어 왔다. 클라이언트의 마지막까지 생존에 필요한 욕구를 지원해 주는 보건, 의료 분야와는 달리 그들이 자신의 정체성을 찾고 자신의 삶을 풍부하게 할 수 있도록 물질적·심리정서적 지원을 하는 것이 사회복지실천에서 사례관리가 가지는 큰 의의가 될 것이다. 군에서의 사례관리는 이러한 사례관리의 기본 틀에 군 조직의 특수성과 제한된 범위와 한계를 적용시키되 군과 지역사회, 공공부문의 사회복지, 군의 전달체계를 연계하는 매개 역할로서 사회복지실천의 진정한 예술성을 보여주는 난난한 첫걸음이 될 것이며 앞으로의 발전 여부는 우리의 관심과 노력에 달려 있다. 후속 연구로는 다양한 임무수행에 따른 군인 및 군인가족에 대한 사례관리 과정과 종결 이후의 연구가 계속 이루어지길 바란다.

Chapter 13

군과 지역사회복지

1 지역사회와 군사회복지

1) 지역사회의 정의

지역사회에 대한 사회복지적 관점에서의 정의는 크게 두 가지로 살펴볼 수 있다. 하나는 지리적 지역사회로, 이는 어떤 단일성 또는 분리성을 지적하는 물리적·지리적·지방적 경계선으로 형성된 지역집단으로 간주하는 것이다. 다른 하나는 기능적 지역사회로, 사회적·문화적 동일성, 합의 등 공통된 이해와 관심으로 형성된 집단으로 교회, 회사, 조합, 정당 등과 같은 이익집단을 말한다. 이는 지역사회의 개념 진화뿐만 아니라 규모와 사회적 관계에 관한 논쟁을 이해하는 데 유용하다(박태영, 2008 : 13-15). 따라서 현대적 맥락에서는 지역사회 역할의 심리적인 측면에 강조를 두고 있다고 볼 수 있다. 사회·심리학적 관점에서의 지역사회는 사회적 상호작용의 측면에만 국한된 것이 아니라 생활면에서의 심리학적인 요소가 내재된 것으로 보고 있다.

2) 지역사회의 기능

Warren(1978)은 지역사회의 기능을 생산·분배·소비, 사회화, 사회통제, 사회참여, 상부상조 등의 다섯 가지로 제시하였으며, Pantoja와 Perry(1992)는 방어와 의사소통의 기능을 추가하여 지역사회를 <그림 13-1>과 같이 설명하고 있다.

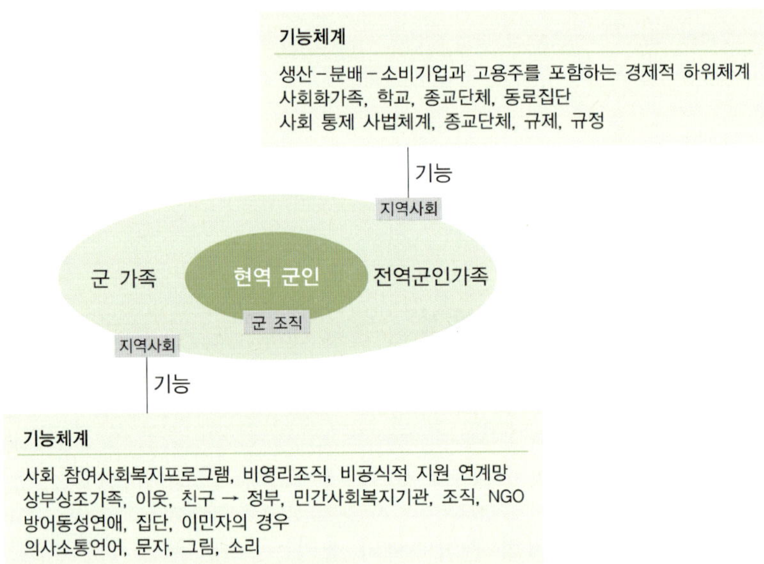

* 출처 : 박태영(2008). 재구성

그림 13-1 | 지역사회의 기능

3) 지역사회와 군사회복지

일반적으로 군은 지방자치단체나 지역주민의 입장에서는 지역사회라는 공간에 속해 있기는 하나, 일반인들이 접근하기 힘든 군계 닫힌 성이나 외롭게 떨어져 있는 섬으로 여겨지고 있다. 군이라는 특수한 상황에 따라 지역사회에 개방되지 못하는 어려움도 있으나 지나치게 폐쇄적인 부분이 없지도 않다.

군부대가 위치한 해당 자치단체 및 지역사회에서 이들 군인들에 대한 사회복지 개입은 실제로 매우 중요하다. 군이 가지고 있는 강점과 기회를 활용할 수 있는 사회복지단체나 기관의 역할 모색과 아울러 지역사회와 다양한 주체들이 군과 교류할 수 있는 연계협력 프로그램이 필요하다. 군인의 가족이 지역사회에 대한 개념에 관한 연구(김현주, 1994; 서혜석, 2007a, 2007c, 2011)에서 남편 근무지의 잦은 이동과 격·오지 근무는 군인가족에게 바람직한 부부관계의 유형이 급격히 변화하게 되고, 가족생활에 갈등 요소가 많아져서 심각해지고 어렵게 만든다고 하였다. 이동이 잦은 이유로 경제적인 어려움도 함께 겪으며 부인은 소외감, 자녀들은 정서적·사회적 발달장애를 경험한다.

따라서 군부대가 위치한 해당 자치단체도 지역사회 주민으로서 군인 및 그 가족들을 포함하여 사회복지 접근이 필요하며, 이들의 복지가 일반 지역사회주민들의 복지와 함께 이루어질 수 있도록 해야 한다.

지역사회자원을 발굴하고 군에 필요한 대상과 자원을 연결시켜 주고 적절한 서비스를 제공해야 하는 새로운 서비스를 지역사회 내에서 개발하여야 한다.

지역사회복지를 위한 지역사회실천이란 사회복지에 의한 전문적 개입을 의미한다. 지역사회조직 방법론의 현대적 개념으로서 지역사회조직화, 지역계획, 사회행동, 지역개발 등의 개입 모델들을 모두 포괄하는 것이다. 지역사회실천의 활동내용은 사회복지서비스의 개선을 위한 활동과 관련된 것, 지역사회구성원의 참여를 유도하고 자원을 동원해 내는 활동과 관련된 것, 지역사회구성원을 조직화·대변하고 사회행동을 기획하고 실행하는 활동과 관련된 것으로 범주화해 볼 수 있다. 이러한 지역사회실천을 하기 위해서 가장 중요한 것은 지역사회에 관한 정확한 이해이다. 이를 위해 지역사회와 지역사회욕구 및 문제에 대한 이해가 선행되어야 한다.

2 지역사회복지 실천방법

1) 연계망 구축 및 활용

(1) 연계망의 정의

前田信雄(1990)은 지역사회복지추진에 있어 구체적이고 복합적인 보건·의료·복지서비스의 통합을 전제로 연락·연계·통합의 단계를 설정하고 연계는 연락과정을 통해 통합단계로 나가는 교량적인 단계로 보고 있다. 이것을 도식화하면 <그림 13-2>와 같다.

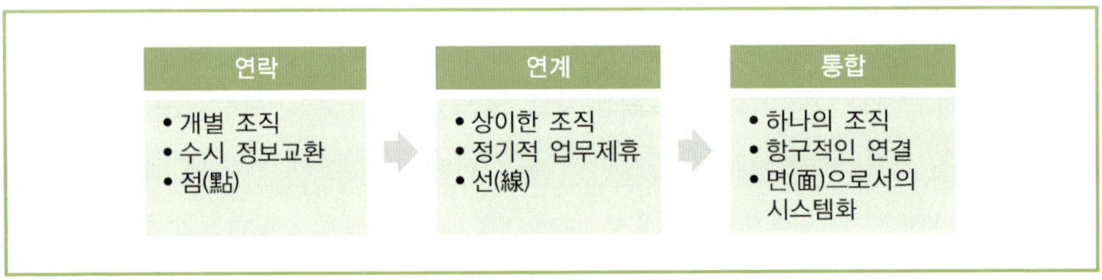

그림 13-2 | 前田信雄의 연계의 위치와 의미

연락단계에서는 개별조직 간의 정보교환과 함께 정보를 공유하고 있지만, 이것은 어디까지나 필요에 의해 서비스기관 종사자 간에 이루어지는 임시적인 관계이다. 그러므로 연락은 각종 서비스가 정지되고 발전되면서 자연발생적으로 이루어지는 것으로 보고 있다.

연계단계에서는 목적의식화하고 정기적인 모임이나 회의를 하는, 즉 클라이언트에게 서비스를 제공하기 위한 관련분야의 전문가와 함께 서비스 원조 계획을 세우고 팀워크를 구성해 실천해 나간다. 이는 클라이언트에게 상시적인 원조가 가능해지므로 하나의 선으로 발전하는 것을 의미한다.

통합은 연계를 통하여 지역사회 내의 모든 자원을 연결하고 조직해서 지금까지 선으로 분리되어 있던 활동과 조직이 일원화되는 단계를 의미한다.

(2) 연계망의 유형

연계망은 조직의 서비스 수행과 개인의 욕구해결에 있어서 필수요소가 되고 있다. 최옥채(2003)의 연구에서는 활용목적에 따른 연계망의 유형을 <표 13-1>과 같이 사회복지사 자조형, 클라이언트 원조형, 참여성원 공조형, 참여성원 연대형으로 구분하여 설명하였다.

표 13-1 I 활용목적에 따른 연계망의 유형

유형 / 사항	사회복지사 자조형	클라이언트 원조형	참여성원 공조형	참여성원 연대형
목적	사회복지사의 역량 강화	클라이언트의 욕구/문제해결	사회복지실천을 위한 공조 행정 체계 확대	사회복지제도 변화/시민의 성숙화
성원관계	사회복지사 중심	클라이언트	전체 성원의 다사 교류	성원 간 간접교류
참여성원	개인	개인, 기관	기관	개인, 기관, 단체
규모	10개 성원 이내	10개 성원 이내	10개 성원 이내 지방정부단위	지방정부 단위 전국 규모
참여요인	사회복지사에 대한 신뢰	봉사정신	각 기관의 욕구	사회정의감
활동영역	사회복지사의 비공식조직 구축	사례관리 지역사회실천	공동 프로그램 자활지원	사회복지운동

지역사회 연계망은 사회적 욕구, 문제, 상황의 다변성에 능동적으로 대응하는 연대적·공동체적 활동으로 볼 수 있다. 따라서 지역사회 연결망은 사회구조적 문제의 인식에 근거한 전략적 접근과 개개인과 지역사회의 욕구에 기반을 둔 전술적 접근이 함께 요구된다.

또한 최옥채(2003)는 연계망 만들기와 활용과정을 <표 13-2>와 같이 설명하고 있다.

표 13-2 | 연계망 만들기와 활용과정

사항 과정	과업	전략	유형별 특성	
목표설정	사회복지사 상황 파악 연계망 필요성 확인	사회복지사의 역량에 맞게	I	사회복지사 형편 중심
			II	클라이언트의 욕구 중점
			III	참여성원의 욕구 중점
			IV	쟁점 중점
성원 찾기	성원의 여건 조사 성원의 욕구 파악	다양한 정보통로 활용 목표와 일치하는 성원	I	분야별 경험·지식·기술
			II	클라이언트와의 근접
			III	프로그램에의 일치
			IV	쟁점에의 합의
설득	활동 내용 전달 활동 관련 협상	성원과 연계망의 생성 참여욕구·의지 강한 성원부터	I	비공식 접촉
			II	개별 접촉
			III	기관장의 협력
			IV	관련 조직망의 활용
연계	연계 고리 찾기 연계 고리 결합 점점 넓히기	성원의 욕구·성향 중시 성원의 과욕구 지양 갈등점 최소화	I	사회복지사의 신뢰요인
			II	클라이언트 원조능력
			III	프로그램의 필요성
			IV	쟁점별 관심과 사회적 힘
유지	참여성원 교육 참여성원 보상 결원 보충	성원 간 교류와 친목 성원 간 합의를 통한 결원 보충	I	비공식적 모임
			II	활동 내용 토의 모임
			III	프로그램 관련 내용 토의
			IV	고정 통신망 활용
활용	연계망 점검 연계망 작동	성원의 자발적 운용	I	사회복지사가 주도
			II	사회복지사가 주도
			III	대표기관이 주도
			IV	공동대표가 주도
평가	평가 유지 혹은 해산 성원에게 결과보고	성원을 위한 격려	I	사회복지사의 활동
			II	클라이언트의 변화
			III	참여성원 간 협력 내용
			IV	전체 과정과 결과

* I : 사회복지사 자조형, II : 클라이언트 원조형, III : 참여성원 공조형, IV : 참여성원 연대형

군사회복지에서 연계망은 협력체계 구축을 위한 내부지원 연계망과 지역사회와의 협력과 교류, 자원연결을 위한 지역사회 연계망으로 구성된다고 할 수 있다. 군사회복지사는 부대장병, 복지관련 전문가, 그리고 필요하다면 가족과 부모들에게 대상 장병문제의 원인과 이의 예방을 위한 방안을 함께 토의하고 교육을 시켜서 문제의 예방과 해결에 도움을 준다. 또한 부대와 지역사회의 관계를 증진시키는 연계자로서 관련 참모와 협조하여 군대가 지역사회에 기대하는 내용과 부대의 주둔 목적을 주민에게 홍보하거나 반대로 지역사회의 요구를 부대에 전달하는 직무를 수행해야 한다. 예를 들어, 부대훈련과 임무수행 간 주민의 불편을 최소화하기 위한 주민 홍보 및 간담회 등을 열거나 수해 등의 재난·재해에 적극적으로 동참하고, 부대의 편의시설을 개방하도록 협력할 수 있다. 또한 지역사회의 문화 행정 시설과 전문가들을 협조하여 민주시민으로서의 역할을 담당하는 교육과 행사를 실시함으로써 부대가 지역사회와 유기적인 교류를 할 수 있도록 연계자의 역할을 수행해야 할 것이다. 군병원에서 근무하는 의료사회복지사와 정신의료사회복지는 정신적 질환과 육체적 질병으로 구분하여 의료진과 협력하여 약물치료와 병행하여 환자의 특성을 고려한 외부의 미술치료 등 특수치료 전문가를 투입하여 환자가 회복 후 부대에 복귀하여 정상적인 임무를 수행할 수 있도록 하는 역할을 담당해야 할 것이다. 따라서 군사회복지서비스는 전문적인 임상사회복지사의 역할, 장병을 포함한 가족에 대한 상담, 부대-가정-지역사회의 연계자, 지역사회의 자원 활용, 의료 및 정신보건사회복지, 병영문화의 개선을 위해 부대의 특성과 지휘방향에 초점을 맞추고 부대의 발전에 기여할 수 있도록 해야 할 것이다.

2) 지역사회 연계 통합서비스

(1) 기본 개념

지역사회 기관과 군대와 군에 관련된 가족에게 군대 내 또는 군대 근처에서 다양한 사회복지서비스를 통합적으로 제공하고자 공조하는 혁신적인 서비스 전달체계라고 정의할 수 있다. 이러한 서비스는 현대사회에서 나타나는 다양한 경제적·사회적·심리적 문제들 때문에 많은 장병들이 군대생활에서 부적응할 수 있는 위험에 처해 있고(서혜석, 2006b, 2010, 2011, 서혜석·김정은, 2010), 기존의 서비스는 전달체계가 제대로 되어 있지 않을 뿐만 아니라 접근하기도 어렵다. 또한 복잡하기 때문에 군과 군의 가족에게 제공되는 서비스가 불충분하다는 인식하에 발전되어 왔다. 군과의 통합서비스는 군과 그 가족이 갖는 복잡하고도 다양한 문제들을 효과적으로 해결하고, 이들의 욕구를 충족시키며, 서비스의 단편성과 중복성을 최소화하기 위해서 군 내 또는 군 근처에서 교육, 문화, 복지, 보건, 정신건강, 정서적 서비스, 보육서비스, 고용서비스 등을 모두 포함하는 통합적인 서비스를 제공함으로써 군의 교육뿐 아니라 그 가족의 기능강화도 함께 이루어져야 할 것이다.

(2) 지역사회 자원

지역사회 자원은 사회복지를 구성하는 기초단위이며, 사회복지 원조방법이 개개인의 생활 니드를 충족하기 위하여 니드와 사회자원을 조정하는 것을 주요한 기능으로 존재한다고 할 때 지역사회 자원의 의미는 매우 중요하고 크다고 할 수 있다.

군사회복지에서 지역사회에 대한 개입에 있어서 사회복지에 참여하는 유형은 크게 공공부문과 민간부문이 제공 하는 자원을 이용해 서비스를 전달하는 유형으로 살펴보고자 한다.

① 공공부문

2007년에 1차 중기 지역사회복지계획이 수립·시행되었고, 2011년에 2차 중기 지역사회복지계획 수립을 바탕으로 연차별 시행계획 및 평가가 이뤄지고 있다. 3차 중기 지역사회복지계획 수립을 앞두고 있음에도 불구하고 지방자치단체의 지역사회복지계획서에는 아쉽게도 군사회복지 분야가 대부분 포함되지 못하였다. 일부 내용이 포함된 지자체의 계획에는 상담부분과 지역사회와의 연계내용을 포함하고는 있으나 군사회복지의 근본적인 개념을 포함하지는 못하고 있다. 지방자치단체의 입장에서 군사회복지가 타 분야에 비해 우선순위가 낮거나 군 당국에서 해결해야 한다는 인식 아래 누락되었다고 인식은 되지만, 군이 지방자치단체와 유기적인 연계가 필요한 조직이라는 생각의 부재와 군사회복지에 대한 인식의 필요성이 일반화되지 못한 부분이라고 판단된다.

즉, 지방자치단체별로 지역사회가 가지는 강점(Strength), 약점(Weakness), 기회(Opportunity), 위협(Threat) 요인들에 대한 SWAT분석을 통하여 지역사회복지계획을 수립하였으나 군과 군인들에 대한 구체적인 활용이나 교류의 중요성에 대하여서는 간과하거나 군사회복지 전문가의 부재에 따라 의도적으로 계획에 반영하지 않은 결과라고도 할 수 있다.

재삼 언급하지 않더라도 우리나라가 가지고 있는 지정학적 위치와 남·북간의 대치관계는 군의 전력지수를 유지 및 강화할 수밖에 없다. 또한 재해와 재난 등의 사태발생 시 민·관·군의 완벽한 통합을 구축하기 위한 개선을 위해 노력해야 함은 냉엄한 현실이다.

또한 군은 국방의 의무와 더불어 지역사회와 지역주민들과 연계할 수 있는 다양한 역할의 변화를 요구받고 있다. 그러나 군과 군인들은 지역사회에 있어서 보안상의 문제 등으로 차단되거나 지역사회와 때로는 동화되지 못하여 온 것이 현실이다. 또한 군과 군인들이 지역사회에 주둔하면서도 지역사회와 보이지 않는 벽으로 가로막혀 있다는 사실은 지역주민은 물론 군인들에게 상당히 불행한 일이라 할 수 있다. 군이라는 조직과 공간적인 울타리만 벗어나면 군인들은 지역사회의 구성원으로 활동할 수 있는 가능성을 가지고 있으나, 군의 특수한 문화에 충실하면서 대부분이 군의 울타리를 벗어나지 않으려는 일반적인 직업적인 성향을 지니고 있다.

매년 병영 내에서 복무 부적응으로 인하여 사건과 사고들이 발생하고 있다. 따라서 군에서 안고 있는 문제들이 군이라는 울타리 밖에서 이루어지거나 군 제대 후에 일어난다면 피해는 결국 지역사회와 지역주민들의 몫이 될 것이다. 이러한 상황을 고려할 때 군의 역할 변화와 군인들의 새로운 역할 부여, 지방자치단체, 지역사회 등의 주체들의 공동 노력들이 모색되어야 한다.

따라서 군사회복지가 발전하기 위해서 지방자치단체별로 수립하는 연차별 지역사회복지계획에 군사회복지의 영역이 포함되어야 한다.

1차 및 2차 중기계획 수립이 완료된 시점에서 복지계획에 포함하기에는 다소간 논쟁의 대상이 될 수는 있으나, 자치단체의 특성(예를 들어, 3군 본부가 밀집되어 있는 계룡시 등)을 바탕으로 연차별 계획을 수립하는 과정에서 군사회복지의 실천 분야들이 포함되어야 할 필요가 있다. 현재의 풍부한 전문인력으로 쉽게 접근할 수 있는 상담과 지역사회와의 연계를 통한 자원봉사활동 및 지역사회의 일원으로 동화하고 적응할 수 있는 다양한 프로그램에 군대와 군인들을 참여시키는 방안으로의 연차별 계획 수립이 필요하다. 이를 위해서는 군과 지방자치단체, 지역사회의 세 영역에서의 역할 분담과 연계가 다음과 같이 조화롭게 설정되어야 한다(2007c).

② 민간부문

민간부문의 자원은 물적 자원과 인적 자원이 포함된다. 물적 자원에는 현물 및 현금이 포함되고, 인적 자원은 민간의 자원봉사활동을 말한다.

정기원 외(2000)의 연구에서 민간부문이 물적 자원을 제공하는 유형은 다음의 네 가지로 구분될 수 있다. 첫째, 민간부문이 사회복지를 위한 공익법인을 설립하여 운영하는 경우, 둘째, 이미 설립되어 있는 사회복지 관련 공익법인에 대하여 기부금 등과 같은 형식으로 재원을 제공해 주는 경우, 셋째, 사회복지공동모금 등과 같은 특정의 모금활동에 기부금을 내는 경우, 넷째, 결연사업에 참여해 재정지원을 해 주는 경우이다.

또한 민간비영리부문에서 사회복지서비스의 역할을 크래머(Kramer, 1981)는 다음과 같이 설명하였다. 첫째, 선도자 역할(vanguard role)은 혁신적이고 선험적이며 시범적인 프로그램을 시도하는 것을 말하며, 두 번째로 개선자 역할(improver role)은 공공의 역할에 대한 감시나 비판을 통해 서비스의 설립과 확대, 개선을 도모하는 역할을 말한다. 셋째로, 가치-보호자 역할(value-guardian role)은 시민의 참여, 사회적·종교적·문화적으로 소수인 집단 등의 특별한 이익을 지키고 보호하는 역할이며, 넷째로, 보충 역할(supplement role)은 공공부문에서 제공할 능력이나 의사가 없는 경우 서비스를 보충적으로 제공하는 역할을 말한다.

민간전문가의 역할(박태영, 2003; 고수현 외, 2003)에 있어서 지역사회문제를 구체적으로 조사하여 논리적인 단계에 따라 사회문제를 해결하는 데 목표가 있는 사회계획가로서의 역할이다. 지역 내 지역사회복지서비스 기관들의 연합체들이 지역사회가 안고 있는 여러 가지 문제는 각 사안마다 별도의 전문가와 기관·조직이 역할을 맡아 과업을 수행하여야 한다. 이것은 지역사회 모두가 함께 참여하여 뜻을 모으고 개선하는 과정보다는 소수의 전문가가 중심이 되어 주민이 안고 있는 문제를 정확히 조사하고 그 문제를 해결하도록 임무와 과업을 수행하는 데 중심이 되어야 한다. 또한 사실분석 및 수집가, 분석가, 사업추진가, 촉진자, 기획가의 역할을 주로 수행하게 되며, 변화매개체로는 자료의 수집과 분석, 공식조직의 조종 등이 활용되어야 한다.

군사회복지 측면에서 최근 인권문제나 동성애문제, 병사들의 사고 및 질환으로 인한 가족의 문제 등은 민간부문에서 개입하여 다양한 역할을 통해 긍정적인 결과를 제공할 수 있다.

(3) 사회복지실천에서의 적용

① 실천에서의 단계

군사회복지를 바르게 정착시키고 발전시키기 위해서는 신분별로 대상에 따른 기본적인 욕구를 잘 식별하고 분석한 후 조직의 특수한 환경을 고려하여 그에 적합한 맞춤식 사회복지 프로그램 개발하고 내실 있는 실천이 필요하다고 할 수 있다.

군대 조직을 구성하고 있는 사회복지서비스의 대상을 자세히 살펴보면 군인과 군인가족으로 크게 나뉘고, 군인은 다시 장교와 부사관 및 군무원을 포함하는 간부와 의무복무를 하는 사병이 있으며, 제대군인까지 군사회복지의 대상에 포함할 수 있을 것이다. 여기에서는 그 대상을 간부 및 군인가족, 사병과 전역 예정 간부로 기본 형태를 구분하여 군사회복지사가 중심이 된 군 내부 및 지역사회를 포함한 외부 전문가들과의 연계를 통한 군사회복지 프로그램을 개발하고 적용해 나가야 할 것이다. 군 내부 사회복지 프로그램과 더불어 군 외부 사회복지 및 교육 연계프로그램을 정리해 보면 <그림 13-3>과 같다.

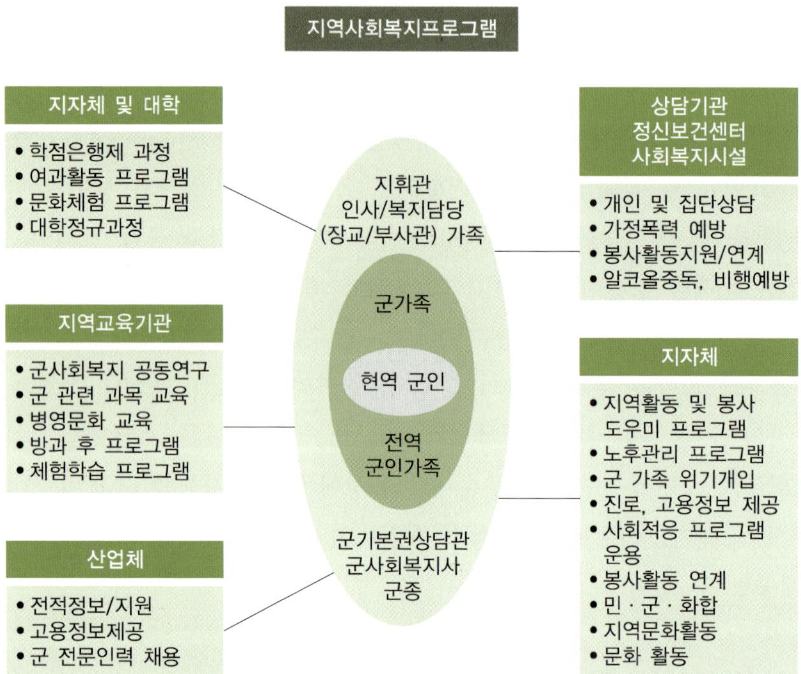

* 출처 : 서혜석 · 유홍위(2008). 재구성

그림 13-3 | 지역사회와 연계 프로그램

② 지역사회수준의 개입

지역사회 통합서비스에서는 다양한 지역사회기관과 공식적인 공조관계를 형성하는데, 이때 군사회복지사는 중심적 역할을 담당해야 한다. 군에 유입되는 지역사회의 서비스들이 군 체계에 대한 이해가 부족한 전문가들에 의해 운영되다 보면 사회적 서비스와 군의 교육이 통합적이지 못할 수 있다. 따라서 군사회복지사는 복지서비스와 교육이 적절하게 연계될 수 있도록 서비스 내용을 조정해야 한다. 또한 외부기관이 군에 들어와서 서비스를 제공하는 전문가와 군에 관련된 간부 간에 원활한 의사소통과 협조체계가 이루어질 수 있도록 하여야 한다.

사회복지실천에서의 지역사회복지를 포괄적으로 정의하면 전문 혹은 비전문인력이 지역사회 수준에 개입하여 지역사회에 존재하는 각종 제도에 영향을 주고 지역사회의 문제를 예방하고 해결하고자 하는 일체의 사회적 노력을 의미한다. 따라서 지역사회복지는 개인복지나 가정복지보다 넓은 차원의 개념이며 아동복지, 청소년복지, 노인복지라는 대상층 중심의 복지활동보다 지역성이 뚜렷하다는 점에서 그 차이를 발견할 수 있다(박태영, 2008 : 최일섭 외, 1997 : 35)

여기서는 지역사회수준에서의 개입방법을 사회적 지지체계의 개발, 서비스 조정, 프로그램 개발, 클라이언트 집단을 위한 옹호활동 등으로 나누어 살펴보았다.

가. 사회적 지지체계의 개발

사회적 지지가 부족한 상황에서 많은 신체·심리·사회적 문제가 발생하므로 군사회복지사는 클라이언트가 가지고 있는 기존의 사회적 지지체계를 활성화시키거나 적절한 지지체계가 없다면 새로운 지지체계를 개발해 주는 것이 필요하다.

헵워스와 라슨(Hepworth & Larsen, 1986)은 사회적 지지체계를 개발하는 방법을 다음과 같이 소개하고 있다. 첫째, 자연적 지지체계의 활성화이다. 산업화, 도시화, 핵가족화로 인해 줄어들고 있는 클라이언트의 자연적 지지체계를 의도적 개입으로 활성화하는 것이다. 둘째, 공식적 지지체계의 활용화이다. 공식적 지지체계의 활용은 클라이언트의 욕구에 환경이 반응할 수 있도록 기존의 다양한 사회복지기관 및 프로그램을 활용하는 것으로, 예를 들어 지역 내 주민의 레크리에이션, 교육, 사교를 위해 YWCA, YMCA를 활용하거나 재난 시 음식과 의료서비스를 제공하기 위해 적십자를 활용하는 것이다. 그 외에 강간, 자살 등의 위기에 대응하는 능력을 강화시키기 위해 자살예방센터, 강간위기센터 등을 활용할 수 있다.

미국의 육군기지 내 지역사회복지기관의 전문사회복지사는 군인과 그 가족을 지원할 수 있는 지역사회의 다양한 서비스를 개발하고, 그들이 지역사회에 잘 적응할 수 있도록 돕는 활동을 한다. 한편, 그들은 지역사회 내에서 해결할 수 없는 문제에 대해서는 상부조직에 보고하여 이러한 문제에 대하여 정책제안, 재정자문, 프로그램 자문 등의 역할을 수행하게 된다. 셋째, 자원봉사자의 활용이다. 클라이언트의 욕구를 만족시키기 위해 사회복지사가 활용하는 지지체계의 한 형태이다. 자원봉사자란 자신의 친족이 아닌 사람들을 위하여 자발적으로 무보수로 서비스하는 사람으로서, 비공식적으로 이웃을 돕는 것보다 어떤 공식조직을 통해서 서비스하는 사람이라고 정의할 수 있다(Darvil & Munday, 1984).

나. 서비스 조정

여러 가지 문제를 가진 클라이언트에게 복합적인 서비스가 주어질 때 조정이 필요하다. 마치 관현악단을 지휘하는 것처럼 공동의 목적을 달성하기 위해 흩어져 있는 서비스들이 적절한 시기에 적절한 방법으로 클라이언트를 도울 수 있도록 조정하는 것을 의미한다.

존슨(Johnson, 1989)은 조정의 형태를 다음과 같이 세 가지로 보았다. 첫째, 서비스 연결이다. 복합서비스를 제공하는 한 기관의 여러 전문가들이 특정한 클라이언트에게 관심을 가지고 서로 연결하는 것이다. 둘째는 의뢰이다. 의뢰체계를 통해서 서로 다른 기관의 전문가들이 연결되어 서비스를 제공하는 형태의 조정이 있는데, 이것은 단순한 의뢰와는 다르다. 의뢰가 다른 기관이나 전문가에 대한 정보를 제공하고 서비스를 받을 수 있도록 연결해 주는 것이라면 조정은 그러한 의뢰를 넘어서 의뢰한 서비스가 제대로 전달되고 있는지, 그리고 그 결과가 어떤지를 평가하는 것까지 모두 포함한다. 셋째, 사례관리이다. 조정의 마지막 형태는 사례관리이다. 이것은 사회복지사가 클라이언트의 문제와 욕구를 평가하여 필요로 하는 서비스를 찾고 그런 서비스를 연결해 주는 책임을 맡는 것을 말한다.

다. 프로그램 개발

클라이언트의 욕구와 문제를 해결하기 위한 서비스가 지역사회 내에 없을 경우 군사회복지사는 클라이언트의 욕구를 만족시킬 수 있는 프로그램 및 자원을 개발해야 한다. 지역사회 내에서 프로그램을 개발하기 위해서는 지역의 지지가 필요하므로 군사회복지사는 지역 내에 영향력을 가진 사람들이 문제를 인식하도록 정보와 자문을 제고하고, 지역 주민을 대상으로 욕구조사를 실시하여 그 문제의 심각성과 프로그램 개발의 필요성을 설득할 수 있다.

라. 클라이언트 집단을 위한 옹호활동

군사회복지사는 부적절한 혹은 불평등한 사회적·법률적·제도적 기능 및 사회복지의 기능으로 인해 욕구를 충족할 수 없는 클라이언트 개인이나 집단을 위해 옹호(advocacy)활동을 하게 된다. 여기에는 개인에 대한 옹호와 집단에 대한 옹호가 있다. 개인에 대한 옹호는 특정 개인에게 서비스와 사회복지혜택이 제공되도록 노력하거나 이미 제공되고 있는 서비스가 클라이언트의 존엄성을 인정하도록 영향을 미치는 것이고, 집단옹호는 특정불이익 집단을 위해 제도적·법률적 체계를 변화시키도록 노력하는 것이다. 주로 옹호활동을 하게 되는 상황은 <표 13-3>과 같다(Hepworth & Larsen, 1986).

표 13-3 | 옹호활동 상황

- 사회복지기관이나 직원이 수급자격이 있는 클라이언트에게 서비스나 혜택을 제공하지 않을 때
- 비인간적인 방법으로 서비스가 전달될 때
- 인종, 종교, 신념 때문에 클라이언트가 차별을 받을 때
- 서비스와 급여 사이의 틈(gap)으로 인한 어려움이 생기거나 역기능이 발생할 때
- 정부나 기관의 정책이 자원과 급여를 필요로 하는 사람들에게 부정적인 영향을 미칠 때
- 클라이언트가 스스로에게 유리하게 행동하지 못할 때
- 유용한 자원이 없어 많은 사람들의 공통된 욕구가 해결되지 못할 때
- 위기상황으로 인해 클라이언트가 서비스와 급여에 대한 절박한 욕구를 가지고 있을 때
- 클라이언트가 시민의 혹은 법적인 권리를 거부당했을 때
- 조직의 절차, 시설, 제도 등이 클라이언트에게 부정적인 영향을 미칠 때

3 지역사회복지 실천과정

지역사회복지 수준에서 그동안 실행했던 내용을 살펴보면 다음과 같다.

대구위기가정지원센터(사회복지법인 가정복지회, 2003)는 지역 내 ○○사단 장병들을 대상으로 개별 및 집단상담을 실시하였다. 부적응 신병 및 장병들을 대

상으로 한 집단교육 프로그램과 의뢰받은 소수의 부적응 병사들에 대한 개인상담을 주로 하였다.

충청남도 교육청과 논산 YWCA에서는 지역 내 ○○사단 장병들을 대상으로 "행복한 군 생활을 위한 진로교육 프로그램"과 "행복한 군 생활을 위한 성의 이해"를 실시한 결과 매우 긍정적인 반응을 얻었다(서혜석, 2005a, 2005b). 진로선택을 해야 하는 병사에게 취업준비를 위한 직업훈련과 취업알선 등 제대를 앞둔 대상자에게 민간과 연계하여 유익한 시간으로 더욱더 다양한 프로그램을 개발하고 확대할 필요가 있다(서혜석, 2008, 2009a, 2009b). 또한 제대군인지원센터와 협력하여 실질적으로 제대 후 사회적응을 위한 프로그램과 직업상담 등을 위한 서비스 제공이 지속적으로 필요하다.

'군부대의 특성', 즉 부대환경은 병사의 군 적응에 가장 강하게 영향을 미치는 요인으로 '환경의 조정과 중재'를 중시하는 사회복지가 군 부적응 문제해결에 동원될 필요가 있음을 말하였듯이(정원철·박영주, 2006), 그동안 시범사업으로 군 기본권상담관제도(현 병영생활전문상담관)를 도입한 점은 군사회복지를 이루는 진전이라고 할 수 있을 것이다. 그러나 이들의 업무는 주로 상담에 치중하고 있음이 한계라고 할 수 있을 것이다. 병사의 군 부적응이 상당 부분 군 내의 조건이나 특징에 기인한다고 볼 때 문제해결을 위한 노력은 병사 개인뿐만 아니라 군 내·외적인 체계를 동시에 변화시키도록 하는 데 초점을 맞추어야 한다(서혜석, 2005a, 2006a, 김정은, 2013).

대구 신당종합사회복지관(2006)은 삼성복지재단의 지원금을 받아 "군부대 내 부적응 병사들의 역량강화 프로그램"으로 군부대에서 의뢰한 부적응 병사만을 대상으로 실시하였다. 이 프로그램은 지역사회 서비스기관과의 연계를 통해 미군 제4지원단 가정지원 프로그램 전담 사회복지사를 자문위원으로 위촉하였으며, 전문상담기관과 정신보건센터와 함께 부적응 병사들에 대한 지지체계를 구축하고 전문적인 상담 및 사례관리를 실시하였다.

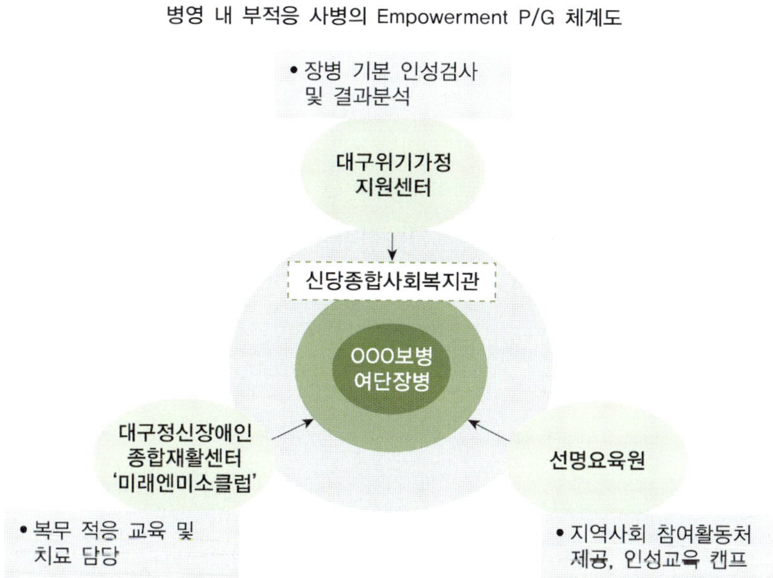

* 출처 : 대구광역시 신당종합사회복지관(2006)

그림 13-4 ㅣ 지역사회 자원체계[전문상담기관–정신보건센터–사회복지시설]를 활용한

서울 대방종합복지관(2006)은 사회복지공동모금회의 지원금을 받아 의무경찰을 대상으로 "지역사회 의무경찰의 군 생활 적응력 향상을 위한 군사회복지 모델 개발 프로젝트"를 추진하였다. 지역사회복지관과의 연계를 통한 부대 내 병사의 적응력 향상 및 지역사회 참여의 기반 마련을 시도하였다. 의무경찰의 주요임무는 치안업무 보조로, 이는 지역주민의 안전과 직결된다고 할 수 있다. 의무경찰이 복무기간 동안 어려움이나 부적응 문제가 나타날 경우 이는 지역주민의 치안에도 직접적으로 영향을 끼치게 되는데, 본 프로그램을 통해 의경의 적응력 향상을 지원함으로써 군복무기간 동안의 문제발생 예방 효과를 가져왔으며, 결과적으로 신세대 의경들을 지휘·감독하는 지휘관들의 고충을 해결할 수 있는 통로가 되었다.

또한 의무경찰의 봉사활동은 지역사회 참여의 기반을 만들어 주었고, 이는 지역의 소외된 계층에 대한 관심을 갖게 하는 분위기 조성에 기여하였으며, 의경이 지역사회와 함께한다는 인식변화의 계기를 제공해 주는 중요한 역할을 하였다.

부산 사직종합사회복지관(2007)은 사회복지공동모금회의 지원금을 받아 "병영 생활 적응력 및 전역 예정자의 사회 적응력 향상을 위한 군사회복지"란 주제로 실시하고 있다.

부대원들이 군사회복지 프로그램을 통해 군 생활 적응력 및 문제해결능력을 향상하고, 전역 후 원만하게 사회에 적응하는 데 목적이 있다. 지역사회와의 연계에 있어서는 <그림 13-5>와 같이 구성하였다.

단계	영역	내용
1단계 민간사회복지기관과 네트워크 구축	군 영역	협력체계 구축을 통한 군 내부적인 창구의 역할/ 군종참모, 인사참모 등
	민간 영역	지역사회복지관과의 협력체계 구축 – 사회복지관(전국 390여 개)
2단계 군 내부조직의 역량강화	군 영역	민간 네트워크 자원을 조정할 수 있는 군내의 전문 군사회복지사 배치
	민간 영역	군 장병뿐만 아니라 가족체계까지 서비스 대상 확대
3단계 군 사회복지 지원체계의 제도화	군 영역	군 내부적으로 군 사회복지 지원체계의 제도화
	민간 영역	군복지 차원의 사회복지서비스체계의 제도화

* 출처 : 부산 사직종합사회복지관(2007)

그림 13-5 I 군사회복지 지원 네트워크 구축 단계

대학교에서의 군사회복지의 실천과정은 전주에 있는 예수대학교(서혜석·이대식, 2007)와 국군군의학교, 국군대전병원과의 산학 협약식을 맺어 사회복지학부 전공 학생이 2007년도 여름학기에 군사회복지 현장실습을 우리나라 최초로 실시하였다.

한국군사회복지학회에서는 국방부 및 보건복지가족부(2008)와 군인가족행복지원서비스 협약을 맺었고, 경기도 '군인가족지원센터' 설치 및 특화사업 추진계획

(2009)을 통해 육군 3개 군단 대상으로 군인가족 교육을 실시하였다. 또한 2011년에는 전국 최초로 대구 수성구 군인가족지원프로그램을 지원하여 실시하였으며, 2012년에는 대구, 광주, 부산, 강릉시의 지역사회복지관이 인근 부대와 함께 사회복지공동모금회의 기획 사업을 3년간 수행 중에 있다(사회복지공동모금회, 2011).

이상 살펴본 바와 같이 군사회복지가 새로운 사회복지 실천영역의 현장이 될 수 있다는 활발한 가능성과 군사회복지 실천과정을 군과 민간기관이 연계 협력하는 군사회복지사업이 일부 기관장과 군 관계자의 노력으로만 일부 지역에서 이루어지고 있는 한계를 뛰어넘어 전체 군 병사를 위한 통합적인 사례관리 접근과 병사 전체의 지원시스템으로 이루어질 수 있도록 앞으로 해야 할 지역사회와의 관계가 중요함을 군사회복지의 과제로서 말할 수 있겠다.

4 군과 지역사회복지 차원에서의 과제

1) 군의 개방화

사회복지분야에서 오랫동안 제기해 온 사회복지시설의 개방화와 마찬가지로 군의 개방화도 필요하다. 군이 갖고 있는 고유한 특수성을 유지하면서 지역사회와 지역주민이 이용하거나 교류할 수 있는, 그리고 군이 가지고 있는 시설과 장비 또는 군인들의 지역사회와의 교류를 활발히 할 수 있는 개방에 대한 군의 적극적인 역할 모색이 필요하다. 군의 개방화는 군이라는 특수성을 고려할 때 지방자치단체나 지역사회 또는 주민이 쉽게 요구하기는 한계성이 있으므로 군의 역할을 잘 알고 있는 군 스스로의 개방화에 대한 역할의 모색이 필요하다. 또한 군의 구성원인 군인들의 적극적인 노력을 통한 지역사회와의 교류와 동화가 요구된다. 다양한 구성원들의 역량을 지역사회에 필요한 부분과의 정례화된 교류와 협력할 수 있는 체계를 마련한다면 군이 가지고 있는 구조적 모순을 해결하는 대안이 될 것이다.

2) 지방자치단체의 군에 대한 시각 변화

지역사회에 주둔하여 군사보호구역이 가지는 개발의 한계성만을 지닌 부정적인 경향으로 군을 바라보는 것이 아니라, 군이 가지고 있는 장점을 지방자치단체와 공유하는 방안을 모색함과 동시에 군인들이 주둔하고 있어 발생하는 다양한 경제적 이익뿐만 아니라, 군인 개개인의 역량을 활용할 수 있는 긍정적인 시각의 전환이 필요하다. 군이 주둔하는 지역은 대부분이 개발 소외지역이나 오지에 위치하는 경향이 있다. 그러나 군이 가지고 있는 시설이나 장비는 군의 현대화에 따라 높은 수준의 의료시설이나 문화·체육시설을 확보하고 있다. 특히, 사회 각 분야의 다양한 젊은이들이 주둔하고 있다는 사실은 지방자치단체가 가지는 또 다른 잠재된 자원으로 활용할 수 있는 방안을 모색해야 한다. 따라서 지역사회와 군이 교류할 수 있는 정례화된 지원체계를 구축하는 것에 인색하지 말아야 한다.

3) 지역사회가 군과 교류할 수 있는 적극적인 노력

군부대나 군인들도 지역사회의 엄연한 일원으로 인식하고 그 역할을 다할 수 있도록 지역사회와 군의 교류를 위한 다양한 노력이 요구된다. 군이 가지고 있는 강점과 기회를 활용할 수 있는 사회복지단체나 기관의 역할 모색과 아울러 지역사회와 다양한 주체들이 군과 교류할 수 있는 연계협력 프로그램이 필요하다(서혜석·이대식, 2007, 서혜석·김정은, 2010b). 군인들이 지역의 아동을 위한 방과 후 학교에 참여하거나, 노인·장애인 가정의 주택수리 및 보수 등에 참여하거나, 지역주민들과 함께 문화축제를 전개하는 등 군이 위치하고 있는 지역의 특성과 군과 군을 이루고 있는 구성원들의 강점을 지역사회가 활용할 수 있는 기회를 가진다면 군과 군인들의 역할이 지역사회가 가지는 새로운 개념의 강점으로 자리매김할 수 있다. 또한 지역사회가 가지는 새로운 경쟁력으로 지역사회주민들의 삶의 질 향상에 기여할 수 있는 여건을 마련할 수 있다.

4) 3차 지역사회복지계획서 수립 시 군사회복지 반영과 수립

군, 지방자치단체, 지역사회 등의 주체들이 각각의 역할을 나누어 실천하려는 노력과 함께 연차별 계획 및 3차 지역사회복지계획서 수립 시에는 군사회복지에 심도 있는 계획의 반영과 수립이 요구된다.

군사회복지는 사회복지분야에서 중요한 영역임에는 틀림없다. 특히 군을 이루고 있는 다양한 구성원인 군인들은 국방의 의무를 다하고 가정으로 돌아오면 지역사회의 일원으로 우리 사회를 지탱해 줄 소중한 구성원들이다. 이들이 안전하고 건강하게 군 생활을 마치고 삶의 현장으로 돌아오는 것은 국가적으로도 중요한 일이며 인적자원을 확보하는 것이다. 이러한 군인들이 사회와의 격리라는 과거의 개념을 벗어나 국방의 의무 수행과 동시에 사회와 유기적인 교류를 하는 것은 군은 물론이고 지역사회와 국가의 발전에도 기여할 수 있는 중요한 부분이 되고 있다.

Chapter 14

군 인권과 사회복지실천

1 군인과 인권

1) 인권의 개념과 특성

인권(human rights)이란 말 그대로 인간의 권리를 말한다. 다시 말해서, "모든 사람이 인간다운 삶을 위하여 인간인 이상 누구나 갖는다고 추정되는 권리"이다(이봉철, 2001 : 39-40). 이 말은 인권의 의미를 매우 간결하게 표현하고 있지만, 그 속에는 많은 내용이 담겨 있다. 첫째, '모든 사람'이 가진다고 여겨지는 만큼 인권은 인류사회 구성원 모두에게 타당하다는 점이다. 즉, 인류사회 구성원 모두가 인권의 주체가 된다는 점이다. 둘째, '인간인 이상', 즉 인간이기 때문에 갖는 권리인 만큼 그 발생 근원이 인간 자체에 있다는 점이다. 셋째, 인간다운 삶을 위한 것이니 만큼 인간의 '삶' 모든 영역이 인권의 대상이 된다는 점이다. 넷째, 인간의 '삶'이 여러 사회적 층위(가정, 직장, 사회, 국가, 세계 등)로 구성되는 만큼 그 관할체계 역시 여러 층위에 걸쳐 중복되어 나타나는 일종의 중층구조를 갖는다는 점이다. 다섯째, 인간의 '삶'이 특정 사회 및 사회관계 속에서 이루어지는 만큼 인권은 그 발생과 실현을 위해서 특정 사회와 사회관계가 전제되어야 한다는 점이다. 이러한 인권의 개념은 근대 이후의 자연법사상에 의해 구체화되었으며, 각국의 헌법이 보장하는 권리로 자리 잡게 되었다. 여기서 자연법상의 권리를 '인권'이라 하고 헌법상의 권리를 '기본권'이라 한다. 엄밀한 의미에서 인권과 기본권은 다른 것이지만, 우리나라를 비롯한 현대 국가의 헌법이 대부분 자연법사상을 토대로 하고 있기 때문에 두 개념은 실제적으로는 유사하다고 하겠다.

인권의 개념에는 다음과 같은 특성이 있다. 첫째는 보편성이다. 인권은 인종, 연령, 성별, 장애, 지역, 사회적 신분 등에 구애받지 아니하고 모든 인간이 누려야 한다. 둘째는 천부성이다. 인권이란 타고난 고유의 권리이지 국가나 헌법에 의해 창설될 권리가 아니다. 셋째는 항구성이다. 인권은 일정 기간 동안만 보장되는 것이 아니라 장래의 사람들에게도 적용된다. 넷째는 불가침성이다. 국가권력도 인권을 최대한 존중하고 보장해야 하며, 그 본질적인 부분에 대해서는 절대로 침해할 수 없다. 다섯째는 불가분성이다. 인권은 하나의 묶음으로 이루어져 있기 때문에 어떤 인권은 받아들이고 다른 인권은 거부하는 식으로 고르거나 선택할 수 없다. 이러한 특성 외에도 인권은 다른 사람에게 양도할 수 없는 것이며, 자발적으로 포기하거나 다른 특권을 위해 교환할 수 없는 권리이다(김형식·여지영, 2001 : 34-40; 권영성, 1994 : 307-308).

결국 인간이면 누구나 천부적으로 인권이 있으며, 인권 없이 존재할 수는 없다. 그렇기 때문에 인권은 원칙적으로 특정한 상황이나 정치적 체계에 관계없이 항상 존중되고 보장되어야 한다. 그러나 실제에 있어서는 불가피하게 제한하는 경우도 있다. 특정 개인이나 집단이 자신의 권리만을 주장하기 위해 타인의 유사한 권리를 빼앗거나 위협하는 경우에는 관련 법률에 따라 정해진 범위에서 제한할 수 있다.

2) 군인의 인권

군인에게도 인권이 존재할까? 당연히 군인도 한 사회의 구성원이고 인간이기 때문에 헌법에서 규정한 국민으로서의 권리를 누려야 한다. 그러나 다른 한편으로는 자유민주주의를 수호하고 국가의 방위를 책임져야 하는 특수한 신분과 지위에 있는 만큼 현실에서는 그 권리의 일정 부분이 한시적으로 제한될 수밖에 없다. 따라서 군인의 인권은 단지 국민으로서 누려야 하는 기본적인 권리에 대한 일방적인 주장이 아니라, 군대의 일원으로서 정해진 의무를 충실히 이행하는 것을 전제로 하여 인권보장이 이루어져야 한다.

우리 사회에서 국민의 권리는 헌법에 의해 보장되기도 하고 제한되기도 한다. 헌법 제2장에는 국민의 권리와 의무에 대한 규정이 명시되어 있다. 예를 들어, 제10조에는 "모든 국민은 인간으로서의 존엄과 가치를 가지며, 행복을 추구할 권리를 가진다. 국가는 개인이 가지는 불가침의 기본적 인권을 확인하고 이를 보장할 의무를 가진다"라고 되어 있다. 또한 신체의 자유(제11조), 거주·이전의 자유(제14조), 사생활의 비밀과 자유를 침해받지 않을 권리(제17조), 통신의 비밀을 침해받지 않을 권리(제18조), 양심의 자유(제19조), 종교의 자유(제20조), 국가기관에 문서로 청원할 권리(제26조), 인간다운 생활을 할 권리(제34조), 건강하고 쾌적한 환경에서 생활할 권리(제35조) 등 생활상의 광범위한 권리를 명시하고 있다. 그러나 이러한 권리들은 다음과 같은 이유로 제한될 수 있다. 즉, 헌법 제37조 2항을 보면, "국민의 모든 자유와 권리는 국가안전보장·질서유지 또는 공공복지를 위하여 필요한 경우에 한하여 법률로서 제한할 수 있으며, 제한하는 경우에도 자유와 권리의 본질적인 내용을 침해할 수 없다"고 명시하고 있다. 이 규정은 한 개인의 인권은 기본권으로서 최대한 보장되어야 하지만, 공동체의 근간을 유지하고 국가안보를 위해서는 정해진 법률에 따라 일정 부분 제한될 수 있음을 보여주는 것이다.

헌법에서는 군인의 인권과 관련하여 어떤 기본권을 어느 정도 제한할 수 있는지에 대한 특별한 규정을 두고 있지 않다. 과거에는 군인과 국가 사이에 공법상 특별권력관계[70]가 있음을 전제하고 군인의 기본권을 포괄적으로 제한할 수 있다는 견해가 군인의 지위에 대한 기본 설명이었다. 그러나 오늘날에는 헌법상 기본

70) 이른바 특별권력관계 이론에서 말하는 이 용어는 역사적으로 의회의 통제를 피하려는 군주세력의 도피를 도와준 것으로서, 상관의 포괄적인 권력을 정당화하고, 하급자의 맹목적인 복종을 명령하고 권장하며, 사전과 사후에 법적인 통제와 법원의 심사를 피하는 장점이 있다. 그러나 최근에는 이를 공개적으로 주장하는 학자가 없을 정도로 설득력이 거의 없는 개념이다.

권 조항이 모든 공권력을 구속하므로 군인의 자유와 권리에 대한 제한은 법치주의 원칙에 따라야 한다는 입장이 지배적이다. 군인이 누려야 하는 자유와 권리가 일반 시민과 완전히 동일한 수준일 수는 없지만 그 제한의 범위와 방법에 있어서는 분명히 법치주의 원칙에 부합해야 한다(이재승, 2005 : 18-19).

최근 군인의 인권과 권리를 보장하려는 차원에서 군인을 '제복 입은 시민(citizen in uniform)'으로 보아야 한다는 주장이 있다. 비록 제복은 입었지만 시민으로서의 기본적 권리를 가능한 한 보장받아야 한다는 것이다. 이 취지가 제대로 실현되기 위해서는 실제로 군인의 권리와 의무에 대한 보다 분명하고 구체적인 기준이 마련되어야 한다. 이 기준은 헌법에서 제시하는 권리와 의무에 대한 규정과 부합할 뿐 아니라, 군대라는 조직의 특수성을 고려한 관련 하위 법률의 제정을 통해서 권리보장의 범위와 내용, 그리고 불가피한 권리제한의 근거를 분명히 제시해야 한다. 이와 관련하여 최근 군대 내에서 발생한 훈련소 인분사건을 비롯한 GP 총기사건, 병영 내 성추행 사건 등 인권 관련 문제를 적극 예방하는 차원에서 제정된 '군인복지기본법'은 그 의미가 매우 크다고 하겠다.

3) 군인의 인권목록

군인에게 어떤 권리를 보장해야 하는가? '제복을 입은 시민'으로서 헌법상 국민의 기본권과 각종 국제인권규약, 그리고 군대라는 조직의 특수성을 함께 고려하여 제시할 수 있는 군인의 권리는 다음과 같다(이재승, 2005 : 21-26). 이러한 권리는 단지 선언적인 차원이 아니라, 관련 하위 법률의 제정을 통해서 실제적인 기준으로 현실화되어야 한다. 사회복지사들은 이러한 군인의 권리를 숙지하여 실천 현장에서 최대한 보장될 수 있도록 노력해야 한다.

표 14-1 | 군인의 권리

- 존엄한 인간으로서 대우받을 권리
- 폭력, 가혹행위, 압제로부터의 자유
- 의식주, 건강, 휴식 등에서 인간다운 처우를 받을 권리

- 교양과 지식습득의 기회를 제공받을 권리
- 사회복귀에 필요한 교육과 지원을 받을 권리
- 군대 내의 직무 결정과정에 참여할 권리
- 처벌과 징계처분에 있어서 적법한 절차와 법률의 보호를 받을 권리
- 불법적인 명령을 거부할 권리
- 군 외부에 진정하고 고발하며, 외부의 조력을 받을 권리
- 군인가족 및 관련자가 군부대에 방문하고 접근할 권리
- 군인의 실체적·절차적 권리에 관해 교육받을 권리

이상의 인권목록은 일반 시민으로서 향유해야 모든 권리를 그대로 적용한 것은 아니다. 오히려 일반 시민에게 인정된 기본적 권리들을 군인이라는 특수한 신분에 맞게 보강하고 구체화한 것이다. 군인 인권의 목록화 작업은 군인은 인권침해의 대상이 아닌 인권보장의 대상이며, 어떤 권리를 어떻게 보장할 것인지, 그리고 불가피한 경우 어떤 권리를 어떻게 제한해야 하는지를 분명히 하기 위한 것이다. 이 논의는 이제 시작단계로서, 향후 보다 구체적인 합의점을 찾아야 할 것이다. 위에 제시한 군인의 인권목록을 부연하면 다음과 같다.

(1) 인간으로서의 존엄권

존엄권은 인간이라는 이유로 누구에게나 인정하는 권리로서, 다른 모든 권리의 근거라고 할 수 있다. 군인은 시민과 동일한 기본적 자유와 권리를 향유해야 하고, 특별히 악조건에 놓일 때라도 존엄한 인간으로서 인도적으로 취급해야 한다. 군인은 단지 군사적 목적의 도구가 아니라 인간이자 주체이다. 이 점은 전시 중에 적국의 군인에 대해서도 마찬가지로 요구되는 권리이다. 전쟁법은 이러한 사상을 구현하고 있다.

(2) 폭력과 압제로부터의 자유

군인은 폭력, 구타, 가혹행위, 부당한 압제, 비인간적 처우를 당해서는 안 된다. 신체의 자유는 모든 시민의 기본권에 해당하지만, 군대는 이미 신체의 자유를 상

당 부분 제한하고 있기 때문에 이러한 자유는 특별히 강조되어야 한다. 신체의 자유는 군인에게 있어서는 폭력, 구타, 가혹행위가 없는 신체적 완전성의 보호를 의미한다. 군인의 인권보장은 오랫동안 이러한 폭력을 군대에서 추방하는 것과 같은 의미를 지녔다. 최근에 와서 폭력, 구타, 가혹행위 등이 감소하고 있기는 하나, 폭력 없는 군대 건설은 아직도 중요한 과제이다.

(3) 의식주, 건강, 휴식 등에서 인간다운 처우를 받을 권리

군대에서는 의식주의 문제를 중요한 기본권으로 간주한다. 이 기본권은 인간다운 생활을 보장하는 생존권이라고 할 수 있다. 최근 식사, 피복, 장구, 숙영시설이 개선되고 있지만 여전히 열악한 실정이다. 또한 군인 막사의 개선 등 환경개선에도 상당한 투자를 하고 있다. 그러나 이러한 사업은 향후 군 규모, 군 편제, 군 업무와 관련하여 장기적인 관점에서 내실 있게 추진되어야 한다. 또한 건강권을 보장하기 위해 군대에서 질병을 조기에 확인하고 적절하게 치료할 수 있는 의료전달체계를 확립해야 한다. 군인에게는 안전하게 제대할 권리도 중요하다. 훈련과 교육 외에는 가급적 휴식권을 보장해야 한다. 과도한 작업은 군인의 여가권을 근본적으로 침해할 수 있다.

(4) 문화적·정치적 교양과 지식습득의 기회를 제공받을 권리

군인은 신체적으로나 지적으로 왕성하게 성장하는 시기에 있는 사람들이다. 군 입대는 군인에게 지적 발달의 중단과 심지어 퇴보를 가져다줄 수 있다. 퇴보는 지적인 면에 국한하지 않고, 사회적 및 경제적 영역까지 확대된다. 따라서 이러한 부작용을 최소화하기 위해 군복무 기간 동안에 교양과 지식을 습득할 수 있는 기회를 광범위하게 제공해야 한다. 정치적 교양도 제공해야 하나, 정치적 견해를 갖는 데 있어 일방적 견해가 주입되지 않도록 해야 한다. 진학 등에 관한 기회나 준비과정도 제공해야 한다. 최근 인터넷으로 학점을 취득하게 하는 방안이 제시되었다. 그러나 이는 시범사업에 머물지 않고, 군대 자체가 문화적 설비와 자산을 축적하여 현실화하는 것이 필요하다.

(5) 사회정착에 필요한 교육과 지원을 받을 권리

군인은 제대 후 사회정착에 필요한 교육이나 직업교육을 받아야 하고, 제대 후 생활안정을 위해 사회적·경제적 지원을 받을 수 있어야 한다. 이러한 지원은 의무적 복무병에게 필요하지만, 특히 장기복무자에게도 매우 절실한 과제이다.

(6) 휴가, 급여, 승진, 임면에 관한 신분상의 권리

특수한 복무관계로 인한 군인의 신분상의 권리가 발생한다. 이 점은 일반 공무원의 복무관계와 다르지 않다. 교육, 승진, 임면에서 공정하고 평등하게 취급받을 권리가 매우 중요하다. 출신학교나 교육과정에 따른 군인 간의 차별을 금지하고, 남녀 군인 간의 차별도 금지해야 한다. 특히, 병사에게 제공하는 급여는 최소한 인간답고 자주적인 생활이 가능한 수준이어야 한다. 병사가 제대할 때에도 일종의 정착금이 지급되어야 할 것이다.

(7) 직무 결정과정에 참여할 권리

군대는 국방의무를 이행하기 위해 모인 사람들의 집단이다. 특성상 상명하복 지위계통의 확립은 군의 생명이다. 그러나 군인의 처우, 직무, 인사 조치와 관련해서 상급자가 일방적으로 결정하고 지시하는 것은 민주사회의 군대로서 적합하지 않다. 따라서 좀 더 책임 있는 건의제도, 제안제도, 청문제도, 평가방식을 확충할 필요가 있다.

(8) 처벌과 징계처분에 있어서 적법절차의 권리

처벌과 징계처분은 해당 법률과 적법한 절차에 따라야 한다. 군사법원에 대한 규정(제110조)이 헌법에 명시되어 있어 위헌 시비는 제기되지 않지만, 군사법원은 오랫동안 자의적인 사법부라는 평가를 받아 왔다. 종래 군사법제도는 관할관의 지휘권과 사법권의 독립을 요청하는 주장 사이에 갈등이 있을 때 군 지휘권을 우선시함으로써 공정하고 독립적인 사법부의 위상을 보여주지 못했다. 군사법원은 국방부나 군사령관의 법원이 아니라 대한민국 국민의 법원이기 때문에 헌법상의 법치주의를 제대로 반영해야 한다. 또한 징계처분 중 영창은 적법절차의 원리에서 크게 벗어나 있다. 따라서 징계절차를 진행할 때는 가능한 엄정하고 적법하게 이행하며, 항고제도가 징계에 대한 실질적인 권리구제 수단이 되도록 정비해야 한다.

(9) 불법적인 명령을 거부할 권리

군대에서는 군인은 언제든지 명령에 살고 명령에 죽는다는 점을 강조한다. 그러나 경우에 따라서는 불법적인 명령을 거부할 권리가 있으며, 범죄적인 명령을 따르는 군인도 책임을 면할 수 없다. 이러한 원칙은 제네바협정이나 입법 예고된 '국제형사재판소 관할 범죄처리에 관한 특례법'에서도 확인할 수 있으며, 국내 법원의 판례에 의해서도 확립된 것이다. 따라서 불법적인 명령을 거부할 권리는 군인의 인권에서 매우 중요하다. 나아가 불법적인 명령을 거부하는 것은 군인의 권리일 뿐만 아니라 엄밀히 말해서 군인의 의무이다.

(10) 외부에 진정하고 고발하며, 외부의 조력을 받을 권리

군인은 거주 이전의 자유나 신체의 자유에 있어서 광범위한 제한을 받고 있다. 군인은 군사적 목적과 필요에 의해 숙영지나 일정한 제한지역 안에 머물러야 하고, 오지에 근무하는 경우에는 그 제한이 더욱 심하다. 지리적인 격리와 외부인과의 교류 제한으로 인해 군인의 자유로운 소통권은 크게 제약받는다. 한편 외부와의 통신도 보안을 이유로 근본적으로 제한하고 있다. 이러한 제약조건 때문에 군대에서 발생하는 각종 비리나 인권침해사건이 내부적으로 부당하게 억압되거나 간과되기 쉽다. 그동안 군 내부의 소원수리나 구제제도는 군인들로부터 그 진정성을 인정받지 못하였다. 따라서 앞으로는 군 내부의 구제제도가 제대로 기능할 수 있도록 정비되어야 한다. 동시에 군인이 내부의 인권침해, 고충, 비리사건을 외부에 고발하고 진정하며, 외부의 조력을 받을 수 있어야 한다. 또한 그러한 고발과 진정으로부터 불이익을 당하지 않도록 고발자를 보호하는 방안도 마련해야 한다.

(11) 군인가족 및 관련자의 부대 접근권

앞서 언급한 권리는 군인의 기본적 인권이라고 할 수 있으며, 군인의 가족이나 관련자도 군인의 인권보장을 위해서 수시로 부대에 접근할 수 있어야 한다. 특히 인권침해가 의심되는 사건이 발생한 경우에는 근본적으로 이들의 부대 접근권을 보장해야 한다. 부대 접근권은 군인을 위한 권리이자 가족 및 관련자의 권리이기도 하다.

(12) 실체적인 절차적 권리를 알 권리

군인은 입영통지서를 받은 때부터 입영 후 훈련과정과 부대배치 후에도 군인으로서 어떠한 권리를 보유하고 있는지 알아야 하며, 그러한 권리가 침해되었을 때 어떠한 법적 절차를 이용할 수 있는지에 대해서도 알아야 한다. 따라서 군인 지위에 대한 포괄적인 인권교육이 필요하다.

2 군인 인권의 실태

1) 군인 인권의 제약조건

군인에 대한 인권 제한은 군의 역사만큼이나 오래된 문제이다. 1980년대 이후 우리 사회가 민주화되면서 많은 영역에서 인권침해의 문제가 공론화되고, 이에 대한 예방책들이 적극 모색되어 왔으나, 군은 여전히 인권의 사각지대로 남아 있다. 그러나 최근 들어 군대 내 인분사건과 GP 총기난사사건 등 일련의 인권침해 사건들이 발생하면서 군 인권에 대한 논의가 본격적으로 이루어지면서 근본 대책을 요구하는 주장이 높다. 국가인권위원회(2005)가 공식적으로 발표한 군인 인권침해의 사례를 보자.

표 14-2 | 군인 인권침해의 실례

국가인권위에서는 지난 2005년 1월 10일, 육군훈련소 중대장이 훈련병에게 인분을 먹도록 강요한 사건이 언론에 보도된 후 유사한 인권침해 사례에 대한 조사 및 예방대책을 마련하기 위해 직원조사를 실시하였다. 조사결과, 다음의 사실을 확인하였다. 즉, ① 2005년 1월 10일, 화장실 청결유지에 대해 수차례 교육 강조 후 재발 시 인분을 먹이겠다고 경고하였음에도 재발되어 192명에게 인분 묻은 손을 입에 넣도록 강요하였다. ② 사건 당일 또는 1~4일 후에 정훈장교, 행정보급관, 소대장, 분대장 전원이 인지했음에도 상급부서에 보고하지 않았다. ③ 중대장은 소원수리 내용에 대한 비밀이 보장됨에도 그 내용을 훈련병들에게 확인한 사실이 인정되었으며, 이는 헌법 제10조가 보장하는 인간으로서의 존엄과 가치 및 행복을 추구할 권리를 침해한 행위라고 판단하였다. 또한 타 중대의 유사 가혹행위에 대해 확인한 결과, 분대장이 화장실 청결 교육과 관련하여 인분 미처리 시 먹이겠다고 교육한 사실이 있고, 침을 뱉은 훈련병에게 그 침을 먹으라고 한 사실이 있었다. 그뿐 아니라 훈련과정에서 가혹행위 및 심한 욕설 등 다수의 인권침해 사례가 확인되었다. 국가인권위는 군대 내의 이러한 인권침해 행위가 ① 인권의식이 부재한 병영문화 ②인권침해 예방이 어려운 병영시스템 ③ 군의 보안과 관련한 외부통제장치의 부재 등에 원인이 있다고 판단하고, 향후 재발방지를 위해서는 병영생활의 인권침해와 관련한 제도적인 보완이 필요하다고 판단했다.

사회적 환경이 과거에 비해 시민의 무고한 인권침해를 막고 이를 적극 보장하려는 방향으로 나아가고 있음에도 불구하고 이렇듯 군대에서 인권침해가 지속되는 이유는 무엇일까? 오랜 분단의 현실과 군 조직의 특수성만으로는 군인 인권제한의 배경을 충분히 설명하지 못한다. 여기서는 군인의 인권에 부정적인 영향을 미치는 몇 가지 조건을 제시하고자 한다(이계수, 2003 : 288-292, 2005). 이러한 제약조건에 대한 이해를 통해서 사회복지사들은 군인의 인권침해는 단지 개인적 사건이 아니라 군 조직의 특수성과 불합리한 군대 문화, 비현실적인 법과 제도의 문제가 결합된 복합적인 문제라는 사실을 인식할 수 있다.

첫째, 군사행정분야에서는 법률에 의한 행정이 관철되지 않는다. 국방부 관료나 군 지휘부의 의사는 법보다 중요하다. 지휘관들은 법과 법치행정에 대해서는 무관심하거나 형식적으로만 법을 준수한다. 또한 설사 법 규정이 있다고 해도 그

규정이 지나치게 포괄적이고 불확정적이어서 지휘관은 대단한 재량권을 행사할 수 있다. 예를 들어, 군인사법 제56조에 의하면 "군인으로서 군율을 위반해 군 풍기를 문란하게 하거나 그 본분에 배치되는 행위를 한 자"를 징계할 수 있게 되어 있다. 그러나 이 규정을 적용하는 상황에서는 똑같은 일을 하고도 영창에 가는 병사가 있고 포상휴가를 받는 병사가 있다. 즉, 영창을 보내고 안 보내고는 전적으로 지휘관의 재량에 맡겨져 있는 것이다.

둘째, 군은 원래부터가 법보다는 명령을 앞세우는 조직이지만, 우리 군의 경우 이러한 경향이 너무 지나쳐 상하 조직 간의 의사소통이 제대로 되지 않는다. 명령에 대한 복종은 일반 형법보다 강력한 군형법에 의해 요구된다. 제재권한에 의해 뒷받침되는 강력한 명령권과 이를 행사하는 상급자의 존재로 인해 군 내부에서 문제가 발생해도 이를 해결할 시스템이 제때에 작동하지 않는다. 또한 상급자와 하급자를 연결하는 고리가 전혀 없다. 상급자는 하급자의 의견을 일방적으로 수용하거나 거부하는 경우가 대부분이다. 하사관(부사관)이라 불리는 중간 관리층이 군 조직에서 행하는 역할은 매우 제한되어 있다.

셋째, 사회에서의 변화를 수용하지 않은 채 군은 지나치게 군 조직의 생리 혹은 논리만을 강조하는 경우가 많다. 이러한 측면은 폭행사고 및 그와 관련한 사망사고의 처리에서도 그대로 드러난다. '구타 및 가혹행위 근절지침'(국방부훈령 제463호) 및 '육군시행지침'(국방부훈령 제463호)에 따르면 폭행사고가 발생하면 가해자는 물론이고 피해자도 원인을 제공한 것으로 밝혀지면 사법처리 되거나 징계를 받는다. 나아가 당직 근무자에서 그 부대의 최고지휘관에 이르기까지 지휘책임을 물어 처벌한다. 이러한 집단책임추궁주의는 결국 폭행사고 및 관련사고 처리에서의 비밀주의를 낳게 된다(진준두, 1997 : 18).

넷째, 군인은 권력특별관계에 놓여 있기 때문에 법률에 의거하지 않고도 기본권을 제한할 수 있다는 논리가 과거나 지금이나 관철되고 있다. 기본권을 제한할 때에는 "필요한 경우에 한하여 법률로서 제한할 수 있으며, 제한하는 경우에도 자유와 권리의 본질적인 내용은 침해할 수 없다"는 헌법 규정(제37조 2항)이 있지만, 군대행정에서는 잘 지켜지지 않고 있다. 그렇기 때문에 구타 등의 문제를 해결하기 위해 관련 법령을 정비하기 보다는 훈령에 의존하여 그때그때 미봉책으로 대응하는 실정이다.

다섯째, 명령을 앞세우는 군대조직의 생리상 군에 소집된 이들은 훈련소단계에서부터 명령과 복종에 길들여진다. 명령불복종이 이른바 징계입창(영창)의 과반수를 차지할 정도로 우리 군 내에서 명령복종의무의 이행은 매우 중요한 덕목으로 여겨지고 있다. 그러나 보니 대부분의 군인들은 군기의 확립을 위해 별도의 다른 수단이 없다면 폭력을 사용할 수 있다는 생각을 자연스럽게 받아들이게 된다.

여섯째, 지나친 비밀주의로 인해 군인들은 자신들의 고충을 외부에 표현할 수 있는 길을 차단당하고 있다. 징계처분을 받은 군인은 당해 처분이 위법 또는 부당하다고 인정할 때에는 그 처분의 통지를 받은 날부터 30일 이내에 징계권자의 차상급 부대 또는 기관의 장(국방부장관이 징계권자인 경우에는 국방부장관)에게 항고할 수 있다(군인사법 제60조 1항). 그러나 이것은 법 규정일 뿐이고 현실은 이와는 거리가 멀다. 또한 군 사법제도는 재판의 공정성보다는 군기확립을 중시하고, 피고인 및 피해자의 인권보다는 지휘권 보장에 더 치중하고 있다. 이러한 현실은 인권침해를 받는 군인들이 자신의 권리를 주장할 수 있는 제도적 구제장치를 무의미하게 만들고 있다.

2) 군인 인권의 실태

군대의 인권상황이 과거에 비하면 많이 개선된 것은 사실이지만, 여전히 크고 작은 사건들이 발생하면서 군인 인권보장의 필요성이 강하게 제기되고 있다. 특히 지난 2005년에는 군대 내 인권문제를 새롭게 공론화시킨 심각한 사건들이 연이어 발생하였다. 2005년 1월, 논산훈련소에서 훈련병들에게 인분이 묻은 손을 입에 갖다 대도록 강요한 사건을 비롯하여, 6월에는 28사단 총기난사사건으로 우리 사회에 큰 충격을 주었으며, 10월에는 전역 2주 만에 위암 말기 판정을 받은 사람이 사망한 일이 있었다.

또한 군대 내 인권문제를 바라보는 사회의 시각이 점차 다양하게 확대되고 있다. 군대 내 인권문제가 처음으로 제기된 것은 군인 의문사 등의 사망사고였다. 군대 내에서 발생한 사망사고의 조사 및 처리와 관련된 문제가 의문사진상규명위원회나 군 관련 유가족 단체에 의해 제기되었다. 군대 내 대부분의 사망사고에 구타나 가혹행위가 있었다는 사실이 밝혀지면서 군대에 만연해 있는 폭력에 관심이 모아졌다. 그리고 군대에서 알게 모르게 행해지는 성폭력과 성추행, 성희롱의 문제도 공론화되었다. 군대 내 사법제도의 문제 역시 군인의 인권과 관련하여 중요한 분야로 부각되었다. 그 외에도 병사들의 처우와 관련하여 형편없이 낮은 월급이나 낡은 막사 등 주거환경 문제가 제기되었으며, 최근에는 열악한 의료 환경과 진료권 문제도 관심대상이 되고 있다.

2005년 6월, 국가인권위원회가 조사한 '국민인권의식조사'에 따르면 군대, 경찰, 검찰, 국가정보원, 교도소 등의 구금시설, 요양원 등의 사회복지시설, 초·중·고등학교, 기업체, 방송 등 언론기관 등 기관별 인권침해의 심각성에 대한 조사에서 일반인의 경우 군대의 인권침해가 가장 심각하다는 응답이 74.2%로 가장 높았다. 인권 및 시민단체 관계자들의 경우에도 군대의 인권침해가 심각하다는 응답이 96.0%로 나타났다. 이를 통해 현재의 군 인권상황이 과거에 비해 많이 개선되었다고는 하나, 국민은 여전히 부정적으로 인식하고 있음을 알 수 있다. 또한 이는 그동안 군인의 인권침해를 예방하려는 군 자체의 노력이 큰 성과가 없었다는 것을 보여주는 반증이기도 하다.

이러한 맥락에서 여기서는 지난 2005년 10월 31일부터 11월 24일까지 성공회대학교 인권평화센터가 국가인권위원회로부터 용역을 받아 수행한 '군대 내 인권상황 실태조사 및 개선방안에 관한 연구' 결과를 토대로 우리 군의 인권 실태를 살펴보고자 한다. 이 조사는 연구자들이 군부대를 직접 방문하여 대대급 39개 부대의 병사와 간부 1,800명을 대상으로 방문조사와 설문조사, 심층조사를 통해 이루어졌다. 병사들의 인권상황은 통신의 자유, 구타·가혹행위·언어폭력, 일과 휴식의 권리, 사생활의 자유, 월급, 의식주 및 환경권, 의료권, 차별, 휴가제도, 권리의식, 소원수리 등의 항목으로 조사하였다. 또한 인권상황에서는 간부 자신의 인권 실태에 대한 의식과 더불어 간부들이 생각하는 병사들의 인권 실태에 대한 의식으로 구분하여 조사하였다. 그 주요 결과는 다음과 같다.

(1) 통신의 자유

통신의 자유는 이전에 비해 공중전화 이용의 만족도는 높게 나타났다. 하지만 불만족의 원인에서 선임병의 눈치 때문에 공중전화 사용이 어렵다는 응답 비율은 줄었지만, 시설부족으로 인해 공중전화 사용이 어렵다는 응답은 오히려 높게 나타났다. 또한 인터넷 보급에 따라 일부 부대에서는 넓은 의미의 통신의 자유가 확대되었으나, 인터넷을 통한 외부와의 소통이나 제안, 청원할 수 있는 시스템이 마련되지 않아서 인터넷 이용의 실효성이 떨어지는 것으로 나타났다.

(2) 구타 및 가혹행위, 언어폭력

구타 및 가혹행위, 언어폭력에 대한 조사에서는 사회에서 군을 바라보는 시선 이상으로 군 내부적으로 상당한 노력과 성과가 있음을 알 수 있었다. 그에 따라 구타 및 가혹행위, 언어폭력을 경험한 비율이 이전에 비해 감소하는 경향으로 나타났고, 구타 및 가혹행위, 언어폭력이 군기라고 생각하는 병사의 비율도 감소하였다. 구타는 평균 6%, 가혹행위는 평균 9.6%, 언어폭력은 평균 28.4%의 병사가 당한 것으로 나타났다. 하지만 이전에 비해 구타 등을 겪는 병사의 비율이 감소했다고 해서 군 인권에 대해 낙관할 수만은 없다. 구타 등을 당했거나 목격해도 90% 정도의 병사가 못 본 척하거나 참고 넘어가고 있으며, 구타 등을 당한 이후 탈영이나 자살을 생각한 적도 20% 가까이 이른다는 사실은 드러나지 않은 구타 등이 얼마나 많이 발생하고 있는지 그 심각성의 정도를 알 수 있다. 또한 언어폭력의 경우 병과 간부 사이에서 발생하는 경우도 상당수 나타났으며, 이 경우 개선 가능성에 대해서도 병 상호간 언어폭력보다 낮게 인식하고 있었다.

(3) 일과 휴식의 권리

일과 휴식에 대한 조사에서는 자유시간의 보장 정도는 이전에 비해 좋아졌지만, 휴일에도 작업을 하는 등 적극적인 의미에서 휴식권이 보장되고 있지는 않았다. 사생활에 대한 자유에 있어서는 사생활 말하기를 강요받는 경우는 감소하였지만 자신만의 시간을 가질 수 있는 독립된 공간 여부에 대한 응답은 절반 이상이 없다고 응답하여 여전히 사생활의 자유를 위한 군 차원에서의 노력은 미흡한 것으로 나타났다.

(4) 월급

월급에 대한 조사에서는 대부분의 병사가 간식구입이나 휴가비용으로 월급을 사용하고 있으며, 현 월급에 만족하는 병사는 10% 정도에 불과했다. 군 생활 중에도 60% 정도가 집에서 용돈을 받고 있으며, 적정월급 수준에 대한 응답은 10~20만 원이 대부분으로 상당히 현실적인 응답을 한 것으로 나타났다.

(5) 의식주 및 환경권

의식주 및 환경권에 대한 조사에서는 식사에 대한 만족도는 급식비 인상, 메뉴 다양화 등으로 이전에 비해 만족도가 높았으며, 보급품에 대한 만족도는 이전과 마찬가지로 만족하는 경우가 40%에 미치지 못했다. 더욱이 보급품을 분실할 경우 일병과 이병은 사비로 구입하고, 상병과 병장은 신청하는 경우가 상대적으로 높게 나타나는 문제도 드러났다. 내무생활의 불편함으로는 이전과 마찬가지로 냉방과 난방의 부실 및 사생활 보장이 되지 않는 점이 가장 큰 원인으로 나타났다.

(6) 의료권

의료권에 있어서는 아프거나 진찰이 필요함에도 이를 자유롭게 표현하지 못하는 병사가 20% 이상으로 나타났는데, 그 이유는 선임병의 눈치, 군 진료에 대한 불신, 간부의 눈치 순으로 나타났다. 진료처방의 문제점으로 현역과 예비역 모두 정확성을 가장 많이 지적하였다. 군 의료서비스 전반에 대한 만족도는 20% 정도만 만족스럽다고 하였다. 또한 군의관의 성향이나 자질에 따라 병사들의 의료만족도에 상당한 편차가 존재하는 것으로 나타났다.

(7) 차별

군내에서 학력, 출신지역, 부모님의 사회경제적 지위, 외모와 관련된 차별은 사회와 비교해서도 상당한 진전을 보였다. 실제로 차별을 느낀다고 지적한 비율은 전체의 2% 내외로 매우 낮았다.

(8) 휴가제도

휴가제도에 대한 조사에서는 포상휴가에 대한 차별을 느끼고 있는 병사가 20% 가까이 나타났고, 포상휴가에 대한 차별은 주로 병사와 간부의 친분 정도에 의해 포상휴가 대상자가 결정되는 문제에서 발생하는 것으로 나타났다. 한편, 휴가비용을 위해 집에서 용돈을 받는다는 응답이 91.6%로 높았으며, 반면 전적으로 월급에 의존한다는 비율은 6.0%에 불과했다. 휴가복귀 시 선임병의 과도한 부탁은 이전에 비해 상당수 감소했음을 알 수 있었다.

(9) 권리의식

권리의식에 대한 조사에서는 군대에서도 사회와 마찬가지의 인권기준을 가져야 한다는 응답이 50% 가까이 나타났고, 권리에 대한 교육을 받은 경험은 60% 이상이 없다고 하였다. 개인적인 고민이나 스트레스는 주로 동기와 논의하는 것으로 나타났고, 부당한 명령에 대해 거부할 수 있는 권리에 대해서는 50% 정도가 허용해야 한다고 응답하였으며, 10% 정도는 허용해서는 안 된다고 응답하였다. 군의 인권수준에 대해서는 보통이거나 우수하다는 의견이 나쁘다는 의견에 비해 우세한 것으로 나타났다. 현역의 경우 나쁘다는 응답이 16.2%인 데 비해, 예비역의 경우에는 42.3%나 되었다. 소원수리 제도에 대해서는 이용도가 50%에 미치지 못했고, 해결이 거의 되지 않기 때문에 이용도가 낮은 것으로 조사되었다. 사건사고처리 결과에 대한 만족도는 30% 정도로 나타났다. 참고로 아래의 <표 14-3>과 같이 군대에서 병사 인권에 대한 인식을 조사한 결과를 보면, 군대의 특성상 어느 정도의 제한이 불가피하다는 의견이 현역의 경우는 52.6%, 예비역의 경우는 82.5%로 나타났다. 특히, 예비역의 경우에는 현재 군의 인권수준에 대해서는 현역보다 더 부정적이면서도 인권 제한의 불가피성에 대해서는 더욱 수용적인 태도를 나타내어 군복무 중과 후에 인권에 대한 인식이 달라질 수 있음을 보여주었다.

표 14-3 | 병사 인권에 대한 인식

구분		현역		예비역	
		빈도	%	빈도	%
군대에서의 병사의 인권	군대의 특성상 어느 정도의 제한은 불가피하다.	668	52.6	85	82.5
	군대도 사회와 마찬가지로 인권문제에 동일한 기준을 가져야 한다.	575	45.2	17	16.5.
	기타	28	2.2	1	1.0
합계		1271	100.0	103	100.0

(10) 간부들의 인권 의식

간부들의 인권의식과 관련하여 10% 이상이 자신의 인권이 심각하다고 응답하였으며, 병사의 인권에 대해서는 5% 미만이 심각하게 생각한다고 응답하였다. 즉, 병사의 인권보다 간부 자신의 인권이 더 심각하다고 생각하는 것으로 조사되었다. 주요 인권침해 유형으로는 업무 관련 부당행의 강요와 사생활 침해가 가장 높았고, 선임 장교 및 선임 부사관에게 가장 많은 인권침해를 당하고 있다고 응답했다. 인권침해를 경험했을 때 그 해결 방법으로 60% 이상이 참고 넘어가며, 문제제기를 하는 경우는 부사관이 20%, 장교가 10%가량인 것으로 나타났다. 결국 인권의 침해에 대한 항의가 있어도 인권개선의 효과가 없고 오히려 불이익을 받기 때문에 간부들이 참는다는 것으로, 이는 군대의 개혁과 인권 개선이 얼마나 어려운가를 잘 보여준다. 한편, 간부 인권과 병사 인권과의 관련성은 거의 없다고 응답하였고, 자신의 인권침해가 병사들의 인권에 부정적인 영향을 미친다고 하였다.

간부가 생각하는 병사의 인권에 대한 인식에서는 간부의 50% 이상이 병사 인권수준이 양호하다고 응답하였으며, 소속 부대의 인권수준에 대해서는 70% 이상이 양호하다고 응답하였다. 병사 인권문제의 원인에 대해서는 징병제와 병 상호간의 문제를 많이 지적하였다. 또한 병사 인권의 가장 취약한 부분의 대해서는 내무시설과 월급의 순으로 나타났다. 구타 및 가혹행위, 언어폭력의 원인이 무엇인가에 대한 응답으로는 부대생활 부적응과 선임 병의 지시불이행을 우선순위로 응답했고, 병사 인권보장에 대한 관심과 노력이 오히려 사고를 부축이고 있다는 응답도 15% 이상으로 나타났다. 간부의 35% 이상은 병사 인권과 지휘권이 충돌한다고 보고 있으며, 40% 이상은 불법 부당한 명령에 대한 저항권에 대해서는 대체로 부정적인 것으로 나타났다. 병사의 인권문제 발생 시 50% 이상이 해당 병사 및 선임병을 통해 해결한다고 응답했고, 지휘통솔 기법의 습득 경로는 교육기관이 30% 정도이고, 선임 간부나 본인 스스로 터득한 경우가 50% 이상인 것으로 나타났다. 병사 인권에 대한 교육을 받은 적이 없거나 1-2회 받은 경우가 50% 정도로 나타났고, 병사들의 인권개선을 위해서는 모병제로의 전환(33.5%), 내무시설 및 주거환경의 개선(25.7%), 군대의 지휘·통솔·교육방법의 개선(14.3%) 순으로 지적하였다. 병사 인권 개선의 주요 주체로는 병사 스스로(40.2%), 일선부대의 장교, 부사관 등 간부(27.9%), 국방부 등 내부의 상급기관(15.2%)의 순으로 지적하였다. 영창제도의 대해서는 50% 이상이 효과적이라고 응답한 반면, 30% 정도는 효과가 없다고 응답했다. 마지막으로 자녀 군복무에 대한 질문에서 10% 이상의 간부가 자신의 자녀를 군복무에서 면제시키고 싶다고 하였다.

끝으로 병사와 간부의 인권의식 격차를 살펴보면, 구타 및 가혹행위, 언어폭력의 원인에 대해서 병사는 선임 병의 지시 불이행을, 간부는 부대생활 부적응을 1순위로 인식하고 있었다. 군기를 위해 언어폭력이 필요한가를 묻는 질문에 대해서 병사는 20% 정도가, 간부는 10% 정도가 필요하다고 응답했다. 군대 내 언어폭력 근절방법에 대해서 병사는 고참병의 각성을, 간부는 제도적인 개선을 1순위로 응답했다. 군대의 인권수준에 대해서 병사는 30% 정도가 우수하다고 응답하였고, 간부는 50% 이상이 우수하다고 하였다.

3 군인 인권수준 향상과 군사회복지의 역할

1) 군인의 인권수준 향상을 위한 대책

2005년 국가인권위가 조사한 군대 내 인권상황에 대한 실태조사를 토대로, 향후 군인의 인권수준을 향상시킬 수 있는 대책을 유형별 정책제언과 현안별 정책제언으로 나누어 제시하면 다음과 같다(국가인권위원회, 2005). 아래의 내용 중 많은 부분이 2008년부터 시행되는 '군인복무기본법(안)'에 규정되어 있어(제3장 : 군인의 의무, 제4장 : 군인의 기본적 권리 보장과 한계, 제5장 : 기본적 권리의 제한 등), 향후 군인 인권보장에 대한 실질적인 조치들이 시행될 것으로 기대된다.

(1) 인권 유형별 정책제언

첫째, 통신의 자유를 보장하기 위해서는 군대 내 인터넷 보급을 시급히 확대하고 공중전화 시설을 확충해야 한다.

둘째, 구타 및 가혹행위, 언어폭력을 근절하기 위해서는 병 상호간에 금지해야 할 사항을 법제화하고, 구타 및 가혹행위의 가해자와 피해자, 목격자는 보고와 신고를 의무화하며, 병 상호간 그리고 병과 간부 사이에 존대어를 사용해야 한다. 또한 사건이나 사고 발생 시 원인제공자를 동시에 처벌하는 제도를 폐지할 뿐 아니라, 지휘계통상 책임을 추궁하는 기준이 완화되어야 한다.

셋째, 일과 휴식의 권리를 보장하기 위해서는 휴일 사역동원 때 공식적인 승인 절차를 명문화하고, 병사의 자기계발권 및 교육권을 실질적으로 보장해야 한다.

넷째, 사생활의 자유를 보장하기 위해서는 개인침상의 도입과 같은 편의시설을 확충하여 활동의 자유를 보장하고, 성관계 등의 사생활 말하기를 강요하지 못하도록 하는 제도적 조치가 필요하다.

다섯째, 월급권을 보장하기 위해서는 최소 10만 원까지 우선적으로 인상하고, 그 책정기준을 현실화하여 병력감축과 함께 실효성 있는 개혁을 해야 한다.

여섯째, 의식주 환경권을 보장하기 위해서는 보급품의 기본항목을 확대하고,

원활한 지급을 보장하며, 막사를 새로 건축함에 있어 냉난방에 대한 시설보완이 필요하다.

일곱째, 진료의 권리를 보장하기 위해서는 병사 중심의 의료체계로 개편하고, 선임병이나 간부의 눈치 없이 진료를 받을 수 있도록 의료접근성을 절대적으로 보장해야 한다. 그리고 후방 군병원을 민간에 이양하고, 야전 위주로 군 병원을 강화하여 민간병원을 활용할 수 있도록 해야 하고, 응급 후송체계를 강화하여 사단급에서 수술 능력을 보유할 수 있어야 한다.

여덟째, 차별을 없애고 소수자를 존중하기 위해서는 차이와 차별의 다름에 대한 인권교육을 진행해야 한다.

아홉째, 휴가제도에 대한 권리를 보장하기 위해서는 휴가일수의 확대를 검토하고, 포상휴가에 대한 명확한 기준을 마련해야 한다.

열째, 권리의식을 높이기 위해서는 인권교육 프로그램 및 교안을 마련하고, 간부 대상 인권교육 및 전문 강사를 양성해야 한다. 그리고 병사 권리에 대한 제도화 및 매뉴얼을 발간해야 한다. 그리고 소원수리 제도의 실효성을 위해서는 공식적인 처리절차를 마련하고, 인터넷을 이용한 제안과 건의를 확대하여야 한다. 특히, 독일에서 시행되고 있는 '국방옴부즈만' 제도를 도입하여, 군인들이 지휘계통에 상관없이 직접 개별적으로 옴부즈만에게 의견을 제출하고 진정할 수 있는 권리를 부여해야 할 것이다.

(2) 현안별 정책제언

첫째, 병영문화 개선 차원에서는 자율형 내무생활을 위해 내무생활운영 매뉴얼을 개발하고 '사병화'를 근절하는 방안을 구체적으로 마련해야 한다. 또한 병영문화 개선은 부대관리 차원이 아니라 인권개선의 차원에서 접근되어야 한다.

둘째, 군 외부통제를 제도화하기 위한 장치를 도입하고, 불법적인 명령이나 지시를 거부할 수 있는 권리를 보장해야 한다.

셋째, 복무 부적격 판정제도와 각종 청구권을 현실성 있게 활성화시켜야 한다.

넷째, 최소 대대급 이상에서 동일 병과 내 순환 재배치 제도가 도입되어야 한다.

다섯째, 분대장에 의한 보호·관심병사 관찰제도를 폐지해야 한다.

여섯째, 징계절차의 공정성을 강화하고, 입창제를 폐지하며, 사회봉사명령을 도입, 징계항고권을 활성화해야 한다.

일곱째, 인권침해 사건으로 군 내부에 진정·고발·건의를 한 경우에는 공식적이고 객관적인 처리절차를 마련해야 한다.

여덟째, 군내 구금시설에 비치된 인권위 진정서 및 진정함에 대한 접근성을 보장해야 한다.

아홉째, 병사 대표가 부대 운영에 직·간접적으로 참여할 수 있는 대표병사 제도를 도입해야 한다. 또한 군인 개개인의 정치적 권리를 확대하는 방향을 모색해야 한다.

2) 군인 인권수준 향상을 위한 군사회복지의 역할

앞서 언급한 바와 같이 '군인복지기본법'에는 군인은 헌법상 권리의 주체이며, 헌법과 법률, 기타 정당한 사유에 의하지 아니하고는 권리를 제한받지 않는다고 명시되어 있다. 따라서 군인을 인권적 관점에서 바라보는 이러한 법률은 실로 패러다임의 전환이라고 할 수 있다. 과거 군인복무규율에 근거해 권위적인 통제가 가능하고, 군의 특수성으로 인해 인권침해 사건들이 공론화되지 못했던 조건에서 군인을 인권 혹은 권리의 주체로 인정하려는 움직임은 매우 의미 있는 변화라고 하겠다. 따라서 이러한 변화에 부응하여, 군인 인권수준 향상을 위한 군사회복지의 역할은 그 어느 때보다 중요해졌다고 하겠다.

(1) 군 인권에 대한 인식을 새롭게 해야 한다.

사회복지는 가치와 옳고 그름이라는 개념에 기초하고 있기 때문에 본질적으로 도덕적이고 가치지향적인 활동이다(김형식·여지영, 2001 : 237). 군사회복지사들이 군인들의 다양한 욕구와 생활상의 문제들을 다룰 때 기본적으로 보다 바람직하고 옳은 것을 추구하는 인권 지향을 실천할 필요가 있다. 이러한 실천을 통해서 사회복지사들은 군인의 기본적 권리와 의무에 대한 내용을 숙고하게 될 것이고, 다양한 사람들과의 상호협력을 통해서 군인의 인권침해를 사전에 예방하고 이를 보호하는 활동을 하게 될 것이다. 따라서 사회복지사들은 무엇보다 군인 인권의 중요성을 인식하고, 전문가로서 자신의 활동이 인권 지향의 접근이 될 수 있도록 노력해야 한다.

(2) 군인의 인권을 향상시키는 다양한 연대활동에 참여해야 한다.

군인의 인권향상은 다양한 관련 집단들과의 연대를 통해서 효과적으로 달성될 수 있다. 국가인권위원회를 비롯한 기존 인권단체들의 활동에 동참하는 방법과 함께 한국군사회복지학회나 관련 연구회에 군인 인권을 연구하거나 대외적으로 활동할 수 있는 중심 기구를 구성하는 것을 적극 고려해 볼 수 있다. 군인 인권과 군사회복지와 연계성을 모색하기 위해 새로운 중심기구를 만들 경우, 관련 전문가들을 비롯하여 군 경험이 있는 사람들의 역량을 모아 실제 활동을 주도하는 조직으로 만들어야 할 것이다.

(3) 군인 인권에 대한 교육을 실시해야 한다.

인권은 천부적이고 보편적인 권리지만, 현실적으로는 법률이 정한 바에 따라 제한될 수 있다. 군인의 인권도 국가안전보장·질서유지 또는 공공복지를 위하여 필요한 경우에 한하여 법률로서 제한할 수 있는 것이다. 따라서 군사회복지를 실천하는 사회복지사들은 군인이 누려야 하는 다양한 기본권은 무엇이고, 권리를 제한하거나 침해할 수 있는 군대 내 상황은 무엇인지, 그리고 어떤 방법을 통해 권리를 보장할 수 있는지를 교육받아야 한다. 최근 인권에 대한 논의가 단지 폭행이나 구속으로부터의 자유권뿐 아니라 생활상의 다양한 권리(사회권)를 주장하고 있어 관련법에 규정된 다양한 권리들을 잘 알고 있어야 한다. 특히 2008년 3월 1일부터 시행하고 있는 '군인복지기본법'에 명시된 군인의 의무와 기본적 권리의 보장, 그리고 제한의 근거 등도 충분히 숙지하여 실천에 반영해야 한다. 이러한 교육은 군 조직과의 연대와 관련 학회를 통해 제공되어야 할 것이다.

Chapter

15

군 문화와 사회복지실천

1 군 문화의 이해

1) 문화의 의의

오늘날 문화와 관련된 정책은 범세계적으로, 국가적·사회적으로 주요한 의제(agenda)가 되어가고 있으며, 이에 대한 논의가 이미 일상화되고 있고 그 영향도 심대하다고 할 수 있다. 이러한 사실은 다음과 같은 몇 가지 사례를 통해 확인해 볼 수 있다. 21세기는 ‘문화의 세기’가 될 것이다. 문화가 곧 ‘국가 경쟁력‘이다. 21세기는 ‘문화가 국가와 민족의 운명을 좌우‘하게 될 것이다. 최근에 발간된 한 번역서의 서명을 『문화가 중요하다—문화적 가치가 인류발전을 결정한다』(새뮤얼 P. 헌팅턴, 로렌스 E. 해리슨 공편, 2001)고 명명하고 있다.

어원적으로 ‘문화’라는 뜻을 가진 영어의 ‘Culture'나 독일어의 'kultur'는 모두 라틴어의 'Cultus'에서 유래된 단어다. 이 단어는 경작(cultivation)이라는 의미로 ‘곡물을 경작하다’, ‘가축을 사육하다’의 의미로 사용되었다. 즉, “자연에 노동을 가하여 수확하고 가치를 창조한다”는 원래의 의미가 확대되어 자연현상 그대로의 상태를 벗어나 인간에 의해 이루어진 모든 것은 문화와 관련되어 있다는 것이다.

(1) 역사적 개념

역사적 개념으로서의 문화의 의미는 매우 다의적이다. 문화의 개념은 일반적으로 문학 및 예술분야만을 지칭하거나 때로는 지성, 지식, 개화된 것, 발전된 것을 의미한다. 혹은 특정 인간집단, 한 지역이나 나라에서 특징적으로 나타나는 생활양식과 행동방식을 총괄해서 지칭하는 개념으로 사용되기도 한다. 최근에는 과학기술 발달에 따른 인류사회의 급속한 정보화와 세계화, 문화의 대중화와 산업화로 인해 문화의 의미는 범세계적·다학문적·광의의 개념으로 사용되고 있다. 급속하게 변화하는 문화의 흐름에 대처하지 못한 문화는 역기능적인 문제가 발생할 수밖에 없다. 문화의 다양성과 다양한 문화 간 화해와 대화가 문화의 주요 의제(agenda)가 되고 있다. 문화를 단순한 상품으로 보아서는 안 되며, 문화 다양성을 보호하는 것이 윤리적 의무이자 인간 존엄성과 관계되는 것임을 천명하고 있다.

(2) 일반적 개념

문화라고 하면 사람들은 흔히 고상하고 좋은 취미, 예술, 교양, 예절 등을 머릿속에 떠올리게 되는데 '문화생활, 문화활동, 문화인' 등에 사용되는 경우가 이에 해당된다. 그러한 의미의 문화를 '고상하고 좋은 취미로서의 문화'라고 할 수 있으며, 이는 일상생활과 관련된 구체적 개념이다. 우리나라의 경우에도 문화와 관련된 정책은 이미 주요한 국가적·사회적 의제가 되고 있다. '국민의 정부'는 '문화국가 건설', '문화의 힘으로 제2의 건국' 등 문화를 주제어로 한 구호와 정책을 표방하였다. 우리의 일상생활 가운데서도 문화라는 말은 이미 일상적으로 그리고 다의적으로 사용되고 있다. 일상생활 가운데에서 흔히 문화가 접두어 혹은 접미어가 되어 사용되고 있는데 전통문화, 문화인, 음식문화, 문화민족, 고급문화, 대중문화, 여가문화, 문화사업, 한국문화, 일본문화, 문화월드컵 등이 바로 그것이다.

(3) 정책적 측면

정책적 측면에서도 문화에 대한 관심의 증대와 인식의 변화에 따른 정부 차원에서의 문화정책 수립, 문화정책이 지향해야 할 이념과 방향의 설정 등에 대한 필요성과 이에 따른 구체적 방안들이 제기되고 있다. 문화정책의 이념과 방향은 점차 규제에서 지원으로, 중앙정부 중심에서 지방정부 중심으로, 문화소비 중심에서 문화자원 중심으로, 문화생산자 중심에서 문화수용자 중심의 문화복지 개념으로 변화해 가고 있다(김복수 외, 2003).

2) 문화의 구분

(1) 주류(지배)문화와 하위문화

문화는 의도와 목적에 따라 다양하게 분류된다. 한 사회집단의 특수한 부분 또는 영역에서 다른 것과 구분되어 독특하게 나타나는 생활양식을 하위문화라고 한다. 지역이나 세대, 성별, 직업 등 한 사회의 하위집단들에 의해 공유되어 나타나는 문화들이다. 예컨대, 지역에 따라 도시문화, 농촌문화 혹은 경상도와 전라도, 제주도 문화 등으로 구분되어 나타나는 문화를 일컬을 수도 있고 연령에 따라서 노인문화, 성인문화, 청소년문화 등으로 구분되기도 한다. 직업에 따라서 교사진단의 문화, 경찰 조직의 문화, 군대문화, 기업인의 문화 등로 구분되기도 하며, 이러한 집단 내에서도 다시 성별에 따른 하위문화를 구분할 수도 있다. 이러한 하위문화들은 보다 거대한 범주, 예컨대 한국문화라는 범주 안으로 포함된다. 한 사회 내에 존재하는 다양한 집단의 생활양식이나 사고방식을 이해하고자 할 때, 또 집단 간 차이를 인식하고자 할 때 매우 유용한 개념이다.

(2) 표현문화와 내재된 문화

문화의 존재 양식에 따라 문화적 가공물, 문화재 또는 쉽게 관찰 가능한 행위 등을 '표현된 문화'라고 하며, 그 문화재와 행동에 부여된 의미나 가치, 상징 등과 같이 직접적으로 관찰이 불가능한 영역의 문화를 '내재된 문화'라고 한다. 표현된 문화와 내재된 문화는 각각 별개의 것이 아니라, 한 문화의 두 측면이다. 예컨대, 각 군 사관생도의 각기 독특한 복장(예복, 정복, 약복, 전무복 등), 군장, 학년표지, 머리 형태 등은 표현된 문화이며, 각 군에서 그러한 것들에 부여한 의미(예 : 엄숙, 단정, 질서, 절고의식 등)는 내재된 문화이다(이종각, 1997 : 43).

(3) 실재문화와 이상문화

문화는 이상적으로 바라고 있는 상태와 실제로 현실에서 진행되고 있는 상태의 차이로 구분되기도 한다. 특히, 한 사회집단의 전통이나 이념 등은 이상문화에 속하며, 그에 반하여 현실에서 드러나는 양상들은 실재문화라 한다. 예컨대, 한국사회에서 어른을 공경하며, 예의를 지키는 효의 문화가 내재되어 있다고 할 때는 이상문화를 지칭하는 것이 될 것이며, 실제로 지하철이나 버스 등에서 노인이 타고 있어도 자리를 양보하지 않거나, 노인을 공경하지 않는 사회적 분위기는 실재 현실 문화라 할 것이다.

(4) 물질문화와 비물질문화

물질문화란 우리가 보고 만질 수 있는 구체적인 물리적 업적과 그것을 사용하는 방법을 말한다. 예를 들면, 일상생활상의 가재도구, 각종 기계, 도구, 건물, 차량, 의복, 공예품, 문화재 등과 그것에 부수되는 기술적 방법을 말한다. 비물질문화는 물질적이 아닌 모든 것을 포함하는데, 정신문화와 행동문화로 구분하기도 한다. 행동문화는 우리의 구체적인 행동이 이루어지는 절차나 방식에 관한 문화다. 법, 민속, 관습, 제도 등이 이에 속한다. 물질문화와 행동문화는 '표현된 문화'라고 할 수 있다. 정신문화는 학문, 종교, 도덕, 가치관 등 정신적 창조물을 지칭하는 것으로, 인간이나 집단이 갖는 상징이나 의미와 가치를 그 내용으로 한다(이종각, 1997).

또한 위의 이분법 분류와 다르게 물질문화, 가치문화, 규범문화로 구분하는 삼분법이 있다. 비물질문화의 정신문화는 '가치문화'로, 사람들이 어떠한 생각을 하거나 행동을 할 때, 무엇이 옳고 무엇이 그른지를 판단하는 기준을 제공한다. 사회적 존재로서 각 구성원의 삶의 의미와 목표가 사회공동체가 지향하는 목표와 기준에 부합되고 충족될 수 있도록 합리화하고 정향화(定向化)하는 데 필요한 관념, 사상, 심념 등이 이에 해당된다. 행동문화는 '규범문화'로. 사회의 질서유지를 마련된 구성원 행동의 평가기준에 관한 준거의 문화로서, 전통적 관습과 관례, 규정, 법 등이 이에 해당되며 가치문화에 그 뿌리를 두는 경우가 많다.

즉, 세 가지 측면은 따로 분리된 것이 아니라, 서로 관계를 맺고 영향을 주고받는다. 이에 따라 한 가지 측면의 변화는 다른 측면의 변화를 유발하므로 새로운 가치의 확산으로 규범, 물질문화의 변화가 초래되기도 하고, 반대로 물질문화의 발전을 토대로 새로운 규범과 가치가 형성되는 경우도 있다. 문화의 세 측면은 서로 영향을 받으면서 조화를 이루고 보완해 줄 때 제 기능을 다하는 올바른 사회문화로 뿌리내릴 수 있다.

3) 군대문화

(1) 군대문화의 위상

군대문화는 국가안보의 중책을 담당하고 있는 군대라는 조직의 특수문화이다. 군대문화는 일반문화를 구성하는 하나의 하위문화이지만, 군 조직의 목적과 역할로 말미암아 사회의 여타 문화와는 매우 다른 특수한 성격을 지니며, 군이라는 특수한 조직의 범위 내에 적용될 때 그 가치가 올바르게 평가될 수 있다. 반면에 군대문화가 하나의 특수문화이자 하위문화인 것은 사실이지만, 징집에 의한 '국민개병제'라는 충원방식의 특수성, 조직의 독특한 특성과 재사회화 과정, 군 생활 기간 동안으로 한정되는 '기간의 제한성'으로 말미암아 군대문화는 사회의 문화 형성에 직·간접으로 지대한 영향을 주고받으며, 상호교류를 하고 있다(심상용, 1993).

군대문화를 이야기할 때 종종 '군사문화'란 용어와 비교되어 거론된다. 엄격히 말해서 '군사문화'란 용어는 군대식 사고(military mind), 군대식(military style)

내지는 군대 내에서 강조되는 권위적 방식(authoritative style)을 지칭하므로 '군대문화(military culture)'란 용어와 혼용될 수 없으며(양희환, 1998 : 2-3), 군사현상과 군 조직 내의 문화현상을 넘어서는 보다 포괄적인 개념이라고 볼 수 있다(이영신, 1997 : 5-6).

군사문화 내지는 군대문화에 대한 편견은 어느 정도 과거 군이 정치에 개입했던 사실에 기인하지만, 근본적으로 군 조직의 특수성과 그 속에서 형성되는 군대문화의 상관성을 이해하지 못한 결과이며 군대의 문화는 마땅히 그 임무와 기능 그리고 특징을 고려하여 평가되어야 한다.

군 조직이란 특수한 목적을 위해 특수한 임무를 특수한 상황 하에서 특수한 방법으로 수행해 나가는 조직이고 전통적인 집단이며, 계급과 직책 및 권위를 바탕으로 하는 위계적 전투집단이라고 정의할 수 있다. 군조직의 특성을 살펴보면 다음과 같다. 일반적인 면에서 군 조직은 대규모 조직이며, 군의 목적인 국가안보를 달성하기 위하여 다른 조직에 비해 매우 강제적이고 조직구성원의 이익을 추구하는 영리단체와는 달리 국가보위라는 규범적 가치 추구를 하는 규범적인 조직이다. 집단적인 면에서는 명령을 따라서 움직이고 계급별로 주어진 임무에 따라 행동하는 단체로 군 조직의 지속적인 규범 습득 훈련과정, 공동체 유대 속에서 강한 연대의식 형성을 갖는 집단성이 매우 강한 조직이다.

또한 상하 및 동료 간에 정신적 유대가 형성되어야 하고, 국가의 이념과 주의를 절대 신봉해야 하며, 효율적인 목적 달성을 위해서 지휘 계통을 엄격히 확립, 명령체계 준수를 강조하는 매우 권위적인 구조를 지닌 위계 조직이다. 그뿐만 아니라 다양한 계층의 사람들로 구성되고 유사시에는 전 국민이 참여해야 하는 조직이다(이철상, 1999 : 23-29).

군 조직의 위와 같은 특성 속에서 정립된 군대문화는 군 생활을 하고 있는 병사의 군 생활 적응도에 가장 많은 영향을 주고 있다. 그러므로 오늘날 신세대 병사들의 군 생활 적응도를 알아보기 위해서는 현재 정립되어 있는 군대문화를 이해하고, 앞으로 나아가야 할 군대문화 정립의 방향을 제시해야 할 것이다(심상용, 1993). 군대문화란 병사들이 공유하는 가치관, 사고방식, 태도 및 신념 등의 총체로서 군대에서 이루어지고 있는 제반 생활양식을 의미한다. 현재 군대문화의 획일성, 폐쇄성과 신세대 병사들의 민주적·개방적 문화의 상충으로 군은 내부적으로 갈등을 겪고 있다. 내재된 갈등구조는 군 조직을 이완시키고 군 기강을 문란케 하여 전투력 약화는 물론, 사고 유발요인으로 작용하고 있다. 따라서 이러한 갈등요소를 해소하여 다양한 특성을 지닌 구성원들이 일체감을 조성할 수 있도록 군대문화의 새로운 정립이 요구되고 있는 실정이다.

(2) 군대문화의 영역별 특징

① 군대 가치문화

군대문화는 가치의 영역에 있어서 두 가지 특징을 가지고 있다. 첫째, 군에서는 국가에 대한 무한책임론에 기초로 한 국가방위의 중대한 목적과 광대한 권한에 비례하는 고도의 충성 및 헌신을 요구한다. 둘째, 군에서는 물질적 측면보다 정신적 가치가 매우 중시된다. 구성원의 노력과 희생에 대한 보상은 금전적·물질적인 것보다는 정신적인 명예의 형태로 승화시킨다.

② 군대 규범문화

규범문화에 있어서 군대는 '명령과 복종의 계급적 권위구조'와 '조직목표달성을 위한 집단적 결속의 강조'라는 두 가지 특징을 지니고 있다. 조직을 구성하는 계급과 직책에 따라 권한과 책임의 한계가 명확히 구분되며, 여기에 기초한 명령에 구성원은 법적·규범적으로 절대 복종해야 한다. 개인적 이익이나 가치보다는 조직의 목표를 우선시하는 군대의 이념은 구성원의 행동, 태도, 정신 등 모든 측면에서 획일적으로 통일된 생활을 강조하게 되는데, 특히 태도나 정신적 측면에서 조직 이념에 기초한 흑백논리의 이분법적 기준을 따를 것을 강요받는다.

③ 군대 물질문화

군대문화의 특수성은 물질문화에서 두드러진다. 인마살상과 적 장비, 시설의 파괴형 무기와 장비를 갖추고 끊임없는 훈련을 통하여 전투에 대비하는 과정은 군대에 있어서 가장 중요한 일이며, 이를 위해 통일된 의식주 생활이 강조된다. 신병훈련에서부터 개인의 다양성은 억제되고 정신, 행복 등 생활 전반에서 획일화, 규격화, 규범화된 전체적 통일성이 강조된다. 이러한 생활양식으로 말미암아 구성원 사이에는 독특한 인간관계가 형성된다. 상이한 연령, 학력, 출신, 성격, 종교, 경제적 배경을 지닌 이질적 구성원들이 장교, 하사관, 병이라는 서로 다른 계급적 결합을 토대로 조직을 구성하며, 상급자에 대한 존경 여부를 떠나 명령에 대한 절대적 복종이 강요되고 자신의 의사와는 상관없이 통제된 생활관에서 함께 생활하면서 타인과의 관계를 형성하게 된다.

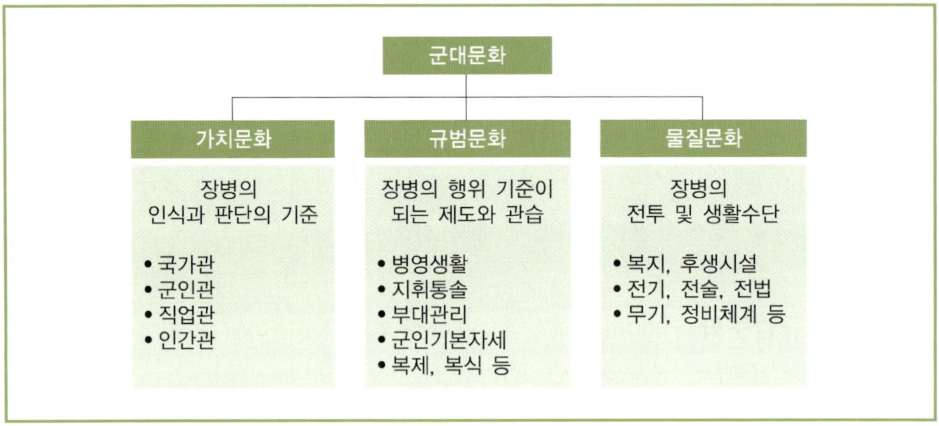

그림 15-1 | 군대문화의 구성요소

4) 병영문화

군대문화가 일반문화의 하위문화라면 군대문화를 구성하고 있는 각 군별로 상이한 문화와 각 제대별로 조직구성원이 만들어 온 독특한 병영생활과 양식이 있다. 즉, 병영 내에서 조직구성원이 전통적으로 만들어 놓은 다양하고 특수한 규범문화를 군대문화의 하위문화인 병영문화라 할 수 있다.

이러한 병영문화는 병영의 기강과 질서유지를 위해 마련된 구성원 행동의 평가기준에 관한 준거의 상호존중과 배려하는 좋은 문화로부터 악·폐습 같은 나쁜

문화와 같이 이 부대의 전통적 관습과 관례, 규정과 규범 등이 이에 해당되며 군의 존재와 가치에 그 뿌리를 두게 된다.

오늘날 한국군에서는 과거에는 긍정적이고 당연하게 느꼈던 병영의 문화가 정보화, 신세대 장병의 증가, 인권 중시, 국민의 인식변화 등으로 부정적으로 느껴지거나 변화되어야 하는 문화로 인식되고 있다. 특히 최근의 훈련소 인분사건, GP 총기사건, 구타 및 가혹행위 금지 지시에 따라 병영 내에서 은밀히 증가하고 있는 성추행 사건 등으로 인하여 병영의 문화를 선진형으로 바꾸어 가려는 노력이 국방부를 중심으로 2005년부터 진행되고 있다. 군이 선진병영문화를 만들어 가기 위해서 현 병영문화의 현상을 살펴보면 다음과 같다.

(1) 병영문화의 현상

① 군의 사건·사고에 대한 국민의 불신

한국군에는 병역의 의무와 군대라는 특수성에 따라 병사의 인권경시현상과 과거의 권위주의에 따른 비인격적 대우가 보편화되어 있다. 최근에는 국민의 관심을 불러일으킨 사건과 사고에 대하여 군 내부의 발표와 의문사진상규명위원회 등 외부와 상반된 발표를 하여 파문 논란을 가중시키고 있다. 따라서 과거 군에서 발생한 한 사건사고의 조사 및 처리에 대한 부정적 인식이 팽배한 실태다. 이러한 현상이 군을 바라보는 국민의 부정적 시각을 부추기고, 군의 위상을 실추시키는 원인이라 할 수 있다. 또한 최근의 안보관 변화와 한국군에 대한 국민의 기대가 낮아지고 있는 것도 군의 발표를 부정하고 불신하는 결과를 초래하고 있다고 할 수 있다.

표 15-1 | 한국군의 위상에 대한 국민의식

구분	크게 낮아짐	낮아지는 추세	과거와 비슷	높아지는 추세	크게 높아짐	잘 모름
비율(%)	19.9	45.5	12.3	12.7	3.0	6.8

*출처 : 국방부(2006)

② 비합리적 의사소통

우리 사회 전반에는 군복무에 대한 부정적인 인식이 존재하는 가운데 군복무 기간을 인생의 단절기, 정체기로 간주하고 가급적 가고 싶지 않은 곳, 피하고 싶은 곳으로 인식하는 상황이 만연되어 있다. 이러한 상황에서 지휘관을 포함한 간부들의 권위주의, 실적주의, 확일주의 등의 조직문화가 합리적인 의사소통을 방해하고 있다고 할 수 있다.

즉, 과정보다 결과를 중시하는 실적주의가 강조하는 문화, 권위주의에 근거하여 병사의 인권을 경시하는 경향과 불합리적 대우, 신세대 장병과 간부 사이의 의식의 부조화가 의사소통을 단절하는 문제가 될 수 있다.

③ 열악한 병영시설과 통제형 부대 운영

한국군의 병영시설과 비품은 디자인과 편의성, 실용성 면에서 장병의 성장한 환경과 거리가 있고, GP 등의 전방부대와 격·오지 부대시설은 병영시설 현대화 계획으로 많이 개선되어 가고는 있지만, 아직도 우리나라 경제수준에 비해서는 미흡하다고 할 수 있다. 또한 신세대 장병이 입대하여 군 내부의 폐쇄된 문화에 적응하지 못하여 발생하는 각종 사건과 사고 등의 문제를 사회문제의 일부분으로 인식하지 못하고 있다. 아직까지 일부 부대와 지휘관들은 군에서는 부대와 장병이 편하면 사고가 일어난다는 의식을 가지고 있다. 따라서 군의 일과표를 보면 기상으로부터 취침 시까지 해야 할 일로 가득 차 있고, 반대로 신세대 병사는 모두 자신들을 괴롭히는 통제로 인식하고 있는 실정이며, 일과 후에도 청소, 점호 준비 등으로 개인시간 보장이 제대로 되지 못하고 있다.

일률적 병력통제는 내무생활의 부담요인으로 작용하고 내무생활분단제를 실시하고 있으나 후임병에게 음성적으로 전가하는 현상이 병영 내부에 존재하고 있다.

④ 공직윤리와 가치관의 결여

경제성장에 따른 과소비 풍조와 인터넷 중독, 성문화의 개방 등으로 장병의 적응력이 저하되고, 가족공동체의 해체로 인하여 청소년의 일탕행위가 증가하고 있다. 이에 따라 사병을 물론이고 장교와 부사관까지 윤리관의 파괴와 직업과 공직에 대한 가치관에 대한 결여현상이 심각해지는 추세에 있다.

따라서 이러한 사회의 불건전한 풍조 및 가치관이 군 내부로 유입되고, 군에 각종 사건과 사고의 증가가 예상되고 있는 실태이다. 또한 군 조직 속성과 신세대 가치관의 차이로 인하여 다음과 같은 갈등의 가능성이 내재되어 있다.

표 15-2 | 군 조직과 신세대 특징

군	집단목표	단체주의	권위주의	복종	희생적	인내	통제
	↕	↕	↕	↕	↕	↕	↕
신세대	개인발전	개인주의	비권위적	도전	이기적	이탈	자율

*출처 : 유홍위(2006)

(2) 일반문화와 병영(군대)문화의 마찰

한국군의 병영(군대)문화는 신세대 장병이 유입되면서 인적 자원의 순환 및 사회 환경과 군의 역할에 대한 사회적 요구의 변화에 따른 군 임무영역의 변화 및 조직의 생존을 위협하는 위기에 발전을 위한 조직의 문화변화와 군 구성원의 위기에 대한 인식 공감에 있음에도 불구하고 보수적 집단의 군의 문화는 다음과 같이 사회문화와 마찰을 빚고 있다.

첫째, 신세대 장병이 증가하면서 사회문화의 개인주의적 성향은 집단을 중시하고 개인의 희생을 요구하는 군대문화와 마찰을 빚고 있다. 획일적 군대문화 속에서 그들의 멋과 끼를 통한 생산적 문화를 가진 신세대의 장점을 펼쳐보지도 못한 가운데 2년의 시간을 피동적으로 지내다가 전역하는 실정이다.

둘째, 개인의 능력과 합리성을 강조한 사회문화가 유입됨으로써 임무수행을 위한 권위나 기준에 의한 결정 및 명령에 대해서 거부하는 문제를 낳고 있다.

셋째, 준법정신의 상실로 규정과 방침을 지키면 손해라는 사회 저변의 의식이 군의 규정과 방침까지 지키지 않아도 된다는 데까지 확산되어 조직의 존립까지 위협하고 있다.

넷째, 정치 및 사회집단 간의 갈등과 대립, 이념적 혼란으로 말미암아 국방에 대한 의무 및 군 내부적 갈등의 원인을 제공하고 있다.

다섯째, 직업적 특수성으로 인하여 간부 및 가족이 지역사회의 문화에 적응하지 못하는 문제를 지니고 있다. 임무수행을 위해 산간, 농어촌 등 격·오지 지역에 위치하여 근무기간 연의 특수성, 특히 장교들은 1~2년에 한 번씩 전속을 통한 빈번한 이사와 자녀교육의 어려움 및 별거 등으로 불안정한 생활을 하고 있다. 조기정년으로 퇴직함으로써 제대군인의 경제적 어려움과 군의 특성상 복지정책의 정부재정에 대한 의존도가 높은 특수성으로 증대되는 복지욕구를 충족하는데 제한받고 있다.

(3) 병영문화의 선진화

장병이 공통적으로 생각하고 있는 이상적 가치, 규범, 물질을 중심으로 군의 문화를 새롭게 형성, 변화, 발전시켜 나감으로써 군의 문화가 지향하는 바에 보다 자발적이고 적극적으로 참여토록 하는 연속적 과정이 병영문화의 선진화라 한다. 이와 같이 한두 번의 집중적 시도나 몇 차례 시범 등의 효과를 기대할 수 있는 것이 아닌, 장병 모두의 '개혁'에 대한 공감과 '필요성' 인식, 그리고 개혁의 성과가 생활 속에서 자연스럽게 드러날 때까지 일관되게 지속할 수 있는 끈질긴 인내와 실천을 통해서만 얻을 수 있는 길고도 어려운 과제이다.

선진 병영문화의 비전은 첫째, '평화와 번영'의 수호자 역할을 해야 한다. 둘째, 작지만 강한 국방체제를 구축해 나가야 한다. 셋째, 국민이 참여하는 국민의 군대로 육성해야 한다. 국민의 알 권리 확대와 국민으로부터 지지를 받는 국방정책을 수립하고, 부모가 마음 놓고 보낼 수 있는 군대로 육성해야 나가야 한다. 이러한 선진 병영문화의 패러다임은 <그림 15-2>와 같다.

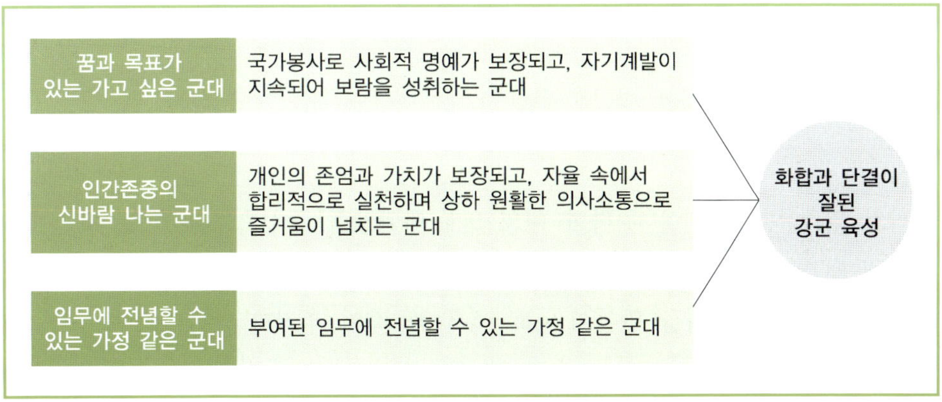

그림 15-2 | 선진 병영문화 패러다임

(4) 선진 병영문화의 추진과제

① 군에 소속되어 있는 장병은 올바른 가치관을 가지고 의식을 전환하도록 한다.

② 군과 개인의 발전을 위한 간부와 병사들이 자기계발을 할 수 있는 여건이 된다.

즉, 군복무 동안 학습여건 보장, 인터넷을 통한 정보획득, 군에서 배운 기술을 사회에서 활용할 수 있도록 한다.

③ 군복무에 대한 인센티브를 부여할 수 있도록 전역 전 사회적응교육 및 추가 근무자에 대한 보수의 현실화를 추진한다.

④ 그동안 등한시되고 제한되어 왔던 군내 인권을 보장하는 문제에 대하여 적극적으로 해결한다.

⑤ 적극적 병영 개방과 존중과 배려의 생활환경을 조장하는 자율적 병영생활을 보장한다.

⑥ 간부에게 과거의 권위주의적 지휘통솔의 방법에서 벗어나 인간 중심의 리더십, 선진형 리더십을 발휘하도록 한다.

⑦ 군이 본연의 임무를 수행할 수 있도록 복무 부적합 장병이 유입되지 않도록 차단하며, 현역 중에서 부적응 장병을 식별하고 조치할 수 있도록 하는 현역 부적합 장병 관리제도를 구축하여야 한다.

⑧ 사고에 대한 예방시스템으로부터 사고발생 조치에 대한 통솔관리시스템을 구축한다.

⑨ 노후화되고 신세대 장병의 생활여건에 불편한 시설을 개선해 나가도록 한다.

선진 병영문화 추진을 위하여 위의 9개 대과제를 중심으로 국방부 차원에서 32개의 소과제를 추진하고 있으며, 이에 따라 각 군에서는 부대별로 병영문화개선 슬로건과 추진중점을 만들어 <표 15-3>과 같이 추진하고 있다.

표 15-3 | 부대별 특성화한 선진 병영문화

부대	병영문화 개선 슬로건	중점
국방부	선진 병영문화	국민과 함께하는 병영문화
A부대(육군)	휴먼 그린존	인간존중, 자율화
B부대(육군)	병영 DMZ	조직과 병영환경 개선 중시
C부대(육군)	비전 NQ(공존지수)	공동체 의식 강조
D부대(육군)	Win-Win 병영문화	자율에 의한 악·폐습 제거
E부대(공군)	밝은 병영문화	미소, 친절, 배려
F부대(해군)	Clean Heart 운동	고운 말, 바른 말 쓰기
G부대(육군)	Best 11 운동	부대원 화합과 단결
공통	선진 병영문화 도입	상호존중과 배려

* 출처 : 서혜석·유홍위(2007 : 94-100)

5) 군 생활 스트레스

군에서 근무하는 장병은 군대문화의 획일성·폐쇄성과 신세대 병사의 민주적·개방적 문화와의 상충으로 갈등을 겪고 있다. 내재된 갈등구조는 군 조직을 이완시키고 군 기강을 문란케 하여 전투력의 약화는 물론, 사고유발 요인으로 작용하고 있다. 따라서 스트레스가 특정 조직가 운데 양산되고 확장된다는 측면에서 군이라는 조직 속에서 스트레스를 연구하고 이에 대한 대책을 강구해야 할 필요성이 있다.

군 조직 내에서의 장병은 자신의 계급, 직책, 업무, 동료 및 상하관계, 진급 등에 따라 스트레스의 강도와 종류 및 지속기간이 달라질 수 있다. 조직이 수직적인 위계질서를 덜 강조할수록 그 구성원의 직무 만족도는 높아지고 스트레스 수준도 현저하게 감소된다고 한다(김일수, 1995 : 31-32).

신뢰적 분위기는 상급자와 사적이고 민감한 이슈에 대해 공개적으로 이야기할 수 있는 정도에 대한 자각으로 선임자에 대한 신뢰의 정도, 구성원 욕구에 대한 리더의 관심 정도로 나타낸다. 신뢰적 분위기는 조직에 대한 만족을 가져오고. 구성원의 심리적 안정을 증진시키는 것으로 나타났다(이종호, 1996).

지시복종에 대한 갈등, 능력과 경험의 부족 및 집착, 집단 가치 순응에 따른 스트레스, 훈련이나 작업, 여근 등 군 내 생활사건, 가족문제, 친구, 애인 등의 부대외적 인간관계 등이 있다(진석범, 2000). 특히, 가족 문제는 부대원 개인의 의식과 군 생활에 엄청난 영향력을 미치게 되며, 부대원의 스트레스와 가족과의 관련성은 매우 높다. 가족원의 죽음이나 질병, 갑작스런 사고, 여러 가지 경조사 등이 군복무를 하는 사람에게는 초미의 관심사가 될 수밖에 없으며 이것은 개인의 강력한 스트레스 원으로 작용한다. 군 생활 외적 인간관계에서 발생하는 주요 부대사고 원인은 크게 '애인의 변심'과 '친구관계의 악화'라는 두 가지로 볼 수 있다. 그 외 종교집단, 동아리, 소속단체 등이 있는데 이것이 뒤틀리면 그 인간관계의 좌절과 실패에서 오는 감정은 물론, 자신을 지지해 주고 도와줄 사람이 더 이상 없다는 고독감과 소외감으로 이어지게 된다(구승신, 2005).

정리해 보면, 병영생활 스트레스는 장병이 군 생활 중 겪는 스트레스를 의미하는 것으로, 심리 관련 스트레스 요인(낮은 자존감, 적대감, 완전주의적 사고, 우울증적 감정), 환경 관련 스트레스 요인(조명, 소음, 온도, 공간 설계), 조직 및 업무 관련 스트레스 요인(직업요건, 역할경계 설정, 경력, 지시사항과 이행), 부대원 신상 관련 스트레스 요인(능력 및 경험, 욕구 및 가치관, 자기통제성, 생활사건), 군대조직 외부의 스트레스 요인(가족, 경제문제, 외부 인간관계)에서 발생하게 된다.

군대에서의 적응이란 어디까지나 군대적인 관심에서 본 적응을 뜻한다. 그러나 어떤 사람은 군대 지휘 상의 요구를 무시하고 무조건 변화하는 환경에 순응함으로써 긴장과 불안을 해소하는 것을 적응이라고 하며, 또 어떤 사람은 군대사회를 넘어서 일반사회의 가치에 일치하는 것을 적응이라고 생각한다. 그러나 군의 입장에서 본다면 군대생활에 행복감을 느끼고, 군대 임무에 대하여 사명감을 가지며, 직무와 지위에 만족하며, 군대에 대하여 시인하는 태도를 가지고 있는 것이라고 생각할 수 있다. 한편 규칙을 위반하거나 영창에 들어가는 사람은 적응을 잘하지 못하는 사람이라고 생각할 수 있다(신태수, 1981).

군 생활 적응력 향상 요인에 대한 기존 연구를 보면 정민화(1998)는 군 생활 적응력 향상 요인으로 현역 병사들의 군복무에 대한 동기부여와 욕구충족에 대한 기대를 바탕으로 해서 형성되는 것이기 때문에 병사들의 심리적 요인이 그 기초가 된다고 하였다. 또 현역 병사들의 복무 의욕은 군 생활 적응력 향상 요인에 영향을 미치는 세부요인으로 리더십, 업무, 동료와의 관계, 보급 및 복지, 행사 등을 제시하였다.

최건용(1999)은 병사들의 병영생활 적응 요인으로 휴가, 외박 등 포상제도, 상급자의 인정, 칭찬, 격려, 병영의 가족적인 분위기, 지휘관의 리더십, 합리적인 명령, 명확한 방침 제시, 개인 능력 발전의 기회부여, 복지시설 향상, 개인 책임제도 등을 들었다.

2 사회복지실천(치료레크리에이션을 중심으로)

1) 치료레크리에이션의 필요성

현대사회에서의 삶은 개인적 특성에 따른 변수 이외에도 기계문명의 발달로 인한 자동화 및 획일화, 무분별한 서구문화의 수용 그리고 정치 경제적인 급격한 사회적 변동과 구조적 모순으로 인간성이 상실되고 있다. 군이라고 하는 특수한 문화 속에서 생활 스트레스로 인해 발생하는 문제들을 새로운 문화에 대한 적응이라는 문화복지 차원에서의 접근은 적응력을 향상시키는 실천적 방법이라고 할 수 있다. 이것은 인간의 잠재적인 능력 개발을 저해하여 정신적 압박과 과도한 스트레스를 경험하게 한다. 이러한 환경 속에는 불행하게도 사회적 기능을 적절히 수행하지 못하며, 사회적으로 소외되어 있는 많은 사람들이 있다. 이러한 사람들은 자기 발견, 자긍심 혹은 타인과 더불어 이익이나 경험들을 공유하는 기쁨의 문을 여는 열쇠가 없다. 이러한 부류에는 육체나 정신을 무기력하게 하는 질병이나 무능력, 가난, 노쇠, 사회적으로 비정상적인 행동, 무지함 등과 같은 형태에 의해서 영향을 받고 있는 사람들을 포함한다. “레크리에이션 활동은 모든 사람들을 성장, 발전시킨다는 가치를 지니고 있다”는 점을 이해한다면 여가나 레크리에이션은 이러한 부류의 사람들에게는 그 가치나 중요성이 크다(채준안·이복희, 1993).

기분전환이나 오락 자체의 서비스만을 제공했던 레크리에이션 프로그램은 제1, 2차 세계대전 이후 발생된 많은 환자들에 대해 의료진의 치료지원, 환자의 적응력 향상 지원 및 기술 개발을 위한 공식적인 치료프로그램으로 발달되었다. 제1차 세계대전 이후, 병원은 부상당한 참전용사들과 전쟁의 후유증으로 오랫동안 병원에 입원하게 된 참전용사들을 위해 적십자 요원들이 환자들에게 여가 활동을 활용한 봉사를 시작하였다. 그 결과 참전 용사들은 치료 자체를 즐거워할 뿐만 아니라 기능 또한 회복되었고, 이로 인해 여가 경험의 긍정적 가치가 인정되어, 여러 병원들이 레크리에이션 부서를 설립하였다. 치료레크리에이션(Therapeutic Recreation)이란 용어는 1950년대까지지도 일반적으로 사용되지는 않았다. 그 이전에는 병원 레크리에이션(Hospital Recreation), 의료 레크리에이션(Medical Recreation), 레크리에이션적 치료(Recreational Therapy), 질병과 장애가 있는 사람들을 위한 레크리에이션(Recreation for the ill and handicapped)이란 용어로 사용되어 왔다(한이석, 1994). 그 후 치료레크리에이션은 점차 발전을 이루었고 많은 학자들이 용어에 대한 정의를 내렸다.

1950년대 이래로 군인과 퇴역 군인 및 신체적·정신적 장애인을 위한 서비스가 실시되었고, 이는 노인을 위한 지역사회센터 시설과 교정 시설에까지 확대되었다.

1960년대에 전미 치료레크리에이션협회(National Therapeutic Recreation Society

: NTRS)에서는 치료레크리에이션에 대해 다음과 같이 정의를 내렸다. "레크리에이션을 이용함으로써 신체적·정신적·정서적·사회적 행동영역에 있어서 행동의 변화와 개인적 성장발전을 이루는 과정이다." 여기서 중요한 핵심은 레크리에이션을 바람직한 행동변화와 개인적 성장발전을 위해 사용한다는 사실이다.

이와 같은 치료 레크리에이션의 발달과정의 특징은 다음과 같이 구분될 수 있다. 첫째, 의사가 처방으로 실시하던 레크리에이션 활동을 전문 지도자의 역할로 부여함으로써 역할 주체의 전환과 치료 레크리에이션이라는 새로운 전문직의 탄생을 의미한다. 둘째, 치료 레크리에이션의 교과목 등장과 학과 개설로 치료 레크리에이션 전문가 양성을 위한 프로그램 개발이 시도되었다. 셋째, 병원과 지역사회 시설에서 레크리에이션이 확산 및 가속화되었으며, 치료 레크리에이션 전문가의 치료적 책임이 요구되었다. 이는 치료 레크리에이션이 단지 보호서비스가 아닌 치료와 재활, 복귀할 수 있는 서비스의 역할을 의미하는 것으로, 이 당시 정신질환자를 위한 서비스로서의 역할이 대두되기 시작하였다. 이러한 역할의 부각은 클라이언트에게 체계적 서비스를 제공하기 위한 의료, 보호, 환경, 교육 및 지역사회 접근에 따른 다양한 모델개발과 적용의 필요성을 강조하였다. 특별히 다양한 모델의 개발과 활용 속에서 1972년 Peterson에 의해 개발된 여가 능력 모델은 전미 치료 레크리에이션 협회의 공식모델로 채택됨으로써 기능적 개입, 여가 교육, 여가 참여 서비스의 중요성을 언급하고, 클라이언트에게 쉽게 제공될 수 있는 특징을 설명하였다(R. Kraus and J. Shank, 1992).

이것을 계기로 치료레크리에이션 모델의 적용이 공식적으로 개발되기 시작하였으며, 전문인력의 채용과 치료레크리에이션의 가치와 유용성에 대한 논문이 발표되었다(채준안, 2003).

2) 치료레크리에이션의 목적

치료레크리에이션의 목적은 궁극적으로 자기계발과 자기표현을 위한 여가경험과 레크리에이션 참여 기회로 연관되어 있다. 장애조건을 갖고 있는 사람들도 만족스러운 여가 경험과 레크리에이션에 참여하는 의미 있는 존재이다.

그러나 불행하게도 장애에서 오는 한계성과 우리 사회의 구조적 모순 때문에 이들에 대한 여가 표현과 레크리에이션 참여는 때때로 억제되고 방해받아 왔다. 이러한 장애조건을 가지고 있는 사람을 위해 그들에게 적당한 여가 생활스타일(Leisure-Lifestyle)을 개발·유지하고, 표현을 쉽게 하도록 하는 것은 전문적 서비스의 영역일 뿐 아니라 인간 욕구의 영역으로서 설정되었다. 여가 요소에 초점을 두어 삶의 질을 높이는 것은 즐거운 활동을 줄 뿐 아니라 치료에 사용하는 매개로서 몇 가지 활동을 실행하는 것 이상의 의미가 있다.

3) 치료레크리에이션의 대상

신체적, 정신적, 사회적, 정서적 측면에서 적응의 문제로 여가 기능에 제한을 받고 있는 사람은 치료레크리에이션 서비스를 통해 적합하고 잠재적인 효과를 얻을 수 있다. 정신지체아, 정신적·정서적 장애인, 신체적·감각적 손상, 급성 또는 만성적 질병, 약물남용자들은 치료레크리에이션 서비스를 제공하는 실천현장에서 일반적인 치료레크리에이션의 대상이다. 또한 구속되어 있거나 다양한 재활센터에 있는 범죄자 역시 치료레크리에이션 서비스를 받아야 할 사람들이다. 현대에는 의학적·정신과적 상태를 가지고 있는 사람들이 치료레크리에이션에 포함되는 기본적 클라이언트들이다(S. O'Morrow, Gerald, 1976). 그러나 미래에는 대상이 더욱더 증가하고 다양해질 것이다. 문화적 차이로 인해 적응이 어려운 대상도 여기에 해당된다고 볼 수 있다.

4) 치료레크리에이션의 장소

치료레크리에이션 시행 장소로 적응의 문제가 되는 클라이언트가 속해 있는 기관이나 조직, 제한을 가진 사람을 도와주는 기관이나 센터는 치료레크리에이션 서비스의 제공을 위한 적합한 실천현장이다. 임상센터, 사회복지생활시설 그리고 건강보호센터에서의 치료레크리에이션은 포괄적 서비스 중 하나의 구성요소이다.

그런 실천현장의 전통적인 예로는 지역사회 정신건강센터, 국립/사립 정신의료시설, 특수교육센터, 소아정신건강센터, 국립/사립 정신지체시설, 재활센터, 일반병원(군병원도 포함), 요양시설, 장기건강보호시설, 시각장애/청각장애/ 정서적 행동 질병/중증복합장애 같은 집단을 서비스하는 특수기숙학교나 센터, 정서장애인들을 위한 장기 캠핑시설이 있다.

5) 치료레크리에이션의 서비스 모델

치료레크리에이션 서비스 모델은 클라이언트를 적합한 여가 생활스타일의 개발, 유지, 표현을 쉽게 하는 특별한 프로그램에 참여시키는 데 있어서 주의 깊은 계획이 요구된다. 클라이언트들은 여가 이해와 여가 기능의 능력 및 잠재력을 상

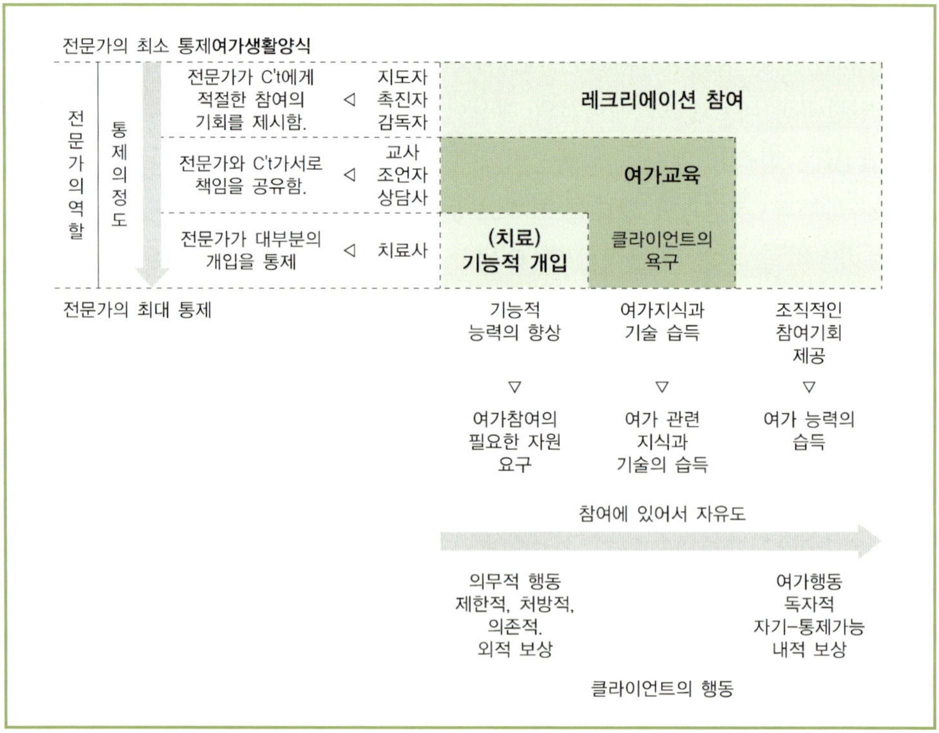

그림 15-3 | Peterson과 Gunn의 여가능력 모델 - TR 서비스 모델

당히 다양하게 가지고 있다. 다음 <그림 3>의 세 가지 프로그램 서비스 범주는 여가 기능과 관계되어 있는 클라이언트의 요구를 명백하게 하기 위해 개념화하였다(R. A. David, & E. C. Michael, 1991).

(1) 치료(Treatment) 서비스 ➡ 기능적 개입(Functional Intervention) 서비스

치료 서비스의 목적은 클라이언트의 기능적 행동 영역 증진에 초점을 둔다. 치료레크리에이션 전문가는 장애나 질병을 가진 사람의 신체/정신/사회/정서적 기능 행동영역에서의 장점과 결점을 파악해야 한다. 여가 참여에 문제가 되거나 제한이 되는 특별한 기능적 결함이 프로그램 개입에서 목표 영역이 된다. 여기에서 이루어지는 모든 프로그램들은 명백하게 기능의 증진과 연관된 목적을 가지고 계획된다. 레크리에이션과 여가활동에서 행동 영역이 증진되도록 선택된 전문가는 클라이언트의 치료 및 기능 증진에 효과를 줄 수 있는지를 고려하여 프로그램을 주의 깊게 선택해야 한다.

대부분의 질병과 장애에는 일반적으로 기능적 문제가 수반된다. 치료 서비스는 임상현장(군병원)에서 가장 빈번하게 사용된다. 예를 들면 스트레스로 인한 부적응 문제들로 규범문화를 벗어 던지고 가출이나 이탈을 하는 클라이언트를 위한 프로그램, 자살과 같은 극단적인 방법을 선택하는 클라이언트를 위한 프로그램, 정서적 기능이나 사회적 상호작용 증진 프로그램 등이 해당된다고 본다.

(2) 여가교육(Leisure Education) 서비스

이 서비스의 목적은 여가 생활스타일(Leisure-lifestyle) 개발과 연관된 기술/태도/지식의 개발에 초점이 맞추어 진다. 의미 있는 여가 경험에 참가하는 능력은 여가에 대한 이해뿐 아니라 여가시간에 활용할 수 있는 많은 기술들을 반복하여 습득함으로써 더욱 증진될 수 있다. 사정은 클라이언트가 가지고 있는 여가 능력과 여가 장애요인을 결정하는 데 중요한 역할을 한다. 프로그램은 여가기술/태도/지식의 개발을 위한 특수한 목적으로 계획된다. 여가교육 서비스는 임상적 그리고 지역사회에 기준한 현장에서 대다수의 클라이언트가 필요로 하는 영역이다. 담배나 알코올 중독, 인터넷 중독된 클라이언트를 위한 프로그램이 인식의 변화를 통하여 습득하는 교육프로그램이 여기에 해당한다고 본다. 예들 들면 "술보다 더 좋은 여가활동은 많다." 술이나 담배보다 즐거운 활동으로 삶의 질을 높일 수 있는 다양한 여가활동을 처방(상담)함으로써 스트레스를 해소하는 방법이 건전한 여가활동의 다양함을 습득할 수 있게 도와줄 수 있는 방법이라 하겠다.

(3) 레크리에이션 참여(Recreation Participation) 서비스

레크리에이션 참여에서는 즐거움과 자기표현을 위하여 구조화된 집단 레크리에이션 경험에 참여하도록 클라이언트에게 기회를 제공한다. 임상적 지역사회 실천현장에서 이러한 프로그램은 중요한 참여 역할을 제공한다. 여가 관련 기술의 획득은 이러한 기술을 사용할 기회가 없다면 전혀 쓸모가 없게 된다. 즉, 다양한 여가활동에 자발적으로 참여할 수 있도록 기회를 제공함으로써 그 문화에 적합한 적응 방법을 스스로 극복하게 만들어 주는 것이다.

세 가지 특수한 형태의 서비스(치료/여가교육/레크리에이션 참여)의 개념화 안에서 프로그램에 참여하고 있는 클라이언트는 위의 세 가지 서비스에서 하나, 둘 또는 세 가지 모든 영역에서의 서비스가 필요할 수도 있다. 이 두 가지 서비스 영역(치료, 여가교육)은 동시에 이루어질 수 있지만, 단일목적 지향적 방법을 원칙으로 하고 있으며, 우선적으로 또 다른 경우에는 기능적 문제가 명백할 경우 이러한 개인은 기능문제가 해결된 후 여가교육 서비스로부터 혜택을 얻어야 한다. 즉, 질병과 장애에서 여가기술과 지식의 획득으로 초점을 옮긴다.치료레크리에이션 참여 서비스에서 클라이언트가 기능적 문제가 있거나 여가교육 서비스의 목적인 지식과 기술이 부족하다 할지라도 모든 클라이언트는 레크리에이션 참여 서비스로부터 즐거움과 효과를 얻을 수 있다.

6) 치료레크리에이션의 실천과정

치료레크리에이션 전문가가 클라이언트의 욕구를 정확히 파악하여 그들의 건강 수준을 증진하도록 돕는 체계적인 문제 해결 절차이다. 치료레크리에이션 과정은 사정(Assessment), 계획(Planning), 실행(Implementation),평가(Evaluation)의 네 단계로 구성되어 있다.

첫째, 사정 단계에서는 클라이언트의 건강 상태, 욕구, 장점을 정확하게 파악한다.

둘째, 계획 단계에서는 파악된 욕구를 파악하기 위해 특정 활동과 프로그램을 이용한 여러 가지 방법을 고안한다. 계획 단계의 초점은 클라이언트의 행동을 변화시켜서 일반적 환경으로 돌려보내는 일반화에 목표를 둔다.

셋째, 실행 단계에서는 계획 단계에서 설정된 목적에 전문가가 개입하여 시행하는 단계인데, 이때 치료레크리에이션 전문가는 인간의 사고와 기능의 정신적 역동성을 이행할 뿐 아니라 집단 역동성과 집단 과정을 잘 이해하고 있어야 한다.

넷째, 평가 단계는 클라이언트 개인이나 집단에 맞게 그들이 세운 목표가 얼마나 진전되었는지 그 정도를 확인하는 분석 자료이다. 만약 계획된 프로그램이 효과가 없었다면 수정, 재실행, 재평가가 필요하다(오영훈, 1994).

(1) 치료레크리에이션의 활동

치료레크리에이션 활동은 치료레크리에이션의 개입 수단이자 목적이다. 치료레크리에이션 활동을 통한 개입의 목적은 특수인구집단의 신체, 정신, 정서, 사회 그리고 지적인 성장과 개발을 증진시키기 위함이다(L. Jones, 1987 : 13-17).

① 활동의 가치

활동의 초점은 특수인구집단의 치료적 욕구를 충족시키기 위해 결정되어야 한다.

- 진단과 평가를 돕는다.
- 일상생활에 적응하도록 돕는다.

- 자아의 성장과 발전을 증진시킨다.
- 상호 인간관계를 통한 사회성을 증진시킨다.
- 창조를 위한 기회를 제공하고 새로운 기술과 기존의 기술 활용을 돕는다.
- 자신과 미래에 대한 긍정적인 태도를 갖게 한다.
- 현실생활에 접근할 수 있도록 돕는다.
- 건전한 개인 습관을 증진시킨다.
- 적대적이고 공격적인 감정을 발산할 수 있는 합리적인 방법을 득한다.
- 일상생활을 위해 준비하도록 한다.

② 활동 영역

치료레크리에이션 활동은 신체적, 정서적, 사회적 그리고 정신적인 한계성을 가진 개인들에게 적합하게 적용될 수 있으며 그 유형은 다양하다. 치료레크리에이션 활동은 유형, 계절, 나이, 성별, 수행 공간, 장소, 비용, 그리고 필요한 기술, 참여시간 등에 따라 다양한 방법으로 분류된다. 그러나 특수인구집단의 신체적·정신적·정서적·사회적인 욕구를 충족시킬 수 있는 활동의 형태는 제한적이다. 그래서 전문가는 대상의 능력과 수준에 적합하도록 끊임없이 활동을 수정하고 새로운 활동을 고안하고 있다. 다음과 같이 구체화된 치료레크리에이션 활동은 신체적·정신적·정서적·사회적으로 제한을 가진 사람을 위한 중요한 활동영역이라 할 수 있다(D. D. Ward, 1985 : 52-57).

- 미술과 공예(Art & Craft)
- 춤(Dance)
- 오락물(Entertainment)
- 취미 활동(Hobbies, Special Interests)/
- 음악(Music)
- 자연과 실외 레크리에이션 활동(Nature & Outdoor Recreation Activities)
- 야외 활동(Outing Activities)

- 신체적 활동(Physical Activities)
- 사회적 활동(Social Activities)
- 특별한 이벤트(special event)
- 자원봉사 활동(voluntary service or community service projects)

PART 4

한국군사회복지제도

Chapter 16

한국군사회복지제도의 발전 방안

이 장에서는 한국군사회복지제도의 발전을 위해 제도와 제도화의 개념, 군사회복지제도, 한국군사회복지제도화의 추진현황 및 실태, 한국군사회복지사의 자격, 한국군사회복지제도화의 현실적 문제점, 그리고 한국군사회복지제도의 발전 방안 등에 대해 알아보고, 한국군사회복지제도의 발전 방안을 Goodman & Dean, Jr.(1982)의 제도화에 대한 기본모형과 관련하여 모색해 보고자 한다.

1 제도와 제도화, 그리고 제도화 이론의 개념

1) 제도(institution)

제도란 사회의 성원(成員) 사이에서 여러 가지 생활영역을 중심으로 한 규범(規範)이나 가치체계에 바탕을 두고 형성되는 복합적인 사회규범의 체계로서 단적으로 말하면 규범의 복합체이다. 이 '규범'의 내용은 형식화되고 정리되어 공권력(公權力)을 수반하는 법률에서부터 형식화되지 않은 채 일상생활에서의 막연한 약속과 같은 습속(習俗)이나 관습에 이르기까지 그 범위는 광범하다. 즉, 정치제도·경제제도·교육제도·가족제도·종교제도 등에서부터 도덕이나 언어 같은 것까지 포함한다.

또한 사회제도는 구체적이고 독특한 사회 문화적 기능의 어떤 목적을 수행하기 위한 관계의 공식적인 조직으로, 예를 들면 종교, 가족, 군 조직, 정부 및 사회복지 시스템 등을 포함한다.

사회학자들이 말하는 '사회제도'는 일반적으로 잘 확립되고 쉽게 인식되고 상대적으로 안정적인 규범, 가치, 법률에 의해 규제되는 사회행동의 측면에 적용된다. 사실상 실질적인 행동유형보다는 규범, 가치, 법률의 복합체를 가리키는 데 사용해 왔다. 때때로 그것은 모든 사회가 가족과 친족, 경제·정치·문화적 제도와 사회적 계층 같은 몇몇 중요한 제도적 영역으로 분석될 수 있으며, 이것들은 각각 사회생활의 중요한 측면을 규제하는데, 이러한 경우에 제도의 개념은 사회적, 기능적 전제조건과 연결된다.

또한 '제도화(institutionalization)'라는 단어는 사회학자들에 의해 종종 사용되지만, 사회조직의 다양한 유형의 일상생활적 의미는 사회에서 나온다.

2) 제도화(institutionalization)

'제도화'란 특정한 사회적 질서나 문화적 패턴이 당연시되는 과정(Jepper, 1991)이며, 행위의 의미가 공유됨으로써 사회적인 질서가 만들어져 가는 과정(Berger & Luckmann, 1967)이라고 할 수 있다.

사회적 과정으로서의 제도화는 다양한 사회적·조직적 환경에서 행동법칙의 점진적 성장과 결정화를 의미한다. 제도화의 사례는 카리스마의 일상화와 합리적-법적 관리의 점진적 출현이라는 베버(Weber)에 의해 기술된 특징과 엘리아스(Elias)에 의해 기술된 국가형성과정과 결합된 문명화과정, 혹은 대중민주적, 정치적 정당의 경쟁과 규제된 노사의 협상을 통한 근대사회에서의 계급투쟁의 제도화도 해당된다(고영복, 2000).

'제도화'는 사물이 수행되는 방식으로 인식되며, 일단 제도화되면 그것은 현실의 한 부분으로 존재하며, 모든 사람이 이를 따를 수밖에 없게 된다(Zucker, 1977). 이처럼 제도화는 제도의 형성에서부터 정착에 이르는 과정을 뜻하며, 제도화는 제도화의 주체, 제도화의 영역, 제도화의 논리, 제도화의 정당성이라는 네 가지 측면에 초점을 맞추어 분석해야 한다(Khurana, 2007).

3) 제도화 이론

제도화 이론은 조직들의 생존과 운영원리에 관하여 효율성이 아닌 새로운 관점을 제시한다. 제도화 이론에서 중시하는 것은 이해관계자로부터의 정당성의 획득으로서 조직을 둘러싼 환경 안에서 어떤 조직의 존재가 외부적으로 정당한 것으로 인정받을 수 있을 때 해당조직의 성공을 기대할 수 있다는 것이다.

제도적인 환경이란 고객, 투자자, 협회, 이사회, 정부, 협력기업, 환경단체 같은 다양한 이해관계자들의 규범과 가치로 구성된다. 조직은 외부 이해관계자를 만족시키기 위해서 조직의 구조와 프로세스를 선택하며, 조직의 활동에 대한 외부 이해관계자의 기대는 조직에게 일종의 규칙으로 받아들여진다. 즉, 조직의 제도적인 환경은 어떻게 조직을 운영하고 행동하는 것이 올바른 방식인가에 대한 사회의 시각을 반영하는 것이다.

정당성이란 조직의 활동이 바람직하고 적절하며 환경의 규범과 가치, 그리고 신념체계와 부합한다는 사회전반의 시각이다. 따라서 제도화 이론에서는 눈에 보이는 요소인 기술과 구조보다는 눈에 가시적으로 보이지는 않지만 행동에 영향을 미칠 수 있는 규범과 가치 등을 더욱 중요하게 생각한다.

4) 제도화의 기본모형

조직변화와 관련하여 제도화에 대한 기본모형은 행위에 대한 인지적 동의, 행위의 공통적 수행, 행위에 대한 선호, 규범적 동의, 가치의 다섯 가지 기준으로 구성되어 있다(Goodman & Dean, Jr., 1982; 김학수, 1986 재인용).

① 행위에 대한 인지적 동의 : 제도화는 행위 또는 행동으로 정의된다. 예를 들면, 자율적 작업집단(autonomous workgroup)이라고 할 때 거기에는 직무순환, 집단의사결정 등 많은 새로운 행위가 있다. 제도화는 현실에 대한 사회적 해석이기 때문에 행위에 대한 공통인지가 있는가 하는 것이 첫째 기준이 된다.

② 행위의 공통적 수행 : 변화계획에 있어서 새로운 행위가 여러 사람에 의해 수행되어야 한다.

③ 행위에 대한 선호 : 행위가 개인적 혹은 집단적 제재의 결과로 나온 것과 사적으로 그 행위를 받아들이고 경향을 보이는 것과는 관계가 없다. 여기에서 제도화의 필요조건의 하나로서 긍정적 경향으로 반영된 개인적 채택 수준이 고려된다.

④ 규범적 동의 : 이것은 사회구조를 표현하는 것이다. 즉, 새로운 행위가 조직의 규범적 체계의 일부가 되었는지의 정도를 말한다.

⑤ 가치 : 이것은 특정행위에 관련한 가치에 대한 사회적 동의를 가리킨다. 가치는 구체적인 규범적 가치들로부터 추상화된 것이다. 특정 행위에 대해 개인들이 일반화된 가치를 부여하는 것은 제도와의 중요한 측면이다. 여기에는 개인이 가치를 가지고 있고, 타인도 같은지를 아는 것이 중요한 요인이 된다.

위 다섯 가지는 분석적으로 독립된 것이며, 또한 1차원적 구조를 나타내는 순서가 있다. 즉, 인지에서 시작하여 가치에 이르거나 가치에서 시작하여 인지에 이르는 것이다. 조직이 균형 상태에 있다고 본다면 변화의 도입은 인지에서 시작하여 가치에 이르게 된다. 또 제도화에는 앞의 세 측면이 필요조건이다. 즉, 인지 행위 선호가 있더라도 제도화되었다고는 할 수 없고, 규범과 가치에 이르렀을 때 비로소 제도화되었다고 할 수 있다(Goodman & Dean, Jr., 1982; 김학수, 1986 재인용)

2 사회보장제도와 군사회복지제도

1) 사회복지법과 군사회복지법

사회복지법의 개념은 보통 최광의 개념, 광의 개념, 협의 개념, 최협의 개념의 네 가지로 구분된다. 우선 최광의(가장 넓은 의미)의 사회복지법은 헌법에서 "국민에게 인정하고 있는 사회적 기본권을 국가가 구체적으로 보장해 주기 위해 행하는 사회복지정책에 관한 모든 법규범"이라고 정의한다. 여기서 사회적 기본권은 사회국가 내지 복지국가의 헌법에서는 국민이 자신의 인간다운 생활을 확보하기 위하여 국가가 국민에게 일정한 급부와 배려를 해 줄 것을 요구할 수 있는 권리를 보장하고 있는 바, 그러한 권리를 '사회적 기본권'이라고 말한다. '생존권적 기본권', '생활권적 기본권' 등으로 표현하기도 한다(권영성, 2009).

일반적으로 가장 많이 사용되는 개념은 광의(넓은 의미)의 개념 차원에서 군사회복지법도 사회복지법의 하나라고 할 수 있다.

따라서 군사회복지법도 '개인을 사회위험으로부터 보호'하기 위한 성격을 가져야 하며, 개인을 사회위험으로부터 보호하는 것을 '직접적인 목적으로 제공하는 급여관계'에 관한 성격을 가지며, '국가 혹은 공법인'이 제공하는 급여관계를 규율하는 '공법'의 성격을 가져야 함은 마땅하다(조흥식, 2009).

군인복지기본권의 직접적 근거가 되는 것은 헌법상의 인간다운 생활권과 그것의 파생적 권리인 사회보장권(사회보장수급권, 사회보장을 받을 권리)이다. 그러나 기본권의 법 이념적 기초는 인간으로서의 존엄과 가치 및 행복추구권과 평등권에 있다고 할 것이다(김유성·이흥재, 1991).

이러한 이념적 기초 위에 군인복지기본권의 내용은 크게 실체적 권리인 사회보장청구권과 절차적 권리인 자기관철의 권리로 나누어 볼 수 있는데, 전자는 의료보장청구권, 교육보장청구권, 소득보장청구권 및 복지서비스청구권 등으로 이루어지며, 후자는 권리구제쟁송권, 행정 및 입법참여권과 자주적 단결권 및 단체교섭권으로 세분할 수 있다. 이렇게 군인복지기본권은 인간다운 생활권과 사회보장권의 내용이 그 실체적 권리와 절차적 권리가 함께 보장될 때 제대로 된 권리 실현이 가능할 것이다(조흥식, 2009).

2) 사회보장제도와 사회보장기본법

(1) 사회보장제도

국내 여러 문헌과 교재에서 복지제도, 사회복지제도, 사회보장제도를 구분하지 않고 혼용하여 사용되고, 사회복지기능과 사회보장기능을 혼재하여 다루고 있는데, 그 이유는 사회복지와 사회보장을 현실적으로 구분하기 어렵기 때문이라고 여겨진다.

사회보장제도는 일반적으로 사회보험, 사회부조 또는 공공부조, 공적 서비스 또는 사회복지사업, 그리고 그 밖의 관련 정책 또는 제도의 4개 부문으로 대별할 수 있다. 따라서 사회보장의 구조는 연금제도, 산업재해보상보험제도, 고용보험제도, 의료보험제도의 4대 사회보험과 아동수당(가족수당) 그리고 공공부조로 구성된다(박경일 외, 2002).

일반적으로 사회복지정책의 영역은 ① 소득보장정책, ② 건강·의료보장정책, ③ 교육정책, ④ 주택정책, ⑤ 개별사회서비스, ⑥ 조세정책, ⑦ 노동시장(고용)정책 등으로 분류할 수 있고, 이 중에서 조세정책과 노동시장정책을 제외한 나머지를 5대 주요 영역으로 간주하기도 한다(한국복지행정학회, 2007).

또한, 사회복지정책을 좁게 해석하면 소득보장, 건강, 주택, 대인적 사회서비스 등 네 가지 영역으로, 넓게 해석하면 소득보장, 건강, 주택, 교육, 대인적 서비스, 조세정책, 노동정책의 7대 영역으로 구성되어 있다고 할 수 있다(박경일, 2007).

사회복지의 기능은 역할 측면이나 비용부담 측면, 결과 측면 등의 각 관점에 따라 달라질 수 있는데, 일반적인 사회복지로서의 기능은 ① 사회문제의 해결과 사회적 욕구의 충족기능, ② 사회통합 기능, ③ 정치적 기능이 있고, 사회보장기능은 ① 최저생활보장 기능, ② 소득보장 기능, ③ 신체보호 기능, ④ 고용안정과 완전고용의 기능, ⑤ 소득재분배적 기능, ⑥ 생산성 기능이 있다. 사회복지제도는 운영주체, 수혜대상, 내용, 재원조달 및 전달체계 등으로 구성되어 있다(강정원, 2011).

(2) 사회보장기본법

사회보장기본법 제3조에 명시된 바와 같이 사회보장이란 "출산, 양육, 실업, 노령, 장애, 질병, 빈곤 및 사망 등의 사회적 위험으로부터 모든 국민을 보호하고 국민의 삶의 질을 향상시키는 데 필요한 소득 서비스를 보장하는 사회보험·공공부조·사회서비스"를 말한다.

사회보장기본법은 "사회보장에 관한 국민의 권리와 국가 및 지방자치단체의 책임을 정하고 사회보장정책의 수립 추진과 관련제도에 관한 기본적인 사항을 규정함으로써 국민의 복지증진에 이바지하는 것"을 목적으로 한다(법 제1조).

사회보장기본법은 헌법상의 기본권을 실현하는 데 기여함을 목적으로 하고 있고, 이를 구현하기 위한 구체적 수단으로 국가 및 지방자치단체의 의무와 책임을 명시하고 있으며, 사회보장의 범위와 사회보장제도의 구체화를 위해서 사회보장정책을 수립하고 추진하는 것과 관련된 기본적 사항을 규정한다고 목적에서 천명하고 있다(박차상 외, 2013).

1995년에 제정되고 공포된 사회보장기본법은 1963년에 제정된 사회보장에 관한 법률을 대체하는 법으로서 우리나라 경제·사회의 발전수준과 국민의 복지욕구에 부합하는 사회보장제도를 확립하여 국민복지의 증진을 도모하기 위해 입법하였고, 여러 차례의 개정을 거듭하면서 2012년에 전면 개정된 사회보장기본법은 현재의 신사회적 위험에 대응하고, 미래의 발전적인 방향을 지향한다는 점에서 평생사회안전망 구축을 위한 노력을 높이 평가할 수 있다.

전면 개정된 사회보장기본법의 특징은 종래 사회보장기본법의 범위를 확대하여 '평생사회안전망'이란 개념을 도입하여 생애주기에 걸쳐 보편적으로 충족되어야 할 특수욕구를 동시에 고려하여 소득·서비스를 보장하는 맞춤형 사회보장제도가 구체화되었다는 데 그 의의가 있다.

이러한 사회보장정책의 기본방향은 평생사회안전망 구축, 사회서비스에 관한 시책 마련, 소득을 보장하는 방향을 규정함으로써 사회보장의 실천방향을 확고히 하고 있다(박차상 외, 2013).

3) 군사회복지제도

군사회복지의 개념은 다양하게 정의되어 오고 있으나, 광의의 개념은 국군의 사기앙양을 통해 전투력 향상을 도모하고, 우수인력의 확보를 위해 군 조직 성원과 그 가족 및 일정한 자격을 갖춘 제대군인에게 정신적·물질적 욕구를 충족할 수 있도록 하는 제 급부, 시설 및 활동의 총체이고, 협의의 개념은 군에서 전문적인 능력과 자격을 갖춘 사회복지사가 제공하는 사회적 서비스를 말한다(정효현, 2007; 방은상, 2011).

(1) 군사회복지제도와 민간사회복지제도

헌법에 군 사기앙양과 복지증진을 명시해야 할 당위성의 하나로 군사회복지와 현행 민간 대상의 사회복지와의 근본적인 차이가 있기 때문이다. 민간사회복지제도와 군사회복지제도의 관계를 제도 발생, 내용, 지원수준, 권익승계 여부, 담당주체, 제도 미흡 시 야기되는 결과로 구분하여 정리하면 다음 <표 16-1>과 같다.

상호 정책구현수단이 대동소이하다는 유사점이 있으나, 군 사회복지와 민간사회보장(협의의 사회복지)과는 이념·목적·연원 등에서 현저한 차이를 보이고 있다. 그럼에도 불구하고 양자를 동일시하려는 경향이 잔존하고 있음은 안타까운 일이다(정효현, 2008).

표 16-1 | 민간사회복지제도와 군사회복지제도의 비교

구분	민간사회복지제도	군사회복지제도
제도 발생 연원	• 자본주의 발생에 따라 나타난 빈곤문제가 사회화하여 개인의 빈곤이 사회적 책임이라는 인식에서 발생	• 국가와 민족을 위하여 특별히 공헌하거나 희생한 자에 대하여 국가가 보상의 의무를 지는 공동체의 규범원리 • 국가의 당위적 의무이행으로 인식
내용	• 복지 측면에서 사회보험, 공적부조, 사회복지서비스 등 물질적 구빈대책	• 국가보상적 측면에서의 물질적 보상, 정신적 예우를 결합한 시책

구분	민간사회복지제도	군사회복지제도
지원수준	• 기본적인 인간다운 생활을 도모하기 위한 최저생계 유지수준(경제적 실정 참작)	• 희생과 공헌에 상응하는 보상으로 생계유지 이상의 영예로운 생활영위를 목표
권익승계 여부	• 생활여건 변화 시 권익상실	• 권익, 예우 등 신분적 권리 부여 • 생존 시뿐만 아니라 유족까지 권리승계
담당 주체	• 국가, 지방자치단체 또는 관련 사회단체	• 국가
제도 미흡 시 결과	• 사회문제(개인적·사회적 문제)	• 국가기반 와해(국가적 문제)

(2) 군사회복지제도의 국제비교

각국의 군사회복지정책과 제도는 사회보장제도, 국가별로 처해 있는 특수여건, 국방정책, 군대의 역사 등에 따라 다양한 모습과 특징을 보이고 있다. 또한 자국의 사회여건에 맞는 최적의 제도를 채택하거나 외국의 제도를 자국의 실정에 맞게 적용하고 있다.

정책수립과정에서 직업적 중요성과 직무수행의 불리점 등을 고려하여 각종 국가정책에 있어서 군의 복지에 많은 배려를 하고 있다. 예를 들면, 영국은 해외주둔 지역이 많기 때문에 본토에 남아 있는 가족들을 위한 문화, 여행, 주둔지 방문지원 등 다양한 가족지원 프로그램들이 발전되었다(Daley, 2003).

1935년에 미국은 노령·유족·장해보험(OASDI)제도를 도입하면서 노후 대비책으로서의 국가의 노력을 실현시키고 있다. OASDI를 근간으로 하여 특수지역을 대상으로 철도퇴직제도(RRS), 연방공무원연금제도(CSRS, FERS), 군인연금제도(MRS) 및 주·지방 공무원연금제도 등 다양한 공적연금체계를 구축하고 있으며, 이 밖에 ERISA법을 기초로 하는 민간의 기업연금이나 기타 개인연금 등을 갖추고 있다(한국행정연구원, 2007).

지원병제를 채택하고 있는 미국을 비롯한 국가는 정책적으로 일반기업과 인력채용과정에서 경쟁할 수 있는 복지제도를 마련하고 있다. 그 대표적인 문화복지제도가 MWR이다.

MWR(Morale, Welfare and Recreation; 사기, 복지, 여가)은 군 인력과 그 가족의 안락, 기쁨, 만족, 정신적 및 신체적 건강을 증진시키기 위해 군 당국에 의해 고안된 사기, 복지 오락활동이다(원창희, 이원배, 1994).

자타가 공인하는 복지국가로서 독일의 사회보장제도는 노령, 산재, 질병, 실업이라는 사회적 위험을 대비하는 사회보험을 근간으로 교육, 가족 및 자녀양육, 주거 등에 대한 포괄적인 사회복지제도가 존재하는 매우 복합적인 제도의 혼합물이다.

독일은 미국의 문화복지제도를 자국의 여건에 맞추어 보완하여 적용하고 있다. 대만과 중국은 별거가족과 제대 후 보상제도를 확고히 하고, 복무 중 사고를 당한 군인과 가족에게 물질적 보상과 우대를 하고 있다(Kaslow, 1993).

일본은 제2차 세계대전 후 일본이 처한 정치 사회적인 여건에 의해 정규 군사력 건설이 제한됨으로써 국가적인 차원의 군사회복지정책 마련은 어려움이 있었다. 따라서 군의 위상을 제고하기 위하여 대기업 수준의 보수정책과 공제조합이 활성화되어 있다. 즉, 군 자체적인 복지여건은 군의 위상과 함께 공제조합을 지원해 줌으로써 지속적인 조직원들의 복지발전을 도모하고 있는 추세이다.

우리나라 국군은 창군 이후 체계적인 장기계획 없이 각 군별로 기초적이고 단편적인 수준에서 군인복지를 추진해 오다가 2007년 12월 의원입법 발의로 군인복지기본법이 제정되어 이를 모태로 하여 2009년 4월에 군인복지 기본계획을 작성하여 군사회복지를 체계적으로 추구할 수 있는 발판을 마련하게 되었다(방은상, 2011).

군인복지기본법은 2008년 2월 22일에 시행되어 당초 5개년 군인복지기본계획(2008~2012년)이 4개년(2009~2012년) 군인복지기본계획으로 바뀌어 2009년부터 본격적으로 시행되었고, 현재는 제2차 군인복지기본계획(2014~2018년)을 수립 중이다.

이상으로 살펴본 바와 같이 각국은 외국의 군사회복지제도를 자국의 실정에 맞게 적용하고 있으며, 그 내용은 다음과 같다.

첫째, 정책의 기조 면에서 미국은 경제적 복지와 문화복지로 나누어 군인과 가족의 복지대책을 마련하고 있다. 독일과 일본의 경우, 미국의 MWR을 도입하여 자국의 여건에 맞게 보완하였으며, 적극적인 국고지원을 하고 있다. 둘째, 국가별로 복지를 전담하는 부서에서 전문적으로 업무를 추진하고 있다. 셋째, 보수 면에서는 군인의 직업적으로 불리한 점을 보상하도록 임금체계를 마련하고 있다. 넷째, 자녀에게는 각종 학자금과 교육 프로그램을 지원하고 있으며, 제대 후에는 재취업이 가능하도록 법적인 장치와 일자리를 확보하고 있다. 다섯째, 미국과 독일은 군인연금 재원 마련을 위한 기여금을 개인에게 부담시키지 않거나 최소화하고 있다.

이상으로 살펴본 우리나라와 외국의 군사회복지정책 및 제도에 대해 정리하여 비교하면 다음 <표 16-2>와 같다(유홍위, 2008).

표 16-2 | 우리나라와 외국의 군사회복지정책 및 제도의 비교

구분	한국군	미군	독일군	일본군
정책기조	직업군인 위주 간접보상효과 병사는 병영생활을 위한 기초적 복지제공	경제적 복지와 문화복지(MWR)로 구분 포괄적 복지정책 수립	사회보험과 공적부조의 2개 축으로 구성 복지·오락서비스 분야에 역점	군의 위상 발전에 기여하는 복지정책 공제조합을 통한 조직원들의 복지향상 추구
주관기구	복지보건국 각 군복지단 군인공제회	군사회 가족지원본부	연방군사회 서비스국	방위청 산하 공제조합
생활지원	가족수당	별거수당 가족수당	별거수당	별거수당 아동수당
주거지원	관사 입주 일반주택 알선	관사 입주 일정금 지원 (미입주자)	관사제도 없음 일반주택 알선	관사 입주 일정금 지원 (미입주자)
교육지원	자녀학자금 지원(초-고교) 대학학자금 무이자 융자	해외주둔 지역 유치원-고등학교는 국방성이 운용	연방군사학교 전문직업학교 자녀교육장려금 지원	자녀학자금 지원 (초-고교) 대학학자금 무이자 융자
의료지원	군병원 이용 의료보험(가족)	양질의 의료수준 및 시설(민간병원 수준) 가족 및 제대군인까지 무료진료	군인은 무료진료 군인가족은 진료비 30% 본인부담	공제조합법에 의해 요양, 상병, 출산 등 현금수당으로 지급

구분	한국군	미군	독일군	일본군
여가/문화	복지단 운영 복지시설	MWR제도	WR제도	MWR 개념 도입
군인연금	개인/국고 8.5% 소득대체율 (50~76%)	기여금 국고지원 소득대체율 (50~75%)	기여금 국고지원 소득대체율 (71~75%)	개인/국고 7.6%

* 출처 : 국방부(2002), 육군본부(2006), 부분 수정

** 유흥위(2008). 한국의 군사회복지정책 개선방안에 관한 연구. 공주대 대학원 박사학위논문.

3 우리나라의 군사회복지제도 추진현황

1) 초기 군사회복지제도 추진현황

1961년은 우리나라에서 현대적 성격을 띤 사회복지제도가 도입된 해로, 1961년 군사쿠데타부터 1963년 민정에 이양되기 이전 시기에 무려 19개의 복지관련 입법이 있었는데(박병헌, 2007), 이때 제정된 법률에는 군사원호대상자정착대부법, 군사원호대상자임용법, 군사원호대상자고용법, 군사원호청설치법, 군사원호대상자자녀교육법, 군사원호보상법, 군인연금법, 군인보험법, 국가유공자 및 월남귀순자 특별급여원호법, 군사원호보상급여금법 등 군사회복지관련법이 다수 포함되어 있다.

군사원호보상법은 1961년 11월 1일 제정되었다. 본법은 한국전쟁을 겪고 난 후 상이군경, 전몰군경 그리고 그 유가족들의 생활문제를 보호하기 위하여 5·16 이후 원호처가 발족하여 연금, 수당, 직업알선, 세금감면 등의 재정적인 원조를 목적으로 하고 있다. 이 법은 국가와 사회를 위하여 헌신한 자에 대하여 국가사회가 보상하여야 한다는 보상의 원리에 근거하는 법이라는 점에서 그 의의가 있다.

군인연금법은 1963년 1월 28일에 제정되었다. 군인연금은 1960년 공무원연금법에 포함되어 공무원과 함께 그 대상이 되었으나, 본법에 의하여 독립적으로 시

행되었으며, 그 목적은 공무원연금법과 동일하다. 이 법은 군인이 상당 기간 성실히 복무하고 퇴직하였거나 심신의 장애로 인하여 퇴직 또는 사망하였을 경우 본인이나 유족의 복지향상을 목적으로 하고 있다.

사회보장기본법의 전신인 사회보장에 관한 법률은 5·16 군사쿠데타로 등장한 국가재건최고회의가 지배하던 시대에 제정된 법률이다. 그러나 당시 한정된 국가재원과 경제개발정책의 우선순위에 밀려 유명무실한 법으로 사문화된 채 아무런 기능도 하지 못하고 존속되어 왔다.

2) 최근 군사회복지제도 추진현황

우리나라에서는 창군 이후 체계적인 장기계획 없이 각 군별로 기초적이고 단편적인 수준에서 군인복지를 추진해 오다가 1995년에 '사회보장에 관한 법률'을 대체하는 '사회보장기본법'을 제정하였다.

2005년 6월 8일에는 국방부, 보건복지부, 열린우리당 정책위원회가 "군복지체계 정립을 위한 법, 제도 개선 방안토론회"를 개최되었고, 6월 19일에는 고경화 국회의원이 주관하여 송영선, 황진하 의원과 "군사회복지사 도입의 필요성"에 대한 국회 간담회를 시행하였다. 2005년 7월 22일에는 청소년위원회가 주최한 "청소년 문화, 병영 문화 대 토론회"를 실시하였고, 군사회복지 관점에서 병영문화 정착을 위한 군사회복지사 도입을 요청하는 한편, 7월 27일에는 군사회복지사 도입을 위한 공청회가 시행되었다.

2006년 2월에는 군사회복지제도 도입을 위한 '군 인사법 개정안'이 발의되었고, 2007년 12월에는 군인복지 기본법이 제정되어 2008년 3월 1일부터 시행되었다.

2008년 12월에는 국방부와 보건복지부가 군인가족행복지원서비스 협약을 체결하였고, 2009년 5월부터는 경기도의 예산지원을 받아 군인가족교육을 시행하였다. 그리고 경기도 지원 '군인가족복지지원센터' 설치 및 특화사업 추진계획을 수립하였으며, 2009년 7월에는 국방부가 자살사고예방 종합시스템 체제 운영(안)을 발표하였다.

2007년 12월, 의원입법 발의로 군인복지기본법이 제정되어 이를 모태로 하여 2009년 4월에는 군인복지 기본계획을 작성하여 군사회복지를 체계적으로 추구할 수 있는 발판을 마련하게 되었다(방은상, 2011).

2007년 11월 23일, 국회 본회의에서 군인복지기본법이 통과되었고, 2008년 2월 22일에 시행되어 당초 5개년 군인복지기본계획(2008~2012년)이 4개년(2009~2012년) 군인복지기본계획으로 바뀌어 2009년부터 본격적으로 시행되었다.

제1차 군인복지기본계획은 군인복지영역을 기초복지, 가족복지, 문화복지, 복지 인프라 구축 등 4대 영역으로 구분하였다. 기초복지는 임무수행여건을 보장하는 튼튼한 기초복지 구현, 가족복지는 가족이 행복한 가족공동체 복지건설, 문화복지는 사회발전과 병행하는 선진적 문화복지 향상, 복지 인프라는 수요자 요구에 부합한 효율적인 복지 인프라 구현을 4대 비전의 내용으로 담고 있다.

그 후 2012년 1월에 사회보장기본법이 전면 개정되었다. 하나의 프로그램이며 제도인 사회복지 또는 사회보장은 헌법상의 추상적인 이념만을 토대로 하여 개별적인 실정법을 제정하기 어렵기 때문에 헌법과 개별 사회복지법을 연결해 주는 기본법이 필요하다(박차상 외, 2013).

이러한 시류와 관련하여 최근 계획 중인 제2차 군인복지기본계획은 군사회복지영역을 소득보장, 고용보장, 주거복지, 교육보장, 의료보장, 사회복지서비스, 문화복지, 병사복지의 8대 영역으로 구분하고 있다.

현재 국방부 용역으로 한국군사회복지학회가 수행 중인 제2차 군인복지기본계획(2014~2018년)의 수립방향은 다음과 같다. 첫째, 체계적인 평가운영체계를 개발하고 기본계획에 대한 중간평가 및 최종평가를 실시하여 계획과 실적 간의 상호연계성을 강화시켰다. 둘째, 학계, 현장전문가 등 분야별 전문가로 구성된 자문단을 구성하여 군인복지에 필요한 정책 발굴 및 모니터링을 실시하도록 하였다. 셋째, 2014~2018년까지 5년간 재정계획을 중시하여 군인의 임무수행에 직접적인 영향을 미치는 복지유형과 요소에 대해서는 100% 국가예산으로 지원하고, 간접적으로 임무수행에 긍정적 효과를 미치는 복지유형 및 요소에는 50~80%의 국가예산을 보조하고, 부가적인 재정은 군인복지기금에서 지원함을 원칙으로 민간지원 자산을 최대한 활용하는 재원마련 전략을 추진하도록 하였다(조홍식, 2013).

최근 시행하고 있는 '307계획'이란 '국방개혁 기본계획(2011~2030)' 수립을 위한 변경지침문서로 '국방개혁에 관한 법률' 제5조, '국방개혁 추진훈령' 제6조에 근거하며, 다기능·고효율의 선진국방 구현을 목표로 합동성 강화, 적극적 억제능력 제고, 그리고 효율성 극대화를 중점으로 실현 가능한 국방개혁과제 73개를 선정하여 추진한다.

첫째, '현존 전력 극대화'를 '국지도발과 비대칭 위험에 우선 대응'으로, 둘째, '상부지휘구조개편'을 '전투임무 중심의 조직으로 발전', 셋째, '조직 슬림화'를 '저비용·고효율의 실용적 운영체제 구축'으로 변경하여 지침을 명시하고 있다.

국방부가 발표한 2013년 국방부 업무보고에서 국방 분야 국정목표는 '튼튼한 안보와 지속 가능한 평화'이며, 업무방향은 ① 국민이 신뢰하는 확고한 국방태세 확립, ② 전략 환경 변화에 부합하는 '미래지향적 방위역량' 강화, ③ 한미 군사동맹의 지속적 발전 및 주변국 국방협력의 강화, ④ 혁신적 국방경영 및 국방과학기술발전, ⑤ 보람 있는 군복무 및 국민 존중의 국방정책 추진이다. 5대 중점과제 중 군인복지와 관련되는 내용은 ⑤ 보람 있는 군복무 및 국민 존중의 국방정책 추진으로 ⑤-1 병 봉급 인상 및 장병복지 획기적 증진, ⑤-2 생산적 군복무 및 군복무경험 사회적 보상 확대, ⑤-3 국민 눈높이에 맞는 의식주 및 의료체계 발전 등의 세부과제가 해당된다(국방부, 2013).

2013년 국방비는 34조 3,453억 원으로 전년대비 4.2% 증액되었고, 군사회복지와 관련된 인사 및 복지제도는 병 진급 최저복무기간 조정, 여성군인 모성보호 강화제도 마련, 병 봉급 및 수당인상, 현역병 복무기간 중 건강검진 전면 실시(`13년 1월), A형 간염백신 접종 확대(`13년 4월) 등으로 장병들의 삶의 질을 향상시키기 위한 제도를 시행할 예정이다.

3) 한국군사회복지정책의 형성과정

우리나라 군사회복지정책의 형성과정을 설명하기 위해서는 다양한 이론의 적용이 가능하겠지만, 다원주의론보다 적합한 엘리트론을 근거로 살펴보면 다음과 같다.

군사회복지정책은 군 장병과 군인가족의 욕구와 국민적 기대, 군사회복지단체와 전문가의 참여가 있었지만 대통령의 지시를 받은 국방부가 소관부처의 시각에서 군인복지기본법을 수립하는 과정에서 산출되었다. 병영생활전문상담관은 국방부 인권감찰팀과 각 군의 인사참모부 인사처가 담당하였다. 군사회복지정책 형성과정에서 행정부의 군인복지 담당공무원은 정부출연기관 또는 군사회복지단체의 도움을 받아 시안을 입안하였다. 여기에서 나온 정책계획서는 국회에서 입법되어 정책으로 확정되었으며, 대통령에게 보고하여 공포하였다. 따라서 한국군사회복지정책의 형성과정에서 국회국방위와 소관부처 행정부가 중심적 역할을 하였고, 군사회복지전문가는 보조역할을 하였다고 할 수 있다.

한국군사회복지정책의 형성은 전반적으로 소관 행정부처가 주도적인 역할을 하였고, 의제설정, 계획수립, 입법 등의 정책형성과정에서 군사회복지단체, 군사회복지전문가의 입장이 부분적으로 반영되었고, 시행령은 해당부처의 재차 협의를 거쳐 준비되었다고 할 수 있겠다(이흥윤, 2012).

4) 최근 한국군사회복지사 관련 인력배치 추진현황

한국의 군사회복지를 담당하고 있는 인력은 부대의 규모별로 다양하다. 현역은 인사 및 복지담당장교가, 군종장교와 의료사회복지전문특기, 상담부 특기를 보유한 장교 등이 계급과 직책별로 업무를 담당하고 있다. 민간 출신 군복지전문가는 육군과 해병대에서 2005년부터 시범운용 중인 군기본권상담관이 있다. 또한 일부 군단 및 향토사단급 부대지역의 향군종위원회 소속 종교지도자 등이 공식 또는 비공식적으로 활동하고 있다. 그러나 현역 담당관은 사고예방 및 복지시설 운용 위주로 업무를 추진하고 민간전문가는 일부 부대에서 활동하는 수준이다. 따라서 전군적으로 사회복지전문가로서 장병들의 욕구를 해결하는 담당관으로 보기는 어렵다(이흥윤, 2012).

여기서 최근 병영생활전문관과 의료사회복지사, 정신보건사회복지사의 인력배치를 살펴보면 다음과 같다.

(1) 병영생활전문관(군기본권상담관) 인력배치

2005년 3월, 국방부에 군사회복지사 배치를 요구하였고, 동년 5월 9일에 육군의 군기본상담관 모집개요가 발표되었다. 2006년에는 군기본권상담관 9명을 배치하여 시험 운영하였고, 2007년에는 군기본권상담관 4명을 추가 선발하였다. 2009년에는 사단과 여단에 병영생활전문상담관 105명을 배치하면서 명칭을 변경하고 상담 위주에서 사회복지업무를 병행하는 방안과 추후 사회복지제도 도입계획이 발표되었으나, 2013년도 병영생활전문상담관 신규채용계획(국방부 공고 제2012-259호)에는 여전히 상담 위주의 병영생활전문상담관을 요구하고 있다.

(2) 정신보건사회복지사와 의료사회복지사 인력배치

지난 2011년, 국군수도병원의 전문계약직(의료인력) 특별채용계획공고(국군수도병원 공고 제2011-4호)에서는 채용분야를 '정신보건사회복지사'로 명시하고, 자격요건에는 "정신보건 사회복지사 1급 소지자로서 다음 각 호에 해당하는 자 : 3년 이상 채용분야 유경력자 중 1년 이상 종합병원에서 채용분야 유경력자"로 명시하고 있다. 또한 2013년 국군수도병원의 전문계약직(의료인력) 군무원 특별채용계획공고(국군수도병원 공고 제2013-4호)에서도 채용직위를 '사회복지담당'으로, 자격요건은 "사회복지사 1급 취득 후 종합병원 이상 정신보건분야 경력 2년 이상인 자"로 요구하고 있다.

최근 의무사령부의 홈페이지에 2회에 걸쳐 고지된 국군수도병원의 채용공고를 보면, 2011년에 정신보건사회복지사 1명을 채용하고, 2013년에 동 병원에 정신보건분야 경력의 1급 사회복지사를 1명 추가로 채용하는 것처럼 보인다.

그러나 사실상 2011년에 채용한 1급 정신보건사회복지사가 2년 계약기간이 종료되어 이에 해당하는 1급 사회복지사 자격과 종합병원 이상 정신보건분야 경력 2년 이상만을 요구하고 있다.

따라서 군사회복지사 자격기준을 규정할 때에는 이러한 현실적 여건이 반영되어야 할 것이다. 즉, 2년 계약직으로 군사회복지사로서의 근무기간이 종료될 경우, 한국사회복지사협회가 2010년 입학생부터 적용하는 사회복지현장실습에 관한 기준 중 실습지도자가 사회복지사 1급 자격증을 취득 후 3년 이상 복지사업 및 실무경험자를 충족할 수 없는 상황이 발생할 수 있기 때문에 이러한 근무기간에 대해 현실성 있게 반영해야 할 것이다(김창곤, 2013).

4 한국군사회복지사의 자격

1) 자격제도의 운영목적

자격제도에 의한 자격은 국가기술자격, 국가자격, 민간자격으로 구분되며, 민간자격은 다시 공인민간자격과 등록민간자격으로 분류된다.

국가기술자격법에 의해 관리·운영되는 국가기술자격은 "국가기술자격제도의 운영을 효율화하여 산업현장의 수요에 적절한 자격제도를 확립함으로써 기술인력의 직업능력을 개발하고, 기술인력의 사회적 지위 향상과 국가의 경제발전에 이바지함"을 목적으로 운영된다(국가기술자격법 제1조, 법제처, 2010).

이와는 달리 개별법상의 국가자격과 민간자격은 자격기본법에 근거하여 관리·운영되는데, 국가자격의 경우 "자격에 관한 기본적인 사항을 정함으로써 자격제도의 관리·운영을 체계화하고 평생직업능력 개발을촉진하여 국민의 사회·경제적 지위를 높이고 능력중심사회의 구현에 이바지함"을 목적으로 한다(자격기본법 제1조, 법제처, 2010).

한편 민간자격은 공인민간자격과 등록민간자격으로 구분할 수 있는데, 전자의 경우 "자격제도를 활성화하고 공신력을 높임으로써 산업체가 요구하는 질 높고 다양한 인력을 양성하고, 자격증에 대한 사회적인 효용가치를 향상"시키는 데 목적이 있다. 반면, 후자의 경우 "제도적인 교육정책을 통하여 국가경쟁력을 강화시킬수 있으며, 원활한 인력수급과 평생에 걸친 생애 설계를 도울 수 있는 자격이 '좋은 자격'이라는 전제" 하에 교육개혁위원회에 의하여 자격제도의 개편방향을 제정, 우리나라 자격제도의 발전을 위해 자격제도에 민간참여를 증대시키고자 하는 목적에서 운영되고 있다(박종성 등,2008).

2) 우리나라 자격종목 및 사회복지사의 자격

최근 우리나라에서 행되고 있는 국가자격은 687종, 민간자격은 1,422종으로 총 2,109종목이 있으며, 국가기술자격은 국가기술자격법을, 국가자격은 개별사업법을, 그리고 공인·등록민간자격은 자격기본법(교육부)을, 사업내자격은 근로자직업능력개발법을 관련법으로 하고 있다.

이들 국가자격 중 사회복지전공영역과 직접적인 관련성이 있는 국가자격은 보건복지부 소관의 사회복지사 1급과 정신보건사회복지사 1급/2급 자격제도의 2종이며, 현재 사회복지사 1급 국가자격시험은 한국사회복지사협회가, 정신보건사회복지사 자격시험은 한국정신보건사회복지사협회가 주관하여 시행해 오고 있다.

한국사회복지사협회(2013)는 사회복지사자격제도 개선 정책건의서(안)에서 단기과제로는 2급 국가시험 도입, 3급 양성과정 폐지, 사회복지현장실습 등록제 실시 등 실습이수기준 규정, 사회복지사 자격의 정지 및 취소기준규정을, 장기과제로는 전문사회복지사 자격제도 도입과 사회복지현장실습인증제도 도입의 필요성을 제안하였다. 장기과제로 제안된 전문사회복지사 자격제도의 도입에서는 확대되고 있는 사회복지분야에 전문성 있는 전문사회복지사를 양성·배치하여 사회복지서비스의 전문성을 향상해야 하며, 여기에는 정신보건, 의료, 학교, 군, 교정 등 분야별 사회복지사 전문화가 제안되었다.

3) 군사회복지사 자격

국내 선행연구에서 군사회복지사의 자격을 제시한 내용을 살펴보면 다음과 같다.

서혜석(2008)은 군사회복지사 자격의 제도화에 관한 연구에서 제1안은 군사회복지사 1급과 군사회복지사 2급으로 나누었고, 제2안은 민간전문가와 군경력민간전문가의 구분 없이 군사회복지사 1급과 군사회복지사 2급 자격취득에서 필수 자격요건을 제시하였으며, 제3안에서는 군사회복지사 1급, 2급 구분 없이 필수자격요건을 제시하였다. 정효현(2008)은 군사회복지제도와 관련하여 사회복지 전문인력은 현역 군인보다는 군무원으로 채용하여 신분은 '일반군무원'으로 하여 행정직군에 '사회복지' 직렬을 신설하고, 전문자격인 사회복지사 자격을 가진 자를 채용하여, 개인과 조직에 바람직한 기여를 하는 방안을 제시하였다.

유흥위(2009)는 군사회복지사 자격을 일반부대와 군병원으로 구분하여 일반부대에서는 민간전문 군사회복지사와 군 경력 전문사회복지사, 군병원에서는 군의료사회복지사와 군정신보건사회복지사로 구분하였고, 자격유지조건은 연간 8시간 이상의 보수교육을 제시하였다. 그러나 군 의료기관의 경우, 현행 정신보건사회복지사 1급, 2급 자격과 의료사회복지사 자격을 필수요건으로 하여 기존 자격제도를 인정하고, 선택요건에 의정병과장교로서 군사회사업주특기(764) 보유자만을 인정하고, 행정, 간호, 심리 등의 경력 및 보유자는 제외하여야 한다. 그렇게 하지 않으면 군사회복지사의 전문성과 정체성 확립에 치명적인 장애를 초래할 것이기 때문이다.

따라서 한국의 군사회복지사의 자격은 현행 사회복지사 자격제도와 기준을 반영하여 군사회복지 전문영역에 대한 교육훈련 체계, 슈퍼비전 체계, 보수체계 등을 마련하여 전문사회복지사제도를 도입하는 것이 바람직할 것이다.

5 군사회복지제도의 현실적 문제와 장애요인

우리나라 군사회복지제도의 현실적인 문제와 관련하여 군인복지기본법, 군의 복지정책과 인식의 문제, 그리고 최근 국방부 국정감사 관련 군사회복지제도의 현실적 문제에 대해 살펴보면 다음과 같다.

1) 군인복지기본법의 문제점과 장애요인

2008년 3월 1일자로 '군인복지기본법'이 시행되었고, 동법을 근거로 창군 이래 최초로 '군인복지 실태조사'를 실시하였으며, 국방부에 '군인복지위원회'가 설치되는 등 군사회복지를 위한 국방정책과 법령에서 진일보한 진전이 있었으나, 군인복지기본법상에는 다음과 같이 군사회복지 발전을 위한 제도적 장치가 미흡한 것으로 평가되고 있다. 군인복지기본법에는 군과 관련기관에 군사회복지전문가가 제도적으로 활동할 수 있는 근거조항이 마련되어 있지 못하고, 군사회복지의 수혜대상이 간부와 그 가족 위주의 잔여적 대상으로 병사와 제대군인 등에 대한 복지를 다루지 못하고 있다. 또한 동법 제9조~제13조까지 군사회복지의 분야에 대한 규정이 주로 군인자녀의 기숙사, 군매점, 영내주유소, 복지회관, 휴양 및 콘도미니엄(휴양시설), 군 수소지원, 체육시설, 영·유아보육시설, 중·고등학교 숙식제공 등 간부와 그 가족을 위주로 구성되어 군과 군 가족들을 위한 포괄적인 군복지 영역을 다루지 못하는 편협한 문제점을 내재하고 있다.

2) 군복지정책의 인식에 대한 문제점과 장애요인

우리나라의 군복지정책은 상대적으로 공무원 등 다른 조직과 열악한 근무환경과 복지수혜적인 측면에서 미흡하며 일반국민과의 형평성 측면 및 제도적인 측면에서 몇 가지 문제점을 지니고 있다.

군의 복지를 제도화하기 위한 휴먼웨어(Humanware) 차원에서 군사회복지전문가 부재 및 사회복지 가치 및 이념 부족 등의 문제, 장병들의 복무주기와 생애주기별 군사회복지문제를 체계적으로 해결할 수 있는 군사회복지정책의 미비, 그리고 현재 군인복지기본법이 간부 중심으로 이루어져 있다(유흥위, 2009).

미국의 군사회복지제도는 군 내부에 사회복지전문요원이 정착하기까지 먼저 준비된 전문성과 군복지를 위한 적극적인 참여를 통한 기여도에 그 실효성을 검정하였기에 제도적인 뒷받침이 이를 계속 지원하게 된 것이다. 그뿐만 아니라 국민의 유기적인 협동체제 기반이 있었기에 전문요원의 계속적인 교육과 정책개발, 조사활동과 프로그램의 발전이 있게 된 것이며, 각 군에 서로의 경험을 공유하는 문화 창출도 중요하다(이부덕, 2007).

그러나 우리나라의 경우에는 아직까지 군사회복지제도를 실행하여 준비된 전문성과 군복지를 위한 적극적인 참여를 통한 기여도와 그 실효성을 검정하기까지는 대단히 미흡한 실정이다. 따라서 군사회복지 관련 학계와 단계의 유기적인 협력 하에 군사회복지 실천현장에서 군사회복지사에 의해 수행되는 군사회복지 실천 성과결과의 경험적 축적이 우선적으로 선행되어야 할 과제라고 생각된다.

3) 최근 국방부 국정감사 관련 군사회복지제도의 현실적 문제와 장애요인

최근 국회 국방위원회에서 시행된 국방부 국정감사의 보건복지 관련 시정요구 및 처리사항 요지를 요약하면 다음 <표 16-3>과 같다.

시정처리 요구사항을 보면 3건 중 2건이 군 간부에 대한 내용이고, 1건만이 병에 대한 내용이며, 그것도 병의 복지라기보다는 가혹행위나 자살사고에 대한 사항으로 간부의 주거복지교육환경의 지속적 개선 및 종합대책 수립요구와는 완연히 대조된다.

따라서 기존의 군 간부 위주의 복지제도 및 환경개선을 위한 종합대책을 지양하고, 병에 대한 형평성 있는 복지정책수립과 지속적인 개선이 절실히 요구된다.

또한 국회 국방위원회의 회의과정 기록에 근거해 볼 때, 상대적으로 군복지제도에 대한 전문성의 반영이 다소 미흡한데, 군복지정책에 대한 계획단계에서부터 시행 및 평가단계까지 군사회복지의 전문성이 반영되어야 할 것이다.

표 16-3 | 최근(2010~2011년) 국방부 국정감사 보건복지 관련 시정요구 및 처리사항 요지

연도	시정·처리 요구사항	시정·처리결과	향후 추진계획
2010년	주거복지교육 환경 등 열악한 군 간부의 근무여건 개선을 위한 종합대책을 수립할 것	○「육군 복지 종합발전 계획」 수립 , 시행중 : '10.1.1 • 매 5년 주기 작성 : 복지환경 변화와 연동 보완 * 중·장기 복지정책 청사진을 제공하고 기준 제시 ○ '11년 사업계획 반영 : '10.12월 * 군 숙소 조기 개선, 행복한 가족 공동체 복지건설 등 5개 사업 ○「한나라당국가안보대책특별위원회」가 육군의견반 영 : '11.1월 * 주거, 보수, 군인가족 보육/교육, 제대군인 지원 등 ○ 간부 주거시설 소요기준 보완 연구 중 :'11.3~5월	○ '12년 예산반영 및 관련 법령 개정 건의 : '11.4월 ○ '13 ~ '17 중기계획 소요 반영 : '11.5월 말 ○ 국방운영개혁 기본계획서 반영 : '11.7월 * 주거여건개선, 보수현실화, 보육/교육지원, 학자금 대출이자 면제 추진 등 ○「육군 복지 종 합 발 전 계획」 추진 중간평가 : '11.12월 * 추진성과분석, 복지환경 변화를 반영한 추진계획 정립
2011년	2. 주거·복지·교육환경 등 열악한 군 간부의 근무·생활 여건을 지속적으로 개선할 것	○ 추진방향 • 국방부「군인복지기본계획」작성 시 육군의 복지 증진을 위한 과제 반영 • 국방부 군인복지기본계획과 연계 「육군복지 종합발전계획」 보완 * 사회변화 고려, 육군 복지종합발전계획 발간 : 5년 단위 ○ 주요 추진사항 • '11년 군 숙소 개선 • '12년 군 숙소예산 확보 : '11.12월 • 군 특수성이 반영된 수당 현실화 추진 • 국·공립 보육시설 전환(2개소), 직장보육 시설 운영 예산 반영(29억 원)	○ 목표지향적 사업관리 핵심사업(숙소, 수당) 반영 추진 * 추진전략 작성(~1.30), 총·차장주관 토의(~2.17) * '13년 예산편성, '14~18중기계획 수립안 반영 ○「군인복지기본계획」복지증진과제 반영 : ~'12.3월 * 군인사기·복지증진을 위한 과제선정 및 우선조치 노력 ○「육군복지종합발전계획」 보완

연도	시정·처리 요구사항	시정·처리결과	향후 추진계획
2011년	7. 새로운 형태의 군 가혹 행위가 군내에서 자행되는 일이 없도록 부대원 관리에 관심을 기울이고, 군내 자살사고 방지를 위한 예방대책을 강화하여 시행할 것	○ 군 가혹행위 근절을 위한 노력 • 위반자 처리기준 강화 / 엄정한 법집행 (법무실, 11.12.30) • 선진병영문화 구현을 위한 장병교육 / 공감대 확산 • 장병 인성함양 프로그램 개발/활용 * 신규 : 병영문화 혁신 동영상 제작(12년 3월) ○ 군내 자살사고 방지를 위한 예방대책 강화 • 자살예방 종합시스템('09.7월) 운영 : 지속 * 시험운영 : '12.1~2월/확대적용 : '12.3월	○ 관련법규(차별금지, 고충처리 등) 교육 및 규정 위반자 엄격하게 처리 : 지속 ○ 정신적 장애자 입영차단강화 : 지속 * 인성검사 효과분석, 우울증척도 강화 등 검사도구의 신뢰도 증진 * 훈련병 신상관리 체계 : 1주차(식별), 2~3주차(관리), 4~5주차(조치) 단계 구분 시행 * 초급간부 자살예방프로그램 교육, 그린캠프 대대 편성추진 등 ○ 병영생활전문상담관 확대/효율적 운영 * 상담관 평가체계, 보직분류체계 등 개선 * 상담실적, 자살 우려자 식별 / 관리 실적 등 평가

출처 : 국회국방위원회 수석전문위원실(2012). 국정감사참고자료(2012년도).

6 한국군사회복지제도의 발전 방안

이상으로 한국군사회복지제도의 발전을 위해 제도와 제도화의 개념, 군사회복지제도, 한국군사회복지제도화의 추진현황 및 실태, 한국군사회복지사의 자격, 한국군사회복지제도화의 현실적 문제점, 그리고 한국군사회복지제도의 발전 방안 등에 대한 고찰 결과를 토대로 한국군사회복지제도의 발전 방안을 Goodman & Dean, Jr.(1982)의 제도화에 대한 기본모형과 관련하여 제시해 보면 다음과 같다.

첫째, 군사회복지제도의 필요성에 대한 민·관·군의 공통인지와 공감대가 형상되어야 한다. 군사회복지제도화를 위한 군조직과 관련 분야, 그리고 국민의 공감대 형성과 제도화의 당위성과 필요성에 대한 공청회 및 여론 확산, 산·학·군 공동협력체제 강화, 군사회복지 관련 특성화사업 추진 등으로 군사회복지제도화에 대한 인지적 동의가 우선되어야 할 것이다.

둘째, 군사회복지제도의 시행에 따른 헌법과 군인복지기본법 등 관련 근거법령을 마련하고, 군조직의 기존 법체계와 관련규범들을 정비하여야 할 것이다. 헌법에 군사회복지제도의 근거를 마련하고, 군인복지기본법과 군복지 관련 법령들을 일반국민과의 형평성 측면 및 제도적인 측면에서 정비하는 한편, 특히 현행 군간부 중심의 군인복지기본법이 장병들의 형평성에 맞도록 군사회복지 전문가가 개입하여 체계적으로 정비하여야 할 것이다. 군인복지기본법에는 군과 관련기관에 군사회복지전문가가 제도적으로 활동할 수 있는 근거조항이 마련되어 있지 못하고, 군사회복지의 수혜대상이 간부와 그 가족 위주의 잔여적 대상으로 병사와 제대군인 등에 대한 복지를 다루지 못하고 있다. 군인복지기본권은 인간다운 생활권과 사회보장권의 내용이 그 실체적 권리와 절차적 권리가 함께 보장될 때 제대로 된 권리실현이 가능할 것이다. 또한 군사회복지제도화를 위한 공공행정체계와 민간지원체계가 구축되도록 법적장치를 마련하고, 군사회복지제도에 필요한 예산편성, 조례제정, 군 조직 내 내규 및 규정에 군사회복지 관련 조항 추가, 민간기관과의 연계체계구축 등이 마련하는 한편, 기존의 체계에서 시행되었던 군사회복지의 문제점을 반영하여, 군사회복지 전문성을 전제로 한 군복지 관련 법과 규범들이 정비되어야 할 것이다.

또한 2012년에 전면 개정된 사회보장기본법과 같은 맥락에서 제2차 군인복지기본계획이 수립되어야 할 것이다.

셋째, 군사회복지제도의 실천이 군 조직 내의 다양한 영역에서 군사회복지사들에 의해 사회복지의 전문성과 정체성을 토대로 수행되어야 할 것이다. 군사회복지실천을 위해서는 군의 특성과 실태를 고려하여 다른 전문영역과는 차별화된 차원의 접근이 요구된다. 그러기 위해서는 군사회복지를 실천한다고 하면서 경찰을 대상으로 하는 프로그램을 수행하거나, 상담이나 간호 분야를 군사회복지실천의 전문요원으로 인정하는 등의 발상은 지양되어야 하겠다. 명실공히 군사회복지를 실천하기 위해서는 군복지정책과 제도가 전문성을 갖춘 군사회복지사와 사회복지전문가에 의해 기획되고 수행되어야 할 것이다. 또한 군인과 군인가족들의 안녕을 유지함에 있어서 그리고 사회조직체로서 군의 기능에 효율성을 높이는 차원에서 인력편제에 포함되는 군사회복지 전문요원의 가시적인 역할이 있어야 할 것이다.

넷째, 군사회복지의 전문성과 정체성에 근거한 군사회복지실천은 군에 대한 기여와 실효성, 그리고 검증을 토대로 근거 중심 실천경험을 축적해 나가야 할 것이다. 군에는 600여 명 정도의 잠재인력들이 있어 복지업무와 직접적인 연관이 없더라도 각종 업무수행 시 군사회복지 발전을 위해 많은 노력을 기울이고 있지만, 군사회복지사는 정체성과 전문성을 토대로 군사회복지실천의 실증적이고 효율적인 근거 중심 실천경험을 축적해 나가면서 잠재인력과는 차별화된 군에 대한 기여와 실효성을 인정받아야 할 것이다.

이를 위해서는 군장병과 가족들의 복지욕구를 토대로 한 생애주기별 통합적인 보건과 복지서비스가 실현되어야 할 것이다. 예를 들면, 사회복지공동모금회 테마기획 군사회복지활성화 지원사업의 "군 사기 무한충전 프로젝트"의 성과 결과, 현재 국군수도병원에서 군정신보건사회복지사가 수행하는 성과 결과 등이 지속적이고 장기적으로 수행되면서 군사회복지사들이 기존의 사회복지 대행 잠재인력과는 다른 차별화된 전문성을 실현하여 경험적인 성과를 쌓아가면서, 군인복지체계를 구축해 나가야 할 것이다.

또한 군·민·관의 유기적인 협동체계가 구축되어야 하며, 사회복지 전문성에 근거한 장기적·지속적 안목의 군사회복지정책 개발과 군사회복지실천에 대한 실증적인 조사활동 및 효율적인 프로그램의 지속적 발전이 이루어져야 할 것이다.

다섯째, 한국사회복지교육협의회의 사회복지학 교과목지침서에 군사회복지론이 전공 교과목으로 포함되어야 하고, 학부와 대학원의 교육과정, 실습 그리고 수련과정에 군사회복지과정이 설치되어야 하겠다. 군사회복지의 학문적 체계정립과 전문인력을 양성하기 위해서는 대학학부 및 대학원에 군사회복지 전공교과목을 편성하여 개설하고, 군사회복지사를 전문요원으로 양성하기 위해서는 사회복지학계 및 관련단체와 협력하여 군사회복지사 실습교육과정과 수련제도의 설치,

그리고 보수교육제도의 효율적인 운영이 선결되어야 할 것이다.

여섯째, 군사회복지제도가 활성화되기 위해서는 군사회복지 예산의 확보가 우선되어야 할 것이며, 군조직이 선호하는 전투력 향상과 긍정적 발전을 지향하는 제도가 시행되어야 할 것이다. 군사회복지제도를 위해 군사회복지활동의 기본 재원인 군인복지 예산을 확보하고 실질적인 군사회복지수행을 위해 확대해야 한다. 이를 위해서는 현행 군복지제도 및 프로그램 개선을 위한 군사회복지정책의 토대구축, 군사회복지관련법 정비, 전문 군사회복지인력 및 조직체계 구축, 군사회복지 시범사업 등이 군조직의 전투력 향상과 장병들의 삶의 질 향상을 위해 시행되어야 할 것이다.

일곱째, 의료기관에서 군정신보건사회복지사와 군의료사회복지사의 시범사업이 우선되어야 하겠다. 기존의 군사회복지 관련 조직, 인력 등이 나름대로의 자리를 차지하고 있음을 고려할 때, 새로이 사회복지사를 활용한 군사회복지제도의 도입을 시급하게 추진하기에는 상당한 거부감이 작용할 수 있다. 미국에서 군사회복지전문요원이 정착하기까지는 준비된 전문성과 군복지를 위한 적극적인 참여를 통한 기여도에 그 실효성을 검정하였기에 제도적인 뒷받침이 이를 계속 지원하게 된 것임을 반영하여 우리나라에서도 우선적으로 시행 가능한 군의료사회복지와 군정신보건사회복지영역에서의 시범사업을 시행하여 군에 대한 기여도와 실효성의 검정을 기반으로 군사회복지실천의 경험적 토대를 구축해 나가야 할 것이다. 의료기관에서의 군의료사회복지사나 군정신보건사회복지사에 대한 시범사업의 결과는 현재 현실적으로 민간의료에서 시행되고 있는 현역장병에 대한 의료사회복지사와 정신보건사회복지사들의 사회복지서비스 수행과 직접적으로 관련되며, 2009년 기준 연간 80만 명 이상의 병사가 이용하는 민간의료기관에 확대 적용이 가능하며, 아울러 현행 의료사회복지사와 정신보건사회복지사 수련제도와의 연계가 용이하므로 이에 대한 심도 있는 연구와 활성화 전략이 요구된다.

참고문헌

강유림(2009). “군인가족지원센터 활성화 방안—장성 상무대 군인아파트를 중심으로”. 광주대학교 사회복지전문대학원 석사학위논문.

강정원(2011). 『한국의 복지법제와 사회보장론』(개정판). 서울: 보명.

강종필(2000). “군인복지의 사회적 인식과 정책과제”. 대구대학교 대학원 박사학위논문.

강학성(2000). “군인자녀의 전학, 학교 적응, 학업성취의 관계”. 고려대학교 대학원 석사학위논문.

강효석(2002). “가족중심의 복지제도와 직무만족에 관한 연구—공군 직업군인을 중심으로—”. 목원대학교 산업정보대학원 석사학위논문.

고기숙, 정미경(2009). “군병사의 자아존중감과 우울이 자살의도에 미치는 영향—우울의 매개효과 검증”. 『사회복지연구』. 1(40). 453-483.

고수현, 김익균(2003). 『지역사회복지론』. 서울 : 대학출판사.

고영복(2000). 『사회학사전』, 서울: 사회문화연구소.

관병선(1994). “군복지시설 개선에 관한 연구”. 국민대학교 대학원 석사학위논문.

구남웅(2008). “부하가 지각하는 직속상관의 공감능력. 친밀도와 부하의 군 생활 적응과의 관계”. 『한국심리학회』. 20(4). 1227-1241.

구승신(2004). “신세대 병사의 군 생활 적응에 관한 연구”. 이화여자대학교 대학원 박사학위논문.

구승신(2005). “군 사병들의 정신건강과 군사회복지 도입의 필요성”. 이화여자대학교대학원 박사논문.

구승신(2005). 『군 사병들의 정신건강과 군사회복지 도입의 필요성』. 한국학술정보(주).

구승신(2006). “신세대 병사의 정신건강 실태와 영향요인에 관한 연구”. 『정신보건과 사회복지』. 24. 64-93.

국가보훈처(2010). 제287회 국회(임시회) 업무보고 자료(2010.2.17).

국가인권위원회(2005). 『국민 인권의식 조사』.

국가인권위원회(2005). 『군대 내 인권상황 실태조사 및 개선방안 연구』.

국군의무사령부(1990). 『한국군 의무지원체계 개선에 관한 연구』.

국군지휘통신사령부(2007). 『2007 군기강확립/사고예방활동계획』.

국방대학원(1998). 『군 복지정책론』. 국방대학원출판부.

국방부(2006) 『국방백서』.

국방부(2006). 『국방통계연보』.

국방부(2006). 『군복지 종합발전계획서』. 「장병 기본권 지침서」.

국방부(2007). 『육군보병학교 고등교육 군사반 상담기법 교재』.

국방부(2007). 『프랑스 군의료 및 복지기관이 방문보고서』. 국방부 보건복지실.

국방부(2008). 『군인복지기본법』.

국방부(2009). 『군인복지기본정책서』.

국방부(2009a). 『2008년 국방백서』.

국방부(2009b). 『창의와 실용으로 만드는 국인복지 기본계획』.

국방부. 『구타 및 가혹행위 근절지침(국방부훈령 제463호)』.

국방연구원(1993). 『장병 복지욕구성향 조사 분석』. 41-42.

국회국방위원회 수석전문위원실(2012). 국정감사참고자료(2012년도).

권영성(1994). 『헌법학원론』. 서울 : 법문사.

권영성(2009). 『헌법학원론』. 서울: 법문사.

김규수(2006). 『의료사회복지실천론』. 서울: 형설출판사.

김근아, 오정은(2006). "군사회복지 활성화를 위한 민의 역할". 군사회복지의 비전 : 민과 군의 연계방안—2006년도 한국사회복지학회 추계 공동학술대회. 한국군사회복지학회.

김덕준(1976). "의료사회사업연구". 『사회복지연구』 제10집. 중앙대학교 사회복지학과. p.10.

김동연(2009). "군 생활 스트레스가 군인의 자살 생각에 미치는 영향 : 우울, 절망감, 삶의 이유, 사회적 지지를 중심으로". 연세대학교 대학원 석사학위논문.

김만두 외 공역(1998). 『사회복지대백과사전』. 서울: 나눔의 집.

김복수 외 5인(2003). 『문화의 세기—한국의 문화정책』. 도서출판 보고사.

김상균, 조흥식 외 7인(2007). 『사회복지개론』(개정2판). 서울: 나남출판.

김수열(2003). “전문직업군인의 가족지원제도 개선방안 연구”. 충북대학교 대학원 석사학위논문.

김승현(2003). “군인자녀 교육의 실태에 관한 연구”. 경희대학교 대학원 석사학위논문.

김영태(2009) “병영생활전문상담관 제도 평가 및 발전 방안 연구”. 연세대학교 행정대학원 석사학위논문.

김용현(2005). 『군사학개론』. 백산출판사.

김유성, 이흥재(1991). 『한국사회보장법』. 서울: 한국방송통신대학교출판부.

김윤근(2007). “병사들의 군 적응 유연성에 영향을 주는 보호요인과 위험요인의 관계”. 서울대학교 대학원 석사학위논문.

김융일, 조흥식, 김연옥(2000). 『사회복지실천론』. 서울: 나남출판.

김일수(1995). “육군 위관장교의 직무스트레스에 관한 실증적 연구”. 국방대학원 석사학위논문.

김정은(2013). “병사의 군생활 적응을 위한 개인역량과 사회적 관계망 연구—스트레스 대처모델을 중심으로—”. 대구대학교 대학원 박사학위논문.

김창곤(2009). “한국군사회복지사의 양성 및 수련방향—수련교육과정 개발방안을 중심으로—“. 2009 한국사회복지학회/군사회복지학회 공동추계학술대회 자료집.

김창곤(2013). “군사회복지사의 자격과 교육훈련”. 2013 한국군사회복지학회 춘계학술대회자료집.

김통원(2003). “군인의 복지 중, 장기 발전방안”. 미래 선진육군 건설을 위한 경상운영사업 발전세미나. 육군본부. 2-4.

김학수(1986). “제도화이론의 성격과 의미에 관한 시론”. 『산업경영』 9. 145-163.

김현주(1994). “한국의 군인가족 : 고립과 적응을 중심으로”. 한국전략문제연구소. 5-7.

김현주(1995). “사병의 군 조직 적응 촉진 방안 : 군 교육제도를 중심으로”. 『안보학술론집』. 6(2). 321-437.

김현주(2004). “군자녀보육시설 이용실태와 보육욕구에 관한 연구 : 군인아내에 대한 조사를 중심으로”. 건국대학교 행정대학원 석사학위논문.

김현주, 홍두승(1994). “한국의 군인가족 : 자립과 적응을 중심으로”. 『전략논

총』 2. 305-356.

김형식, 여지영 역(2001). 『인권과 사회복지실천』. 인간과 복지.

김혜원(2007). "군인가족의 학령전기 자녀 양육스트레스와 가족기능". 서울대학교 대학원 석사학위논문.

김희화(2000). "한국 군인가족의 결혼적응에 관한 연구—군인가족의 스트레스와 대처방식을 중심으로". 고려대학교 대학원 석사학위논문.

남세진, 조흥식(1995). 『한국사회복지론』. 서울 : 나남출판.

노재석(2011). "정책형성과정의 복잡성과의 제 지속성에 관한 연구". 고려대학교 박사논문.

대구신당종합사회복지관(2006). "지역사회복지기관 네트워크를 활용한 군장병 역량강화 지원 프로젝트". 대구군사회복지지원센터.

류만희(2002). "시, 군, 구 기초자치단체 지역복지계획의 수립의 과제와 방향". 한국지역사회복지학회 자료집.

류흥희(2008). "한국의 군사회복지정책 개선방안에 관한 연구". 공주대학교 박사학위논문.

문봉진(2005). "신세대 병사의 군복무 부적응에 관한 연구". 한남대학교 대학원 석사학위논문.

문채봉 외(2004). 『군인복지법 제정 연구』. 한국국방연구원.

문채봉(2011). "미국군의 제2차 삶의 질 검토 보고서와 한국군에 대한 시사점". 『주간국방논단』. 한국국방연구원.

박경일(2007). 『사회복지정책론』. 서울 : 공동체. 42-43.

박경일, 김연이. 2008. "군 장병의 생활문제와 군사회복지의 도입방안에 관한 연구", 『한국군사회복지학』 제1권 제1호.

박기수(2009). "직업군인가족복지서비스 욕구에 관한 연구". 대구대학교 사회복지대학원 석사학위논문.

박미은(2005). "군사회복지제도 도입의 필요성과 전망". 『계간 사회복지』. 한국사회복지협의회. 6-15.

박미은(2006). "선진 병영문화를 선도하는 군사회복지사의 역할". 한국군사회복지학회 창립 자료집. 한국군사회복지학회.

박미은(2009). "군 가족지원정책의 활성화를 위한 사회복지시스템의 활용 방안". 『한국군사회복지학』 제2권 제2호, 1-24.

박병헌(2007). 『사회복지정책론—이론과 분석—』(개정2판). 서울: 학현사. 148.
박영숙(1995). "군인부인과 일반부인 스트레스 비교". 연세대학교 대학원 석사학위논문.
박용순(1999). 『사회복지개론』. 서울: 학지사. 315.
박일(2011). "정신전력과 긍정적 정신건강이 군 생활 적응에 미치는 영향". 고려대학교 대학원 석사학위논문.
박정(2002). "군병원 입원환자가 기대하는 사회복지서비스의 중요도에 관한 연구". 대전대학교 대학원 석사학위논문.
박차상, 정상양, 김옥희, 강종수, 고관용(2013). 『한국사회복지법강의』(4판). 서울: 학지사.
박태영(2008). 『지역사회복지론』. 서울: 양서원.
박현철(2001). "군인의 삶의 질 향상에 관한 연구 : 스트레스원, 사회적 지지를 중심으로". 연세대학교 대학원 석사학위논문.
방은상(2011). "한국 군사회복지실천의 방향—군 복지정책 방향에서 군사회복지제도의 도입을 중심으로—". 『한국군사회복지학』 제4권 제1호, 5-18.
백형규(2006). "군복무 의욕 고취를 위한 신병 리더십 프로그램 개발". 국방대학교 석사학위 논문.
부산 사직사회복지관(2007). "병영생활적응력 및 전역예정자의 사회적응력 향상을 위한 군사회복지". 사회복지공동모금회. 2011. 사회복지공동모금회 지원사업 자료집.
서만길, 송헌일, 노규식, 이경희, 양지인, 신동수(2002). "군복무 부적응 환자의 입원 빈도와 위험요인에 대한 연구". 『대한군진의학학술지』. 33(1). 72-81.
서선우(2006). "군복무 부적응자 적응력 강화 프로그램 개발". 국방대학교 석사학위논문.
서울 대방종합사회복지관(2006). "지역사회 의무경찰의 군 생활적응력 향상을 위한 군사회복지모델 개발 project". Click 공동행복구역.
서울복지재단(2005). 『지역사회조직화 실천방법』. 서울복지재단.
서혜석(2005a). "행복한 군생활을 위한 성의 이해". 논산 YWCA.
서혜석(2005b). "행복한 군 생활을 위한 진로 교육프로그램". 충남교육청.
서혜석(2006a). "신세대 병사의 자아존중감 및 대인관계 향상을 위한 집단 프로그램의 효과성 연구". 2006년 한국사회복지학회 춘계학술대회 자료집.

서혜석(2006b). “군사회복지 역할에 있어서 상담적 접근에 관한 고찰—신세대 병사를 중심으로—”. 한국군사회복지학회 창립행사 및 포럼자료집.

서혜석(2007a). “지휘관/간부를 위한 상담교육 및 훈련”. 정신건강상담연구소 자료집.

서혜석(2007b). “한국군사회복지의 실태 및 제도화방안”. 제5회 일본 동양대학, 대구대학교 한일 공동학술세미나 자료집.

서혜석(2007c). “한국군사회복지의 필요성 및 발전방향”. 2007년 대구대학교 대학원 지역사회복지연구소 학술대회 자료집.

서혜석(2008). “신세대 병사의 진로결정수준과 자기효능감이 군 생활 적응에 미치는 영향”. 『청소년학연구』. 15(5). 109-131.

서혜석(2010). “인지행동집단상담 프로그램이 신세대 병사의 자살생각에 미치는 효과”. 『청소년학연구』. 17(10), 49-76.

서혜석(2011). “한국군의 정신건강발전을 위한 발전방안”. 토론발표. 2011 한국사회복지학회 추계공동학술대회 한국군사회복지학회 자료집.

서혜석, 김정은(2009a). “해군 신세대병사의 진로발달과 군 생활 적응간의 관계—진로정체감, 진로결정수준, 진로준비행동을 중심으로—”. 『청소년복지연구』. 11((2), 81-102.

서혜석, 김정은(2009b). “육·해군 병사의 진로발달이 군 생활적응에 미치는 영향에 관한 연구”. 『청소년학연구』. 16(6), 25-43.

서혜석, 김정은(2010a). “병사의 무망감, 스트레스, 우울과의 관계. 『청소년복지연구』. 12(1), 123-144.

서혜석, 김정은(2010b). “자아성장 집단상담 프로그램이 육군병사의 군 생활적응에 미치는 효과”. 『사회과학연구』. 36(3), 23-41.

서혜석, 유홍위(2008). 『군사회복지이론과 실천』. 서울: 양서원.

서혜석, 이대식(2007). “사회복지전공 학부생의 군사회복지 현장실습에 관한 연구”. 2007년 한국사회복지학회 세계학술대회 추계공동학술대회 한국군사회복지학회 자료집.

서혜석, 이대식(2007a). “군병원 간부의 임파워먼트에 관한 연구”. 『사회복지개발연구』 제14권 제2호. 26-46.

서혜석, 이대식(2007b). “사회복지학부생의 군사회복지 현장실습에 관한 연구”. 2007년 한국사회복지학회 세계학술대회 공동 한국군사회복지학회 추계학술대회 자료집.
서혜석, 이대식(2008). “신세대 병사의 진로발달이 군 생활 적응에 미치는 영향”. 『청소년상담연구』. 16(1), 33-49.
선순규(19960. “일부 군인가족의 스트레스 양상과 대응에 관한 연구”. 연세대학교 대학원석사학위논문.
송용석(2006) “군복무 중인 장병의 인권보장에 관한 연구”. 경성대학교 교육대학원 석사학위논문.
신응섭(1998). “군복무 부적응자의 심리적 특성 분석”. 『육사논문집』. 54. 1-19.
신응섭(2010). 『군인의 심리적 위기와 상담』. 서울사이버대학교 미래사회연구소 학술심포지엄 자료집(미간행).
신응섭, 김용주, 고재원(2007). “병사용 인터넷중독 경향성진단도구개발”. 『한국심리학회 : 일반』. 26. 2. 307-328.
신태수.(1981). “군대조직 구성원이 자아정체감과 군대생활에의 적응과의 연계연구”. 연세대학교 석사학위논문.
심상용(1993). “군대문화의 발전방향 연구”. 정신전력연구방안. 12. 국방정신교육.
안도희, 김지아(2007). “대학생의 적응유연성에 따른 집단별 특성 : 대처전략. 사회적 지지. 유능감 및 학업성적을 중심으로”. 『교육심리연구』. 21(1). 46-67.
안중현(2009). “중장기 복무제대군인의 안정된 사회복귀 지원방안 연구”. 국가보훈처.
안현의, 최병순(2006). 『군복무 부적응자 인권상황 실태조사』. 국가인권위원회.
안형주(2005). 외국의 보훈제도(미국). 국가보훈처, 보훈교육연구원.
양창식(2008). “군복무 부적응 프로그램 개발에 관한 연구”. 인하대학교 행정대학원 석사학위논문.
양철호, 권순철, 박순희, 서현미, 윤종성, 이용교(2005). “군복무 청소년의 인권과 복지에 관한 연구”. 『論文集(The Journal of Dongshin University)』. 15. 207-225.
양해자(2005). “군 병원 의료사회사업 서비스에 관한 연구”. 경성대학교 사회복지대학원 석사학위논문
양희환(1998). 『군대문화 이야기』. 연경문화사.
오기택(2000). “군인가족 부모자녀 관계와 자녀의 적응에 관한 연구”. 호남대학

교 행정대학원 석사학위논문.

오영훈(1994). "치료레크리에이션 이론을 중심으로 자폐아동 사회적응 사례연구". 숭실대학교 석사학위논문.

오오하시 켄사쿠(大橋謙策). 박태영 외 편역(2001, 2003). 『지역복지계획의 이론과 실천』. 서울: 학현사.

울산광역시(2006). 사회복지 중장기 발전계획 최종보고회 자료집.

원창희, 독고순(1995). "군인가족지원방안연구". 서울: 국방연구원. 34-36.

원창희, 이원배(1994). "미국MWR(사기, 복지, 오락)제도의 한국군 적용 방안 연구". 서울: 국방연구원.

유영옥(2008). "제대군인 지원정책에 대한 소고". 춘계학술대회 발표자료.

유홍위(2006). "한국과 미국의 군 사회복지환경과 군사회복지사의 역할과 기능". 한국군사회복지학회 창립행사 및 포럼 자료집.

유홍위(2006). "군사회복지발전을 위한 민과 군의 역할—군의 역할을 중심으로—".. 2006년 한국군사회복지학회 춘계학술대회 자료집.

유홍위(2006). "한국과 미국의 군사회복지환경과 군사회복지사의 역할과 기능". 한국군사회복지학회 창립포럼 자료집.

유홍위(2008). "군사회복지정책 개선방안에 관한 연구". 2008 한국군사회복지학회 춘계학술대회자료집.

유홍위(2008). "한국의 군사회복지정책 개선방안에 관한 연구". 공주대 대학원 박사학위논문.

유홍위(2009). "한국의 군사회복지제도화 방안에 관한 연구". 한국군사회복지학 2(1).

유홍위(2009). "한국의 군사회복지제도화 방안에 관한 연구". 『한국군사회복지학』. 제2권 제1호, 31-64.

육군본부 인사참모부(2007). 『2007년도 기본권전문상담위원 운영계획』. 대전 : 육군인쇄창.

육군본부(1999). 『육군복지의 현재와 미래』.

육군본부(2002). 『의무근무지원』.

육군본부(2006). 『육군복지 종합발전 계획』.

육군본부(2007). 『비전캠프 2007』.

육군본부(2007). 『사고분석(1996-2005)』.

육군본부(2008). 『2008년도 사고예방활동지침』.

육군본부(2009). 『전체 사망사고』.

육군본부(2010). 『'10년 육군 안전관리 분석』.

육군안전센터(2008). 『육군안전센터 보고서』.

윤재성(2007). "군사회복지사제도의 도입 방안에 대한 군인의 인식에 관한 연구". 원광대학교 대학원 박사논문.

윤형근(2009). "적응장애로 진단된 군 병사들의 기질 성격 및 애착유형". 고려대학교 대학원 석사학위논문.

이계수(2003). "군대 내 구타 가혹행위 및 그로 인한 사고를 방지하기 위한 법적 제도적 방안에 관한 연구". 『민주법학』. 23. 285-317.

이계수(2003). "전근대적 군사문화와 군인의 인권". 민주주의법학연구회(편). 『민주법학』 통권 23호. 285-317.

이계수(2005). "군대 내 구타 가혹행위 및 그로 인한 사고를 방지하기 위한 법적 제도적 방안에 관한 연구". 민주주의법학연구회(편). 『민주법학』 통권 28호. 160-180.

이대식(1982). 『군진사회사업』. 육군본부.

이대식(2002). "장병 의료만족도 향상 방안연구". 국방대학교 안보정책과정.

이대식(2005). "군사회복지 도입의 필요성". 군사회복지 도입을 위한 공청회 자료집.

이대식(2006). "군 병원 내 의료사회사업의 필요성 및 활성화 방안". 한국군사회복지학회 창립행사 및 포럼 자료집.

이명남(2006). 『이스라엘의 보훈제도』. 국가보훈처.

이문국 역(2001). 『사회복지대백과사전』. 서울: 나눔의 집.

이봉철(2001. 『현대인권사상』. 아카넷.

이부덕(2000), 『지구촌을 걷는 한 사회사업가의 이야기』, 인간과 복지.

이부덕(2007). "군 사회복지제도화와 방안". 한국군사회복지학회 춘계학술대회 자료집.

이상민(2005). "한국 사회복지정책형성과정에 관한 연구". 경원대학교 박사학위논문.

이성열(2002). "군인자녀의 전학과 학교적응과의 관계에 관한 연구". 대전대학교 대학원 석사학위논문.

이영신(1997). “안보전문 집단에 걸맞은 군대문화의 개발/정착”. 정신전력연구 방안. 12. 국방정신교육.

이용교(1994). “한국 청소년정책의 형성과정에 관한 연구”. 중앙대학교 박사학위논문.

이용교(2004). 『청소년인권과 인권교육』. 서울: 인간과 복지.

이윤성 국회의원실(2009), 『2009년 국정감사 정책보고서』.

이윤수(2009). “순직군인 배우자의 여성 한부모로서 사회 재적응 경험”. 『한국사회복지학』 61(1). 81-107.

이윤희(1963). “군대생활의 적응”. 서울대학교 행정대학원 석사학위논문.

이재승(2005). “군인 인권의 개념과 법적 고찰”. 국가인권위원회. 『군대 내 인권상황 실태조사 및 개선방안 연구』.

이정표 외(2004). “군 전역간부의 사회취업활성화”. 한국직업능력개발원. 육군본부.

이종각(1997). 『교육인류학의 탐색』. 도서출판 하우.

이종호(1996). “군 조직에서의 신입원의 적응에 대한 연구”. 한국과학기술원 석사학위논문.

이종훈, 조주현(1999). “육군병사들의 복무기간에 따른 불안, 우울 및 충동성에 관한 연구”. 『신경정신의학』. 38(5). 966-972.

이주실(2006). “육군 자살예방프로그램의 효과성에 관한 연구”. 서울대학교 행정대학원 석사학위논문.

이철상(1999). 『육군문화』. 육군본부.

이현아(2007). “직업군인 아버지의 양육태도와 양육참여도에 관한 연구”. 한국교원대학교 대학원 석사학위논문.

이혜원 역(2004). 『인권과 사회복지실천』. 학지사.

이홍윤 역(2005). 『미국의 군사회복지의 실천』. 성민출판사.

이홍윤 외(2006). 『군사회복지 핸드북』. 군사회복지연구회.

이홍윤 외(2008). “군인은 지금 군사회복지담당관 제도에 목마르다”. 『Social Worker』 2008년 6월호.

이홍윤(2005). “사회복지사여, 새로운 복지영역의 문을 두드리자”. 『Social Worker』 2005년 3월호.

이홍윤(2006). “한국 군사회복지학회 창립 포럼 기조강연”. 군사회복지학회자료집.

이흥윤(2007). "군비전캠프의 사회복지적 접근". 군사회복지 추계학술대회 발표자료.

이흥윤(2012). "한국 군사회복지정책의 형성과정에 관한 연구". 광주대학교 사회복지전문대학원 박사학위 논문.

이흥윤(2012). "한국 군사회복지정책의 형성과정에 관한 연구". 한국군사회복지학회 춘계학술대회자료집.

임아심(2008). "군 부적응 정도에 영향을 미치는 요인에 관한 연구-현역 육군병사를 중심으로". 국방대학교 석사학위논문.

임영봉(2007). "육군 신세대 병사 군복무 동기부여 방안". 경북대학교 행정대학원 석사학위논문.

임우진(2007). "보호관심병사 지도를 위한 군 상담 활성화 방안연구". 원광대학교 대학원 석사학위논문

장병근(2003). "군 의료서비스 만족도 영향요인 분석 연구", 건양대 경영행정대학원 석사학위논문.

전광현(2006). "지역사회자원동원 및 활용방안에 관한 소고". 『한국지역사회복지학』. 111-131.

전라남도(2006). "전라남도 지역사회복지계획 최종 보고안".

전문대학 부사관과 학술교류협의회(2006). "리더십(Leadership)". 법률시대.

전성진(2004). "미국과 영국의 보수제도". 『주간국방논단』. 한국국방연구원.

정기원, 황창순, 강철희, 류승표(2000). "민간복지자원 총량파악체계 구축방안". 보건복지부, 한국사회복지협의회. 21-36.

정민화(1998). "신세대 현역 병사들의 군 생활 적응력 향상요인에 관한 연구". 충남대학교 석사학위논문.

정원철, 박영주(2011). "병사의 군복무 부적응 및 적응력향상 관련 국내 연구동향의 개관". 『한국청소년학회』. 18(1). 49-71.

정원철, 박원주(2006). "병사의 군 부적응 요인에 관한 연구". 『사회과학연구』. 22(2). 경성대학교 사회과학연구소.

정한근(2005). "군 병원 입원환자의 만족도 결정요인분석". 연세대학교 석사학위논문.

정효현(1999). "군 사회복지법에 관한 연구 : 현행 군 복지관계법의 검토와 입

법 제안을 중심으로". 동국대학교 대학원 법학박사학위논문.

정효현(2005). "군 사회복지법에 관한 사적 고찰". 국방대학교 『교수논총』 제39집.

정효현(2005). "군 주거지원정책에 대한 평가와 활용방안 연구". 국방대학교 『교수논총』 제40집.

정효현(2006). "군인보상차원에서 고찰한 군 복지를 비교우위에 두어야 할 당위성". 한국군사문제연구원. 『한국군사』 제23호.

정효현(2006). "남북 화해, 통일을 지향하는 국가보훈정책의 방향". 한국보훈학회. 『한국보훈논총』 제6권 제1호.

정효현(2007). 『군 복지행정론』. 국방대학교 출판부.

정효현(2008). "「군인복지기본법」의 의의 및 과제". 국방대학교. 『교수논총』 제16권 제1호(통권 제47집).

정효현(2008). "군 사회복지제도의 법적 체계화". 한국군사회복지학회. 『한국군사회복지학』. 제1권 제1호.

정효현(2008). "군 사회복지제도의 법적 체계화". 『한국군사회복지학』 1(1).

정효현(2008). "군사회복지제도의 법적 체계화". 『한국군사회복지학회학술지』 1호. 139.

조영훈(2006). 『캐나다의 보훈제도』. 국가보훈처.

조일님, 강진희(2001). "일부 군인의 아버지 역할수행에 대한 조사연구", 『국군간호사간학교논문집』 20 : 256-288.

조흥식(2005). "국가복지정책 방향에 따른 군복지 체계정립의 필요성". 『열린 군복지 체계정립을 위한 법, 제도 개선방안 토론회 자료집』.

조흥식(2005). "군복지체계 정립을 위한 법, 제도 개선 방안". 국방정책토론회.

조흥식(2006). "군사회복지의 비전 : 민과 군의 연계방안". 2006년도 한국사회복지학회 추계 공동학술대회. 한국군사회복지학회.

조흥식(2007). "군사회복지의 현황과 개혁과제". 『한국사회복지의 현실과 선택』. 서울: 나눔의 집.

조흥식(2008). "군인복지기본법 제정과 군사회복지정책의 비전". 2008. 『한국군사회복지학회 춘계학술대회 자료집』. pp.1-10.

조흥식(2008). "군인복지기본법의 제정과 군사회복지정책의 비전". 2008년 춘계학술대회자료집.

조흥식(2008). 『인간생활과 사회복지』. 서울: 학지사.

조흥식(2008. “군인복지기본법 제정과 군사회복지정책의 비전”. 한국군사회복지학회 춘계학술대회 자료집. 1-10.

조흥식(2009). “군인복지기본법의 법적 성격과 실천과제”. 『한국사회복지학』. 2(1).

조흥식(2013). “새 정부 군사회복지의 전망과 과제”. 2013 한국군사회복지학회 춘계학술대회자료집.

진석범(2000). “군 장병들의 스트레스 요인과 정신건강에 관한 연구”. 가톨릭대학교 석사학위논문.

진준두(1997). “육군의 폭행사고 실태와 예방대책에 관한 연구”. 동국대 행정대학원 석사학위논문.

채준안(2003). “정신분열증 환자를 위한 사회적 상호작용 증진 관한 연구”. 숭실대학교 박사학위논문.

채준안, 이복희(1993). “정신지체아를 위한 TR 프로그램에 관한 연구”. ’93 재활재단 논문집.

최건용(1999). “신세대 장병의 병영생활 적응을 위한 발전 방안”. 한남대학교 석사학위논문.

최광표, 최광현, 김인국(2002). 『군병원 종합발전방향』. 한국국방연구원.

최성희(2012). “퇴직예정 군인의 삶의 질에 영향을 미치는 요인에 관한 연구”. 서남대학교 대학원 박사학위논문.

최수용(1999). “장기복무제대군인의 취업활성화 방안연구”. 국방대학원 석사논문.

최옥채(2003). “지역사회 조직화를 위한 전략가”. 제3회 지역사회실천가를 위한 워크숍 자료집, 태화기독교사회복지관, 충북사회복지협의회. 186-187.

최일섭, 류진석(1997). 『지역사회복지론』. 서울: 서울대출판부

최혜란(2008). “군 생활 적응에 영향을 주는 위험요인과 보호요인 연구”. 우석대학교 대학원 박사학위논문.

평택시(2006). 『평택시 사회복지종합계획 최종 보고안』.

하호욱(1976). “군 의료 사회사업분야 발전을 위한 연구”. 『대한군의학학술지』. 11-17.

한계레신문사(2005). 『한겨레21』. 통권566호.. 18-20.

한국복지행정학회(2007). 『사회복지정책론』. 서울: 양서원.

한국사회복지학회(2007). “인권과 사회정의—사회복지 사명의 제 고찰”. 춘계

국제학술대회자료집.

한국학교사회복지사협회 부설 교육복지연구소 편(2006). 『학교교육과 복지』. 서울: 양서원

한국행정연구원(2007). 『한국 공무원연금제도의 개선방안』. 서울 : 한국행정연구원.

한이석. 1994. "치료 레크리에이션의 이론과 실제". 서울. 정훈출판사. 1994.

한인영(1999). "군사회복지실천 필요성에 대한 제언".『한국사회복지』. 4. 447-465.

한인영(2000). "군사회복지사 도입의 필요성 고찰". 『국방정책연구』. 77.

한태근(2006). "군사회복지사 제도 도입 필요성과 제도화 방안에 관한 연구-현황 및 사례분석에 기초한 논의". 연세대학교 행정대학원 석사학위논문.

한홍구(2005). "군대 내 인권상황 실태조사 및 개선방안 연구". 국가인원위원회.

함명화(2007). "군인가족 중년여성의 생활스트레스와 갱년기증상—일반가족 중년여성과의 비교를 중심으로—". 연세대학교 대학원 석사학위논문.

함봉진(2007). "군복무 중 자살에 대한 이해와 판례분석" 대통령 소속 군의문사진상규명위원회.

현외성(1993). "한국과 일본의 노인복지정책형성과정에 관한 연구". 서울대학교 박사학위논문.

현외성(2003). 『사회복지정책강론』. 서울: 양서원.

홍기태(2003). "군병원 의료사회사업에 관한 연구". 경희대학교 대학원 석사학위논문.

황상민, 김도환(2001). "발달심리학의 발달과 심리학적 정체성". 『한국심리학회지 : 발달』. 14(1). 1~13.

Anderson, James E.(1975). Public Policy-Making, New York: Prager Publishers.

Berkman, B.(1996). The Emerging Health Care Word : Implication for Social Work Practice and Education. Social Work, 41(5).

Bowen, G. L., Mancini, J. A., Martin, J. A., Ware, W. B. Nelson, J. P.(2003). "Promoting the Adaptation of Military Families : An Empirical Test of a Community PracticeModel." *Family Relations* 52(1). 33-44.

Campbell, A., Converse, P. E. and Rodgers, W. L.(1976). *The quality of american life*. New York: Russell Sage.

Charles Zastrow(1999). Social Work and Social Welfare. Wadsworth Publishing Company.

Christopher P. Michael(2006). The Military Advantage. Rockefeller Center.

D. D. Ward, "Levels of group activity : A model for improving the effectiveness of group work", Journal of Counseling and Development, 64, 1985, 52-57.

Daley, J. G.(2003), Social Work, Practice in the Military. Haworth Press. Prenrice-Hall Inc..

Daley, J. G.(2006). Advances in Social Work, Indiana University.

Daley, James G.(2003). "Military Social Work : A Multi-country Comparison". *International Social Work*. 46(4). 437-448.

Darvil and Munday(1984). *Volunteer in the Personal Social Services*. NY: Tavistock.

Drumment, A. R., Coleman, M., & Cable, S(2003). "Military family under stress : Implications for family life education." *Family Relations* 52(3). 279-287.

Frisch, M. B.(1998). "Quality of life therapy and assessment in health care." *Clinical Psychology : Science and Practice* 5. 19-40.

Grobman, L. M.(2005), Days in the Lives of Social Workers. Harrisburg, Pennsylvania.

Hashmand, L. T. & Hashmand, A. L.,(2007). "Support for Military Families and Communities." *Journal of Community Psychology* 35(2). 171-180.

Heffernan. W. J.(1979). Introduction to social Welfare Policy. Illinois: Peacock Publishers.

Hepworth and Larsen(1986). *Direct Social Work Practice : Theory and Skills. Chicago* : Dorsey. 570, 548-552.

Huebner, A. J., Mancini, J. A., Wilcox, R. M., Grass, S. R., & Grass, G. A(2007). "Parental Development and Youth in Military Families : Exploring Uncertainty and Ambiguous Loss." *Family Relations* 56(2). 112-122.

James G. Daley(2003). *Social Wok Practice in the Military*. Haworth Press. ; 이흥윤 역(2005). 『군사회복지실천』. 성민출판사.

Johnson.(1989). Social Work Practice(3rd ed.). Massachusetts : Allyn and Bacon. 355-356.

Jones, Chares O.(1983), An Introduction to the Study of Public Policy, 김해동 역, 『정책형성론』, 법문사. 1986.

Jones, Chares O.(1983), An Introduction to the Study of Public Policy, Monterey CA: Brooks/Cole Publishing Company.

Kakar, S.(1998). "Youth gangs and their families : effect of gang membership on family's subjective well-being." *Journal of Crime and Justice* 21(2). 157-172.

Knox, J. & Price, D. H.(1999). "Total Force and the New American Military Family :Implication for Social Work Practice. Family in Society 80(2). 128-136.

Kordesh, R., and Constable, R.,(1999). Policies, Programs and Mandates for Developing Social Services. In R., Constable, S., McDonald, and J. Flynn, (1999). school Social Work : Practice, policy, and Research Perspectives (4th Ed., 75-123.) IL: Lyceum Books Inc.

Kramer, R.(1981). Voluntary Agencies in the Welfare state. University of california Press. 327-336.

L. Jones(1987), "Activities for the older mentally retarded/developmentally disabled", Akron, OH: Exploration Series Press. 13-17.

Lazarus. Richard S.(1976). Patterns of Adjustment. NY: McGraw-Hill.

Le Grand, J. & R. Robinson(1985). *Privilegation and the Welfare State.* London: George Allen & Unwin.

McCubbin, M. and McCubbin, H.(1996). "Resiliency in families : A conceptual model of family adjustment and in response to stress and crisis." In H. McCubbin, A. Thompson. and M.McCubbin(Eds), *Families assessment : Resiliency, coping and adaptation inventories forresearch and practices.* Madison: University of Wisconsin System.

Morales, A. T. and B. W. Sheafor(2001). *Social Work : A Profession of Many Faces.* 9th ed. Boston: Allyn and Bacon.

Pantoja and Perry.(1992). "Community Development and Restoration : a perspective", F. G. Rivere and J. L. Erlich, eds., *Community Organization in a diverse Society*, Allyn and Bacon.

Peterson C. Park N. Castro CA.(2011). "Comprehensive Soldier Fitness : Assessment for the U. S. Army Comprehensive Soldier Fitness program : the Global Assessment Tool". Am Psychol. Jan; 66(1). 10-8.

R. A. David, & E. C. Michael(1991), "Therapeutic Recreation : An Introduction", Englewood Cliffs, NJ: Prentice-Hall, Inc., 53-68.

S. O'Morrow. Gerald(1976). "Therapeutic Recreation : A Helping Profession". Virginia/Reston, Publishing Company, Inc., 9-19.

Savitsky, L., Illingworth, M., & DuLaney, M.(2009). "Civilian Social Work : Serving the Military and Veteran Populations." *Social Work* 54(4). 327-339.

Simmons, C. A., & Rycraft, J. R.(2010). "Ethical Challenges of Military Social Workers Serving in a Combat Zone". *Social Work* 55(1). 9-18.

Stouffer(1949). The American Soldier : Adjustment during army life. Military Affairs/Aerospace Historian

Trrri, L. O., Parry, C., Chesler, M., Fritz, J. and Repetto, P.(2005). "Parent-ChildRelationships and Quality of Life : Resilience among Childhood CancerSurvivors". *Family Relations* 54(2). 171-182.

Warren, R.(1978). *The Community in America in America*, Rand McNally. 9-11.

Water A. Flriedlander(1968). Introduction to social weifare. N. J.: prentice Hall. 389.

Weil, M. O. and D. N. Gamble(1995). "Community Practice Model". Encyclopedia of Social Work, 19th. ed, 『사회복지백과사전』. 나눔의 집.

Wheaton, B.(1990). "Life Transitions, Role Histories and Mental Health. American". *Sociological Review* 55. 209-223.

Wheeler, D. P. & Bragin, M.(2007). "Bring It All Back Home : Social Work and the Challenge of Returning Veterans". *Heath & Social Work* 32(4). 297-300.

Zastrow, C. & K. K. Kirst-Ashman(2007). *Understanding Human Behavior and the Social Environment*. Belmont, CA: Brooks/Cole.

e-나라 지표(http://www.index.go.kr)

국가보훈처 홈페이지(http://www.mpva.go.kr)

국방취업센터 홈페이지(http://www.mndjob.or.kr)

군인연금 홈페이지(http ://www.mps.go.kr)

인터넷 홈페이지 : 국방부, 국가보훈처, 국방취업센터, 국군복지단, 육군본부, 국가법령정보센터

한국군사문제연구원 홈페이지(http://www.kima.re.kr)

한국군사회복지학회(http://www.kamtsw.org/)

한국보훈복지의료공단 홈페이지(http://www.e-bohun.or.kr)

저자소개

조흥식

한국사회복지학회장, 서울대학교 사회복지학과 교수, (사)한국군사회복지학회 이사장

이흥윤

(사)한국군사회복지학회장, 군사회복지연구회장, (사)한국군사회복지학회 법인이사, 한국사회복지학회 운영이사

박미은

한국정신보건사회복지학회장, 한남대학교 사회복지학과 교수, (사)한국군사회복지학회 법인이사

김창곤

광주대학교 사회복지학과 교수, (사)한국군사회복지학회 부회장

박경일

동국대학교 사회복지학과 교수, (사)한국군사회복지학회 이사

남미애

대전대학교 사회복지학과 교수, (사)한국군사회복지학회 이사

김윤나

서울사이버대학교 사회복지학과 교수, (사)한국군사회복지학회 총무분과 위원장

서혜석

예수대학교 사회복지학과 교수, (사)한국군사회복지학회 법인이사

이윤수

부산디지털대학교 사회복지학과 교수, (사)한국군사회복지학회 연구분과 위원장

오영훈

혜천대학교 사회복지학과 교수, (사)한국군사회복지학회 교육수련분과 위원장

이대식

전 육군 대령, 육군의정병과장, (사)한국군사회복지학회 법인이사

정효현

전 육군 대령, 국방대학교 교수, (사)한국군사회복지학회 법인이사

한태근

전 육군 대령, 한국군사문제연구소 소장, (사)한국군사회복지학회 이사

김근아

군사회복지연구소 소장, (사)한국군사회복지학회 부회장, (사)한국군사회복지학회 법인이사

오정은

한국재활병원, (사)한국군사회복지학회 이사, (사)한국군사회복지학회 법인이사

군사회복지론

초판 1쇄 인쇄 / 2013년 10월 20일
초판 1쇄 발행 / 2013년 11월 1일

공저자 / 조흥식·이홍윤·박미은·김창곤·박경일
남미애·김윤나·서혜석·이윤수·오영훈
이대식·정효현·한태근·김근아·오정은
발행인 / 이 중 수
발행처 / **동 문 사**

서울특별시 서대문구 홍제동 137-8
Tel : 02)736-3718(대), 736-3710, 3720
Fax : 02)736-3719

등록번호 : 제9-17호
가격 : 25,000원

ISBN : 978-89-8251-607-8(93330)

E-mail : dong736@naver.com
www.dongmunsa.com